Michels/Möller · Ärztliche Kooperationen

**Ihr Doppelnutzen:
Online-Mehrwert inklusive!**

fabilon
fachbibliothek online

Nutzen Sie den Inhalt dieses Produktes zusätzlich kostenlos in fabilon, Ihrer Online-Fachbibliothek von NWB.

In fabilon recherchieren Sie bequem und gezielt in **allen** digitalen Inhalten aus dem NWB Verlagsprogramm. Mit nur einer einzigen Abfrage bis in einzelne Dokumente.

Ihr Vorteil: Als Nutzer können Sie in der Ergebnisliste Ihrer Suche auch sehen, welche Dokumente Sie bereits besitzen und diese natürlich kostenlos direkt aufrufen. Jedes Ihrer NWB Produkte mit fabilon-Hinweis können Sie dafür ganz einfach freischalten. So wird fabilon nach und nach zu Ihrer ganz persönlichen Online-Fachbibliothek.

Mit dieser Buchstaben-Kombination füllen Sie Ihr digitales Bücherregal:

Ihr Freischaltcode: DBQIHYXULNTYIQRD

Michels/M., Ärztliche Kooperationen

So einfach geht's:
1. Rufen Sie unsere Homepage www.nwb.de auf.
2. Wählen Sie im Login-Bereich auf der rechten Seite „Produkt freischalten" aus.
3. Geben Sie jetzt Ihren Freischaltcode ein und folgen Sie dem Anmeldedialog.

Mehr Informationen über fabilon erhalten Sie unter www.nwb.de/fabilon.

www.nwb.de

Ärztliche Kooperationen

- neues Berufsrecht
- neues Vertragsarztrechtsänderungsgesetz
- Praxishinweise
- Beispiele

Von
Steuerberater Dr. Rolf Michels und
Rechtsanwalt, Fachanwalt für Medizinrecht
Dr. Karl-Heinz Möller

nwb BRENNPUNKT

ISBN 978-3-482-**55411**-7 (online)
ISBN 978-3-482-**57311**-8 (print)

© Verlag Neue Wirtschafts-Briefe GmbH & Co. KG, Herne/Berlin, 2007

www.nwb.de

Alle Rechte vorbehalten.

Dieses Buch und alle in ihm enthaltenen Beiträge und Abbildungen sind urheberrechtlich geschützt. Mit Ausnahme der gesetzlich zugelassenen Fälle ist eine Verwertung ohne Einwilligung des Verlages unzulässig.

Satz: Neufeld Media, Weißenburg i. Bay.

Druck: Griebsch & Rochol Druck GmbH & Co. KG, Hamm

VORWORT

In der Bundesrepublik Deutschland sind etwa 125.000 Ärzte und 60.000 Zahnärzte niedergelassen. Derzeit überwiegen – noch – Einzelpraxen. Allerdings ist innerhalb der letzten 10 Jahre – aus den unterschiedlichsten Gründen – die Tendenz zur Kooperation und zur Bildung auch größerer Gemeinschaftspraxen deutlich festzustellen. Zudem treten zunehmend Krankenhäuser an Niedergelassene heran, um einzelne Abteilungen „outzusourcen" oder mit den niedergelassenen Ärzten Kooperationen einzugehen, die den Krankenhäusern den Einstieg in den ambulanten Bereich ermöglichen oder zumindest Behandlungspfade erschließen sollen.

Weiterhin zwingen immer neue, teurere Technologien den in einer Einzelpraxis niedergelassenen Arzt zur Kooperation mit anderen niedergelassenen Ärzten und Krankenhäusern, denn alleine ist die Praxis oft nicht in der Lage, die Geräteinvestitionen, die sich z. T. im hohen Millionenbereich bewegen können, zu tragen und die Geräte auszulasten.

Durch das GKV-WSG ist bis zum 1.1.2009 eine Veränderung wesentlicher Elemente des ärztlichen Vergütungssystems geplant. Danach soll unter anderem hinsichtlich der Vergütung eine Differenzierung nach drei verschiedenen Fallgruppen (der Regelfall, die Feststellung von Unterversorgung bzw. drohender Unterversorgung sowie die Feststellung von Überversorgung) stattfinden. Hiernach wird erwartet, dass die in überversorgten Gebieten erbrachten ärztlichen Leistungen schlechter honoriert werden, als wenn sie in unterversorgten Gebieten erbracht worden wären. Damit stellt sich dann für den Arzt auch unter diesen Aspekten die Standortfrage.

Die Restriktionen des Berufsrechts stellten in der Vergangenheit häufig ein Kooperationshindernis dar. Mit dem 107. Deutschen Ärztetag im Jahre 2004 in Bremen wurde das Berufsrecht für neue Kooperationen geöffnet. Bedeutung hatten die dort beschlossenen Änderungen jedoch überwiegend für den privatärztlichen Bereich. Kooperationsformen wurden möglich, die der vertragsärztlichen Tätigkeit verschlossen blieben.

Das am 1.1.2007 in Kraft getretene Vertragsarztrechtsänderungsgesetz (VÄndG) stellt im vertragsärztlichen Bereich einen wahren Quantensprung dar, indem die Änderungen des Berufsrechts im Vertragsarztrecht aufgenommen wurden. Mit der Anerkennung von überörtlichen Berufsausübungsgemeinschaften, Teilgemeinschaften, Filialpraxen und den medizinischen Versorgungszentren sowie der Möglichkeit, Berufskollegen, auch fachübergreifend, anzustellen, ergeben sich bisher ungeahnte Möglichkeiten und weitere Visionen.

Ärztliches Berufsrecht und Steuerrecht sind aber nicht aufeinander abgestimmt. Mit der Zulässigkeit der neuen Kooperationsmöglichkeiten drohen neue „Steuerfallen", insbesondere entstehen bei ungeschickter Gestaltung eine gewerbliche Infizierung der ge-

VORWORT

samten Einkünfte der Arztpraxis und nicht gewollte Umsatzsteuerbelastungen. Deren Vermeidung erfordert eine gründliche Beratung.

Rechtsanwälte und Steuerberater haben die Ärzteschaft längst als ein neues, zunehmend interessanter werdendes Geschäftsfeld entdeckt. Die Vielschichtigkeit möglicher Kooperationsformen macht die Beratung durch diese Berufsgruppen zwingend erforderlich. Durch die Optionen des VÄndG wird dieser Beratungsbedarf noch einmal deutlich ansteigen.

In diesem Buch werden die aktuellen rechtlichen und steuerrechtlichen Rahmenbedingungen ärztlicher Kooperationen aufgezeigt. Die aktuellen Problemstellungen werden in kurzer und prägnanter Form dargestellt und wichtige Lösungsansätze aufgezeigt. Es soll sowohl dem „Anfänger" in der Beratung von Ärzten einen ersten Einstieg in die Thematik vermitteln und ihm einen Überblick über die Rahmenbedingungen geben als auch dem Spezialisten auf der Suche nach Sonderfragen geeignete und schnell umsetzbare Lösungen anbieten.

Mit Wirkung zum 13.12.2006 wurde des Umwandlungssteuergesetz neu gefasst. Hinsichtlich der Formulierungen haben wir uns an den Wortlaut des UmwStG 2006 gehalten. Das in den §§ 20 und 24 keine grundsätzlichen Änderungen gegeben hat, gehen wir davon aus, dass die Rechtsprechung und Auffassung der Finanzverwaltung zum bisherigen Recht bezüglich dieser Paragraphen weiterhin Geltung hat.

Besonderer Dank gilt Herrn Steuerberater Thomas Ketteler-Eising, der an der Bearbeitung des steuerlichen Teils maßgebend mitgewirkt hat, und Herrn Rechtsanwalt Kyrill Makoski für die Erstellung des Stichwortverzeichnisses.

Die Autoren würden sich freuen, aus der Praxis heraus von den Lesern weitere Anregungen zur Beratung ärztlicher Kooperationen zu erhalten.

Köln und Düsseldorf, im Juni 2007, **Dr. R. Michels, Dr. K.-H. Möller**

INHALTSÜBERSICHT

Vorwort	5
Inhaltsverzeichnis	9
Literaturverzeichnis	19
Abkürzungsverzeichnis	21
A. Einleitung	23
I. Wirtschaftliche Rahmenbedingungen	23
II. Die Neuerungen des Vertragsarztrechtsänderungsgesetzes – VÄndG – (BGBl. I S. 3439 v. 30.12.2006)	26
III. Daten, Zahlen und Fakten zur Ärzteschaft	32
IV. Zulassungsbeschränkungen als Kooperationshindernis	33
B. Berufsausübungsgemeinschaften	41
I. Begriff der Berufsausübungsgemeinschaft	41
II. Gemeinschaftspraxis	41
III. Teilberufsausübungsgemeinschaft	129
IV. Überörtliche Berufsausübungsgemeinschaft	145
V. Job-Sharing-Gemeinschaft	153
VI. So genannte „gemischte Gemeinschaftspraxis"	157
VII. Partnerschaftsgesellschaft	160
VIII. Ärzte-Gesellschaft	165
C. Organisationsgemeinschaften	175
I. Praxisgemeinschaft	175
II. Apparategemeinschaft	191
III. Laborgemeinschaft	194
IV. Praxisverbünde	201
V. Betreibergesellschaft	205
D. Medizinische Versorgungszentren	209
E. Konsiliararzt- und Belegarzttätigkeit	239
I. Konsiliarärztliche Tätigkeit	239
II. Belegärztliche Tätigkeit	242
Anhang	247
Stichwortverzeichnis	289

INHALT

	Seite
Vorwort	5
Inhaltsübersicht	7
Literaturverzeichnis	19
Abkürzungsverzeichnis	21

A. EINLEITUNG

I. Wirtschaftliche Rahmenbedingungen 23
1. Einkommenssituation 23
2. Kooperationsanlässe 23
3. Chancen und Risiken 25

II. Die Neuerungen des Vertragsarztrechtsänderungsgesetzes – VÄndG – (BGBl. I S. 3439 v. 30.12.2006) 26
1. Hintergrund 26
2. Altersgrenze 26
3. Verpflichtung zur vollzeitigen Tätigkeit 27
4. Teilzulassung 27
5. Teilentziehung 28
6. Hälftiges Ruhen der Zulassung 28
7. Aufweichung der Inkompatibilitätsvorschrift in § 20 Abs. 2 Ärzte-ZV 28
8. Anstellung von Ärzten 28
9. Tätigkeit außerhalb des Vertragsarztsitzes („Filialisierung") 29
10. Überörtliche Berufsausübungsgemeinschaft 30
11. Teilberufsausübungsgemeinschaft 30
12. Medizinische Versorgungszentren 31

III. Daten, Zahlen und Fakten zur Ärzteschaft 32

IV. Zulassungsbeschränkungen als Kooperationshindernis 33
1. Rechtsnatur der Vertragsarztzulassung 33
2. Überblick über das Nachbesetzungsverfahren 33
   a) Voraussetzungen 33
      aa) Erreichen der Altersgrenze 33
      bb) Todesfall 34
      cc) Verzicht 34
      dd) Zulassungsentziehung 34
   b) Antrag auf Ausschreibung 35
   c) Auswahlentscheidung 35
      aa) Ermessensentscheidung 35
      bb) Eintragung in die Warteliste 36
      cc) Privilegierung von Berufsausübungsgemeinschaften 36
   d) Weiterführung der Praxis 37

	Seite
e) Rechtsschutzprobleme	38
3. Zukunft der Zulassungsbeschränkungen	39

B. BERUFSAUSÜBUNGSGEMEINSCHAFTEN

I. **Begriff der Berufsausübungsgemeinschaft**   41

II. **Gemeinschaftspraxis**   41
   1. Rechtliche Aspekte   41
     a) Definition   42
     b) Motive   43
     c) Rechtsnatur der Gemeinschaftspraxis   43
     d) Vertragsschluss – Beschränkte Vertragsfreiheit   44
     e) Schriftformerfordernis im Vertragsarztrecht   45
     f) Praxisrelevante Konstellationen   46
        aa) „Eintritt" in eine Einzelpraxis   46
        bb) Zusammenschluss mehrerer Praxen   47
        cc) Beitritt zu einer bestehenden Gemeinschaftspraxis   47
        dd) Ausscheiden – Gesellschafterwechsel   47
        ee) Ausscheiden aus der Zwei-Personen-Gemeinschaftspraxis   49
        ff) Ausscheiden aus der Mehrpersonen-Gemeinschaftspraxis   49
        gg) Sonderkonstellation: Ausscheiden durch Tod   49
        hh) Sonderkonstellation: Gesellschafterinsolvenz   50
        ii) Auseinandersetzung der Gesellschaft   51
     g) Binnenstruktur, Vertragsgestaltung   52
        aa) Beginn   52
        bb) Gemeinsamer Zweck, Förderpflicht, Beiträge, Einlagen   52
        cc) Förderpflicht, Beitragsleistung   53
           (1) Allgemeines   53
           (2) Arbeitsleistung   53
           (3) Sacheinlagen   55
           (4) Geldeinlagen   57
        dd) Firmierung, Außenauftritt   57
        ee) Gesellschafterbeschlüsse   58
           (1) Rechtsnatur des Beschlusses   58
           (2) Durchführung der Beschlussfassung   58
           (3) Ablauf von Gesellschafterversammlungen   59
           (4) Stimmrechte   59
           (5) Mehrheiten   60
           (6) Beschlussmängel   61
        ff) Geschäftsführung   61
        gg) Vertretung der Gesellschaft   63

Seite

hh)	Vermögensbeteiligung	64
ii)	Buchführung, Überschussrechnung, Bilanzierung	65
jj)	Ergebnisverteilung	66
kk)	Haftung/Beitrittshaftung/Nachhaftung	67
	(1) Grundsätze der Haftung	67
	(2) Beitrittshaftung	67
	(3) Nachhaftung bei Ausscheiden	70
ll)	Kündigungsregelungen	70
	(1) Vereinbarung von Festlaufzeiten	70
	(2) Anschlusskündigung/Nachkündigung	72
	(3) Hinauskündigung	72
mm)	Vereinbarungen zum Vertragsarztsitz	73
nn)	Regelungen zum Budget	76
oo)	Nachvertragliches Wettbewerbsverbot	77
	(1) Gegenständliche (sachliche) Grenzen	77
	(2) Zeitliche Grenze	78
	(3) Örtliche Grenzen	78
	(4) Ausnahmen	78
	(5) Auswirkungen auf den Abfindungsanspruch	78
	(6) Beschäftigungsverbot	79
	(7) Vertragsstrafe	79
pp)	Abfindungsanspruch	79
qq)	Ausscheidensbilanz	81
rr)	Ehevertrag	82
ss)	Schlichtung	83
tt)	Schiedsgerichtsverfahren	83
uu)	Bedingungen	83
vv)	Salvatorische Klausel	84
2. Steuerliche Aspekte		84
a) Grundsätze zur Besteuerung der Gemeinschaftspraxis		84
aa) Allgemeine Hinweise zur Besteuerung von Ärzten		84
bb) Besteuerung der Gemeinschaftspraxis		86
cc) Folgen einer vermögenslosen Beteiligung		88
b) Errichtung einer Gemeinschaftspraxis		90
aa) Aufnahme eines neu eintretenden Arztes in eine Einzelpraxis		90
(1) Ausgleich über die Gewinnverteilung		91
(2) § 24 Umwandlungssteuergesetz		92
(3) Überlassungsmodell		95
bb) Zusammenschluss mehrerer Einzelpraxen		96
c) Aufnahme neuer Gesellschafter in eine Gemeinschaftspraxis		97
d) Gesellschafterwechsel		97
e) Ausscheiden eines Gesellschafters		98

11

Seite

    f) Unentgeltliche Übertragungsvorgänge — 103
        aa) Die unentgeltliche Aufnahme eines Gesellschafters in eine Einzelpraxis zur Gründung einer Gemeinschaftspraxis — 103
        bb) Die unentgeltliche Übertragung eines Teils eines Mitunternehmeranteils an einer Gemeinschaftspraxis — 104
        cc) Die unentgeltliche Übertragung des gesamten Mitunternehmeranteils an einer Gemeinschaftspraxis — 105
    g) Beendigung einer Gemeinschaftspraxis — 106
        aa) Zur Abgrenzung zwischen Realteilung und Sachwertabfindung — 106
        bb) Steuerliche Folgen einer Realteilung — 108
    h) Steuerliche Behandlung der Anschaffungskosten eines Gemeinschaftspraxisanteils/Berücksichtigung der Vertragsarztzulassung — 110
    i) Besteuerung der Veräußerung bzw. Aufgabe des Vermögens — 114
  3. Exkurs Umsatzsteuer — 118
    a) Umsatzsteuerliche Behandlung ärztlicher Leistungen — 118
        aa) Grundsätzliches — 118
        bb) Beurteilung der Qualifikation des Leistungserbringers — 120
        cc) Beurteilung der Art der Leistung — 122
    b) Umsatzsteuerliche Behandlung der Übertragung von Wirtschaftsgütern (§ 6 Abs. 3 und 5 EStG, § 16 Abs. 3 EStG, § 24 UmwStG 2006) — 124

III. **Teilberufsausübungsgemeinschaft** — 129
  1. Rechtliche Aspekte — 129
    a) Rechtsgrundlagen — 129
    b) Formalien — 129
    c) Einige Modelle — 130
    d) Gestaltungsmissbrauch — 131
    e) Rechtsformen — 132
    f) Gesellschaftsrechtliche Binnenstruktur — 133
        aa) Gesellschaftszweck — 133
        bb) Gesellschafterbeiträge — 133
        cc) Beschlussfassung — 133
        dd) Geschäftsführungs- und Vertretungsbefugnis — 134
        ee) Vermögensbeteiligung — 134
        ff) Ergebnisverteilung — 135
    g) Außenauftritt — 136
    h) Behandlungsvertrag — 137
    i) Abrechnung — 137
    j) Haftung, Versicherung — 137
  2. Steuerliche Aspekte — 138
    a) Allgemeine steuerliche Grundsätze — 138
    b) Gewinnverteilung — 138
    c) Ertragsteuerliche Beurteilung der Leistungsbeziehungen — 140

		Seite
aa) Eigene Geräte, eigenes Material und Personal		140
bb) Unentgeltliche Leistungsbeziehungen zu den beteiligten Gesellschaftern/Praxen		140
cc) Entgeltliche Leistungsbeziehungen zu den beteiligten Gesellschaftern/Praxen		141
d) Umsatzsteuerliche Beurteilung der Leistungsbeziehungen		142
aa) Eigene Geräte, eigenes Material und Personal		142
bb) Unentgeltliche Leistungsbeziehungen zu den beteiligten Gesellschaftern/Praxen		142
cc) Entgeltliche Leistungsbeziehungen zu den beteiligten Gesellschaftern/Praxen		143

IV. Überörtliche Berufsausübungsgemeinschaft — 145
1. Rechtliche Aspekte — 145
   - a) Hintergrund — 145
   - b) Voraussetzungen — 146
      - aa) Vorgaben des ärztlichen Berufsrechts – § 18 Abs. 3 MBO 2004 — 146
      - bb) Vorgaben des Vertragsarztrechts — 147
         - (1) Überörtliche Berufsausübungsgemeinschaft — 147
         - (2) Bildung von Filialen („Zweitpraxis") — 148
   - c) Formalien — 148
      - aa) Berufsrecht — 148
      - bb) Vertragsarztrecht — 148
   - d) Der Weg in die überörtliche Berufsausübungsgemeinschaft — 149
      - aa) Niederlassung — 149
      - bb) Aufspaltung — 149
      - cc) Einbringung in neu gegründete Gesellschaft — 149
      - dd) Beitrittsmodell — 149
   - e) Binnenstruktur — 149
2. Steuerliche Aspekte — 150
   - a) Allgemeine steuerliche Grundsätze — 150
   - b) Gründung durch Einbringung — 151
   - c) Gründung durch Aufspaltung — 152

V. Job-Sharing-Gemeinschaft — 153
1. Rechtliche Aspekte — 153
   - a) Rechtsgrundlage — 153
   - b) Zulassungsvoraussetzungen — 153
   - c) Status — 155
   - d) Wegfall der Beschränkung — 155
   - e) Gestaltungsnotwendigkeiten — 155
2. Steuerliche Aspekte — 156

INHALT

	Seite
VI. So genannte „gemischte Gemeinschaftspraxis"	157
1. Rechtliche Aspekte	157
2. Steuerliche Aspekte	158
VII. Partnerschaftsgesellschaft	160
1. Rechtliche Aspekte	160
a) Rechtliche Struktur	160
b) Formalien	161
aa) Zivilrechtliche Voraussetzungen	161
bb) Berufsrechtliche Anzeigepflicht	162
cc) Vertragsarztrechtliche Genehmigung	162
c) Binnenstruktur, Haftung	162
2. Steuerliche Aspekte	163
a) Allgemeine steuerliche Grundsätze	163
b) Umwandlung einer GbR in eine Partnerschaftsgesellschaft	163
VIII. Ärzte-Gesellschaft	165
1. Rechtliche Aspekte	165
a) Voraussetzungen	165
b) Ärztegesellschaft und Vertragsarztrecht	166
c) Gesellschaftsvertragliche Regelungen	166
2. Steuerliche Aspekte	166
a) Ertragsteuerliche Grundsätze	166
b) Errichtung einer Ärzte-Gesellschaft	167
c) Gesellschafterbeitritt, -wechsel und -austritt	170
aa) Gesellschaftereintritt	170
(1) Erwerb von Anteilen anderer Gesellschafter	170
(2) Beitritt im Rahmen einer effektiven Kapitalerhöhung	171
(3) Erwerb eigener Anteile von der GmbH	173
bb) Gesellschafterwechsel	173
cc) Gesellschafteraustritt	173
d) Unentgeltliche Übertragungsvorgänge	173
e) Beendigung der Ärzte-Gesellschaft	174
f) Umsatzsteuerliche Grundsätze	174
C. ORGANISATIONSGEMEINSCHAFTEN	
I. Praxisgemeinschaft	175
1. Rechtliche Aspekte	175
a) Definition	175
b) Abgrenzung	176
c) Datenlage, Motive	176
d) Genehmigung/Anzeige	177

			Seite
	e)	Berufs- und vertragsarztrechtliche Vorgaben	177
	f)	Nachbesetzungsverfahren (§ 103 Abs. 4 bis 6 SGB V)	178
	g)	Rechtsform, Vertragsinhalt	179
	h)	Haftung	179
	i)	Umwandlung	180
2.	Steuerliche Aspekte		180
	a)	Ertragsteuerliche Grundsätze	180
	b)	Umsatzsteuerliche Grundsätze	181
	c)	Ertragsteuerliche Beurteilung von Leistungen an Nichtmitglieder	183
		aa) Untervermietung mit Gewinnaufschlag	183
		bb) Überlassung von Geräten und Einrichtungen mit Gewinnaufschlag ohne Zusatzleistungen	183
		cc) Überlassung von Geräten, Einrichtungen und Räumen einschließlich Zusatzleistungen mit Gewinnaufschlag	184
		dd) Vermeidung gewerbesteuerlicher Risiken	184
	d)	Umsatzsteuerliche Beurteilung von Leistungen an Nichtmitglieder	186
	e)	Ertragsteuerliche Beurteilung im Falle von Nicht-Ärzten als Mitglieder	186
	f)	Umsatzsteuerliche Beurteilung im Falle von Nicht-Ärzten als Mitglieder	187
	g)	Umwandlung der Praxisgemeinschaft in eine Gemeinschaftspraxis und umgekehrt	188

II.	**Apparategemeinschaft**		191
	1. Rechtliche Aspekte		191
	a)	Definition	191
	b)	Formalien	191
	c)	Rechtsform	191
	d)	Behandlungsvertrag	192
	2. Steuerliche Aspekte		193
	a)	Ertragsteuerliche Grundsätze	193
	b)	Umsatzsteuerliche Grundsätze	193

III.	**Laborgemeinschaft**		194
	1. Rechtliche Aspekte		194
	a)	Definition, Rechtsgrundlagen	194
	b)	Rechtsform	195
	c)	Kooperation mit Laborärzten	195
	d)	Exkurs: Speziallabor	195
	e)	Ausblick	196
	2. Steuerliche Aspekte		196
	a)	Ertragsteuerliche Grundsätze	196
	b)	Verfahrensrechtliche Grundsätze	198

		Seite

    c) Umsatzsteuerliche Grundsätze   198

IV. Praxisverbünde   201
    1. Rechtliche Aspekte   201
        a) Definition   201
        b) Formalien   201
        c) Vertragsarztrechtliche Besonderheiten   202
        d) Rechtsbeziehungen der Ärzte untereinander   203
        e) Rechtsbeziehungen zu Patienten   203
    2. Steuerliche Aspekte   204
        a) Ertragsteuerliche Grundsätze   204
        b) Umsatzsteuerliche Grundsätze   204

V. Betreibergesellschaft   205
    1. Rechtliche Aspekte   205
        a) Beschreibung des Phänomens   205
        b) Zulässigkeitsgrenzen   205
    2. Steuerliche Aspekte   206
        a) Ertragsteuerliche Grundsätze   206
        b) Umsatzsteuerliche Grundsätze   208

D. MEDIZINISCHE VERSORGUNGSZENTREN

    1. Rechtliche Aspekte   209
        a) Entstehungsgeschichte   209
        b) Die zahlenmäßige Situation   209
        c) Vorteile/Nachteile   211
        d) Gesetzliche Vorgaben zum MVZ   212
        e) Das „fachübergreifende" Element der Einrichtung   212
        f) Ärztliche Leitung   213
        g) Eintragung in das Arztregister   213
        h) Tätigkeit als angestellter Arzt oder als Vertragsarzt   213
        i) Anforderungen an die Gründer   214
        j) Rechtsformwahl   215
        k) Bürgschaft   216
        l) Gesetzliche Generalverweisung   218
        m) Status des angestellten Arztes   218
        n) Beschaffung von Zulassungen   218
        o) Behandlungsvertrag   219
        p) Abrechnung   220
        q) Kooperationen   220
        r) Gebühren   221
    2. Steuerliche Aspekte   221

	Seite
a) Grundzüge der Gründung eines MVZ	221
aa) Allgemeine Anmerkungen	221
bb) Gründung einer MVZ-GbR in der Angestellten-Variante	222
cc) Gründung einer MVZ-GbR in der Vertragsarzt-Variante	223
dd) Gründung einer MVZ-GmbH in der Angestellten-Variante	223
ee) Exkurs: Gewährung einer Bürgschaft durch eine gemeinnützige Krankenhausgesellschaft	225
ff) Gründung einer MVZ-GmbH in der Vertragsarzt-Variante	227
(1) Gründung eines „Gesamt-MVZ" als GbR mit einer MVZ-Träger-GmbH	228
(2) Gründung eines Gesamt-MVZ im Rahmen von Dienstverträgen	229
(3) Gründung eines Gesamt-MVZ mit Kooperationsvereinbarungen	229
(4) Risiko Betriebsaufspaltung	230
gg) Gründung durch Verlagerung ausschließlich der kassenärztlichen Tätigkeit	231
(1) Zur Anwendbarkeit des Umwandlungssteuergesetzes	231
(2) Zur Anwendbarkeit von § 6 Abs. 5 EStG	232
(3) Zur Anwendbarkeit von § 16 Abs. 3 EStG (Realteilung)	233
hh) Gründung durch Verlagerung einzelner Vertragsarztsitze	233
b) Grundzüge der laufenden ertragsteuerlichen Beurteilung	234
aa) Grundsätzliches zur MVZ-GbR	234
bb) Grundsätzliches zur MVZ-GmbH	235
cc) Gesamt-MVZ mit MVZ-(Träger)-GmbH und Vertragsärzten	235
c) Grundzüge der laufenden umsatzsteuerlichen Beurteilung	236
d) Gesellschaftereintritt, -wechsel und -austritt	237
e) Exkurs: Gewährung einer Bürgschaft durch eine gemeinnützige Krankenhausgesellschaft	237

E. KONSILIARARZT- UND BELEGARZTTÄTIGKEIT

I. **Konsiliarärztliche Tätigkeit**	239
1. Rechtliche Aspekte	239
2. Steuerliche Aspekte	239
a) Ertragsteuerliche Grundsätze	239
b) Umsatzsteuerliche Grundsätze	240
II. **Belegärztliche Tätigkeit**	242
1. Rechtliche Aspekte	242
a) Definition	242
b) Rechtsbeziehung zum Krankenhausträger	243

	Seite
c) Rechtsbeziehungen zum Patienten	243
d) Rechtsbeziehung zur Kassenärztlichen Vereinigung	244
2. Steuerliche Aspekte	244
a) Ertragsteuerliche Grundsätze	244
b) Umsatzsteuerliche Grundsätze	245
c) Kooperatives Belegarztwesen	245

Anhang:
(Muster-)Berufsverordnung für die deutschen Ärztinnen und Ärzte (Stand 2006) 247
Zulassungsverordnung für Vertragsärzte (Ärzte-ZV) 267

Stichwortverzeichnis 289

Literatur VERZEICHNIS

B

Baums, T./Wertenbruch, J. (Hrsg.), Festschrift für Ulrich Huber zum siebzigsten Geburtstag, Tübingen 2006
Baur, U., Chefarzt- und Belegarztvertrag, Köln 2006
Blümich/Stuhrmann, EStG, KStG, GewStG, Stand März/2007, München

D

Dahm, F.-J./Möller, K.-H./Ratzel, R., Rechtshandbuch Medizinische Versorgungszentren, Berlin 2005
Deutsche Krankenhausgesellschaft (Hrsg.), Hinweise zur Gründung Medizinischer Versorgungszentren nach § 95 SGB V, 2. Aufl., Düsseldorf 2004
Dötsch, E./Eversberg, H./Jost, W./Pung, A./Witt, G., Die Körperschaftssteuer, Stand: November 2006, Stuttgart

E

Eisenberg, J., Ärztliche Kooperations- und Organisationsformen, Frankfurt a. M. 2002

G

Gollasch, Ch.-W., Die fachübergreifende Gemeinschaftspraxis, Baden-Baden 2003
Gummert, H./Riegger, B./Weipert, L. (Hrsg.), Münchener Handbuch des Gesellschaftsrechts, Bd. 1, 2. Aufl., München 2004

H

Halbe, B./Orlowski, U./Karch, Th., Vertragsarztrechtsänderungsgesetz, Heidelberg 2007
Halbe/Schirmer (Hrsg.), Handbuch Kooperationen im Gesundheitswesen, 2005

K

Kraus, S./Kunz, J., Sozietätsrecht, 2. Aufl., München 2006

L

Laas, H., Die überörtliche Gemeinschaftspraxis, Marburg 2006
Lang, Dr. H.-U./Burhoff, A., Besteuerung der Ärzte, Zahnärzte und sonstiger Heilberufe, 6. Aufl., Herne 2007
Laufs, A./Uhlenbruck, W., Handbuch des Arztrechts, 3. Aufl., München 2002

M

Mössner/Seeger, Körperschaftsteuergesetz Kommentar, Loseblatt, Stand: Juni 2007, Herne

N

Nentwig, W.-M./Bonvie, H./Hennings, S., Das Partnerschaftsgesellschaftsgesetz: Die berufliche Zusammenarbeit von Medizinern, Mainz 2001

O

Orlowski, U./ Halbe, B./ Karch, Th., Vertragsarztrechtsänderungsgesetz (VÄndG). Heidelberg 2007

VERZEICHNIS — Literatur

P
Preißler, R./Sozietät Dr. Rehborn, Ärztliche Gemeinschaftspraxis versus Scheingesellschaft, Köln 2002

Q
Quaas, M./ Zuck, R., Medizinrecht, München 2005

R
Ratzel, R./Lippert, H.-D., Kommentar zur Musterberufsordnung deutscher Ärzte (MBO), 4. Aufl., Berlin 2006
Rieger, H.-J., Verträge zwischen Ärzten in freier Praxis, 7. Aufl., Köln 2002
Rieger, H.-J. (Hrsg.), Lexikon des Arztrechts, Berlin 2003

S
Schallen, R., Zulassungsverordnung für Vertragsärzte, Vertragszahnärzte, Medizinische Versorgungszentren, Psychotherapeuten, 5. Aufl., Heidelberg 2005

U
Ulmer, P., Gesellschaft bürgerlichen Rechts und Partnerschaftsgesellschaft., 4. Aufl., München 2004

W
Weber, U./Müller, K., Chefarzt und Belegarztvertrag, Köln 2001
Widmann, S./Mayer, D., Umwandlungsrecht, Kommentar, Stand Oktober 2006, Bonn

Z
Zwingel, B./Preißler, R., Das Medizinische Versorgungszentrum – Rechtliche Rahmenbedingungen für Gründung und Betrieb, Köln 2005

Abkürzungen VERZEICHNIS

A

A	Abschnitt
a. A.	anderer Ansicht
a. a. O.	am angegebenen Ort
AO	Abgabenordnung
Ärzte-ZV	Zulassungsverordnung für Ärzte

B

BÄO	Bundesärzteordnung
Beschl.	Beschluss
BFH	Bundesfinanzhof
BGB	Bürgerliches Gesetzbuch
BStBl I (II)	Bundessteuerblatt I (II)
BT-Drucks.	Bundestags-Drucksache

D

DÄBl.	Deutsches Ärzteblatt

E

EGInsO	Einführungsgesetz zur Insolvenzordnung

F

f. (ff.)	(fort) folgende

G

gem.	gemäß
ggf.	gegebenenfalls
GKV	Gesetzliche Krankenversicherung
GrS	Großer Senat

H

HGB	Handelsgesetzbuch
Hrsg.	Herausgeber
HVV	Honorarverteilungsvertrag

I

IGeL	Individuelle Gesundheitsleistungen
InsO	Insolvenzordnung
i. H. v.	in Höhe von
i. S. d.	im Sinne der, s
i. S. v.	im Sinne von
i. V. m.	in Verbindung mit

K

KBV	Kassenärztliche Bundesvereinigung
KV	Kassenärztliche Vereinigung

M

MBO-Ä	Musterberufsordnung für Ärztinnen und Ärzte
MedR	Medizinrecht (Zs.)
MVZ	Medizinisches Versorgungszentrum
m. w. N.	mit weiteren Nachweisen

N

n. F.	neue Fassung
NJW	Neue Juristische Wochenschrift (Zs.)
NWB	Neue Wirtschafts-Briefe (Zs.)

O

o. g.	oben genannte (r, s)
OFD	Oberfinanzdirektion
OLG	Oberlandesgericht

P

PartGG	Gesetz über Partnerschaftsgesellschaften Angehöriger Freier Berufe

S

S.	Seite
SGB	Sozialgesetzbuch
SGG	Sozialgerichtsgesetz
sog.	so genannte (r, s)

T

Tz.	Textziffer

U

u. a.	unter anderem
UmwStG	Umwandlungssteuergesetz
u. U.	unter Umständen
UStG	Umsatzsteuergesetz

V

VÄndG	Vertragsarztrechtsänderungsgesetz

Z

z. B.	zum Beispiel
ZMGR	Zeitschrift für das gesamte Medizin- und Gesundheitsrecht (Zs.)
ZPO	Zivilprozessordnung
Zs.	Zeitschrift

A. Einleitung

I. Wirtschaftliche Rahmenbedingungen

1. Einkommenssituation

Der niedergelassene Arzt sieht sich einer Vielzahl immer härter werdender Rahmenbedingungen ausgesetzt. Um die Existenz dauerhaft zu sichern, ist medizinische Kompetenz alleine nicht mehr ausreichend. Sie ist natürlich nach wie vor grundlegende Bedingung für eine erfolgreiche Tätigkeit in eigener Niederlassung.

Die Erlöse im kassenärztlichen Bereich sind in den letzten Jahren immer wieder gesunken. Aufgrund der in vielen KV-Bezirken geltenden Budgetierungsregelungen sind diese Rückgänge auch durch eine Erweiterung der Patientenzahl nicht aufzufangen, da die Ärzte in der Regel ihr Budgetvolumen ausgeschöpft haben und zusätzliche Leistungen nicht mehr honoriert werden. Mit einer Erhöhung der Gesamtvergütungen im KV-Bereich ist nicht zu rechnen.

Auch im privatärztlichen Bereich ist eine Steigerung der Honorare nicht zu erwarten. Die anstehenden Neuregelungen im Gesundheitswesen lassen vielmehr auch hier deutliche Honorareinbußen für die Zukunft befürchten.

Die Versuche, durch das Anbieten von IGeL-Leistungen neue Honorare zu generieren, gelingen nur zum Teil und vorwiegend nur innovativen und unternehmerisch handelnden Medizinern. Hinzu kommt gerade im GKV-Bereich und bei den IGeL-Leistungen der zunehmende Konkurrenzdruck durch die anderen niedergelassenen Kollegen.

Neben diesen Begrenzungen auf der Einnahmenseite sind Steigerungen auf der Kostenseite unvermeidlich, nicht zuletzt veranlasst durch immer neuere Technologien und immer teurere Geräte.

Letztlich werden die Patienten auch immer kritischer.

In einer Zeit sich wandelnder Märkte sind dies die Rahmenbedingungen, denen sich Heilberufler ausgesetzt sehen.

2. Kooperationsanlässe

In welcher Ausgangssituation befinden sich Mediziner, die sich mit dem Thema Kooperation beschäftigen:

Wachstumsstrategie

Kooperation als Wachstumsstrategie. Dies sind Praxen, die festgestellt haben, dass sie über Kooperationen neue Geschäftsfelder eröffnen und neue Leistungen generieren können. Die Kooperation ermöglicht es ihnen, Leistungen anzu-

A. Einleitung

bieten, die sie alleine nicht erbringen können. So kann beispielsweise eine Leistung am Card-MRT weder vom Radiologen (dieser versteht etwas von der Radiologie, aber nicht von der Kardiologie) noch vom Kardiologen (dieser versteht etwas von der Kardiologie, nicht aber von der Radiologie) alleine erbracht werden, wohl aber in Kooperation, beispielsweise über die neue Möglichkeit der Teilgemeinschaftspraxis.

Neue Technologien, immer teurere Geräte, die durch den Arzt alleine nicht finanziert werden können oder durch ihn alleine nicht voll ausgenutzt werden können, zwingen zu Kooperationen. Erst die gemeinsame Anschaffung und Nutzung solcher Investitionen durch mehrere Praxen oder in Kooperation mit Krankenhäusern machen die Anschaffung wirtschaftlich. Möglich wird dies beispielsweise über eine Apparategemeinschaft.

Überlebensstrategie

Praxen, die sich einem Umfeld ständig größer werdender Konkurrenzeinheiten gegenübersehen, sind letztlich selbst gezwungen zu wachsen, um nicht zum „Übernahmekandidaten" zu werden. Durch zunehmende eigene Größe und durch zunehmende Erweiterung des Leistungsangebotes kann die weitere Existenzberechtigung gesichert werden.

Standortsicherung

Eine ähnliche Strategie verfolgt die Kooperation zur Standortsicherung. Hier geht es um die Festigung der räumlichen Position und die Abgrenzung von anderen. Durch Kooperation mit anderen Praxen, beispielsweise durch die neue Möglichkeit der überörtlichen Gemeinschaftspraxis, wird das eigene Terrain vergrößert und gesichert. Aus Konkurrenzpraxen werden Verbündete.

Praxisabgabe

Der Arzt, der dem Ende seines aktiven Berufslebens entgegensieht, sichert durch Einbringung seiner Praxis in einen Verbund seinen Praxiswert in Zeiten, in denen Praxen noch (gut) bezahlt werden. Bereits jetzt ist in einzelnen Fachbereichen festzustellen, dass die Praxen gar nicht mehr oder nur schwer verkäuflich sind. Gleichzeitig stellt er so sein Einkommen für die noch verbleibenden Jahre sicher.

Sanierung

Der sanierungsbedürftige Mediziner sieht in der Kooperation oft die Chance zur Genesung. Dies funktioniert jedoch nur dann, wenn er dem neuen Verbund auch Beiträge bringt, die für die anderen von Nutzen sind. Die Kooperationspartner werden die Probleme des Sanierungsbedürftigen ohne Gegenleistung nicht lösen können und wollen.

3. Chancen und Risiken

Dieses sich verändernde Umfeld kann man alleine aus dem Blickwinkel des Risikos betrachten. Es bietet aber dem unternehmerisch engagierten Arzt auch Chancen.

Es ist ein zunehmender Fachärztemangel festzustellen, während gleichzeitig eine Verlagerung von Leistungen aus dem Krankenhaus zu Fachärzten stattfindet. Neue Möglichkeiten, wie beispielsweise die Telemedizin, werden zulässig.

Der 107. Bremer Ärztetag in Jahre 2004 legte den Grundstein, das Berufsrecht für neue Kooperationsformen zu öffnen. Seinen vorläufigen Abschluss findet dieser Prozess durch das 2007 in Kraft tretende Vertragsarztrechtsänderungsgesetz.

Die Gesundheitspolitik fördert neue Kooperationsformen; es entsteht eine Vielzahl ambulanter Versorgungsstrukturen.

Der zunehmende Wettbewerb unter den Ärzten fördert deren Initiativkraft. Der Arzt sieht sich zunehmend als Unternehmer. Es findet ein Umbau der kleinen Praxis zur Großpraxis (vom Tante Emma Laden zum Supermarkt) statt. Diese sich verändernden Bedingungen und der zunehmende Wettbewerbsdruck zwingen die Praxisinhaber zu neuen, innovativen Konzepten und einer betriebswirtschaftlichen „Unternehmensführung".

Die Aufgabe des Rechtsanwalts und Steuerberaters ist es, den Arzt bei diesen Vorhaben beratend zu unterstützen.

II. Die Neuerungen des Vertragsarztrechtsänderungsgesetzes – VÄndG – (BGBl. I S. 3439 v. 30.12.2006)

1. Hintergrund

Am 1.1.2007 ist das VÄndG in Kraft getreten, nachdem es am 30.12.2006 im Bundesgesetzblatt veröffentlicht worden war. Als Ziele der Neuregelungen wurden im Gesetzgebungsverfahren die Flexibilisierung der Tätigkeit der Vertragsärzte, Vertragspsychotherapeuten sowie Vertragszahnärzte hervorgehoben. Insoweit sollten auch auf vertragsarztrechtlicher Ebene die in den jeweiligen Muster-Berufsordnungen erfolgten **Liberalisierungen übernommen** werden. Besonders hervorzuheben ist die Änderung der Musterberufsordnung für die deutschen Ärzte auf dem 107. Deutschen Ärztetag in Bremen im Mai 2004. Die Änderungen erweiterten die Möglichkeiten zur Anstellung von (fachfremden) Ärzten, zur Tätigkeit an bis zu zwei weiteren Orten sowie die Bildung von standortübergreifenden/überörtlichen Berufsausübungsgemeinschaften. Ein Novum stellte dabei die Gründung von Berufsausübungsgemeinschaften mit eingeschränktem Leistungsspektrum dar (sog. Teilgemeinschaftspraxis).

Ein weiteres Ziel des Gesetzgebers bestand darin, **Versorgungsengpässen entgegenzusteuern**. Auch sollten Klarstellungen im Zusammenhang mit der Errichtung von MVZ erfolgen.

An maßgeblichen Stellen hat der Gesetzgeber wichtige Entscheidungen nicht selbst getroffen, sondern den Gemeinsamen Bundesausschuss und die Partner der Bundesmantelverträge beauftragt, untergesetzliche Normen zu schaffen. Es ist zu befürchten, dass manche Kassenärztliche Vereinigungen und Zulassungsgremien die Bearbeitung von Anträgen bis zum Inkrafttreten z. B. der bundesmantelvertraglichen Regelungen zurückstellen werden. Rechtlich korrekt wäre dies nicht, da das Gesetz am 1.1.2007 in Kraft getreten ist und dem einzelnen Arzt einen Rechtsanspruch auf Durchführung der neugeschaffenen Kooperationsmodelle einräumt. Vor diesem Hintergrund besteht eine Bescheidungspflicht, wobei es rechtlich zulässig wäre, der zukünftigen Rechtsentwicklung durch Auflagenvorbehalte Rechnung zu tragen.

2. Altersgrenze

Auf Initiative des Bundesrats wurde die **Zugangsaltersgrenze von 55 Jahren aufgehoben** (§ 98 Abs. 2 Nr. 12 SGB V, § 25 Ärzte-ZV). Hierdurch soll es auch älteren Ärzten ermöglicht werden, sich als Vertragsarzt freiberuflich zu betätigen. Weiterhin war es Motivation des Gesetzgebers, die Unterversorgung zu lindern.

Die **Beendigungsaltersgrenze von 68 Jahren** (§ 95 Abs. 7 SGB V) hat der Gesetzgeber grundsätzlich bestätigt. Ausnahmen sind möglich, sofern der Landesausschuss der Ärzte und Krankenkassen eine Unterversorgung festgestellt hat. Gegen die Beendigung der Altersgrenze von 68 Jahren werden indes europarechtliche Bedenken erhoben, weil die Regelung unter Aspekten der Altersdiskriminierung gegen die Richtlinie 2000/78/EG verstoßen könnte.

3. Verpflichtung zur vollzeitigen Tätigkeit

Gemäß § 19a Abs. 1 Ärzte-ZV wird der Vertragsarzt verpflichtet, die vertragsärztliche Tätigkeit vollzeitig auszuüben. Darüber hinaus wird die Zulassung als **Versorgungsauftrag** definiert.

Bei Übernahme der bisherigen Rechtsprechung des Bundessozialgerichts dürfte der Umfang einer **vollzeitigen Tätigkeit bei 26 Wochenstunden** liegen. Es ist damit zu rechnen, dass die Kassenärztlichen Vereinigungen verstärkt überprüfen werden, ob die Vertragsärzte der gesetzlichen Vorgabe nachkommen.

4. Teilzulassung

§ 19a Abs. 2 Ärzte-ZV räumt dem Vertragsarzt das Recht ein, den Versorgungsauftrag auf die Hälfte zu beschränken („Teilzulassung"). Gesetzgeberisches Motiv war auch hier die Flexibilisierung der vertragsärztlichen Tätigkeit zu ermöglichen, wobei insbesondere daran gedacht wurde, die Kompatibilität von Beruf und Familie zu verbessern.

Die Teilzulassung kann bereits im Rahmen der Erstzulassung beantragt werden. Es ist aber auch möglich, eine Vollzulassung nachträglich auf die Hälfte zu beschränken. Erforderlich ist ein entsprechender Antrag an den Zulassungsausschuss. Versagungsgründe sind nicht ersichtlich.

Grundsätzlich gilt das Prinzip: „Halber Status – halbe Rechte und Pflichten". Dem Grundsatz kommt besondere Bedeutung bei der **Bemessung von Abrechnungsvolumina** zu!

Die Gesetzesänderung führt dazu, dass ein Vertragsarzt über zwei Teilzulassungen verfügen kann, wobei diese durchaus unterschiedliche Kassenärztliche Vereinigungen betreffen und demgemäß zu einer Mitgliedschaft in zwei Kassenärztlichen Vereinigungen führen können.

Der Gesetzgeber hat keine Regelungen vorgesehen, wonach bei der Beschränkung einer Vollzulassung die „hälftige Zulassung" im Rahmen eines durchzuführenden Nachbesetzungsverfahrens auf einen Dritten übertragen werden kann. Es ist zu prognostizieren, dass die Zulassungsgremien bei dieser Fragestellung äußerst restriktive Auffassungen einnehmen werden. Demgegenüber müsste die **Nachbesetzungsfähigkeit einer bestehenden Teilzulassung** unproblematisch gegeben sein.

A. Einleitung

Aus § 19a Abs. 3 Ärzte-ZV ist abzuleiten, dass die Teilzulassung durch schriftlichen Antrag des Vertragsarztes durch den Zulassungsausschuss in eine „Vollzulassung" umgewandelt werden kann. Allerdings dürfen für das entsprechende Fachgebiet im Zeitpunkt der Antragstellung keine Zulassungsbeschränkungen angeordnet sein!

5. Teilentziehung

In konsequenter Umsetzung der Vorgaben zur Teilentziehung sieht das Gesetz nunmehr zu § 95 Abs. 6 SGB V vor, dass der Zulassungsausschuss die hälftige Zulassungsentziehung beschließen kann. Dies könnte der Fall sein, wenn ein Arzt gesundheitsbedingt dauerhaft täglich nur 4 Stunden arbeiten kann.

6. Hälftiges Ruhen der Zulassung

Liegen die Voraussetzungen für die Anordnung des Ruhens der Zulassung vor, kann bei vollem Versorgungsauftrag das hälftige Ruhen der Zulassung angeordnet werden (§ 95 Abs. 5 SGB V). Die Voraussetzungen können vorliegen, wenn ein Vertragsarzt mittelfristig arbeitstäglich nur für 4 Stunden tätig sein kann.

7. Aufweichung der Inkompatibilitätsvorschrift in § 20 Abs. 2 Ärzte-ZV

§ 20 Abs. 2 Satz 2 Ärzte-ZV in der ab dem 1.1.2007 geltenden Fassung bestimmt, dass die Tätigkeit eines Vertragsarztes „in oder die **Zusammenarbeit mit einem zugelassenen Krankenhaus** nach § 108 SGB V oder einer Vorsorge- oder Rehabilitationseinrichtung nach § 111 SGB V mit der Tätigkeit des Vertragsarztes vereinbar" ist. Durch diese „Klarstellung" hat der Gesetzgeber primär Krankenhausträger beim Betrieb von in ihrer Trägerschaft stehenden MVZ unterstützen wollen. Ein Krankenhausarzt darf nunmehr – selbstverständlich unter Beachtung etwaig bestehender Zulassungsbeschränkungen – teilzeitig in einem MVZ tätig werden, selbst wenn dieses von seinem Krankenhausträger betrieben wird. Der Regelung kommt Bedeutung auch insofern zu, als hiervon Berufsausübungsgemeinschaften betroffen sind, die eng mit Krankenhäusern kooperieren. Zu denken ist etwa an die radiologische Praxis, die ihren Sitz auf dem Krankenhausgelände hat und deren Gesellschafter die Abteilung für Radiologie führen. Insofern ist es durchaus denkbar, dass ein Gesellschafter der Gemeinschaftspraxis im Rahmen einer Teilzeitzulassung die Funktion des Leitenden Abteilungsarztes (Chefarztes) übernimmt.

8. Anstellung von Ärzten

§ 32b Ärzte-ZV bietet nunmehr die Anstellungsmöglichkeit von Ärzten auch anderer Fachgebiete in Vollzeit oder Teilzeit. Die unbeschränkte Anstellungsmöglichkeit setzt allerdings voraus, dass für das entsprechende Fachgebiet keine Zulassungsbeschränkungen bestehen.

Ungeklärt ist allerdings die Frage, ob die Anstellung eines **fachfremden Arztes** für den vertragsärztlichen Bereich zulässig ist, wenn die entsprechende Berufsordnung – so z. B. in Nordrhein – die Anstellung fachfremder Ärzte untersagt.

Gerade im Hinblick auf die Anstellungsmöglichkeit von Ärzten kommt der bundesmantelvertraglichen Konkretisierung eine besondere Bedeutung zu. Es ist zu erwarten, dass die Partner der Bundesmantelverträge eine zahlenmäßige Begrenzung der anzustellenden Ärzte vorsehen und den Mindestumfang der Tätigkeit festlegen werden. Auch sind Vorgaben zum Umfang der Überwachungspflicht des Praxisinhabers zu erwarten.

9. Tätigkeit außerhalb des Vertragsarztsitzes („Filialisierung")

Von der Möglichkeit, sich überörtlich zu einer Berufsausübungsgemeinschaft zusammenzuschließen, ist die **Gründung einer Filiale** gem. § 24 Abs. 3 Ärzte-ZV zu unterscheiden:

„Vertragsärztliche Tätigkeiten außerhalb des Vertragsarztsitzes an weiteren Orten sind zulässig, wenn und soweit

1. dies die Versorgung der Versicherten an den weiteren Orten verbessert und

2. die ordnungsgemäße Versorgung der Versicherten am Ort des Vertragsarztsitzes nicht beeinträchtigt wird."

Die Möglichkeit zur scheinbar unbeschränkten Filialbildung scheint in Widerspruch zu den Grundsätzen der Bedarfsplanung zu stehen. Andererseits betragen die Wartezeiten für Untersuchungen z. B. für bildgebende Verfahren – nicht zuletzt wegen der budgetierten Vergütungssituation – teilweise mehrere Wochen. Jede Abkürzung wäre als qualitative Verbesserung der Versorgungssituation zu werten! Dürfte nun jeder Vertragsarzt eine Filiale in einem gesperrten Planungsbereich eröffnen, würde dies zwangläufig zu einem **Unterlaufen der Bedarfsplanung** führen, was die KBV und die Spitzenverbände der Krankenkassen in den Bundesmantelverträgen mit größter Wahrscheinlichkeit verhindern werden. In nicht zulassungsbeschränkten Fachgebieten – z. B. Strahlentherapie, Nuklearmedizin – wird aber voraussichtlich eine großzügigere Betrachtungsweise erfolgen.

Die Gründung der Filiale kann in dem Bezirk erfolgen, in welchem der Vertragsarzt seinen Vertragsarztsitz hat. In diesem Fall erfolgt die Genehmigung durch seine Kassenärztliche Vereinigung. Soweit die weiteren Orte außerhalb des Bezirks seiner Kassenärztlichen Vereinigung liegen, erteilt der Zulassungsausschuss, in dessen Bezirk er die Tätigkeit aufnehmen will, eine Ermächtigung. Auf die Erteilung der Genehmigung/Ermächtigung besteht bei Vorliegen der Voraussetzungen ein Rechtsanspruch.

Die Tätigkeit an den weiteren Orten kann durch Einbindung angestellter Ärzte erfolgen. Dabei kommt dem Praxisinhaber die Leitungs- und Überwachungsfunktion auch hinsichtlich der Filiale zu. Vom Grundsatz her kann der angestellte Arzt seine Tätigkeit relativ weisungsfrei verrichten. Das Bundessozialgericht hat bereits mit Urteil v. 20.9.1995 (6 Rka 37/94, MedR 1996 S. 470) betont, dass die Stellung des angestellten Arztes trotz fehlender Vertragsarztzulassung eher derjenigen eines Partners in einer Gemeinschaftspraxis entspreche als derjenigen eines Assistenten. Der angestellte (Zahn-)Arzt dürfe selbständig und ohne Abhängigkeit von Weisungen und Aufsicht des Praxisinhabers Versicherte behandeln.

Den Detailregelungen in den Bundesmantelverträgen darf auch insofern mit Spannung entgegengesehen werden.

10. Überörtliche Berufsausübungsgemeinschaft

Von vielen Ärzten wird die nunmehr auch vertragsarztrechtlich zulässige überörtliche Berufsausübungsgemeinschaft (§ 33 Abs. 2 und 3 Ärzte-ZV) als Kernstück des neuen Gesetzes angesehen. Berufsausübungsgemeinschaften können nunmehr, und zwar unabhängig vom Fachgebiet, sogar KV-übergreifend gebildet werden. Den Ärzten steht ein **Wahlrecht** zu, welche Kassenärztliche Vereinigung sie als „Stamm-KV" wählen. An die Ausübung des Wahlrechts sind sie für die Dauer von **2 Jahren** gebunden.

Ob der tatsächliche Bedarf für die Durchführung überörtlicher Kooperationen erheblich sein wird, bleibt abzuwarten. Details zur überörtlichen Berufsausübungsgemeinschaften finden sich auf S. 145 ff.

11. Teilberufsausübungsgemeinschaft

Das VÄndG übernimmt aus der MBO das Institut der sog. Teilberufsausübungsgemeinschaft (§ 33 Abs. 2 Satz 3 Ärzte-ZV). Dem Gesetzgeber ist nicht verborgen geblieben, dass Teilberufsausübungsgemeinschaften im privatärztlichen Bereich gebildet werden, um auf vermeintlich legalem Weg am Honorar Dritter zu partizipieren. Im vertragsärztlichen Bereich wird die Zulässigkeit der Teilberufsausübungsgemeinschaft unter den Vorbehalt gestellt, dass diese nicht zur Erbringung überweisungsgebundener medizinisch-technischer Leistungen mit überweisungsberechtigten Leistungserbringern gebildet wird. Im Übrigen wird verwiesen auf S. 129.

12. Medizinische Versorgungszentren

In § 95 Abs. 1 und 2 SGB V hat der Gesetzgeber die Gründungsvoraussetzungen erleichtert, indem zukünftig nicht mehr zwei selbständige ärztliche Fachgebiete repräsentiert werden müssen, sondern **Schwerpunkte** ausreichen. Ferner wird eine kooperative Leitung des MVZ ausdrücklich auch für den Fall vorgesehen, dass in dem MVZ Vertragsärzte und Vertragszahnärzte tätig werden. Zum Schutz gegründeter MVZ trägt es bei, dass diesen die Zulassung erst dann entzogen wird, wenn die Gründungsvoraussetzungen länger als 6 Monate nicht vorliegen (§ 95 Abs. 6 Satz 3 SGB V).

Das VÄndG hat für MVZ nicht nur Vorteile gebracht. Sofern als Rechtsform eine juristische Person gewählt wird, muss eine selbstschuldnerische Bürgschaft deren Gesellschafter beigebracht werden. Auch wurde die Privilegierung aufgehoben, wonach Vertragsärzte, die auf ihre Zulassung verzichtet haben, um in einem MVZ als angestellter Arzt tätig zu werden, unter bestimmten Voraussetzungen nach Ablauf einer Tätigkeit von mindestens 5 Jahren in diesem MVZ eine **neue Zulassung** beantragen konnten. Im Übrigen wird auf die Ausführungen auf S. 26 verwiesen.

III. Daten, Zahlen und Fakten zur Ärzteschaft

In Deutschland waren Ende 2005 insgesamt 307.557 Ärzte berufstätig, davon 134.798 im ambulanten Bereich und 146.511 im stationären Bereich. Im ambulanten Bereich übten 126.252 Ärzte ihren Beruf in Form der Niederlassung, also freiberuflich, aus. In den 17 Kassenärztlichen Vereinigungen waren 131.802 Ärzte und 12.564 psychologische Psychotherapeuten Mitglied, wobei sich die Ärzte in 59.100 Hausärzte und 72.702 Fachärzte aufteilen. Diese Ärzte waren in 76.895 Einzelpraxen und 17.704 Gemeinschaftspraxen sowie 520 Medizinischen Versorgungszentren tätig. Die Zahl der in Gemeinschaftspraxen tätigen Ärzte nahm von 29.731 in 1993 auf 42.995 in 2006 zu, so dass heute etwa 30 % der Vertragsärzte ihre Tätigkeit in Gemeinschaftspraxen ausüben. In den MVZ sind 2.183 Ärzte tätig, von denen 1.365 angestellt sind; die anderen haben ihre Vertragsarztzulassung und damit ihre Selbstständigkeit beibehalten. Durchschnittlich sind in einem MVZ vier Ärzte tätig. Angaben zur durchschnittlichen Größe von Gemeinschaftspraxen liegen nicht vor.

Ende 2004 waren in Deutschland 81.129 Zahnärzte tätig, von denen 55.883 niedergelassen waren. Die meisten Zahnärzte sind immer noch in Einzelpraxen tätig; auch sind nur wenige Zahnärzte in Praxen angestellt.

Quellen: Kassenärztliche Bundesvereinigung, http://www.kbv.de/presse/ 7479.html, http:// www.kbv.de/themen/7178.html, Bundesärztekammer, http://www.baek.de → Ärztestatistik, Kassenzahnärztliche Bundesvereinigung, http://www.kzbv.de/statistik/S_146.pdf, http://www.kzbv.de/statistik/ S_138.pdf, Bundeszahnärztekammer, http://www.bzaek.de/list/presse/ datenfakten/df2005.pdf.

IV. Zulassungsbeschränkungen als Kooperationshindernis

1. Rechtsnatur der Vertragsarztzulassung

Die Zulassung als Vertragsarzt stellt ein höchstpersönliches öffentliches Recht dar (BSG v. 10.5.2000 – B 6 KA 67/98 R, BSGE 86 S. 121). Dieser öffentlich-rechtliche Status („Zulassung, Vertragsarztsitz") unterliegt nicht der Verfügungsberechtigung des Rechtsinhabers und kann demgemäß nicht Gegenstand eines Kaufvertrages sein. Ein auf die Veräußerung einer Vertragsarztzulassung gerichteter Vertrag ist **nichtig**.

2. Überblick über das Nachbesetzungsverfahren

a) Voraussetzungen

Zum 1.1.1993 hat der Gesetzgeber eine verschärfte Bedarfszulassung eingeführt. Diese betrifft Fachgebiete mit mehr als eintausend Vertragsärzten. Inzwischen bestehen für die meisten Fachgebiete in den attraktiveren Regionen Zulassungsbeschränkungen, was die Durchführung vieler auch im Patienteninteresse sinnvoller Kooperationsvorhaben unmöglich macht.

Um den Inhabern von Praxen oder von Gesellschaftsanteilen eine wirtschaftliche Verwertung trotz angeordneter Zulassungssperren zu ermöglichen, hat der Gesetzgeber in § 103 Abs. 4 SGB V ein **Ausschreibungsverfahren** vorgesehen, unter welchen Voraussetzungen eine Übertragung der Praxis oder eines Gesellschaftsanteils an einer Berufsausübungsgemeinschaft zulässig ist:

„Wenn die Zulassung eines Vertragsarztes in einem Planungsbereich, für den Zulassungsbeschränkungen angeordnet sind, durch Erreichen der Altersgrenze, Tod oder Verzicht oder Entziehung endet und die Praxis von einem Nachfolger fortgeführt werden soll, hat die Kassenärztliche Vereinigung auf Antrag des Vertragsarztes oder seiner zur Verfügung über die Praxisbefugten berechtigten Erben diesen Vertragsarztsitz in den für ihre Bekanntmachungen vorgesehenen Blättern unverzüglich auszuschreiben und eine Liste der eingehenden Bewerbungen zu erstellen."

aa) Erreichen der Altersgrenze

Die Zulassung endet kraft Gesetzes grundsätzlich mit Ablauf des Kalendervierteljahres, in welchem der Vertragsarzt sein 68. Lebensjahr vollendet (§ 95 Abs. 7 Satz 3 SGB V). Das Bundesverfassungsgericht hat wiederholt entschieden, dass die Beendigungsaltersgrenze im **Allgemeinwohlinteresse** verfassungsgemäß ist (zuletzt mit Beschluss v. 26.1.2007 - 2 BvR 2408/06). Der Gesetzgeber hat sie im VÄndG nochmals bestätigt. Ob europarechtliche Vorgaben unter Altersdis-

A. Einleitung

kriminierungsgesichtspunkten zu einer Korrektur führen werden, bleibt abzuwarten.

bb) Todesfall

Mit dem Tod fällt der an die Person gebundene Zulassungsstatus weg (§ 95 Abs. 7 Satz 1 SGB V). Gemäß § 20 Abs. 3 MBO-Ä kann die Praxis eines verstorbenen Arztes zugunsten seiner Witwe oder eines unterhaltsberechtigten Angehörigen in der Regel bis zur Dauer von 3 Monaten nach dem Ende des Kalendervierteljahres durch einen anderen Arzt fortgesetzt werden. Für den vertragsärztlichen Bereich lassen § 4 Abs. 3 BMV-Ä sowie § 8 Abs. 5 EKV- Ä die Fortführung bis zur Dauer von zwei Quartalen zu.

cc) Verzicht

Der Verzicht auf die Zulassung richtet sich nach § 28 Abs. 1 Satz 1 Ärzte-ZV. Der Zulassungsverzicht ist eine einseitige, an den Zulassungsausschuss gerichtete Willenserklärung, die auf die **Beendigung der Mitgliedschaft in der Kassenärztlichen Vereinigung** abzielt. Die Verzichtserklärung ist wirksam mit ihrem Zugang beim Zulassungsausschuss (§ 130 BGB), ohne dass es zur Wirksamkeit des Verzichts einer gesonderten Annahme durch den Zulassungsausschuss bedarf. Der Arzt kann sich von der Verzichtserklärung nicht lösen.

PRAXISHINWEIS

Im Nachbesetzungsverfahren hat es sich bewährt, die Verzichtserklärung mit der **Bedingung** zu versehen, dass ein **Nachfolger bestandskräftig** für den Vertragsarztsitz zugelassen wird.

Gemäß § 28 Abs. 1 Satz 1 Ärzte-ZV wird der Verzicht auf die Zulassung mit dem Ende des auf den Zugang der Verzichtserklärung folgenden Kalendervierteljahres wirksam. Der Zulassungsausschuss kann die Frist auf Antrag abkürzen.

dd) Zulassungsentziehung

Der Zulassungsausschuss muss dem Vertragsarzt von Amts wegen die Zulassung entziehen, wenn ihre Voraussetzungen nicht oder nicht mehr vorliegen, der Vertragsarzt die vertragsärztliche Tätigkeit nicht aufnimmt oder nicht mehr ausübt oder seine vertragsärztlichen Pflichten gröblich verletzt (§ 95 Abs. 6 Satz 1 SGB V i. V. m. § 27 Ärzte- ZV). Der zuletzt genannte Tatbestand der gröblichen Pflichtverletzung bildet in der Rechtspraxis die Grundlage für die zahlenmäßig häufigsten Zulassungsentziehungen.

Ob die durch das VändG zum 1.1.2007 eingeführte Teilentziehung zur Nachbesetzung berechtigt, ist gesetzlich nicht geregelt. Im Interesse der Beteiligten ist zu wünschen, dass die Zulassungsgremien und Gerichte eine liberale Auffassung vertreten und die „Marktfähigkeit" der Teilzulassung anerkennen.

b) Antrag auf Ausschreibung

Die Nachbesetzung des Vertragsarztsitzes setzt einen **Antrag auf Ausschreibung** voraus. Der Antrag ist an die Kassenärztliche Vereinigung – nicht an den Zulassungsausschuss – zu richten. Bei einer Gemeinschaftspraxis steht das Recht auf Ausschreibung nach dem Ausscheiden eines seine Zulassung nicht mitnehmenden Gesellschafters auch den verbleibenden Gesellschaftern zu. Verstirbt der Vertragsarzt, sind dessen Erben, bei Anordnung von Testamentsvollstreckung ist der Testamentsvollstrecker antragsbefugt. Wird kein Ausschreibungsantrag gestellt, **verfällt der Vertragsarztsitz**. Der Berechtigte kann den Antrag auf Ausschreibung zurücknehmen. Die Rücknahme ist jedoch nicht jederzeit möglich, sondern nur bis zum Ende der mündlichen Verhandlung vor dem Zulassungsausschuss.

Die Kassenärztliche Vereinigung **veröffentlicht die Ausschreibung** – regelmäßig anonym – unter Angabe der Praxisform sowie Nennung einer Bewerbungsfrist in ihren amtlichen Bekanntmachungen. Die Bewerberliste stellt sie dem abgebenden Vertragsarzt sowie dem Zulassungsausschuss zur Verfügung. Die weitere Verfahrenszuständigkeit liegt nun beim Zulassungsausschuss.

c) Auswahlentscheidung

aa) Ermessensentscheidung

Im Rahmen seiner **Ermessensentscheidung** hat der Zulassungsausschuss bei der Bewerberauswahl folgende, in § 103 Abs. 4 Satz 4 SGB V aufgeführte Kriterien zu beachten:

- berufliche Eignung,
- Approbationsalter,
- Dauer der ärztlichen Tätigkeit,
- Ehegatte oder Kind des Abgebers,
- angestellter Arzt des Abgebers,
- Gemeinschaftspraxispartner des Abgebers als Bewerber,
- wirtschaftliche Interessen des Praxisabgebers.

Der Gesetzgeber hat die Auswahlkriterien nicht gewichtet, so dass von deren **grundsätzlicher Gleichrangigkeit** auszugehen ist. In der Praxis wird den leicht überprüfbaren Kriterien **Approbationsalter** sowie **Dauer der ärztlichen Tätigkeit** ein besonderes Gewicht beigemessen. Über die gesetzlichen Voraussetzungen hinaus kann die – längere – Mitarbeit des Bewerbers in der Praxis des Abgebers oder dessen Vertretung in die Ermessensentscheidung einfließen (LSG Schles-

A. Einleitung

wig-Holstein v. 5.5.2006 – L 4 B 269/06 KA ER, NZS 2007, 108; LSG Nordrhein-Westfalen v. 30.11.2005 – L 10 KA 29/05, GesR 2006, S. 457).

Es ist zu beachten, dass die öffentlich-rechtliche Regelung der Nachbesetzung von dem nach Maßgabe des Zivilrechts zu beurteilenden Praxisübergabevertrag zu trennen ist. Jedoch ist derjenige Bewerber, der nicht bereit ist, den Verkehrswert der Praxis zu zahlen, **nicht zulassungsfähig**. Der Kaufpreis ist dabei nicht nur auf Grundlage des vertragsärztlichen Teils der Praxis zu bestimmen, sondern er ergibt sich aus der **Bewertung der gesamten Praxis** als organisatorisch-wirtschaftliche Einheit. Regelmäßig können die Ressourcen der Praxis nämlich nicht eindeutig dem privatärztlichen oder vertragsärztlichen Bereich der Praxis zugeordnet werden, besonders wenn die Praxis nach außen als Einheit und nicht als selbständige Privatpraxis und davon getrennte Vertragsarztpraxis auftritt.

Der Abgeber kann sich selbstverständlich vorbehalten, weiterhin noch privatärztlich tätig zu bleiben. In diesem Fall beschränkt sich die Verkehrswertbestimmung auf den vertragsärztlichen Bereich, wobei Abgeber und Übernehmer eine Praxisgemeinschaft oder eine privatärztlich-vertragsärztliche Gemeinschaftspraxis bilden können.

bb) Eintragung in die Warteliste

Gemäß § 103 Abs. 5 SGB V sind die Kassenärztlichen Vereinigungen (Registerstellen) verpflichtet, für jeden Planungsbereich eine Warteliste zu führen. In dieser Warteliste werden auf Antrag die Ärzte aufgenommen, die sich um einen Vertragsarztsitz bewerben und in das Arztregister eingetragen sind (§ 103 Abs. 5 Satz 2 SGB V). Die Antragsteller müssen zulassungsfähig sein. Die Eintragung in Wartelisten mehrerer Kassenärztlicher Vereinigungen ist zulässig. Im Rahmen ihrer Auswahlentscheidung haben die Zulassungsgremien die **Dauer der Eintragung in der Warteliste** zu berücksichtigen (§ 103 Abs. 5 Satz 3 SGB V). Die Dauer der Eintragung wird regelmäßig nur dann relevant werden, wenn hinsichtlich der übrigen Auswahlkriterien, insbesondere derjenigen zum persönlichen Eignungsprofil, eine **Pattsituation** vorliegt.

cc) Privilegierung von Berufsausübungsgemeinschaften

§ 103 Abs. 6 SGB V bestimmt, dass bei der Auswahlentscheidung die Interessen der in der Praxis verbleibenden Vertragsärzte angemessen zu berücksichtigen sind.

Es ist zu begrüßen, dass das Bundessozialgericht mit Urteil v. 5.11.2003 – B 6 KA 11/03 R, MedR 2004 S. 697 – seine Rechtsprechung weiterentwickelt und die Rechtsposition der verbleibenden Partner einer Berufsausübungsgemeinschaft deutlich gestärkt hat, indem es deren wirtschaftliches Interesse am Fortbestand der Praxis als im Auswahlverfahren zu berücksichtigen betont hat.

> **PRAXISHINWEIS**
>
> In vielen Fällen ist eine Gemeinschaftspraxis an dem Vertragsarztsitz des Abgebers interessiert. Hier bietet es sich an, dass der Abgeber seinen Vertragsarztsitz verlegt und der „Zielpraxis **beitritt**" mit der Folge, dass die Ausschreibung aus einer Gemeinschaftspraxis heraus erfolgt und die Interessen der Mitgesellschafter bei der Auswahlentscheidung berücksichtigt werden.

d) Weiterführung der Praxis

Die Durchführung des Nachbesetzungsverfahrens setzt eine **fort- oder weiterführungsfähige Praxis** bzw. einen funktionsfähigen Praxisanteil voraus. Das Bundessozialgericht geht von Fortführungsfähigkeit aus, wenn „*Besitz bzw. Mitbesitz von Praxisräumen, die Ankündigung von Sprechzeiten, die tatsächliche Entfaltung einer ärztlichen Tätigkeit unter den üblichen Bedingungen sowie das Bestehen der für die Ausübung der ärztlichen Tätigkeit im jeweiligen Fachgebiet erforderlichen Praxisinfrastruktur in apparativ-technischer Hinsicht*" gegeben ist. Die Vertragsarztpraxis muss noch **tatsächlich existieren und betrieben** werden. Idealerweise erfolgt ein gleitender Übergang zwischen Abgeber und Übernehmer. Zumindest hat die Realisierung der Nachfolge zeitnah zu geschehen.

Eine vollständige Identität der Geräteausstattung, des medizinischen Leistungsspektrums, der Räumlichkeiten sowie des Personals ist nicht unbedingt erforderlich. Bei Praxisübergaben werden Inventar und Geräte nicht selten komplett oder größtenteils ausgetauscht, um gegenüber Patienten „frischen Wind" (Innovationsfähigkeit) zu demonstrieren. An einer Weiterführung der Praxis bestehen in diesen Fällen keine Zweifel.

Richtigerweise ist vor allem darauf abzustellen, ob der **Goodwill der Praxis** oder des Praxisanteils zum überwiegenden Teil tatsächlich übernommen wird. Bei den meisten Praxen übersteigt der immaterielle Wert den materiellen Wert, so dass diesem Kriterium besonderes Gewicht zukommt. Der immaterielle Wert besteht – vereinfacht ausgedrückt – aus dem Patientenstamm. Maßgeblich ist mithin, ob aus Patientensicht die bisherige ärztliche Tätigkeit – möglicherweise zeitgemäßer und innovativer – fortgeführt wird.

Die **Verlegung** des Vertragsarztsitzes im unmittelbaren zeitlichen Zusammenhang mit der Nachfolgezulassung kann – unter anderem – ein **Indiz für die fehlende Praxisfortführung** sein. Dabei gilt der Grundsatz, dass eine Praxisfortführung mit **zunehmender Entfernung** der Verlegung abnimmt. Etwas anderes gilt für solche Arztgruppen, die mit einem speziellen Angebot arbeiten und bei denen die Patienten erfahrungsgemäß weitere Wege in Kauf nehmen, wenn kein anderer Leistungsanbieter existiert.

A. Einleitung

Viele Zulassungsausschüsse genehmigen eine **Verlegung** nach erfolgter Nachfolgezulassung erst nach 3 bis 6 Monaten!

e) Rechtsschutzprobleme

Jeder abgelehnte Bewerber, ferner der Praxisabgeber sowie die Kassenärztliche Vereinigung und die Verbände der Krankenkassen können gegen die Zulassung eines Kandidaten **Widerspruch zum Berufungsausschuss** einlegen.

Der zugelassene Bewerber kann seine vertragsärztliche Tätigkeit nach mündlicher Bekanntgabe des Zulassungsbeschlusses aufnehmen. Allerdings geht er ein nicht unerhebliches Risiko ein. Der gegen seine Zulassung gerichtete Widerspruch hat **aufschiebende Wirkung** (§ 86a Abs. 1 Satz 1 SGG). Diese tritt rückwirkend auf den Zeitpunkt des Erlasses des angefochtenen Zulassungsbeschlusses ein mit der Konsequenz, dass selbst die vor Einlegung des Widerspruchs erbrachten vertragsärztlichen Leisten nicht **zu vergüten** sind.

Die Einlegung des Widerspruchs kann dazu führen, dass sich die Aufnahme der Tätigkeit des ausgewählten Bewerbers nicht nur verzögert, sondern durch die lange Verfahrensdauer insgesamt vereitelt wird, weil der zugelassene Bewerber nicht abwarten will oder nicht mehr von einer fortführungsfähigen Praxis ausgegangen werden kann.

Umstritten ist, ob bereits der Zulassungsausschuss berechtigt ist, seine Entscheidung für **sofort vollziehbar** zu erklären. Da hierfür eine Rechtsgrundlage fehlt, ist dies zu verneinen. Erst der Berufungsausschuss kann die Vollziehung seiner Auswahlentscheidung **im öffentlichen Interesse** anordnen (§ 97 Abs. 4 SGB V). Umstritten ist, ob das öffentliche Interesse aus planungsrechtlichem Blickwinkel zu beurteilen ist mit der Konsequenz, dass in überversorgten Gebieten regelmäßig kein Sofortvollzug in Betracht käme, oder ob auf die individuelle Situation der in der konkreten Praxis betreuten Patienten (Behandlungskontinuität) abzustellen ist.

Ordnet der Berufungsausschuss die sofortige Vollziehung nicht an, können die Beteiligten deren Anordnung beim Sozialgericht beantragen (§ 86b Abs. 1 Satz 1 Nr. 1 SGG). Das Bundessozialgericht hat mit Urteil v. 5.11.2003 – B 6 KA 11/03 R, MedR 2004 S. 697 – explizit hervorgehoben, dass die Anordnung der sofortigen Vollziehbarkeit durch das Sozialgericht auch im **überwiegenden Interesse eines Beteiligten** erfolgen kann.

Wird die einstweilige Anordnung später aufgehoben, kann die Kassenärztliche Vereinigung die an den Vertragsarzt gezahlte Vergütung **nicht zurückfordern**.

Von praktischer Relevanz ist die Frage, inwieweit die Durchführung des Widerspruchsverfahrens für den letztlich unterliegenden Widerspruchsführer mit einem **besonderen Kostenrisiko** verbunden ist. Das Bundessozialgericht hat dies mit Urt. v. 31.5.2006 – B 6 KA 62/04 R, GesR 2007 S. 19 wegen einer fehlenden gesetzlichen Rechtsgrundlage verneint und für den Fall eines rechtsmissbräuchlich eingelegten Widerspruchs auf die vor den Zivilgerichten geltend zu machenden deliktsrechtlichen Ansprüche verwiesen.

3. Zukunft der Zulassungsbeschränkungen

Das GKV-Wettbewerbsstärkungsgesetz (BGBl. I 2007, S. 378) hat die Zulassungsbeschränkungen für Vertragszahnärzte mit Wirkung ab dem 1.4.2007 aufgehoben.

In § 87 Abs. 7 GKV-Wettbewerbsstärkungsgesetz findet sich der Auftrag an den Bewertungsausschuss, dem Bundesministerium für Gesundheit bis zum 31.3.2011 zu berichten, ob auch für den Bereich der ärztlichen Versorgung auf die Steuerung des Niederlassungsverhaltens durch Zulassungsbeschränkungen verzichtet werden kann. Vor diesem Hintergrund ist es nicht unwahrscheinlich, wenn die Zulassungsbeschränkungen auch für den vertragsärztlichen Bereich **abgeschafft** werden.

B. Berufsausübungsgemeinschaften

I. Begriff der Berufsausübungsgemeinschaft

Literatur:

Dahm/Ratzel, Liberalisierung der Tätigkeitsvoraussetzungen des Vertragsarztes und Vertragsarztrechtsänderungsgesetz – VÄndG, MedR 2006, S. 555; *Peikert*, in: Rieger, Lexikon des Arztrechts, 2003 S. 150 – Apparategemeinschaft; *Weimer*, ebendort, S. 840 – Berufsausübungsgemeinschaft

Das VÄndG hat sowohl im SGB V als auch in der Ärzte-Zulassungsverordnung den jahrzehntelang für die gemeinschaftliche Berufsausübung exklusiv verwendeten Begriff der Gemeinschaftspraxis durch denjenigen der Berufsausübungsgemeinschaft ersetzt. Pate gestanden hat die MBO-Ärzte, die bereits seit längerem berücksichtigt, dass die gemeinschaftliche Berufsausübung auch in einer Partnerschaftsgesellschaft erfolgen kann. Wesen der Berufsausübungsgemeinschaft ist – in Abgrenzung zur Organisationsgemeinschaft – die gemeinschaftliche Berufsausübung der Ärzte.

An keiner Stelle im Gesetz oder in der MBO-Ä sind die an die gemeinschaftliche Berufsausübung zu stellenden Anforderungen konkretisiert. Durch die Möglichkeit zur Bildung von Teilberufsausübungsgemeinschaften wird die Begriffsbestimmung zudem erschwert. Völlig konturenlos ist der Begriff der Berufsausübungsgemeinschaft dadurch geworden, dass § 33 Abs. 2 Ärzte-ZV selbst den in der Rechtsform der juristischen Person betriebenen MVZ-Trägergesellschaften die Fähigkeit zuerkennt, Mitglied in einer Berufsausübungsgemeinschaft zu werden.

In den Entwürfen der Bundesmantelverträge-Ärzte findet sich folgende Definition: *„Berufsausübungsgemeinschaften sind nicht Praxisgemeinschaften, Apparategemeinschaften oder Laborgemeinschaften oder andere Organisationsgemeinschaften."*

II. Gemeinschaftspraxis

1. Rechtliche Aspekte

Literatur:

Dahm, Ärztliche Kooperationsgemeinschaften und Beteiligungsmodelle, MedR 1998 S. 70; *Möller*, Rechtliche Probleme von „Nullbeteiligungsgesellschaften" – wieviel wirtschaftliches Risiko muss sein?, MedR 1999 S. 493; *Dahm*, Die „fehlerhafte" Gesellschaft der Gemeinschaftspraxis, in: Schriftenreihe der Arbeitsgemeinschaft Medizinrecht im DAV, Bd. 2, 2000, S. 39; *Eisenberg*, Ärztliche Kooperations- und Organisationsformen, 2002; *Goette*, Mindestanforderungen an die Gesellschafterstellung in der BGB-Gesellschaft, MedR 2002 S. 1; *Großbölting/Jacklin*, Formen ärztlicher Tätigkeit im Vertragsarztrecht, Zulassung und

B. Berufsausübungsgemeinschaften

Konkurrentenstreit, NZS 2002 S. 130; *Preißler/Sozietät Dr. Rehborn*, Ärztliche Gemeinschaftspraxis versus Scheingesellschaft, 2002; *Rieger*, Verträge zwischen Ärzten in freier Praxis (Heidelberger Musterverträge), 7. Aufl. 2002; *Gollasch*, Die fachübergreifende Gemeinschaftspraxis, 2003; *ausführlich zur Gemeinschaftspraxis unter vielfältigen praxisrelevanten Aspekten Rieger*, in: Rieger (Hrsg.), Lexikon des Arztrechts, 2003, S. 2050 – Gemeinschaftspraxis; *Schmidt, K.*, Die Gesellschafterhaftung bei der Gesellschaft bürgerlichen Rechts als gesetzliches Schuldverhältnis, NJW 2003 S. 1897; *Ulmer*, Die Haftungsverfassung der BGB-Gesellschaft, ZIP 2003 S. 1113; *Cramer*, Praxisgemeinschaft versus Gemeinschaftspraxis – Auf den Gesellschaftszweck kommt es an, MedR 2004 S. 552; *Engelmann*, Die Gemeinschaftspraxis im Vertragsarztrecht, ZMGR 2004 S. 3; *ders.*, Kooperative Berufsausübung von Ärzten und Vertragsärzten, in: von Wulffen/Krasney (Hrsg.), Festschrift 50 Jahre Bundessozialgericht, 2004, S. 429; *Möller*, Beitritt zur Gemeinschaftspraxis – persönliche Haftung für Altverbindlichkeiten, MedR 2004 S. 69; *Ratzel/Lippert*, Das Berufsrecht der Ärzte nach den Beschlüssen des 107. Deutschen Ärztetags in Bremen, MedR 2004 S. 525; *Trautmann*, Die vertragsarztrechtlichen Voraussetzungen der gemeinschaftlichen Berufsausübung von Ärzten nach § 33 Abs. 2 Ärzte-ZV, NZS 2004 S. 238; *Braun/Richter*, Vertragärztliche Gemeinschaftspraxis: zivil-, steuer- und sozialrechtliche Aspekte der Nachfolge von Todes wegen, MedR 2005 S. 446; *Benecke*, Inhaltskontrolle im Gesellschaftsrecht oder: „Hinauskündigung" und das Anstandsgefühl aller billig und gerecht Denkenden, ZIP 2005 S. 1437; *Gehrlein*, Neue Tendenzen zum Verbot der freien Hinauskündigung eines Gesellschafters, NJW 2005 S. 1969; *ausführlich Halbe/Rothfuß*, in: Halbe/Schirmer (Hrsg.), Handbuch Kooperationen im Gesundheitswesen, 2005, A 1000 - Berufsausübungsgemeinschaft; *Koch*, Niederlassung und berufliche Kooperation – Neue Möglichkeiten nach der novellierten (Muster-)Berufsordnung für Ärzte, GesR 2005 S. 241; *Reiter*, Ärztliche Berufsausübungsgemeinschaften vs. Organisationsgemeinschaft – Ist die wirtschaftliche Beteiligung Dritter an einer Arztpraxis statthaft?, GesR 2005 S. 6; *Dahm/Ratzel*, Liberalisierung der Tätigkeitsvoraussetzungen des Vertragsarztes und Vertragsarztrechtsänderungsgesetz, MedR 2006 S. 555; *Goette*, Zur jüngeren Rechtsprechung des II. Zivilsenats zum Gesellschaftsrecht, DStR 2006 S. 139; *Kraus/Kunz u. a.*, Sozietätsrecht, 2. Aufl. 2006; *Möller*, Aktuelle Probleme bei Gründung und Betrieb von Gemeinschaftspraxen, MedR 2006 S. 621; *Pestalozza*, Kompetentielle Fragen des Entwurfs eines Vertragsarztrechtsänderungsgesetzes, GesR 2006 S. 389; *Steinhilper/Weimer*, Zur Anpassung des Vertragsarztrechts an die Musterberufsordnung – Stand März 2006, GesR 2006 S. 200; *Steffen*, Formen der Arzthaftung in interdisziplinär tätigen Gesundheitseinrichtungen, MedR 2006 S. 75; *Wenner/Bernard*, Der Gegenstandswert der anwaltlichen Tätigkeit in vertragsärztlichen Streitigkeiten, NZS 2006 S. 1; *Wessing/Dann*, Scheinselbständigkeit als Strafbarkeitsrisiko für Vertragsärzte – zugleich Anmerkung zu LG Lübeck, Beschluss v. 25.8.2005 – 6 KLs 22/04, GesR 2006 S. 150; *Gummert/Meier*, Nullbeteiligungsgesellschaften, MedR 2007 S. 1; *dies.*, Beteiligung Dritter an den wirtschaftlichen Ergebnissen ärztlicher Tätigkeit, MedR 2007 S. 75.

a) Definition

In ständiger Rechtsprechung definiert der Bundesgerichtshof die Gemeinschaftspraxis als *„gemeinsame Ausübung ärztlicher Tätigkeit durch mehrere Ärzte der gleichen oder verwandter Fachgebiete in gemeinsamen Räumen mit gemeinschaftlichen Einrichtungen und mit einer gemeinsamen Büroorganisation und Abrechnung, wobei die Leistungen für den Patienten während der Behand-*

lung von dem einem wie von dem anderen Partner erbracht werden können" (v. 8.11.2005 – VI ZR 319/04, MedR 2006 S. 290).

Es ist offensichtlich, dass diese die gemeinsame Nutzung der Ressourcen und Verwandtschaft der beteiligten Fachgebiete betonende Begriffsbestimmung vor dem Hintergrund der Bildung standortübergreifender Berufsausübungsgemeinschaften der Realität nicht (mehr) gerecht wird. Wie im Einzelnen die **Abgrenzung** zu Organisationsgemeinschaften vorzunehmen ist, wird derzeit in der medizinrechtlichen Wissenschaft intensiv diskutiert.

Fest steht jedenfalls, dass es sich bei Gemeinschaftspraxen um **teilweise hochkomplexe** Gebilde mit einer Vielzahl von Gesellschaftern und vertretenen Fachgebieten handelt. Größere Gemeinschaftspraxen ähneln von ihrer Struktur her mittelständischen Unternehmen und bedürfen einer kaufmännisch ausgerichteten Leitung. Gleichwohl sind auch diese Einrichtungen an die Vorgaben des Berufs- und Vertragsarztrechts gebunden, was sie und ihre Berater vor oftmals erhebliche Schwierigkeiten stellt.

b) Motive

Die Gründe für die Errichtung einer Gemeinschaftspraxis sind **vielfältig**. Einige seien aufgeführt:

- breiteres medizinisches Angebot,
- umfassendere Sprechstundenzeiten,
- Spezialisierungsmöglichkeit,
- kollegialer Gedankenaustausch,
- Flexibilisierung des zeitlichen Einsatzes,
- Stabilität: Vertretung bei Urlaub und Krankheit,
- wirtschaftlichere Nutzung der Ressourcen,
- Einbindung des Nachfolgers („Übergangsgemeinschaftspraxis"),
- Systemvorteile (z. B. Mitwirkungsrecht bei Auswahl eines Nachfolgers gem. § 103 Abs. 6 SGB V),
- Abrechnungsvorteile.

c) Rechtsnatur der Gemeinschaftspraxis

Mit seinem Grundsatzurteil v. 29.1.2001 (II ZR 331/00, BGHZ 146 S. 341) hat der Bundesgerichtshof entschieden, dass die im Rechtsverkehr als Außengesellschaft auftretende GbR selbst **Trägerin von eigenen Rechten und Pflichten** sein kann. Es unterliegt keinem Zweifel, dass die in der Rechtsform der GbR betriebene Gemeinschaftspraxis eine **Außengesellschaft** ist und die vom Bundesgerichtshof aufgestellten Kriterien erfüllt und ihr demgemäß **Rechtsfähigkeit** zu-

B. Berufsausübungsgemeinschaften

kommt. Dies hat zur Folge, dass die Gemeinschaftspraxis gesetzliche und vertragliche Rechte und Pflichten erwerben kann. Von besonderer Bedeutung ist insofern, dass der Behandlungsvertrag grundsätzlich nicht mit dem einzelnen Arzt, sondern mit der Gemeinschaftspraxis zustande kommt.

Konsequenz der Rechtsfähigkeit der Gemeinschaftspraxis ist, dass sie **aktiv und passiv prozessfähig ist** (§ 50 ZPO). Die Gemeinschaftspraxis kann – auch im Sozialrecht – als Gesellschaft klagen und verklagt werden, obwohl sie über keine eigene Vertragsarztzulassung verfügt. Im Verhältnis zur Kassenärztlichen Vereinigung ist die genehmigte Gemeinschaftspraxis Adressat von Verwaltungsakten – z. B. den Honorarbescheiden. Im Falle des Passivprozesses kann sich die Klage bei Zahlungsverpflichtungen sowohl gegen die Gesellschaft als auch gegen deren akzessorisch haftende Gesellschafter richten.

d) Vertragsschluss – Beschränkte Vertragsfreiheit

Die BGB-Gesellschaft entsteht durch **schuldrechtlichen Vertrag**. Auf ihn sind – mit gewissen Modifizierungen – die §§ 145 f. BGB anzuwenden. Bei Abschluss des Gesellschaftsvertrages bestehen wechselseitige Informationspflichten. So sind die möglichen zukünftigen Gesellschafter auf das Vorliegen einer Erkrankung hinzuweisen, die zu vorzeitiger Berufsunfähigkeit führen kann (OLG Frankfurt a. M. v. 10.6.2005 – 2 U 208/03, NJW-RR 2005 S. 1437).

Im Bereich des BGB-Gesellschaftsrechts herrscht **weitgehende Vertragsfreiheit**. In gesellschaftsrechtlicher Hinsicht unterliegen die Gesellschafter bei der Gestaltung der Binnenstruktur der Gemeinschaftspraxis nur wenigen Einschränkungen. Als zwingendes Innenrecht sind beispielsweise die §§ 716 f. BGB anzusehen, die den von der Geschäftsführung ausgeschlossenen Gesellschaftern unverzichtbare Kontrollrecht einräumen. Selbstverständlich sind daneben die allgemeinen zwingenden gesetzlichen Vorschriften zu beachten. So darf der Vertragsinhalt nicht gegen ein gesetzliches Verbot (§ 134 BGB) oder die guten Sitten (§ 138 BGB) verstoßen. Da die Gemeinschaftspraxis eine Berufsausübungsgemeinschaft ist, können sich Beschränkungen für die Gestaltung der Binnenstruktur aus Vorgaben insbesondere des Berufsrechts ergeben. Allgemein gilt, dass Vertragsklauseln nicht die **ordnungsgemäße Berufsausübung** gefährden dürfen.

Bestimmte **Formerfordernisse** sind beim Abschluss des Gesellschaftsvertrages regelmäßig nicht zu beachten. Insbesondere ist keine Schriftform einzuhalten. Allerdings versteht es sich von selbst, dass gerade bei komplizierteren Gesellschaftsverhältnissen ein schriftlicher, möglichst professionell begleiteter Vertrag unabdingbar ist. Steht die gesellschaftsvertragliche Regelung im Zusammenhang mit einem Grundstücksvertrag, bedarf auch der Abschluss des Gesellschaftsvertrages der notariellen Beurkundung (§ 311b Abs. 1 BGB). Gleiches gilt, wenn der Gemeinschaftspraxisvertrag Bestimmungen z. B. zur Abtretung von Geschäftsanteilen an einer GmbH enthält (§ 15 Abs. 4 GmbHG).

Eine **Registerpflichtigkeit** existiert bei der GbR nicht.

Gemäß § 24 MBO sollen die Verträge der Ärztekammer vorgelegt werden, damit diese prüfen kann, ob die beruflichen Belange gewahrt sind. In einzelnen Landesärztekammern besteht allerdings eine Vorlagepflicht (z. B. § 24 BO Niedersachsen); deren Verletzung ist zivilrechtlich unerheblich.

Die Bundesärztekammer erwähnt in ihren Hinweisen zur Vertragsgestaltung bei Kooperationen zu Recht (Stand: 17.2.2006, DÄBl. 2006 S. A-801), dass die schriftliche Fixierung des Willens der gemeinsamen Berufsausübung nicht allein über die Rechtmäßigkeit des Zusammenschlusses entscheidet. Maßgeblich ist stets die **praktische Handhabung**. Insofern ist es anerkannt, dass Gesellschaftsverträge auch durch eine abweichende Handhabung geändert werden können, sofern sich aus den Umständen ergibt, dass die Gesellschafter einvernehmlich und dauerhaft von den Vorgaben im Gesellschaftsvertrag abgewichen sind. Die Schriftformklausel steht der konkludent praktizierten Vertragsänderung im Übrigen nicht entgegen!

e) **Schriftformerfordernis im Vertragsarztrecht**

Im Vertragsarztrecht sind die formalen Anforderungen strenger. § 33 Abs. 2 Ärzte-ZV bestimmt, dass die gemeinsame vertragsärztliche Tätigkeit der **vorherigen Genehmigung** durch den Zulassungsausschuss bedarf. Die Genehmigung darf nur versagt werden, wenn die Versorgung der Versicherten beeinträchtigt wird oder landesrechtliche Vorschriften über die ärztliche Berufsausübung entgegenstehen. Seit der grundlegenden Entscheidung des Bundessozialgerichts v. 16.7.2003 (B 6 KA 34/02 R, MedR 2004 S. 118) kann eine Gemeinschaftspraxis nur auf der Grundlage eines **schriftlichen Vertrages** genehmigt werden. Den Zulassungsgremien soll auf diese Weise ermöglicht werden festzustellen, dass der Gemeinschaftspraxis keine sog. Scheingesellschafter angehören und kein Verstoß gegen Bestimmungen des Berufsrechts vorliegt.

Auch wenn eine ungeschriebene Verpflichtung zur Vorlage des Gesellschaftsvertrages besteht, haben die Zulassungsgremien **keine umfassende zivilrechtliche Prüfungskompetenz** hinsichtlich der gesellschaftsrechtlichen Binnenstruktur (z. B. zur Wirksamkeit von Kündigungsbestimmungen oder Wettbewerbsabreden). Hiergegen wird in der Zulassungspraxis massiv verstoßen. Zeitdruck und – teilweise – mangelnde Konfliktbereitschaft der Ärzte sind die Ursache für fehlende korrigierende gerichtliche Entscheidungen.

B. Berufsausübungsgemeinschaften

> **PRAXISHINWEIS**
>
> Keinesfalls sollten separate, ausschließlich zur Vorlage bei den Zulassungsgremien bestimmte Verträge und daneben die Wirklichkeit abbildende **„Schubladenverträge"** gefertigt werden. Wer so handelt, riskiert nicht nur Honorarrückforderungen in beträchtlicher Höhe, sondern sogar die Entziehung seiner Vertragsarztzulassung. Ob zusätzlich gegebenenfalls eine Bestrafung wegen Betruges in Betracht kommt, hat der Bundesgerichtshof noch nicht abschließend entschieden.

f) Praxisrelevante Konstellationen

Im Zusammenhang mit der rechtlichen/steuerlichen Beratung ärztlicher Berufsausübungsgemeinschaften sind – mit unterschiedlichen Varianten – folgende Fallgestaltungen von Bedeutung:

- Gründung der Gesellschaft,
- Beitritt zu einer bestehenden Gesellschaft,
- Gesellschafterwechsel,
- Ausscheiden aus einer Gesellschaft bei Fortführung als Einzelpraxis,
- Ausscheiden aus einer fortgeführten Gesellschaft,
- Sonderkonstellation: Ausscheiden durch Tod,
- Sonderkonstellation: Gesellschafterinsolvenz,
- Liquidation der Gesellschaft.

aa) „Eintritt" in eine Einzelpraxis

Nicht selten ist Grundlage der Kooperation die Tatsache, dass ein Arzt bereits eine Praxis betreibt und gemeinsam mit einem Kollegen beschließt, die ärztliche Tätigkeit zukünftig gemeinschaftlich auszuüben. Regelmäßig erfolgt die Gründung einer Gemeinschaftspraxis, in welche der „Seniorgesellschafter" die bisherige Praxis mit ihren materiellen und immateriellen Werten einbringt. Ob der „Juniorgesellschafter" sich „einkauft" oder zunächst keine Beteiligung am materiellen und immateriellen Vermögen erwirbt, bleibt bei Einhaltung des Gestaltungsrahmens der individuellen Entscheidung der Beteiligten vorbehalten.

Ein derartiges Modell erfährt in der Praxis großen Zuspruch im Rahmen einer sog. **Übergangsgemeinschaftspraxis**, bei der die Dauer der Zusammenarbeit zeitlich befristet ist und zugleich vereinbart wird, dass der „Juniorgesellschafter" nach dem Ausscheiden des „Seniorgesellschafters" die Praxis allein oder mit einem anderen Arzt fortführt. Da die Bedingungen des Ausstiegs bereits zu einem frühen Zeitpunkt festgelegt werden und das ordentliche Kündigungsrecht für den „Juniorgesellschafter" ausgeschlossen wird, ergibt sich für den „Seniorgesellschafter" im Hinblick auf seine berufliche Zukunft und die Verwertungsmöglichkeit der Praxis eine große **Planungssicherheit**.

bb) Zusammenschluss mehrerer Praxen
Seit geraumer Zeit ist festzustellen, dass Ärzte mit ihrer Organisationsstruktur unzufrieden sind. Ein Zusammenschluss mit weiteren Ärzten wird angestrebt. Die bisherigen Praxen werden regelmäßig in die **neu gegründete Gesellschaft eingebracht**. Die Beteiligungsverhältnisse an der Gemeinschaftspraxis bilden häufig den Wert der bisherigen Einzelpraxen ab.

Großer Beliebtheit erfreut sich dieses Vorgehen bei Ärzten, die vor der Abgabe ihrer Praxis stehen. Häufig sind andere Praxen in besonderem Maße an der Zulassung des zukünftigen Praxisabgebers interessiert. Durch Bildung einer Gemeinschaftspraxis werden die aus § 103 Abs. 6 SGB V resultierenden Vorteile der **Einflussnahme** der Mitgesellschafter auf die Auswahlentscheidung des Zulassungsausschusses genutzt.

cc) Beitritt zu einer bestehenden Gemeinschaftspraxis
Praxisrelevant sind ferner Konstellationen, bei denen ein Arzt einer **bestehenden Gemeinschaftspraxis** beitritt.

Der Eintritt erfolgt durch einen Aufnahmevertrag, dem die Qualität eines Gesellschaftsvertrages zukommt und der zwischen dem Eintretenden und **allen bisherigen Gesellschaftern** – nicht der Gesellschaft! – abgeschlossen wird. Für den Aufnahmevertrag gibt es keine speziellen Formvorschriften. Sieht der Gesellschaftsvertrag Schriftform vor, ist diese auch hinsichtlich des Aufnahmevertrages einzuhalten.

Das Verpflichtungsgeschäft für die Aufnahme und die Abtretung der Gesellschaftsanteile liegt – sofern Gesellschaftsanteile übertragen werden sollen – regelmäßig in einem Kaufvertrag. Mit Wirksamwerden des Beitritts wächst das Gesellschaftsvermögen dem Eintretenden entsprechend der im Gesellschaftsvertrag getroffenen Regelung an und den anderen Gesellschaftern ab. Möglich ist indes auch die **Einbringung** einer bereits bestehenden Praxis gegen Gewährung von Gesellschaftsanteilen an der bestehenden Gemeinschaftspraxis.

Durch den Beitritt eines weiteren Gesellschafters ändert sich die **Identität der Gesellschaft** nicht. Da die Außen-GbR Vertragspartnerin ist, bedarf es insofern keiner Änderung der Verträge.

dd) Ausscheiden – Gesellschafterwechsel
Grundsätzlich ist die Mitgliedschaft in der BGB-Gesellschaft übertragbar. Heute ist es anerkannt, dass die Gesellschafterstellung auch unmittelbar von dem ausscheidenden Gesellschafter auf den Neugesellschafter übertragen werden kann

B. Berufsausübungsgemeinschaften

(§ 413 BGB). Grundlage des Verpflichtungsgeschäfts ist regelmäßig ein Kaufvertrag, in welchem die Einzelheiten des Übergangs geregelt werden. Neben der Kaufpreisbestimmung gehören hierzu Regelungen zur Rechnungsabgrenzung und Freistellung.

Der Verkauf eines Gesellschaftsanteils an einer Gemeinschaftspraxis ist Rechtskauf i. S. d. § 453 BGB. Kaufgegenstand ist nicht das Praxisinventar als Summe der Einzelgegenstände sowie der anteilige Goodwill, sondern der Gesellschaftsanteil. Ein zur Haftung des Veräußerers führender Rechtsmangel liegt demgemäß nicht vor, wenn der Wert des Gesellschaftsanteils nicht den Vorstellungen des Erwerbers entspricht oder ein medizinisches Gerät defekt ist.

Da die Mitgliedschaft als Ganzes übertragen wird, stehen dem Ausscheidenden keine Abfindungsansprüche gegen die Gesellschaft zu, da die §§ 738 f. BGB das Erlöschen der Mitgliedschaft voraussetzen. Mit Vollzug der Übertragung wird der Erwerber Vollmitglied der GbR, und zwar mit allen Rechten und Pflichten, die der übertragende Gesellschafter aufgrund des Gesellschaftsvertrages besaß. Auch wenn die Mitgliedschaft im Ganzen übergeht, verbleiben entstandene und fällige Gewinnansprüche bei dem veräußernden Gesellschafter.

Die übrigen Gesellschafter müssen der Anteilsübertragung zustimmen, werden jedoch nicht Vertragspartei. Eine besondere Form ist gesetzlich nicht vorgesehen. Sieht der Gesellschaftsvertrag Schriftform vor, gilt diese auch für den Übernahmevertrag.

PRAXISHINWEIS

Besonders praxisrelevant ist die Frage, ob der Erwerber das ggf. **negative Kapitalkonto** des Veräußerers übernimmt. Findet sich im Übertragungsvertrag keine Regelung, gilt der Grundsatz, dass **sämtliche Rechte und Pflichten** aus der Mitgliedschaft übergehen. Vor diesem Hintergrund empfiehlt sich häufig eine Klarstellung, wonach das (variable) Kapitalkonto durch den Ausscheidenden auszugleichen ist oder im Falle eines negativen Kapitalkontos eine Kaufpreisreduzierung in entsprechender Höhe erfolgt.

PRAXISHINWEIS

Gerade bei vertragsärztlich tätigen Gemeinschaftspraxen kommt es häufig vor, dass z. B. die zuständige Kassenärztliche Vereinigung **Honorarrückforderungsansprüche** geltend macht, die den Zeitraum vor dem Beitrittsdatum betreffen. Auch kommt es durchaus vor, dass Widerspruchsverfahren erst später entschieden werden und zu **Nachzahlungen** führen. Findet sich im Gesellschaftsvertrag keine Regelung und ist der Wille auch nicht durch Auslegung zu ermitteln, ist regelmäßig der Erwerber berechtigt bzw. verpflichtet.

ee) Ausscheiden aus der Zwei-Personen-Gemeinschaftspraxis

Besteht eine Gemeinschaftspraxis aus lediglich zwei Gesellschaftern, führt das Ausscheiden eines Gesellschafters automatisch zur **Auflösung der Gesellschaft** und deren sofortiger Vollbeendigung. Verbleibt nur ein Gesellschafter, vereinigen sich sämtliche Gesellschaftsanteile in seiner Hand. Es entsteht ein „Einzelunternehmen". Das Gesellschaftsvermögen geht automatisch im Wege der **Gesamtrechtsnachfolge** auf den Gesellschafter über, in dessen Person sich sämtliche Gesellschaftsanteile vereinigen. Aufgrund der kraft Gesetzes eintretenden Gesamtrechtsnachfolge bedarf es keiner rechtsgeschäftlichen Übertragung der einzelnen Vermögensgegenstände.

Konsequenz der Gesamtrechtsnachfolge ist, dass der allein verbleibende Gesellschafter die zuvor mit der Gesellschaft abgeschlossenen Verträge fortführt. Gesonderter rechtsgeschäftlicher Vereinbarungen bedarf es nicht.

Die Rechtsposition des Ausscheidenden – insbesondere dessen Abfindungsanspruch – ergibt sich aus den gesellschaftsvertraglichen Bestimmungen. Fehlen diese, finden die §§ 738 bis 740 BGB Anwendung.

ff) Ausscheiden aus der Mehrpersonen-Gemeinschaftspraxis

Es kommt nicht gerade selten vor, dass ein Gesellschafter – z. B. einvernehmlich oder aufgrund eigener Kündigung – aus einer Gemeinschaftspraxis ausscheidet. Dabei ist darauf zu achten, dass der Gesellschaftsvertrag eine **Fortsetzungsklausel** enthält, da andernfalls die Auseinandersetzung/Liquidation zu erfolgen hat (§ 723 Abs. 1, § 730 Abs. 1 BGB).

Regelmäßig enthält der Gesellschaftsvertrag Regelungen zum Ausscheiden (Modalitäten zur Berechnung und Fälligkeit der Abfindung, Verpflichtung zur Ausschreibung des Vertragsarztsitzes, Wettbewerbsverbot etc.). Fehlen Bestimmungen über das Schicksal des Gesellschaftsanteils, gelten die §§ 738 f. BGB. Der Gesellschaftsanteil des Ausscheidenden wächst den verbleibenden Gesellschaftern an, die ihrerseits **abfindungspflichtig** sind.

gg) Sonderkonstellation: Ausscheiden durch Tod

§ 727 Abs. 1 BGB enthält den Grundsatz, dass die Gesellschaft mit dem Tod eines Gesellschafters aufgelöst wird. Der Gesellschaftsvertrag kann abweichende Bestimmungen enthalten. Gerade bei ärztlichen Berufsausübungsgemeinschaften wird bei fehlender ausdrücklicher Fortsetzungsregelung im Gesellschaftsvertrag zu überprüfen sein, ob die Gesellschafter eine stillschweigende Vereinbarung zur Fortsetzung im Falle des Todes eines Mitgesellschafters getroffen haben. Problematisch ist allerdings, dass die Erben eines Gesellschafters regelmäßig dessen Stellung in der Berufsausübungsgemeinschaft nicht übernehmen können, weil sie meist die erforderlichen subjektiven Voraussetzungen nicht erfüllen. Gesellschaftsvertraglich kann bestimmt werden, dass die verbleibenden Gesellschafter – mit oder ohne Stimmrecht der Erben – im Falle des Todes eines Mitgesellschafters einen Fortsetzungsbeschluss fassen. Enthält der Gesellschaftsvertrag keine Regelung und gelangt man im Wege der Auslegung zu dem Ergebnis, dass die Erben Gesellschafter geworden sind, obwohl sie die berufsrechtlichen **Voraussetzungen** nicht erfüllen, sind die verbleibenden Gesellschafter berechtigt, die **Erben** aus der Gesellschaft **auszuschließen**, sofern diese den Gesellschaftsanteil nicht freiwillig auf die verbleibenden Gesellschafter gegen Zahlung der Abfindung übertragen (§ 738 BGB).

Enthält der Gesellschaftsvertrag eine Fortsetzungsklausel, wächst der Anteil des Verstorbenen am Gesellschaftsvermögen den Gesellschaftern kraft Gesetzes an (§ 738 Abs. 1 Satz 1 BGB). Dies gilt auch bei einer zweigliedrigen Gesellschaft.

Durch den Tod des Gesellschafters erlischt dessen Mitgliedschaft in der Gesellschaft, deren Identität und Bestand des Gesamthandsvermögens unberührt fortbestehen.

Treten die Erben in die Gesellschafterstellung des durch Tod ausgeschiedenen Gesellschafters ein, geht dessen Haftungsverpflichtung in vollem Umfang auf sie über. Den Erben soll die Möglichkeit der Haftungsbeschränkung auf den Nachlass zustehen, wobei mehrere Erben gesamtschuldnerisch haften. Im Übrigen gelten die Grundsätze der Nachhaftung. Insofern gilt die **Fünfjahresfrist** des § 736 Abs. 2 BGB i. V. m. § 160 HGB. Im Einzelfall wird auch zu prüfen sein, inwiefern eine Haftungsbegrenzung aus der entsprechenden Anwendung des § 139 Abs. 3 HGB herbeigeführt werden kann, wobei es allerdings zu berücksichtigen gilt, dass eine Umwandlung in eine Kommanditgesellschaft nach derzeit herrschender Meinung bei Berufsausübungsgemeinschaften ausscheidet.

hh) Sonderkonstellation: Gesellschafterinsolvenz

§ 728 BGB in der durch Art. 33 EGInsO v. 5.10.1994 modifizierten Fassung sieht vor, dass mit Eröffnung des Insolvenzverfahrens über das Vermögen der GbR oder durch Eröffnung des Insolvenzverfahrens über das Vermögen eines Gesellschafters die GbR aufgelöst wird.

PRAXISHINWEIS

Um die Rechtsfolge der Auflösung zu vermeiden, sollte vertraglich bestimmt werden, dass der betroffene Gesellschafter mit Eröffnung des Insolvenzverfahrens aus der ohne ihn fortgeführten Gesellschaft ausscheidet.

Mit **Zustimmung des Insolvenzverwalters** können die übrigen Gesellschafter die Fortsetzung der Gesellschaft ohne den von der Insolvenz betroffenen Gesellschafter beschließen. Nach herrschender Meinung liegt ein Auflösungs- oder Ausscheidensgrund nicht vor, wenn der Insolvenzantrag mangels Masse abgelehnt wird (§ 26 InsO). Im Gesellschaftsvertrag kann Abweichendes bestimmt werden.

ii) Auseinandersetzung der Gesellschaft

Bestimmungen zur Auseinandersetzung der GbR finden sich in §§ 730 bis 735 BGB. Der Begriff der Auseinandersetzung ist mit demjenigen der **Liquidation** identisch (vgl. §§ 145 ff. HGB für die OHG). Nach der Vorstellung des Gesetzgebers ist das Ziel der Auseinandersetzung die **vermögensrechtliche Abwicklung der Gesellschaft**. Insofern bestimmt § 733 Abs. 1 BGB, dass aus dem Gesellschaftsvermögen zunächst die Gesellschaftsschulden sowie diejenigen Schulden, die ihren Grund in der Betätigung der Gesellschaft haben, nach dem Willen der Gesellschafter von der Gesamthand getragen werden sollen, zu begleichen sind. Bleibt Gesellschaftsvermögen nach Berichtigung der Verbindlichkeiten übrig, sind die Einlagen zurückzuerstatten (§ 733 Abs. 2 BGB).

Grundlage der vermögensmäßigen Auseinandersetzung ist die Erstellung einer **Auseinandersetzungsbilanz**. Dabei stellt sich stets die Frage, ob die Zerschlagung der unternehmerischen Einheit als wirtschaftliche Art der Verwertung anzusehen ist. Im Einzelfall kann die Gesamtveräußerung zu einem besseren Verwertungsergebnis führen.

Die Gesellschafter sind frei, das Auseinandersetzungsverfahren zu regeln. Sie können z. B. vereinbaren, dass ein Gesellschafter oder mehrere Gesellschafter gegen Zahlung einer Abfindung das **Gesellschaftsvermögen übernehmen**. Im Grunde handelt es sich dann um dieselben Rechtsfolgen wie bei dem Ausscheiden eines Gesellschafters aus der ohne ihn fortgesetzten Gesellschaft. Denkbar ist eine Einigung der Gesellschafter dahingehend, eine Realteilung des materiellen und immateriellen Praxisvermögens vorzunehmen, indem die Gegenstände aufgeteilt werden und jeder Gesellschafter berechtigt ist, seine berufliche Tätigkeit fortzuführen.

Die **Umwandlung** einer Gemeinschaftspraxis in eine Praxisgemeinschaft stellt regelmäßig keine Auseinandersetzung dar. Der Gesellschaftszweck der gemeinsamen Berufsausübung wird lediglich dahingehend modifiziert, dass Ressourcen gemeinschaftlich vorgehalten werden. In den meisten Fällen wird dieselbe Gesellschaft fortgeführt werden, indem – von dem immateriellen Vermögen abgesehen – das materielle Vermögen der Gesellschaft nach wie vor gemeinschaftlich genutzt wird.

B. Berufsausübungsgemeinschaften

Nach den Vorstellungen des Gesetzgebers sind sämtliche Gesellschafter geborene Abwickler. Demgemäß endet, sofern nichts anderes vereinbart ist, die Geschäftsführungsbefugnis einzelner Gesellschafter und wird durch die **Gesamtgeschäftsführungsbefugnis** ersetzt.

Mit der Auflösung ändert sich der Gesellschaftszweck mit dem Ziel der Abwicklung, ohne dass die Identität und rechtliche Selbständigkeit der Gesellschaft beeinträchtigt werden.

Während der Auseinandersetzung gilt – vergleichbar dem Ausscheiden eines Gesellschafters gegen Abfindung – der Grundsatz der **Durchsetzungssperre**. Insofern soll ein Hin- und Herzahlen vermieden werden. Einzelansprüche stellen unselbständige Rechnungsposten in der Auseinandersetzungsbilanz dar. Die Durchsetzungssperre betrifft sämtliche Ansprüche, die eine Schlussabrechnung voraussetzen. Bei Gemeinschaftspraxen ist des Öfteren die Situation festzustellen, dass die Auflösung der Gesellschaft eintritt, weil z. B. ein Gesellschafter kündigt, ohne dass der Gesellschaftsvertrag eine Fortsetzungsklausel enthält oder sämtliche Gesellschafter auf denselben Zeitpunkt kündigen. Teilweise erfolgen Nachkündigungen mit dem Motiv, den Abfindungsanspruch des zuerst Kündigenden ins Leere laufen zu lassen. Nutzen einzelne Gesellschafter die Ressourcen der Abwicklungsgesellschaft im Rahmen ihrer zukünftigen Berufsausübung, müssen sie mit der Geltendmachung von **Unterlassungsansprüchen** rechnen.

g) Binnenstruktur, Vertragsgestaltung

Die folgenden Ausführungen geben einen Überblick über wesentliche Punkte, die in einem Gemeinschaftspraxisvertrag zu regeln sind.

aa) Beginn

Die GbR entsteht mit dem **Abschluss des Gesellschaftsvertrages** oder mit dem im Vertrag bestimmten Zeitpunkt. Da die vertragsärztlich tätige Gemeinschaftspraxis der Genehmigung durch den Zulassungsausschuss bedarf (§ 33 Abs. 2 Satz 2 Ärzte-ZV), wird der Zeitpunkt der Entstehung der Gesellschaft regelmäßig von der Genehmigung der Gemeinschaftspraxis oder sogar vom Eintritt der Bestandskraft des Genehmigungsbescheides abhängig gemacht.

Die Gesellschaft kann im Außenverhältnis **nicht rückwirkend** gegründet werden. Die Gesellschafter können den Zeitpunkt der Entstehung lediglich bezogen auf das Innenverhältnis vor- oder zurückverlegen. Sie sind dann verpflichtet, einander wirtschaftlich so zu stellen, als sei die Gesellschaft zu dem im **Innenverhältnis** vereinbarten Zeitpunkt entstanden.

bb) Gemeinsamer Zweck, Förderpflicht, Beiträge, Einlagen

Von **zentraler Bedeutung für jede Gemeinschaftspraxis** ist § 705 BGB:

„Durch den Gesellschaftsvertrag verpflichten sich die Gesellschafter gegenseitig, die Erreichung eines gemeinsamen Zweckes in der durch den Vertrag bestimmten Weise zu fördern, insbesondere die vereinbarten Beiträge zu leisten."

Zweck einer Berufsausübungsgemeinschaft ist naturgemäß, dass deren Gesellschafter sich verpflichten, durch ihre Tätigkeit den auf **gemeinsame Berufsausübung** ausgerichteten Gesellschaftszweck zu unterstützen.

Die Bundesärztekammer hat im März 2006 Hinweise und Erläuterungen zu Niederlassungen und für berufliche Kooperationen (DÄBl. 2006 S. A-801) veröffentlicht. Unter der Rubrik „Kriterien der gemeinsamen Berufsausübung" findet sich als erster Punkt der Hinweis, dass die Gesellschafter den **Willen zu gemeinsamen Berufungsausübung in einer auf Dauer angelegten systematischen Kooperation** haben müssen. Es wird als **unzureichend** angesehen, lediglich **Ressourcen** gemeinsam zu nutzen. Von einer gemeinsamen Berufsausübung könne ebenfalls nicht gesprochen werden, wenn sich die Zusammenarbeit z. B. auf die Bildung von Qualitätszirkeln zu Fortbildungszwecken, einen gemeinsamen Vertretungs- oder Notdienstplan oder reine Managementtätigkeit beschränkt. Auch ein reines Gewinnpooling genüge nicht den Anforderungen, die an eine gemeinsame Tätigkeit zu stellen seien.

cc) Förderpflicht, Beitragsleistung

(1) Allgemeines

Zu den wesentlichen Pflichten eines Gesellschafters gehört es u. a., **Einlagen** und/oder **Beiträge** an die Gesellschaft zu leisten (§§ 706, 707 BGB). Die Begriffe „Einlagen" und „Beiträge" sind nicht klar voneinander abgegrenzt. Von Einlagen sollte man nur dann sprechen, wenn Beiträge in das Gesellschaftsvermögen übergehen und bei der Gesellschaft aktivierbar sind.

Den Gesellschaftern steht es frei, gesellschaftsvertraglich festzulegen, welche Art von Beiträgen geschuldet werden. Beiträge können in den **unterschiedlichsten Leistungen** bestehen.

(2) Arbeitsleistung

Bei einer freiberuflich geprägten Gemeinschaftspraxis kommt der qualifizierten individuellen ärztlichen Tätigkeit der Gesellschafter eine besondere Bedeutung zu, da nicht zuletzt hierdurch die Basis für den Erfolg des Unternehmens Arztpraxis geschaffen wird. Die Verpflichtung zur Erbringung ärztlicher Leistungen beruht auf dem Gesellschaftsvertrag, so dass **kein separater Dienstvertrag** abzuschließen ist. Folgerichtig ist der Gesellschafter nicht Arbeitnehmer mit der Konsequenz, dass er am Gewinn der Gesellschaft beteiligt ist und weder der Lohnsteuer- noch der Sozialversicherungspflicht unterliegt. Eine besondere Beitragsleistung kann in der Übernahme der Geschäftsführungstätigkeit liegen.

B. Berufsausübungsgemeinschaften

Berufsrechtlich ist es zulässig, an mehreren Stellen (§ 17 Abs. 2 MBO) ärztlich tätig zu sein und mehreren Berufsausübungsgemeinschaften (§ 18 Abs. 3 MBO) anzugehören. Gerade hoch spezialisierte Ärzte werden zukünftig immer häufiger den Wunsch äußern, Leistungen außerhalb der „Stammpraxis" erbringen zu können. Vor diesem Hintergrund empfiehlt sich eine Klarstellung im Gesellschaftsvertrag, ob die Gesellschafter der Gesellschaft ihre gesamte Arbeitskraft schulden und welche Tätigkeiten zulässigerweise anderweitig – z. B. allein auf eigene Rechnung oder in einer anderen Berufsausübungsgemeinschaft – ausgeübt werden dürfen.

PRAXISHINWEIS

Mit Wirkung ab dem 1.1.2007 ist es ausdrücklich normiert, dass die Vertragsarztzulassung jeden Vertragsarzt verpflichtet, die vertragsärztliche Tätigkeit vollzeitig auszuüben (§ 19a Abs. 1 Ärzte-ZV). Unabhängig davon, dass mit der Durchführung von Kontrollen durch die Kassenärztlichen Vereinigungen zu rechnen sein wird, darf der Gesellschaftsvertrag insofern keine unzutreffenden Angaben enthalten, wonach eine vollzeitige Tätigkeit in den Vertrag aufgenommen wird, jedoch im Innenverhältnis feststeht, dass nur eine Teilzeittätigkeit ausgeübt wird.

PRAXISHINWEIS

§ 20 Abs. 2 Ärzte-ZV in der ab dem 1.1.2007 geltenden Fassung bestimmt, dass auch vertragsarztrechtlich eine teilzeitige Doppeltätigkeit z. B. im ambulanten und stationären Bereich zulässig ist, weshalb klare Regelungen zur Arbeitsleistung unverzichtbar sind. Sofern eine Tätigkeit außerhalb der Gemeinschaftspraxis in deren Interesse ausgeübt wird, ist zu klären, ob die erzielte Vergütung der Gesellschaft oder dem die Tätigkeit ausübenden Arzt zusteht.

Enthält der Gesellschaftsvertrag keine Regelungen, ist aus der gesellschaftsrechtlichen Treuepflicht abzuleiten, dass **während der Zugehörigkeit** zur Gemeinschaftspraxis deren Interessen nicht durch eine konkurrierende Tätigkeit beeinträchtigt werden dürfen.

PRAXISHINWEIS

Generell ist zu empfehlen, eine **Anpassungsklausel** vorzusehen, wie zu verfahren ist, wenn ein Gesellschafter seine Verpflichtung zur Förderung des Gesellschaftszwecks nicht oder nur unvollständig erfüllt. Nicht selten stellt eine mit der Gewinnverteilung korrespondierende Regelung angemessene Reaktionsmöglichkeiten zur Verfügung. Zu regeln ist dann, ab welcher Schwelle und in welchem Umfang die Anpassungspflicht besteht. Gegebenenfalls ist die Einschaltung eines neutralen Dritten als **Schiedsgutachter** (§ 317 BGB) für die Durchführung der Anpassung vorzusehen.

(3) Sacheinlagen

Als Beitrag in Betracht kommt ferner die Leistung von **Sacheinlagen**. Insbesondere in den Fällen, in denen eine neue Gesellschaft gegründet wird, sei es, dass ein Arzt „in eine Einzelpraxis eintritt" oder aber mehrere Praxen in eine neue Gesellschaft überführt werden, wird oftmals die Einbringung von Sachgesamtheiten als Sacheinlage vereinbart.

Es sind folgende Konstellationen zu unterscheiden:

Zum einen kann die Übertragung zu Eigentum vereinbart werden (**quoad dominium**). Dabei wird das Eigentum an die Gesellschaft nach Maßgabe der allgemeinen sachenrechtlichen Grundsätze übertragen. Die Einbringung kann im Gesellschaftsvertrag oder aber in einem separaten Einbringungsvertrag geregelt werden. Da auch nach der Schuldrechtsreform Uneinigkeit über die Rechtsfolgen von Leistungsstörungen besteht, sollten Störungen bei der Abwicklung vertraglich geregelt werden. Das sachenrechtliche Bestimmtheitsgebot ist zu beachten. Gegenstand der Einbringung kann neben den materiellen Werten auch der Goodwill einer Praxis sein. Meist übersteigt der Wert des Goodwill den des materiellen Vermögens.

> **PRAXISHINWEIS**

Bei der Einbringung ist größte Vorsicht geboten, wenn auf zu steuerlichen Zwecken gefertigte Verzeichnisse verwiesen wird. Nicht selten finden sich dort Gegenstände (z. B. PKW, Kunstobjekte), die nicht Gegenstand der Einbringung sein sollen.

> **PRAXISHINWEIS**

Weiterhin ist es unabdingbar zu regeln, ob Forderungen und Verbindlichkeiten (besonders wichtig für Verpflichtungen gegenüber der Kassenärztlichen Vereinigung und den Prüfgremien!!) ebenfalls eingebracht werden. Regelmäßig sollen bis zum Zeitpunkt der Einbringung erwirtschaftete ärztliche Honorare dem einbringenden Arzt zustehen, der die bis zu diesem Zeitpunkt entstandenen Verbindlichkeiten zu tragen hat.

Für Leistungen, die vor dem Einbringungszeitpunkt erbracht wurden, jedoch auch die Zeit nach der Einbringung erfassen, ist eine zeitanteilige Aufteilung vorzunehmen.

Theoretisch in Betracht kommt eine Sacheinlage dem Werte nach (**quoad sortem**). Diese Konstellation ist bei Arztpraxen jedoch von untergeordneter Bedeutung.

Praxisrelevant ist die Einbringung zur Gebrauchsüberlassung (**quoad usum**). Bei dieser Variante gehen der einzelne Gegenstand oder die Sachgesamtheit (Praxis) nicht in das Vermögen der Gesellschaft über. Überlassen wird nur das Nutzungsrecht. Die Überlassung hat mietähnlichen Charakter, obwohl der Rechtsgrund für die Überlassung gesellschaftsrechtlicher Natur ist. Demgemäß hat der überlassende Gesellschafter keinen Anspruch auf Mietzahlung. Tunlichst wird ein solcher zwecks Vermeidung von Umsatzsteuer auch nicht ausgewiesen. Die Überlassung ist vielmehr **mit dem Gewinnanteil abgegolten**.

PRAXISHINWEIS

Gesellschaftsvertraglich ist zu bestimmen, wer die **Unterhaltungskosten** (Wartung, Reparaturen, Versicherung etc.) zu tragen hat. Auch die eventuelle Verpflichtung zur Tätigung von Ersatzbeschaffungen sollte vertraglich konkretisiert werden. Im Falle seines Ausscheidens aus der Gesellschaft kann der Eigentümer die Rückgabe der Sache verlangen. Eine Kündigung der Überlassung während der Dauer der Mitgliedschaft des Eigentümers in der Gesellschaft wird regelmäßig zu verneinen sein, sofern vertraglich nichts anderes bestimmt ist. Eine vertragliche Klarstellung empfiehlt sich gleichwohl.

In ärztlichen Kooperationsverträgen erfreut sich die Gebrauchsüberlassung einer außerordentlich großen Beliebtheit. In der Vertragssprache wird häufig die steuerrechtliche Terminologie übernommen, indem der Begriff des **Sonderbetriebsvermögens** verwandt wird. Die Ursache für die große Akzeptanz ist darin zu sehen, dass für einen Fall der Trennung Vorsorge getroffen werden kann. Häufig behält sich der Seniorpartner das Recht vor, den Mietvertrag im eigenen Namen – als Beitragsleistung! – zugunsten der Gemeinschaftspraxis fortzuführen. Bei Fallgestaltungen, in denen ein Sonderkündigungsrecht z. B. wegen Überschreitens der zulässigen Erprobungsdauer unzulässig wäre, führt die Kündigung des Seniorpartners dazu, dass die Gesellschaft beendet und der kündigende Gesellschafter weiterhin über die Ressourcen der Praxis verfügen kann. Faktisch handelt es sich hierbei um eine Hinauskündigung!

Ein weiterer Grund, diese Gestaltung zu wählen, liegt darin, dass viele Zulassungsgremien eine **Vermögensbeteiligung sämtlicher Gesellschafter** verlangen. Diese wird dann auf zukünftige Anschaffungen und den zukünftig entstehenden Goodwill beschränkt, so dass den Anforderungen der Zulassungsgremien formal Folge geleistet wird.

(4) Geldeinlagen

Die Beitragspflicht kann ferner in der Leistung einer Geldeinlage bestehen. Bei der entgeltlichen Aufnahme eines Gesellschafters in eine bestehende Gemeinschaftspraxis gegen Abtretung von Gesellschaftsanteilen ist zu regeln, ob der Aufzunehmende in das Gesellschaftsvermögen oder das Privatvermögen des den Gesellschaftsanteil abtretenden Altgesellschafters leistet.

dd) Firmierung, Außenauftritt

Die Vorgaben der MBO zum zulässigen Außenauftritt einer Arztpraxis – und damit auch zur Firmierung – sind nach wie vor asketisch. Für jeden niedergelassenen Arzt besteht die Verpflichtung, seine Tätigkeit durch ein **Praxisschild** zu dokumentieren. Gemäß § 17 Abs. 4 MBO muss das Praxisschild den Namen, die (Fach-)Arztbezeichnung, die Sprechstundenzeiten sowie gegebenenfalls die Zugehörigkeit zu einer Berufsausübungsgemeinschaft angeben.

Praxisbezeichnungen mit dem Wortbestandteil „Zentrum" – z. B. Orthopädisches Behandlungszentrum – oder die Ankündigung als „Institut" wurden im ärztlichen Bereich lange Zeit wegen des Anscheins der damit verbundenen Größe und Bedeutung als unzulässig angesehen. § 21 Abs. 5 MBO-Zahnärzte verbietet es dem in Einzelpraxis oder Berufsausübungsgemeinschaft niedergelassenen Zahnarzt, die Praxis als Institut, Akademie oder Zentrum zu bezeichnen oder eine sonstige auf ein gewerbliches Unternehmen hindeutende Bezeichnung zu verwenden. Diese restriktive Beurteilung wird sich vor dem Hintergrund der liberalen Rechtsprechung des Bundesverfassungsgerichts nicht aufrecht erhalten lassen. Was die Bezeichnung „Zentrum" betrifft, ist zudem durch die Einführung Medizinischer Versorgungszentren gem. § 95 Abs. 1 SGB V eine Aufweichung eingetreten, da zwei Fachgebiete und damit lediglich zwei Ärzte zur Errichtung genügen.

Zwischenzeitlich kann die Firmierung bei Beachtung wettbewerbsrechtlicher Vorgaben – insbesondere dem Alleinstellungsverbot – durchaus **flexibel gestaltet** werden. Denkbar sind die Einbeziehung einer Ortsangabe – z. B. „Gemeinschaftspraxis für Radiologie Stadt-Ortsteil" –, eines Straßennamens – z. B. „Gemeinschaftspraxis Brunnenallee" – oder einer örtlichen Gegebenheit – z. B. „Gemeinschaftspraxis im Stadttor", „Gemeinschaftspraxis für Kardiologie am Marienkrankenhaus". Erforderlich ist aber, dass – zusätzlich – die Namen der Berufsträger genannt werden, damit im Rechtsverkehr erkennbar ist, wer Vertragspartner wird.

B. Berufsausübungsgemeinschaften

Sofern bei der Bezeichnung § 17 Abs. 4 MBO Rechnung getragen wird und sämtliche Ärzte namentlich aufgeführt werden, müsste auch eine Bezeichnung zulässig sein wie „Dr. X und Kollegen - Fachärzte für ..." oder „Dr. X et. al. – Fachärzte für ...".

Allerdings gilt es zu bedenken, dass § 18 a Abs. 1 Satz 3 MBO die **Fortführung des Namens** eines nicht mehr berufstätigen ausgeschiedenen oder verstorbenen Partners für unzulässig erklärt (bestätigt durch OVG NRW v. 29. 8. 2006 – 13 A 3968/04, MedR 2007 S. 188). Eine namensbezogene Marke mit dauerhafter Wirkung kann so nicht gebildet werden.

Die Verwendung eines **Logos** dürfte heute nicht mehr zu beanstanden sein. Hilfreich ist es, wenn das Logo einen grafischen Bezug zum Tätigkeitsbereich der Gemeinschaftspraxis aufweist.

§ 19 Abs. 3 MBO enthält die Verpflichtung, dass die Patienten über die in der Praxis tätigen **angestellten Ärzte** informiert werden müssen. Hieraus folgt, dass ein entsprechender Hinweis auf das Praxisschild aufgenommen werden kann.

Hinweise auf eine Haftungsbeschränkung im Namen der Gemeinschaftspraxis – z. B. „GbRmbH" – werden von der Rechtsprechung nicht akzeptiert.

ee) Gesellschafterbeschlüsse

(1) Rechtsnatur des Beschlusses

Das Gesetz schweigt zu der Frage, auf welche Weise die BGB-Gesellschafter ihre Kollektiventscheidungen treffen. Aus § 712 Abs. 1 BGB ergibt sich indes, dass die Willensbildung durch Beschlüsse stattfindet. Insbesondere bei aus mehreren Gesellschaftern bestehenden Gemeinschaftspraxen sollte eine detaillierte Regelung zur Beschlussfassung nicht fehlen.

Der **Beschluss** wird als mehrseitiges Rechtsgeschäft sui generis qualifiziert. Hat ein Beschluss die Änderung des Gesellschaftsvertrages zum Inhalt, kommt ihm die **Rechtsnatur eines Vertrages** zu. Ein Beschluss kommt dadurch zustande, dass zu einem Antrag die nach Gesetz oder Vertrag erforderliche Anzahl von Zustimmungen (positive Stimmabgabe) erklärt wird. Die einzelne Stimmabgabe ist eine Willenserklärung. Daraus folgt, dass die §§ 104 ff. BGB sowie die §§ 164 bis 166 BGB Anwendung finden.

(2) Durchführung der Beschlussfassung

Der Gesetzgeber stellt die Modalitäten zur Durchführung des Beschlussverfahrens in die Entscheidungsfreiheit der Gesellschafter. Vor diesem Hintergrund ist grundsätzlich jede Form der Abstimmung zulässig. Allerdings ist in wesentlichen Fragen der Gesellschaft und bei grundlegenden Angelegenheiten der Gesellschafter ein Verfahren durchzuführen, das eine ausreichende Information und Absprache über die zu entscheidenden Sachfragen gewährleistet. Hieraus folgt, dass bei Beschlussgegenständen von erheblicher Bedeutung ein Anspruch auf **Entscheidung in Gesellschafterversammlungen** besteht. Auch insoweit gilt das Prinzip des rechtlichen Gehörs.

(3) Ablauf von Gesellschafterversammlungen

Der Ablauf der Gesellschafterversammlungen sollte ausdrücklich geregelt werden. Hierzu zählt, wer zur Einladung berechtigt ist und welche Formen und Fristen einzuhalten sind. Auch ist zu konkretisieren, an welchem **Ort** die Gesellschafterversammlungen stattfinden und wer die Versammlung leitet. Unabdingbar ist eine Regelung zur **Beschlussfähigkeit**. Insofern ist zu bestimmen, bei Vertretung wie vieler Stimmen Beschlüsse gefasst werden können (sog. **Teilnahmequorum**). Jedem Gesellschafter sollte das Recht zugestanden werden, sich durch einen anderen Gesellschafter oder durch einen von Berufs wegen zur Verschwiegenheit verpflichteten Angehörigen der steuer- oder rechtsberatenden Berufe begleiten oder vertreten zu lassen. Auch kommt die Vertretung durch einen Mitgesellschafter in Betracht. Insofern ist indes zu überlegen, ob die Anzahl der Vertretungen beschränkt wird.

(4) Stimmrechte

§ 709 Abs. 1 BGB geht vom **Einstimmigkeitsprinzip** aus. Stimmenthaltungen gelten als Ablehnung. Gerade bei mitgliederstarken Gemeinschaftspraxen kann ein konsequentes Einstimmigkeitsprinzip zur Handlungsunfähigkeit der Gesellschaft führen. Insofern ist zu berücksichtigen, dass die Gesellschafter grundsätzlich nicht zur Zustimmung verpflichtet sind. Etwas anderes gilt nur dann, wenn die Durchführung der zur Abstimmung gestellten Maßnahme im Interesse der Gesellschaft geboten ist. Bei Selbstbetroffenheit kann eine Stimmrechtsausschluss des jeweiligen Gesellschafters bestehen (vgl. §§ 712, 715, 737 Satz 2 BGB).

Finden sich im Gesellschaftsvertrag keine Regelungen, erfolgt die **Abstimmung nach Köpfen**. Demgemäß hat jeder Gesellschafter eine Stimme. Häufig findet man Regelungen, wonach die Stimmenverhältnisse anhand der prozentualen Vermögensbeteiligung abgebildet werden etwa mit der Maßgabe, dass 0,1 % Vermögensbeteiligung eine Stimme gewährt. Denkbar sind auch Kombinationen, wonach jeder Gesellschafter, und zwar unabhängig von seiner Vermögensbeteiligung, eine bestimmte Anzahl von Stimmen erhält und die Vermögensbeteiligung darüber hinaus zusätzliche Stimmen gewährt.

> **PRAXISHINWEIS**
>
> Bei Festlegung des Abstimmungsquorums sollte vorgegeben werden, ob sich dieses auf
>
> ▶ sämtliche vorhandenen,

B. Berufsausübungsgemeinschaften

- sämtliche vertretenen
- oder lediglich auf die abgegebenen Stimmen

bezieht.

(5) Mehrheiten

§ 709 Abs. 2 BGB lässt Mehrheitsentscheidungen zu. Mehrheitsklauseln reduzieren das Mitverwaltungsrecht derjenigen Gesellschafter, die mit dem jeweiligen Beschlussantrag nicht einverstanden sind, auf das Teilnahmerecht an der Beschlussfassung und auf die Möglichkeit, die übrigen Gesellschafter von ihrer abweichenden Meinung zu überzeugen. Die Möglichkeit, in Beschlüssen überstimmt zu werden, widerspricht weder Vorgaben des ärztlichen Berufsrechts noch des Vertragsarztrechts.

Mit der Anerkennung von Mehrheitsbeschlüssen wird die Gefahr akzeptiert, dass Minderheiten dominiert und deren Privatautonomie aufgehoben wird. Für die Minderheit können gegen deren Willen in erheblichem Umfang haftungsauslösende oder sonstige nachteilige Konsequenzen entstehen. Von daher drängt sich die Frage nach den Grenzen der Mehrheitsmacht und der Wirksamkeit minderheitsschützender Kontrollmechanismen geradezu auf.

Eine stringente Definition der gegenüber Mehrheitsentscheidungen festen Rechtsposition einzelner Gesellschafter ist bis heute nicht gelungen. Strittig ist, ob ein katalogmäßiges Aufzählen der mehrheitsfähigen Entscheidungen im Gesellschaftsvertrag zum Schutz der Minderheit ausreicht (sog. **Bestimmtheitsgrundsatz**). Auch wenn die Rechtsprechung in diese Richtung zu gehen scheint, hat der Bundesgerichtshof (v. 10.10.1994 – II ZR 18/94, NJW 1995 S. 194) hervorgehoben, dass selbst die Beachtung des Bestimmtheitsgrundsatzes nicht zu sämtlichen Eingriffen in den Gesellschafterstatus berechtigt.

In der Literatur wird zunehmend die sog. **Kernbereichslehre** vertreten, wonach Mehrheitsklauseln dann unzulässig sein können, wenn sie in den Kernbereich der Mitgliedschaft des einzelnen Gesellschafters eingreifen. Was zum Kernbereich gehört, ist unter Berücksichtigung der individuellen Gegebenheiten der Gesellschaft zu ermitteln. Regelmäßig dürften hierzu zählen:

- das Stimmrecht,
- das Gewinnrecht,
- das Belastungsverbot (Erhöhung der vereinbarten Einlage),
- das Geschäftsführungsrecht,
- das Recht auf Beteiligung am Liquidationserlös,
- das gesellschaftsvertragliche Informationsrecht,

▶ Zustimmung zur Aufnahme neuer Gesellschafter bei personenbezogenen Arbeits- und Haftungsgemeinschaften.

Innerhalb des Kernbereichs wird zwischen verzichtbaren und unverzichtbaren Angelegenheiten differenziert. Die – oftmals schwierige – Abgrenzung ist im Wege der einzelfallorientierten Wertung vorzunehmen.

PRAXISHINWEIS

Auf jeden Fall empfiehlt es sich, konkrete Kataloge der Gegenstände der Beschlussfassung in den Gesellschaftsvertrag aufzunehmen und das Quorum der Bedeutung der Angelegenheit anzupassen.

(6) Beschlussmängel

Fehler der Beschlussfassung können das Zustandekommen und/oder den Inhalt eines Beschlusses betreffen. Im Regelfall ist von der Nichtigkeit eines fehlerhaft gefassten Beschlusses auszugehen.

Die Heilung eines nichtigen Beschlusses durch **Neuvornahme oder konkludente Bestätigung** ist möglich. Eine über einen längeren Zeitraum unterbliebene Geltendmachung der Nichtigkeit eines bekannten Mangels kann ebenfalls zu dessen Heilung führen, sofern nicht ein Verstoß gegen §§ 134 oder 138 BGB vorliegt.

PRAXISHINWEIS

Um im Falle einer Auseinandersetzung um die Wirksamkeit eines Gesellschafterbeschlusses zeitnah Rechtssicherheit zu erhalten, sollte gesellschaftsvertraglich bestimmt werden, innerhalb welcher **Fristen** eine gerichtliche Überprüfung eingeleitet werden muss. Die Bestimmung in einer GmbH-Satzung, wonach die Anfechtung eines Gesellschafterbeschlusses binnen – lediglich – eines Monats nach Absendung des Beschlussprotokolls zu erfolgen hat, ist unwirksam. Entsprechendes dürfte für eine Gemeinschaftspraxis gelten.

ff) Geschäftsführung

Die §§ 709 ff. BGB enthalten allgemeine Regelungen zur Geschäftsführung und Vertretung. Unter Geschäftsführung versteht man heute alle Vorgänge, die für die Gesellschaft zur Förderung des Gesellschaftszwecks wahrgenommen werden und nicht die Grundlagen der Gesellschaft betreffen. Die Geschäftsführung umfasst sowohl die tatsächliche **interne Organisation** (z. B. Personalplanung und -überwachung, Buchführung, Rechnungslegung) wie auch **rechtsgeschäftliche Maßnahmen mit und ohne Außenwirkung** (z. B. Widerspruchsverfahren

B. Berufsausübungsgemeinschaften

gegenüber der Kassenärztlichen Vereinigung, Abschluss von Beschaffungsverträgen etc.).

Das Gesetz geht davon aus, dass sämtliche Gesellschafter **gemeinschaftlich geschäftsführungsbefugt** sind. Die gesetzlichen Bestimmungen können durch vertragliche Absprachen modifiziert werden, indem die Geschäftsführung insgesamt oder bestimmte Bereiche **einem oder mehreren Gesellschaftern** zur eigenverantwortlichen Ausführung übertragen werden. Insbesondere bei größeren Gemeinschaftspraxen wird häufig ein **Geschäftsführungsgremium** installiert, welches in allen Fragen, die nicht der Zuständigkeit der Gesellschafterversammlung vorbehalten sind, entscheidet. Im Einzelfall sind klare vertragliche Abgrenzungen erforderlich, um die Befugnisse der Geschäftsführung deutlich von derjenigen der Gesellschafterversammlung abzugrenzen.

Bei ärztlichen Berufsausübungsgemeinschaften konkretisieren berufsrechtliche Vorgaben die Grenzen einer an Selbstverantwortlichkeit und Weisungsunabhängigkeit orientierten freiberuflichen Tätigkeit. Bei der Patientenbehandlung muss der Arzt zumindest **im Kern weisungsunabhängig** sein. Die Gesellschafterversammlung ist zwar berechtigt, bestimmte Standards und praxisübliche Schemata festzulegen, vermag jedoch nicht den Einzelnen im Kernbereich der Berufsausübung zu einem mit dessen Gewissen nicht vereinbaren Verhalten zu zwingen.

Die **Vertretung** bezieht sich auf das Rechtsverhältnis zu Dritten. Sie ist ein Teilaspekt solcher Geschäftsführungshandlungen, denen eine rechtsgeschäftliche Außenwirkung zukommt. Im BGB-Gesellschaftsrecht gilt der **Grundsatz der Selbstorganschaft**, wonach die Geschäftsführung und organschaftliche Vertretung ausschließlich den Gesellschaftern obliegt. Selbstverständlich kann die Gesellschafterversammlung Dritten auf der Grundlage eines separaten Vertrages beschränkt oder umfassend Geschäftsführungsaufgaben zur selbständigen Erledigung übertragen. Diese Dritten können ggf. sogar mit einer **weitreichenden Generalvollmacht** ausgestattet werden.

Die Geschäftsführung resultiert aus der **Gesellschafterstellung**. Es bedarf keines gesonderten Vertrages zur Bestellung. Von daher ist gesetzlich eine gesonderte Vergütung für die Durchführung von Geschäftsführungsaufgaben nicht vorgesehen. Die Geschäftsführungstätigkeit ist Beitragspflicht und mit dem Gewinnanteil abgegolten. Sieht der Gesellschaftsvertrag gleichwohl eine separate Vergütung für die Geschäftsführertätigkeit vor, handelt es sich regelmäßig um **Gewinnvorab**, der auf den Jahresgewinn des Geschäftsführer-Gesellschafters nicht anrechenbar ist.

In diesem Fall sind die übrigen Gesellschafter von der Geschäftsführung ausgeschlossen (vgl. § 716 BGB). Gerade bei größeren Gemeinschaftspraxen ist es üblich, die Geschäftsführung nach Bereichen aufzuteilen.

Den von der Geschäftsführung ausgeschlossenen Gesellschaftern steht ein im Kern **unentziehbares Kontrollrecht** zu (§ 716 BGB), welches die **Einsichtnahme** in Geschäftsunterlagen umfasst und sich ggf. auf das Recht erstreckt, sich auf eigene Kosten Kopien zu fertigen. Neben dem Einsichtsrecht steht das **Recht auf Auskunftserteilung**.

§ 712 Abs. 1 BGB bildet die Rechtsgrundlage für die **Entziehung** der durch Gesellschaftsvertrag oder Gesellschafterbeschluss übertragenen Geschäftsführungsbefugnis. Für die Entziehung muss ein wichtiger Grund vorliegen. Als einen solchen nennt das Gesetz – beispielhaft – die **grobe Pflichtverletzung** oder die **Unfähigkeit zur ordnungsgemäßen Geschäftsführung**. Die Pflichtverletzung muss schuldhaft sein. Der Beschluss bedarf – sofern der Gesellschaftsvertrag nichts anderes bestimmt – der Einstimmigkeit, wobei der betroffene Gesellschafter nicht stimmberechtigt ist. In der Zweipersonengesellschaft wird der Beschluss durch die einseitige Erklärung des Mitgesellschafters ersetzt.

Der geschäftsführende Gesellschafter haftet für die Nicht- oder Schlechterfüllung. Das Verhalten von Erfüllungsgehilfen wird ihm zugerechnet (§ 278 BGB). Er haftet in vollem Umfang für angestellte Ärzte oder sonstige Mitarbeiter, die in Erfüllung des Behandlungsvertrages eingesetzt werden. Als Haftungsmaßstab gilt § 708 BGB. Dieser sollte gesellschaftsvertraglich abbedungen werden.

gg) Vertretung der Gesellschaft

Die BGB-Gesellschaft besitzt eigene Rechtsfähigkeit. Sie wird von den geschäftsführenden Gesellschaftern vertreten. Die Vertretungsmacht ist nicht rechtsgeschäftlicher, sondern organschaftlicher Natur.

Die Vertretungsmacht umfasst einen Teil der Geschäftsführungsbefugnis. Sind sämtliche Gesellschafter gesamtgeschäftsführungsbefugt, bedarf es zur Vertretung grundsätzlich gemeinschaftlichen Handelns aller Gesellschafter. Der Gesellschaftsvertrag kann die **Vertretungsmacht konkretisieren**. Geschäftsführungsbefugnis und Vertretungsmacht können unterschiedlich geregelt werden. Die BGB-Gesellschaft muss sich gem. § 166 Abs. 1 BGB Motive und Wissen ihrer Vertreter zurechnen lassen. Bei Gesamtvertretungsbefugnis genügt das Wissen eines Vertreters. Dies gilt auch für die Entgegennahme empfangsbedürftiger Willenserklärungen. Nicht anerkannt wird eine Beschränkung der Vertretungsmacht im Außenverhältnis durch den Zusatz „BGB-Gesellschaft mit beschränkter Haftung".

B. Berufsausübungsgemeinschaften

Verstößt ein Gesellschafter gegen die ihm im Innenverhältnis eingeräumte Vertretungsmacht, ändert dies regelmäßig nichts an der Verpflichtung der BGB-Gesellschaft, die jedoch bei dem Gesellschafter Regress nehmen kann.

hh) Vermögensbeteiligung

§ 718 Abs. 1 BGB geht davon aus, dass das Gesamthandsvermögen der Gesellschaft den Gesellschaftern sachenrechtlich als Sondervermögen zusteht. Das Vorhandensein von **Gesamthandsvermögen** ist für das Bestehen einer GbR indes nicht konstitutiv. Zivilrechtlich ist es nicht zu beanstanden, wenn ein Gesellschafter von der Vermögensbeteiligung ausgeschlossen wird. Zulässig ist auch die Bildung von Bruchteilseigentum mit unterschiedlich hohen Anteilen.

Der vollständige Ausschluss eines Arztes am Vermögen einer Gemeinschaftspraxis wurde als unvereinbar mit den ursprünglich in der MBO enthaltenen Merkmalen „Niederlassung in freier Praxis" sowie „Niederlassung in eigener Praxis" angesehen. Nachdem die auf dem 107. Deutschen Ärztetag in Bremen (2004) beschlossene Musterberufsordnung die Anforderungen gesenkt hat und lediglich von der Niederlassung „in einer Praxis" spricht, kann diesem Umstand bei der Formulierung der Beteiligungsanforderungen Rechnung getragen werden.

Bis in die jüngste Zeit hat die Frage des sog. **„Nullbeteiligungs-Gesellschafters"** die Sozial- und Strafgerichte, die Bundesärztekammer, die Kassenärztliche Bundesvereinigung, insbesondere aber die medizinrechtliche Literatur intensiv beschäftigt. Hervorzuheben ist, dass der Gesetzgeber keine konkreten Vorgaben zu diesem Problem macht.

Konsens besteht darin, dass der in Einzelpraxis niedergelassene Arzt ebenso wenig Eigentümer der Praxisgegenstände sein muss wie die Gesellschafter einer Gemeinschaftspraxis. Insofern ist es durchaus zulässig, dass die gesamten materiellen Ressourcen, z. B. auf der Grundlage eines Leasing-Vertrages, genutzt werden. Nicht verkannt werden darf auch, dass gerade bei geräteintensiven Praxen die Geräte häufig im (Sicherungs-)Eigentum der finanzierenden Bank stehen.

Nach Auffassung der Kassenärztlichen Bundesvereinigung (Stellungnahme v. 15.1.2003) ist es nicht erforderlich, dass sämtliche Gesellschafter am Vermögen der Gesellschaft beteiligt sind. Die nicht am Vermögen beteiligten Gesellschafter bringen hiernach ausschließlich ihre **Arbeitsleistung** in die Gesellschaft ein. In ihrer Ausarbeitung zur Niederlassung und beruflichen Kooperationen kommt die Bundesärztekammer (DÄBl. 2006 S. A-801) allerdings – und insoweit im Widerspruch zur Kassenärztlichen Bundesvereinigung – zu dem Ergebnis, dass eine vermögensrechtliche Nullbeteiligung zwar nicht auf Dauer, jedoch zumindest für eine „*Kennenlernphase*" zulässig sei, wobei maßgeblich „*vor allem eine Beteiligung am immateriellen Wert und weniger am materiellen Wert*" sei. Vor kurzem hat das Bundessozialgericht im Urteil v. 22.3.2006 (B 6 KA 76/04 R, ZMGR 2006 S. 148) in einem obiter dictum festgestellt:

„*Für die Annahme einer gemeinschaftlichen Berufsausübung im Rahmen einer Gemeinschaftspraxis ist neben der Beteiligung der Partner an den Investitionen und Kosten der Praxis grundsätzlich auch eine Beteiligung am immateriellen Wert der Praxis (dem sog. Goodwil*") *erforderlich, wobei die vertragliche Ausgestaltung im Einzelfall unterschiedlich sein kann (vgl. hierzu Engelmann in: von Wulffen/ Krasney (Hrsg.), Festschrift 50 Jahre BSG, 2004, S. 429, 451 f. m. w. N.)*".

Es wäre wünschenswert gewesen, wenn sich das Bundessozialgericht bei dieser für die Zulassungsgremien wichtigen Aussage mit der wissenschaftlichen Literatur, insbesondere aber mit der Auffassung der Kassenärztlichen Bundesvereinigung v. 15.1.2003, auseinandergesetzt hätte. Die Auswirkungen des Urteils auf die Praxis sind derzeit nicht abzuschätzen.

PRAXISHINWEIS

Zu berücksichtigen ist aber Folgendes: Der Gesetzgeber hat die Nachbesetzung eines Vertragsarztsitzes bei bestehenden Zulassungsbeschränkungen (§ 103 Abs. 4 SGB V) aus Gründen der verfassungsrechtlich garantierten Eigentumsgarantie ermöglicht. Dieser Aspekt sollte bei der Vertragsgestaltung beachtet werden, indem nach Ablauf von **3 Jahren** – so von maßgeblichen Stimmen in der Literatur empfohlen – eine Beteiligung zumindest am immateriellen Wert erfolgt.

ii) Buchführung, Überschussrechnung, Bilanzierung

Freiberuflern steht ein **Wahlrecht** zwischen der Gewinnermittlung durch Einnahmen-Überschussrechnung (§ 4 Abs. 3 EStG) oder durch Betriebsvermögensvergleich (Bilanzierung – § 4 Abs. 1 EStG) zu. Welcher Methode der Vorzug gegeben wird, ist im Gesellschaftsvertrag zu regeln. Die meisten ärztlichen Gemeinschaftspraxen ermitteln den Gewinn im Rahmen einer Einnahmen-Überschussrechnung gem. § 4 Abs. 3 EStG. Dies gilt insbesondere bei weniger mitgliederstarken Gesellschaften.

In Abstimmung mit dem Steuerberater der Gesellschaft sollte die Frist zur Aufstellung des Jahresabschlusses bestimmt werden. Regelmäßig wird vereinbart, dass der Jahresabschluss bis zum 30.6. oder 30.9. des Folgejahres aufzustellen ist.

Besondere Bedeutung kommt der Feststellung des Jahresabschlusses zu. Durch ihn wird das Jahresergebnis und die hieraus resultierende individuelle Gewinn-

und Verlustverteilung verbindlich festgelegt. Man spricht demgemäß auch von einem kausalen Schuldanerkenntnis.

Sofern der Gesellschaftsvertrag keine anderen Regelungen enthält, bedarf die Feststellung des Rechnungsabschlusses der Einstimmigkeit. Für die Feststellung ist keine besondere Form vorgesehen; sie kann auch konkludent erklärt werden.

jj) Ergebnisverteilung

Die gerechte Ergebnisverteilung stellt einen der schwierigsten Aspekte bei der Abfassung des Gesellschaftsvertrages dar. Die in § 722 BGB vorgesehene **Gewinnverteilung nach Köpfen** wird in der Praxis häufig modifiziert.

Nach der Vorstellung der Bundesärztekammer (DÄBl. 2006 S. A-801) richtet sich die typische Ergebnisverteilung einer Berufsausübungsgemeinschaft nach einem **prozentualen Verteilungsschlüssel**. Diese Annahme trifft sicherlich auf viele Gemeinschaftspraxen zu. Es ist jedoch festzustellen, dass diese statische Regelung häufig durch eine Vielzahl anderer – oftmals mehr oder weniger leistungsbezogener – Faktoren wie z. B.

- individuell erwirtschafteter Umsatz,

- zeitlicher Einsatz,

- Übernahme von Geschäftsführungsaufgaben,

- besondere Qualifikationen

ergänzt oder ersetzt wird.

Nicht selten wird das Gesamtergebnis gequotelt mit der Maßgabe, dass einzelne Quoten den Gesellschaftern **nach unterschiedlichen Kriterien** zugerechnet werden. So kommt es nicht selten vor, dass die Gesellschafter einen Gewinnanteil als Tätigkeitsvergütung erhalten und der verbleibende Gewinn den Gesellschaftern im Verhältnis ihrer Gesellschaftsbeteiligung zugewiesen wird.

Weiterhin kann es im Rahmen der Ergebnisverteilung der Berufsausübungsgemeinschaft selbstverständlich berücksichtigt werden, wenn ein Gesellschafter der Gesellschaft bestimmte Ressourcen zur Verfügung stellt. Oftmals wird die Ressourcenüberlassung durch Gewährung eines **Vorabgewinns** erfasst, so dass lediglich der bereinigte Gewinn nach Maßgabe des vereinbarten Schlüssels zur Verteilung gelangt.

Die Vereinbarung eines festen Gewinnbetrags (Fixums) ist grundsätzlich zulässig, darf aber bei einer vorzunehmenden Gesamtbewertung der Rechtsstellung nicht zur Annahme eines „verkappten Anstellungsverhältnisses" führen.

kk) Haftung/Beitrittshaftung/Nachhaftung

(1) Grundsätze der Haftung

Seit der Entscheidung des Bundesgerichtshofs v. 29.12.2001 (II ZR 331/00, BGHZ 146 S. 341) ist es anerkannt, dass die Außen-GbR **Trägerin von Rechten und Pflichten** sein kann. Haftungssubjekt ist die Gesellschaft; diese ist zu verklagen. Haftungsobjekt ist das Gesellschaftsvermögen. Die Gesellschafter haften entsprechend § 128 HGB für Gesellschaftsverbindlichkeiten **gesamtschuldnerisch in unbeschränktem Umfang mit ihrem Privatvermögen**. Dies gilt auch für Abfindungsansprüche ausgeschiedener Gesellschafter. Abweichende Absprachen der Gesellschafter untereinander betreffen ausschließlich das Innenverhältnis und können – lediglich – Freistellungsansprüche begründen. Hinweise im Außenauftritt, wonach eine Haftung nur mit dem Gesellschaftsvermögen erfolgt („GbR mbH"), erkennt die Rechtsprechung nicht an. Die Ausgleichspflicht der Gesellschafter im Innenverhältnis richtet sich grundsätzlich nach §§ 420 f. BGB.

(2) Beitrittshaftung

In haftungsrechtlicher Sicht grundlegend war das Urteil des Bundesgerichtshofs v. 7.4.2003 (II ZR 56/02, MedR 2003 S. 634), durch welches klargestellt wurde, dass der einer **bestehenden** Freiberuflersozietät beitretende Gesellschafter in entsprechender Anwendung des § 130 HGB für die vor seinem Eintritt begründeten Verbindlichkeiten der Gesellschaft grundsätzlich auch persönlich und als Gesamtschuldner gemeinsam mit den Altgesellschaftern haftet. Hatte der Bundesgerichtshof in seiner Entscheidung v. 7.4.2003 aus Vertrauensschutzgründen noch betont, die Haftung solle sich nur auf zukünftige Beitrittsfälle erstrecken, stellte er mit Urteil v. 12.12.2005 (II ZR 283/03, MedR 2006 S. 427) fest, dass Neugesellschafter für Altverbindlichkeiten schon dann **vollumfänglich privat haften**, wenn sie diese bei Eintritt in die Gesellschaft kannten oder deren Vorhandensein bei auch nur geringer Aufmerksamkeit hätten erkennen können. Die Beitrittshaftung umfasst Ansprüche aus Vertrags- und Deliktsrecht (für Ärzte relevant: Behandlungsfehler – vom Bundesgerichtshof aber ausdrücklich offengelassen!), Bereicherungsrecht, Produkt- oder Gefährdungshaftung, Steuerverbindlichkeiten etc. Regressansprüche der Prüfgremien oder Honorarrückforderungen der Kassenärztlichen Vereinigung zählen indes aufgrund der Besonderheiten des vertragsärztlichen Zulassungssystems nicht zu den von der Beitrittshaftung umfassten Verbindlichkeiten. Das BSG hat dies mit Urteil v. 7.2.2007 – B 6/06 R für den Fall der Neugründung einer Gemeinschaftspraxis, deren Gesellschaftsvertrag die Übernahme der Altverbindlichkeiten der Praxispartner ausdrücklich ausschloss, festgestellt.

Der Grundsatz der Beitrittshaftung findet nach derzeit herrschender Meinung **keine** Anwendung, wenn die Gesellschaft erst gegründet wird, indem z. B. ein

Arzt in die Einzelpraxis eines anderen Arztes „eintritt" oder durch mehrere Ärzte eine (neue) Gemeinschaftspraxis gegründet wird.

Die Beitrittshaftung kann wirksam nur durch **individuelle Vereinbarungen** mit den Gläubigern ganz oder teilweise beschränkt werden. Freistellungen im Innenverhältnis sind indes eine unerlässliche Hilfsmaßnahme. Dem Beitritt sollte eine ausführliche **due-diligence-Überprüfung** vorausgehen. Der – möglichst fachkundig beratene – Beitrittswillige sollte sich hierdurch einen genauen Überblick über die wirtschaftliche und rechtliche Situation der Gesellschaft verschaffen und seinen Beitrittsentschluss von einem positiven Prüfungsergebnis abhängig machen.

Der folgende Fragenkatalog (vgl. Möller, MedR 2004 S. 69) versucht, eine möglichst umfassende Grundlage für die Beurteilung der Gemeinschaftspraxis zu bieten.

Informationen zum Bestand der Gesellschaft:

- Lückenlose Erfassung sämtlicher gesellschaftsrechtlicher Absprachen (Verträge, Nebenabreden, Gesellschafterbeschlüsse etc.),
- zu übertragende Gesellschaftsanteile bestehen, unterliegen keinen Belastungen, Unterbeteiligungen, Verfügungsbeschränkungen usw.,
- Einlagen sind voll eingezahlt und nicht zurückgewährt,
- Sacheinlagen sind vollwertig erbracht,
- kein Investitionsrückstau,
- keine Ansprüche ehemaliger Gesellschafter gegen die Gesellschaft,
- Mitgliedschaft in Apparategemeinschaften, Laborgemeinschaften,
- Angaben zur wirtschaftlichen Situation,
- Steuerbescheide,
- betriebswirtschaftliche Auswertungen,
- Finanzstatus (Gesellschaft nicht überschuldet, nicht zahlungsunfähig),
- Geschäfts- und Finanzplanung.

Fragen der Beziehungen zu Dritten:

Auflistung der bestehenden Dauerschuldverhältnisse, insbesondere:

- Raummietverträge (Restlaufzeit, Verlängerungsoption, Rückbauverpflichtung),
- Miet- und Leasingverträge über bewegliche Gegenstände,
- Arbeitsverträge (evtl. Pensionszusagen, Erziehungszeiten),
- Wartungsverträge,

- Verbindlichkeiten, insbesondere gegenüber Banken,
- Steuerschulden,
- offene Mahn- oder Klageverfahren auf Aktiv- und Passivseite,
- Behandlungsfehlerverfahren (beendete, anhängige, drohende),
- Sicherungsabtretungen von Honoraransprüchen an wen und wegen welcher Forderungen,
- Sicherungsübereignungen an wen und wegen welcher Forderungen,
- Eigentumsvorbehalt von Lieferanten,
- Versicherungsverträge (Berufshaftpflicht-Deckungssumme).

Gefährdung des Status:
- Verfahren auf Widerruf der Approbation als Arzt gem. § 5 Abs. 2 BÄO (beendete, anhängige, drohende),
- berufsrechtliche Maßnahmen (beendete, anhängige, drohende).

Vertragsärztliche Sondersituation:
- Verfahren auf Entziehung der Vertragsarztzulassung gem. § 27 Ärzte-ZV (beendete, anhängige, drohende),
- gesicherter Bestand besonderer Abrechnungsgenehmigungen,
- Disziplinarverfahren (beendete, anhängige, drohende),
- Honorarberichtigungsverfahren (beendete, anhängige, drohende),
- Regressverfahren (beendete, anhängige, drohende),
- Garantie bestehender Individualbudgets.

Gesellschaftsrelevante Verhältnisse der Partner:
- Gesundheitszustand,
- güterrechtliche Vereinbarungen,
- Mitgesellschafter nicht zahlungsunfähig.

Aus der Sicht des beitretenden Arztes wäre es wünschenswert, die **Zusicherung** seiner potenziellen Vertragspartner zu erhalten, dass die Angaben zutreffend sind. Der beitrittswillige Kandidat sollte sich das Recht einräumen lassen, den Steuerberater und gegebenenfalls den Rechtsanwalt der Gemeinschaft befragen zu dürfen und sich von diesen schriftlich bestätigen zu lassen, dass die nach Maßgabe der Checkliste zusammengetragenen Daten/Informationen **vollständig und zutreffend** sind.

Eine umfassende Analyse der tatsächlichen und rechtlichen Verhältnisse einer Gemeinschaftspraxis ist mit erheblichem zeitlichen und finanziellen Aufwand verbunden. Gerade für in wirtschaftlichen Angelegenheiten noch unerfahrene Berufsanfänger wird es oftmals schwierig sein, sich den erforderlichen Beraterstab zu leisten, um die Verhandlungen „auf Augenhöhe" führen zu können. Nicht selten sieht der Gemeinschaftspraxisvertrag eine Kennenlern- oder Erprobungsphase vor, während der der „Juniorgesellschafter" auch ohne Vorliegen eines wichtigen Grundes aus der Gesellschaft herausgekündigt werden kann. Oder aber der „Juniorgesellschafter" geht – aus welchen Gründen auch immer – selbst nicht von seiner dauerhaften Gesellschaftszugehörigkeit aus. In diesen Fällen wird der beitrittswillige Arzt häufig geneigt sein, den Prüfungsaufwand möglichst gering zu halten.

Probleme ergeben sich aber auch aus der Sicht der „Seniorgesellschafter". Diese müssen eine „wirtschaftliche Nabelschau" erdulden, ohne sich sicher zu sein, dass der Beitritt zustande kommt. Einen Teil der im Rahmen der due-diligence-Prüfung gestellten Fragen werden sie möglicherweise als Zumutung empfinden und befürchten, der Beitrittswillige werde sein inquisitorisches Verhalten auch als Mitgesellschafter fortsetzen.

(3) Nachhaftung bei Ausscheiden

Für die Nachhaftung im Falle des Ausscheidens eines Gesellschafters verweist § 736 Abs. 2 BGB auf § 160 HGB. Das Ausscheiden aus der Gesellschaft hat grundsätzlich keine rechtlichen Auswirkungen auf die zwischen der Gesellschaft und Dritten abgeschlossenen Verträge. Der Ausgeschiedene haftet auch insofern nach seinem Ausscheiden akzessorisch. Der Anspruch gegen ihn **verjährt** allerdings nach **5 Jahren** (§ 160 Abs. 1 HGB). Für den Beginn der Verjährung kommt es darauf an, wann der Gläubiger von dem Ausscheiden **Kenntnis** erlangt. Für nach seinem Ausscheiden begründete Verbindlichkeiten kann der Ausgeschiedene haften, wenn ein entsprechender Rechtsschein gesetzt wurde (z. B. Fortführung des Namens auf dem Geschäftspapier).

II) Kündigungsregelungen

(1) Vereinbarung von Festlaufzeiten

Gemeinschaftspraxen als Erwerbsgesellschaften grenzen sich in erheblichem Umfang von losen Personenverbindungen ab, wie sie dem Gesetzgeber vorschwebten. In dem Maße, in welchem sich die Organisationsstrukturen verfestigen, nimmt – mit zunehmender Anzahl der Gesellschafter – die Bedeutung des individuellen Freiraums ab. Gerade wenn es Ziel der Gesellschaft ist, gegebenenfalls im Wettbewerb mit anderen Arztkooperationen zu bestehen und den Bekanntheitsgrad der Praxis zu fördern, wird dieses Ziel nicht auf der Grundlage eines lockeren Verbundes erreicht werden können, sondern bedarf einer gewissen **Kontinuität**. Die Umsetzung der gesetzgeberischen Vorstellung einer jederzeit möglichen Kündigung mit der Folge der Auseinandersetzung der Gesellschaft hätte vielfach Existenz vernichtende Folgen.

Die Interessen eines oder sämtlicher Gesellschafter, die ordentliche Kündbarkeit des Gesellschaftsverhältnisses für eine **bestimmte Dauer auszuschließen**, kann vielfältiger Natur sein. Häufig gilt es, Investitionen gemeinsam zu tätigen oder bestimmte Kooperationsvorhaben – z. B. Erbringung von Leistungen für einen Krankenhausträger – durchzuführen, weshalb eine Mindestanzahl von Gesellschaftern erforderlich ist oder die bestimmte Qualifikation eines Gesellschafters benötigt wird.

Denkbar ist auch die Situation, dass der Seniorgesellschafter durch die Festlaufzeit des Vertrages sein Ausscheiden aus der Gesellschaft sowie die Realisierung des Abfindungsanspruchs absichern möchte. Schutzwürdig gegen eine Kündigung ist insbesondere der Job-Sharing-Partner, der nach zehnjähriger Gesellschaftszugehörigkeit einen Anspruch auf eine „Vollzulassung" hat (§ 101 Abs. 1 Nr. 4 SGB V).

Soweit ersichtlich, hat sich die Rechtsprechung bisher mit der festen Laufzeit ärztlicher Gemeinschaftspraxisverträge nicht befasst. Es erscheint nicht sachgerecht, Höchstfristen anderer Kündigungsregelungen zu Dauerschuldverhältnissen (vgl. § 624 BGB: 5 Jahre) entsprechend anzuwenden. Richtig ist es vielmehr, eine auf die **konkreten gesellschaftsvertraglichen Verhältnisse** abstellende Betrachtung vorzunehmen, indem die **wechselseitigen Interessen der Gesellschafter** gegeneinander abgewogen werden. Die Freiheitsinteressen des ausscheidenswilligen Gesellschafters sind den schutzwürdigen Belangen der Gesellschaft und der Mitgesellschafter gegenüber zu stellen. Die Interessenlagen sollten im Vertrag Erwähnung finden.

Eine feste Vertragslaufzeit von **5 Jahren** dürfte regelmäßig nicht zu beanstanden und bei Vorliegen sachlicher Gründe eine Bindung von bis zu 10 Jahren durchaus zulässig sein. Dabei müssen die Kündigungsfristen nicht bei allen Gesellschaftern gleich lang sein.

Eine überlange Zeitbestimmung ist regelmäßig wegen Verstoßes gegen § 723 Abs. 3 BGB nichtig. An die Stelle der nichtigen Vereinbarung tritt im Wege der **ergänzenden Vertragsauslegung** oder der geltungserhaltenden Reduktion eine den Vorstellungen der Gesellschafter möglichst nahe kommende Befristungsregelung oder auch die Möglichkeit der vorzeitigen Kündigung (vgl. BGH v. 18.9.2006 – II ZR 137/04, NJW 2007 S. 295 mit Anmerkung Römermann).

Exkurs: Vertragsarztrecht

Die Beendigung der Gemeinschaftspraxis bedarf – anders als deren Errichtung – nicht der Genehmigung des Zulassungsausschusses. Die Erklärung eines Gesellschafters, er scheide zu einem bestimmten Zeitpunkt aus der Gemeinschaftspraxis aus, ist sozialrechtlich trotz gegebenenfalls zivilrechtlich entgegenstehender Rechtslage wirksam. Der Zulassungsausschuss stellt dann die Beendigung „dieser" Gemeinschaftspraxis durch Verwaltungsakt fest.

(2) Anschlusskündigung/Nachkündigung
Gesellschaftsvertraglich kann geregelt werden, dass ein Gesellschafter sich innerhalb einer bestimmten Frist der Kündigung des anderen Gesellschafters anschließen kann. In diesem Fall werden beide Kündigungen zum selben Zeitpunkt wirksam. Bei der Zwei-Personengesellschaft hat dies die Beendigung (Liquidation, Auseinandersetzung) der Gesellschaft zur Folge. Verfügt eine Gesellschafter über die Ressourcen der Praxis, kann er seine berufliche Tätigkeit möglicherweise fortsetzen, ohne den Abfindungsanspruch des anderen Gesellschafters erfüllen zu müssen. Ob dies in jedem Fall als treuwidrig anzusehen ist, erscheint zweifelhaft.

Auch ohne ausdrückliches Nachkündigungsrecht steht es jedem Gesellschafter, dem eine Kündigung zugegangen ist, frei, seinerseits zu kündigen, sofern die Kündigungsfrist eingehalten wird. Will man dieses Recht beschränken, muss der Gesellschaftsvertrag bestimmen, dass mit Zugang der Erstkündigung die Verpflichtung zur Übernahme des Gesellschaftsanteils des Erstkündigenden besteht.

(3) Hinauskündigung
Gesellschaftsvertragliche Regelungen, die einem oder mehreren Gesellschaftern das Recht einräumen, einen oder mehrere Mitgesellschafter **nach freiem Ermessen**, also ohne Vorliegen eines wichtigen Grundes, aus der Gesellschaft auszuschließen, verstoßen grundsätzlich gegen § 138 BGB und sind deshalb nichtig. Nach der Rechtsprechung ist der von der Ausschließung oder Kündigung bedrohte Gesellschafter zu schützen. Das freie Kündigungsrecht der anderen Gesellschafter könnte von ihm als **Disziplinierungsmittel** empfunden werden („Damoklesschwert") und ihn veranlassen, ihm zustehende Gesellschafterrechte nicht oder nur in beschränktem Umfang auszuüben.

Mit Urteil v. 8.3.2004 (II ZR 165/02, MedR 2004 S. 563 mit Anmerkung Dahm) hat der Bundesgerichtshof der besonderen Situation von Berufsausübungsgemeinschaften Rechnung getragen und es für einen Ausschluss ohne wichtigen Grund als ausreichend angesehen, dass die Altgesellschafter den hinzukommenden Gesellschafter kennenlernen müssen. Fraglich ist, ob das Recht zum Kennenlernen das alleinige anzuerkennende Motiv für ein Hinauskündigungsrecht ohne Vorliegen eines wichtigen Grundes ist. In der Literatur wird zu Recht auch eine **wirtschaftliche Erprobungsphase** des Inhalts anerkannt, dahingehend, dass für einen bestimmten Zeitraum abgewartet wird, ob die Gesellschaft eine ausreichende wirtschaftliche Grundlage erarbeitet, um auch dem eintretenden Gesellschafter einen auskömmlichen Gewinnanteil zu ermöglichen. Die Ausnahmen von dem Grundsatz, dass der kündigende Gesellschafter aus der Gemeinschaftspraxis ausscheidet, lassen sich angesichts der Komplexität der Lebenssachverhalte nicht auf enumerative Fallgruppen beschränken.

Der Bundesgerichtshof hat in der zitierten Entscheidung allerdings die zeitlichen Grenzen für ein derartiges Hinauskündigungsrecht offengelassen, einen Zeitraum von 10 Jahren jedoch zu Recht als bei weitem zu lang angesehen. Das OLG Frankfurt a. M. beschränkt die Dauer der Kennenlern- oder Erprobungsphase nach Auswertung der medizinrechtlichen Literatur im Sinne einer geltungserhaltenden Reduktion auf **3 Jahre** (v. 20.10.2005 – 16 U 3/05, NJW-RR 2006 S. 405). Der BGH hat dies bestätigt (v. 7.5.2007 – II ZR 281/05). Dies erscheint grundsätzlich sachgerecht. In der Literatur wird ein Zeitraum von 2 bis 3 Jahren als ausreichend angesehen, um festzustellen, ob eine dauerhafte gesellschaftsrechtliche Zusammenarbeit möglich ist.

PRAXISHINWEIS

Im Interesse einer fairen Vertragsgestaltung sollte der während der Erprobungsphase ohne Vorliegen eines wichtigen Grundes aus der Gesellschaft hinausgekündigte „Juniorgesellschafter", sofern er am Gesellschaftsvermögen beteiligt ist, zumindest seine Abfindung für den Gesellschaftsanteil zeitgleich oder zumindest zeitnah mit dem Ausscheiden erhalten und von den Gesellschaftsverbindlichkeiten freigestellt werden.

mm) Vereinbarungen zum Vertragsarztsitz

Die Zulassung als Vertragsarzt stellt ein höchstpersönliches öffentliches Recht dar. Dieser **öffentlich-rechtliche Status** („Zulassung, Vertragsarztsitz") unterliegt nicht der Verfügungsberechtigung des Rechtsinhabers und kann demgemäß nicht Gegenstand eines Kaufvertrages sein. Der Gesetzgeber hat diesem Umstand Rechnung getragen, indem über eine Nachfolgezulassung der zuständige Zulassungsausschuss nach Maßgabe gesetzlicher Vorgaben zu entscheiden hat (§ 103 Abs. 4, 6 SGB V). Die Feststellung, wonach es sich bei der Vertragsarztzulassung um ein **höchstpersönliches unveräußerliches Recht** handelt, darf aber nicht den Blick dafür verstellen, dass zwar die Verfügungsbefugnis des Vertragsarztes über seine Vertragsarztzulassung beschränkt ist, nicht jedoch die zivilrechtliche Befugnis zur Disposition über seinen Gesellschaftsanteil, einhergehend mit der Begründung von Verpflichtungen im Zusammenhang mit der Mitwirkung an der Nachbesetzung des Vertragsarztsitzes – ggf. einschließlich der

B. Berufsausübungsgemeinschaften

Erklärung des Verzichts auf die Vertragsarztzulassung – ist hiervon unabhängig und kann grundsätzlich wirksam begründet werden.

Bedenkt man, dass die Zulassungsbeschränkungen durch das GSG zum 1.1.1993 eingeführt wurden, verwundert es, dass die Frage, in welchem Umfang Vereinbarungen darüber zulässig sind, dass der aus einer Gemeinschaftspraxis ausscheidende Gesellschafter verpflichtet ist, an der Nachbesetzung seines Vertragsarztsitzes mitzuwirken, noch keiner abschließenden gerichtlichen Klärung zugeführt wurde. Dabei ist das wirtschaftliche Bedürfnis einer Gemeinschaftspraxis evident, nach dem Ausscheiden eines Gesellschafters dessen Vertragsarztzulassung in der Gemeinschaftspraxis zu behalten und durch eine Ärztin/einen Arzt nachbesetzen zu lassen. Häufig wurden gemeinsame Investitionen getätigt, die auf eine bestimmte Anzahl von Ärzten und deren Qualifikationen zugeschnitten sind. Hinzu kommt die Besonderheit des vertragsärztlichen Abrechnungssystems, wonach sich die Abrechnungsgrundlage nach der Anzahl der zugelassenen Leistungserbringer richten kann.

Aber auch der ausscheidende Gesellschafter wird vielfach einwenden, der Verlust der Vertragsarztzulassung sei für ihn und ggf. seine Familie Existenz gefährdend oder – vernichtend. Dies mag etwa dann gelten, wenn in dem konkreten Planungsbereich oder in angrenzenden Planungsbereichen auf längere Sicht keine entsprechenden Praxen zu akzeptablen Konditionen angeboten werden.

In Gesellschaftsverträgen insbesondere von kapitalintensiven Großgerätepraxen finden sich regelmäßig Klauseln, wonach der – egal aus welchem Grunde – aus der Gemeinschaftspraxis ausscheidende Gesellschafter verpflichtet ist, auf seine Vertragsarztzulassung zu verzichten und an allen erforderlichen Maßnahmen mitzuwirken, damit sein Vertragsarztsitz durch eine Ärztin/einen Arzt nachbesetzt werden kann.

Die Instanzgerichte haben sich mit unterschiedlichen Fallkonstellationen befasst, in denen aus der Gemeinschaftspraxis ausscheidende Vertragsärzte vertraglich zur Nachbesetzung ihrer Vertragsarztsitze verpflichtet wurden. Sie sind dabei zu diametral entgegengesetzten Ergebnissen gelangt. Der Bundesgerichtshof hat mit zwei Urteilen v. 22.7.2002 (II ZR 265/00, MedR 2002 S. 647; II ZR 90/01, NJW 2002 S. 3536) zumindest für etwas Erhellung gesorgt. Die Entscheidungen können als Grundsatzaussage dahingehend verstanden werden, dass Vereinbarungen zur Nachbesetzung des Vertragsarztsitzes nicht generell unzulässig sind. Bei relativ kurzer Dauer der Gesellschaftszugehörigkeit (im Verfahren II ZR 90/01 betrug die Dauer der Gesellschaftszugehörigkeit 6 Monate, im Verfahren II ZR 265/00 waren es 21 Monate) geht der Bundesgerichtshof von einer fehlenden Möglichkeit aus, die Praxis maßgeblich geprägt zu haben. Für den Bundesgerichtshof ist erheblich, dass die ausscheidenden Ärzte ihre Vertragsarztzulassung jeweils nicht „mitgebracht" hatten, sondern **in bestehende Gemeinschaftspraxen eintraten**, indem sie dort vorhandene Zulassungen erhielten – im einen Fall entgeltlich, im anderen Fall unentgeltlich. In beiden Fällen ließen sich die ausscheidenden Gesellschafter im Planungsbereich der ehemaligen Gemeinschaftspraxis nieder.

Der Bundesgerichtshof hat allerdings zu erkennen gegeben, dass seine Wertung dann anders ausfallen könne, wenn das Ausscheiden auf Gründen beruhe, die der aufnehmende Arzt zu verantworten habe und der **Verbleib in der Gemeinschaftspraxis für den Aufgenommenen unzumutbar** sei. In diesem Zusammenhang drängt sich die Frage auf, ob die Hinauskündigung während einer rechtmäßig vereinbarten Kennenlernphase zum Verlust der Vertragsarztzulassung für die Praxis führt. Richtigerweise wird man die Verpflichtung zur Durchführung des Nachbesetzungsverfahrens auch im Falle einer Hinauskündigung während der Kennenlernphase als zulässig ansehen müssen, sofern der ausscheidende Gesellschafter die Vertragsarztzulassung von einem Vorgänger aus der Praxis übernommen hat. Eine derartige Vereinbarung ist weder sittenwidrig noch verletzt sie den Ausscheidenden in seinem Grundrecht aus Art. 12 Abs. 1 GG. Häufig kennen sich die Gesellschafter vor dem Zusammenschluss nicht oder nur unzureichend. Dem Bestand der Praxis ist dabei im Interesse einer **unternehmenserhaltenden Bewertung** eindeutig der Vorzug vor den Interessen des Hinausgekündigten zu geben. Falls der Hinausgekündigte Gesellschaftsanteile entgeltlich erworben hat, sollte der Abfindungsanspruch allerdings zeitgleich oder zumindest zeitnah mit dem Ausscheidenszeitpunkt fällig werden.

In Fällen, in denen der Ausscheidende von seiner Vertragsarztzulassung keinen Gebrauch machen kann – z. B. Eintritt von Berufsunfähigkeit, Tod, Wegzug aus dem Planungsbereich –, bestehen gegen die Wirksamkeit von Mitwirkungsklauseln an der Nachbesetzung keine Bedenken, wonach das Ausschreibungsrecht jedenfalls dem/den verbleibenden Gesellschafter(n) zusteht.

Letztlich hängt die Beantwortung vieler Fragen davon ab, ob man die Interessen des einzelnen Vertragsarztes an seiner Berufsausübungsfreiheit höher einstuft als diejenigen der Berufsausübungsgemeinschaft und deren Gesellschaftern. Insoweit sollte nicht unberücksichtigt bleiben, dass der beitretende Gesellschafter die gesellschaftsvertragliche Verpflichtung zur Durchführung des Nachbesetzungsverfahrens im Falle des Ausscheidens bei Vertragsabschluss akzeptiert hat. Er hat damit – teilweise – auf seine individuelle Rechtsposition zugunsten der Berufsausübungsgemeinschaft in zulässigem Umfang verzichtet. Ob demgegenüber ein Interessenausgleich durch Zahlung einer Karenzentschädigung erforderlich ist, erscheint fraglich.

B. Berufsausübungsgemeinschaften

Dass die vorzunehmende Wertung im Einzelfall aufgrund besonderer Umstände zu dem Ergebnis führen kann, die Verpflichtung zur Mitwirkung an der Nachbesetzung sei unbillig (§ 242 BGB), bedarf keiner besonderen Hervorhebung.

PRAXISHINWEIS
Bei Gestaltung des Gesellschaftsvertrages empfiehlt es sich, die Verpflichtung zur Mitwirkung an der Nachbesetzung mit einer **Vertragsstrafe** zu unterlegen.

nn) Regelungen zum Budget

Die vertragsärztliche Versorgung erfolgt unter dem Deckel einer budgetierten Gesamtvergütung. Viele Kassenärztliche Vereinigungen haben die Vorgaben der Budgetierung in mehr oder minder ausgeprägter Form auf den einzelnen Vertragsarzt „heruntergebrochen".

Da viele Praxen in erheblichem Umfang gesetzlich versicherte Patienten betreuen, ist die Anzahl der Budgets für viele Praxen von erheblicher Bedeutung. Scheidet ein Gesellschafter aus der Gemeinschaftspraxis aus, indem er seinen Vertragsarztsitz und das daran anknüpfende Budget mitnimmt, kann dies für die verbleibenden Gesellschafter angesichts der häufig nicht in demselben Verhältnis reduzierbaren Fixkosten existenzielle Auswirkungen haben.

Die Honorarverteilungsverträge sehen regelmäßig vor, dass die Gemeinschaftspraxis ein einheitliches Budget hat. Dieses setzt sich bei Gründung einer Gemeinschaftspraxis durch Zusammenschluss mehrerer Einzelpraxen aus der Summe der Einzelbudgets zusammen. Im Falle des Ausscheidens könnten bei kopfanteiliger Aufteilung des Gesamtbudgets ungerechte Verwerfungen entstehen.

BEISPIEL: ▶ Die Gesellschaft verfügt über eine Budget von 300.000 €. Ein Gesellschafter scheidet aus. Sein Nachfolger erhält die Vertragsarztzulassung und nimmt diese nach 2 Jahren mit. Er hat sich nicht in die Gesellschaft eingekauft. Bei kopfanteiliger Aufteilung würde er ein Budget von 150.000 € erhalten.

Aus diesem Grunde empfehlen sich individuelle Regelungen im Gesellschaftsvertrag, um von der ggf. im Honorarverteilungsvertrag vorgesehenen Möglichkeit Gebrauch zu machen, von der kopfanteiligen Zurechnung abzuweichen. Teilweise sehen Honorarverteilungsverträge vor, dass die Gesellschafter sich auf die Aufteilung mit verbindlicher Wirkung für die Kassenärztliche Vereinigung verständigen können. Nach § 7 Abs. 5c Satz 3 HVV der KV Nordrhein in der ab dem 1.4.2005 geltenden Fassung kann eine andere als kopfmäßige Aufteilung auch ohne Einverständnis des ausscheidenden Gesellschafters vorgenommen werden, wenn der Nachweis geführt wird, dass dies dem Leistungsanteil der Gesellschafter in der Vergangenheit entspricht.

Eine zu starke Beschränkung des Budgetanteils kann allerdings zu einer Aushöhlung des Vertragsarztstatus führen. Bedenken an der Rechtswirksamkeit ergeben sich insofern aus § 138 BGB (Sittenwidrigkeit) sowie § 723 Abs. 3 BGB (Kündigungsbeschränkung).

oo) Nachvertragliches Wettbewerbsverbot

Nachvertragliche Wettbewerbsverbote unter Ärzten sind **prinzipiell zulässig**. Die Gemeinschaftspraxis kann ein erhebliches Interesse daran haben zu verhindern, dass Patienten, die die Grundlage des wirtschaftlichen Erfolgs bilden, abgezogen werden und damit die Existenzgrundlage der Gesellschaft beeinträchtigt wird.

Wettbewerbsverbote erfordern grundsätzlich eine ausdrückliche Vereinbarung. Wegen ihrer einschneidenden Auswirkungen auf die grundrechtlich gewährleistete Berufsfreiheit können sie nach § 138 BGB i. V. m. Art. 12 Abs. 1 GG unwirksam sein, wenn sie nicht durch ein schutzwürdiges Interesse des Berechtigten gerechtfertigt sind und das erforderliche Maß in **gegenständlicher, örtlicher** und **zeitlicher Hinsicht** überschreiten (vgl. BGH v. 18.7.2005 – II ZR 159/03, NJW 2005 S. 3061 m. w. N.).

Während bei Rechtsanwälten und Steuerberatern Mandantenschutzklauseln anerkannt sind, dürften entsprechende Klauseln – insbesondere bezogen auf gesetzlich versicherte Patienten wegen der insofern grundsätzlich bestehenden Behandlungspflicht – im ärztlichen Bereich nichtig sein. Das Wettbewerbsverbot darf allerdings nicht dazu eingesetzt werden, den früheren Mitgesellschafter als Wettbewerber auszuschalten. Der Wunsch, den ausgeschlossenen Gesellschafter einer **besonderen Sanktion** zu unterwerfen, rechtfertigt nicht, die räumlichen, gegenständlichen und zeitlichen Grenzen eines nachvertraglichen Wettbewerbsverbotes auszuweiten.

(1) Gegenständliche (sachliche) Grenzen

Bei Bestimmung der gegenständlichen Grenzen ist das Interesse des Berechtigten an Unterbindung der Konkurrenztätigkeit in besonderem Maße zu überprüfen. Es darf nur der tatsächlich gegebenen Gefahr von Wettbewerb begegnet werden. Unzulässig ist z. B. eine Klausel, die einem aus einer ausschließlich im ambulanten Bereich tätigen Gemeinschaftspraxis ausscheidenden Gesellschafter eine Tätigkeit im stationären Bereich (Krankenhaus) verbieten würde. Verfügt ein Gesellschafter über mehrere Facharztbezeichnungen, darf das Wettbewerbsverbot nur den Bereich der ärztlichen Tätigkeit umfassen, mit welchem der Gesellschafter in der Gemeinschaftspraxis tätig ist.

Eine unzulässige gegenständliche Überschreitung führt zur Nichtigkeit des gesamten Wettbewerbsverbots; eine **geltungserhaltende Reduktion** findet nicht statt.

(2) Zeitliche Grenze

Die zulässige Dauer eines Wettbewerbsverbots lässt sich nicht mit starren Grenzen festlegen. Zu berücksichtigen ist u. a., wie lange die Gesellschafter zusammengearbeitet haben. Der Bundesgerichtshof hat die zeitliche Obergrenze allerdings auf **2 Jahre** festgelegt (v. 29.9.2003 - II ZR 59/02, NJW 2004 S. 66). Ein lediglich in zeitlicher Hinsicht übermäßiges Verbot wird von der Rechtsprechung **geltungserhaltend reduziert**.

(3) Örtliche Grenzen

Die räumlichen Grenzen eines rechtmäßigen Wettbewerbsverbots hängen von dem jeweiligen **Einzugsbereich** der Praxis ab. Dieser ist bei einer großstädtischen Allgemeinarztpraxis geringer und regelmäßig auf den betreffenden Stadtteil begrenzt. Der Einzugsbereich einer Facharztpraxis im ländlichen Bereich wird regelmäßig deutlich größer sein. Bei Laborärzten und Pathologen, die mittels ihres Botendienstes einen überörtlichen Einzugsbereich abdecken, kann die Verbotszone deutlich umfassender sein.

Kilometerangaben in der Wettbewerbsklausel werden als Luftlinie ausgelegt. Verstößt ein Wettbewerbsverbot gegen die zulässigen räumlichen Grenzen, erfolgt **keine geltungserhaltende Reduktion**. Das gesamte Wettbewerbsverbot ist dann **unwirksam**.

(4) Ausnahmen

Unter **Verhältnismäßigkeitsaspekten** sollten Ausnahmen von der strikten Unterlassungsverpflichtung etwa für eine zeitlich beschränkte Vertreterzeit vorgesehen werden.

(5) Auswirkungen auf den Abfindungsanspruch

Wettbewerbsverbote ohne Karenzentschädigung i. S. d. § 74 Abs. 2 HGB sind zulässig. Ein Wettbewerbsverbot ohne Zahlung einer Abfindung ist problematisch und bedarf zumindest der besonderen Rechtfertigung im Einzelfall.

Andererseits ist die Abfindung für den immateriellen Wert ein Ausgleich für den zu unterlassenden Wettbewerb. Auch wenn ein ausdrückliches Wettbewerbsverbot nicht vereinbart wurde, kann die inhaltliche Ausgestaltung der Abfindungsregelung die Pflicht zur Unterlassung von Konkurrenztätigkeit begründen. Die Aufnahme von Wettbewerb führt dann zum teilweisen oder vollständigen **Verlust des Abfindungsanspruchs** für den immateriellen Wert. Gesellschaftsvertraglich kann allerdings eine Begünstigung des Ausgeschiedenen vereinbart werden, dass dieser eine Abfindung für den anteiligen immateriellen Wert erhält und – zusätzlich – den Zugriff auf den Patientenstamm behält, sich mithin im Einzugsbereich der Praxis niederlassen darf.

(6) Beschäftigungsverbot

PRAXISHINWEIS

Bei der Vertragsgestaltung ist daran zu denken, ein ausdrückliches Verbot aufzunehmen, wonach es dem Ausscheidenden untersagt ist, für einen bestimmten Zeitraum Personal der bisherigen Praxis zu beschäftigen.

(7) Vertragsstrafe

Ein Wettbewerbsverbot ohne Vertragsstrafe ist ein schwaches Instrument. Die Vertragsstrafe muss angemessen sein, da sie ansonsten durch ein Gericht herabgesetzt werden kann (§ 343 BGB).

§ 340 Abs. 1 Satz 1 BGB gibt dem Gläubiger ein Wahlrecht, ob er die Vertragsstrafe verlangt oder den Unterlassungsanspruch geltend macht. Vertragsstrafe neben Unterlassung kann nach der Vorstellung des Gesetzgebers mithin nicht verlangt werden! Allerdings ist die Vorschrift dispositiv.

PRAXISHINWEIS

Vorsorglich sollte eine Regelung in den Gesellschaftsvertrag aufgenommen werden, wonach die Vertragsstrafe und **zusätzlich Unterlassung oder Schadensersatz wegen Nichterfüllung** (teilweise pauschaliert) verlangt werden können. Im Einzelfall kann die Gesamtwürdigung der vereinbarten Rechtsfolgen allerdings zu dem Ergebnis gelangen, dass eine Verstoß gegen §§ 242, 138 BGB vorliegt.

pp) Abfindungsanspruch

Die Rechtsfolgen des Ausscheidens aus der BGB-Gesellschaft ergeben sich aus den §§ 738 bis 740 BGB, sofern ein Ausscheiden mit Anwachsungsfolge bei dem oder den verbleibenden Gesellschaftern vorliegt. Bei fehlender anderslautender Regelung findet die Anwachsung im Verhältnis der bestehenden Gesellschaftsbeteiligung statt. Erfolgt das Ausscheiden auf der Grundlage der Anteilsübertragung, finden §§ 738 f. BGB keine Anwendung.

Seit Anerkennung der Rechtsfähigkeit der GbR ist es allgemein anerkannt, dass **Schuldner des Abfindungsanspruchs die Gesellschaft** ist. Die Gesellschafter haften gesamtschuldnerisch für die Erfüllung des Abfindungsanspruchs. Die Bestimmungen der §§ 738 bis 740 BGB enthalten weitestgehend dispositives Recht. Grenzen für die Beschränkung des Abfindungsanspruchs ergeben sich aus § 138 BGB sowie aus § 723 Abs. 3 BGB, wonach die Abfindungsmodalitäten nicht die Wirkung einer **kündigungsbeschränkenden Klausel** haben dürfen. Bei

B. Berufsausübungsgemeinschaften

Berufsausübungsgemeinschaften ist festzustellen, dass – zumal in zulassungsbeschränkten Fachgebieten – der ideelle Praxiswert deutlich höher ist als der materielle. Um insofern zu praktikablen Ansätzen für die Bewertung des materiellen Vermögens zu gelangen, werden nicht selten die um einen bestimmten Prozentsatz erhöhten Buchwerte zugrunde gelegt. Hinsichtlich der Bewertung des immateriellen Praxiswerts (Goodwill) wird häufig ein bestimmter Prozentsatz des gewichteten Gewinns oder Umsatzes zugrunde gelegt. Derartige statische Berechnungsmethoden haben den Vorteil der Planungssicherheit, vermögen indes aufgrund ihrer Vergangenheitsbezogenheit zukünftige Entwicklungen kaum zu berücksichtigen.

Alternativ kommt die **Bewertung durch Sachverständige** in Betracht. Angesichts der beschränkten Anzahl von öffentlich bestellten und vereidigten Sachverständigen für die Bewertung von Arztpraxen ist nicht selten mit einer mehrmonatigen Bearbeitungsdauer zu rechnen.

Gesellschaftsvertraglich wird häufig eine **Realteilung hinsichtlich des ideellen Praxiswerts** vorgenommen. Lässt sich der ausscheidende Gesellschafter im Einzugsbereich der Praxis nieder, wird fingiert, dass er seine ehemaligen Patienten auch zukünftig betreuen wird und hierdurch seinen anteiligen Goodwill realisiert. Nach Goette geht die Überzeugung des II. Senats des *Bundesgerichtshofs* dahin, *„dass die Teilung der Sachwerte und das rechtlich nicht eingeschränkte Werben um die bisherigen Patienten, Klienten oder Mandanten der Sozietät die „natürliche Art der Auseinandersetzung" einer solchen Partnerschaft ist."* Zwischen Abfindungsanspruch und Wettbewerbsverbot bestehe eine Wechselbeziehung: Der Ausgeschiedene könne nicht eine Abfindung beanspruchen und darüber hinaus seine Patienten „mitnehmen". Goette: *„Man kann den Kuchen nicht essen und zugleich behalten wollen."*

Enthält der Gesellschaftsvertrag kein Wettbewerbsverbot und lässt sich der ausscheidende Gesellschafter im Einzugsbereich der Praxis nieder, **erlischt der Anspruch auf Abfindung für den anteiligen immateriellen Wert** (BGH, Urt. v. 8.5.2000 – II ZR 308/98, NJW 2000 S. 2584). Bestimmt der Gesellschaftsvertrag, dass der Abfindungsanspruch für den anteiligen immateriellen Wert entfällt, wenn sich der ausscheidende Gesellschafter innerhalb der vereinbarten Wettbewerbszone niederlässt, sind die verbleibenden Gesellschafter nicht berechtigt, die Abfindung für den anteiligen immateriellen Praxiswert zu kürzen, wenn die Niederlassung knapp außerhalb der vertraglich vereinbarten Wettbewerbszone erfolgt.

Von der Rechtsprechung bisher nicht geklärt ist die Frage, ob durch die Chance, Patienten mitnehmen zu können, der gesetzliche Abfindungsanspruch ersetzt werden kann. Grundsätzlich wird man von der Zulässigkeit einer derartigen

Klausel ausgehen können. Etwas anderes gilt für den Fall des Ausscheidens wegen Berufsunfähigkeit, aus Altersgründen oder wegen Todes, da der Ausscheidende durch den faktischen Abfindungsausschluss unbillig benachteiligt wird.

qq) Ausscheidensbilanz

Die Feststellung des Abfindungsanspruchs ist häufig mit tatsächlichen und rechtlichen Komplikationen verbunden. Für den Ausscheidenden regelmäßig nachteilig ist der **Grundsatz der Gesamtabrechnung.** Die Forderungen der Gesellschaft gegen den Ausgeschiedenen sowie dessen Forderungen gegen die Gesellschaft werden unselbständige Rechnungspositionen in der Bilanz und können grundsätzlich nicht selbständig geltend gemacht werden. Etwas anderes gilt nur dann, wenn feststeht, dass ein Gesellschafter einen Anspruch auf einen bestimmten Betrag hat.

Sämtliche Gesellschafter – einschließlich des Ausgeschiedenen – haben das Recht, an der Erstellung der Ausscheidensbilanz mitzuwirken. Die Pflicht zur Aufstellung der Abschichtungsbilanz trifft nach herrschender Meinung die Gesellschaft, da diese Schuldnerin des Abfindungsanspruchs ist. Im Falle des Ausscheidens des vorletzten Gesellschafters aus einer zweigliedrigen BGB-Gesellschaft müsste angesichts der kraft Gesetzes eintretenden Gesamtrechtsnachfolge die Verpflichtung zur Aufstellung der Ausscheidensbilanz den verbleibenden Gesellschafter treffen. Die **Feststellung der Abschichtungsbilanz** ist durch die Gesellschaft bzw. den allein verbleibenden Gesellschafter und den Ausgeschiedenen als Berechtigten des Abfindungsanspruchs vorzunehmen. Bei Streit über Grund und/oder Höhe des Abfindungsanspruchs wird eine einvernehmliche Feststellung der Abschichtungsbilanz häufig scheitern. Anerkannt ist, dass der Ausgeschiedene den Anspruch auf Zahlung der Abfindung klageweise ohne vorherige Feststellung der Bilanz geltend machen kann. Im Rahmen der zu erhebenden Leistungsklage muss der ausgeschiedene Gesellschafter substantiiert darlegen, aus welchen Gründen die vorgelegte Bilanz falsch ist. Kommt die Gesellschaft trotz Aufforderung mit der Erstellung der Abschichtungsbilanz in Verzug, kann der Ausgeschiedene Leistungsklage auf Aufstellung der Bilanz erheben. Die Klage kann im Wege der **Stufenklage** nach § 254 ZPO mit Geltendmachung des Abfindungsanspruchs verbunden werden.

Der Abfindungsanspruch entsteht im **Ausscheidenszeitpunkt.** Wann der Abfindungsanspruch fällig wird, ist höchstrichterlich bisher nicht geklärt. Vieles spricht dafür, die Fälligkeit – ebenfalls – mit dem Ausscheiden eintreten zu lassen (vgl. § 271 BGB). Teilweise wird vertreten, dass die Fälligkeit erst mit Berechenbarkeit des Abfindungsanspruchs eintritt. Viele Gemeinschaftspraxisverträge enthalten im Interesse der Liquidität der verbleibenden Gesellschafter Regelungen, wonach Teilbeträge zu unterschiedlichen Zeitpunkten fällig werden.

Dabei ist zu bedenken, dass die **Steuerpflicht von derartigen Stundungsabreden unabhängig** ist (vgl. § 16 Abs. 2 EStG i. V. m. R 4.5 EStR). Die erste Teilrate sollte deshalb zumindest in Höhe der zu erwartenden Steuern vereinbart werden. Weiterhin kann es sich empfehlen, laufende monatliche Zahlungen in Höhe eines zu bestimmenden Prozentsatzes des bisherigen monatlichen Gewinnvorabs zu vereinbaren, um den finanziellen Interessen des Ausgeschiedenen bzw. dessen Rechtsnachfolgern Rechnung zu tragen. Je länger die Fälligkeit hinausgeschoben wird, desto eher ist eine **Verpflichtung zur Verzinsung** vorzusehen.

rr) Ehevertrag

Gesellschaftsverträge insbesondere kapitalintensiver Gemeinschaftspraxen verlangen häufig von den am Gesellschaftsvermögen beteiligten Gesellschaftern den Abschluss eines Ehevertrages, durch welchen die Zugewinnansprüche des jeweiligen Partners, zumindest bezogen auf den Gesellschaftsanteil an der Gemeinschaftspraxis (sog. **modifizierter Zugewinnausgleich**), ausgeschlossen werden. Naturgemäß gibt es in der Praxis eine Vielzahl von Gestaltungsmöglichkeiten.

Als Alternative wird die Vereinbarung einer notariell beurkundeten Vollstreckungsverzichtserklärung vorgeschlagen, in welcher sich der Partner zur Unterlassung von Vollstreckungsmaßnahmen in den Gesellschaftsanteil oder in Rechte aus der Mitgliedschaft verpflichtet. Ein effektiver Schutz hängt allerdings davon ab, dass der Anspruch ebenfalls nicht an Dritte abgetreten werden darf!

Bei Eheverträgen ist zu beachten, dass die Parteien nicht volle Vertragsfreiheit genießen. Der Bundesgerichtshof (v. 11.2.2004 – XII ZR 265/02, NJW 2002 S. 1300) hat in Umsetzung mehrerer Entscheidungen des Bundesverfassungsgerichts eine **zweistufige Kontrolle** von Eheverträgen entwickelt: Zunächst wird geprüft, ob die Vereinbarung bereits zum Zeitpunkt des Zustandekommens zu einer einseitigen Lastenverteilung im Scheidungsfall führt, wobei eine Gesamtwürdigung vorzunehmen ist. In einem zweiten Schritt wird geprüft, ob und inwieweit ein Partner seine durch den Vertrag eingeräumte Rechtsmacht missbraucht, wenn er sich auf die vertraglichen Regelungen beruft; dabei sind die Verhältnisse bei der Scheidung maßgeblich.

PRAXISHINWEIS

Eheverträgen sollte eine Präambel vorangestellt werden, in der die Gründe für den teilweisen Ausschluss der gesetzlichen Regelungen festgehalten sind, um dem Gericht im Streitfall die Ausgangslage darstellen zu können. Darüber hinaus ist zu empfehlen, für den teilweisen Ausschluss des Zugewinns einen adäquaten materiellen Ausgleich vorzusehen.

ss) Schlichtung

Es kann sinnvoll sein zu vereinbaren, dass vor Anrufung der ordentlichen Gerichte oder Einleitung eines Schiedsgerichtsverfahrens zunächst ein Schlichtungsversuch durchgeführt wird. Als Schlichter kommen ein professionelle Mediator oder ggf. der Justitiar der Ärztekammer in Betracht. Wird trotz der Schlichtungsabrede sofort Klage erhoben, ist diese als – derzeit – unzulässig abzuweisen (§ 1032 Abs. 1 ZPO).

tt) Schiedsgerichtsverfahren

Die Zweckmäßigkeit einer Schiedsgerichtsvereinbarung in Gemeinschaftspraxisverträgen ist umstritten.

Vorteile:

- Nichtöffentlichkeit,
- abschließende Entscheidung,
- Sachkunde,
- Beschleunigung,
- hohe Vergleichsquote.

Nachteile:

- hohe Kosten,
- keine gerichtliche Korrekturmöglichkeit.

Das Schiedsgerichtsverfahren ist in §§ 1025 ZPO geregelt. Die Schiedsgerichtsvereinbarung bedarf der Schriftform. Eine gesonderte Urkunde ist nicht – mehr – erforderlich, gleichwohl zu empfehlen.

uu) Bedingungen

Für die vertragsärztlich tätige Gemeinschaftspraxis ist die (vorherige) Genehmigung durch den Zulassungsausschuss (§ 33 Abs. 2 Ärzte-ZV) erforderlich. Da Gemeinschaftspraxen ihre Tätigkeit nicht selten vor Eintritt der Bestandskraft des Genehmigungsbescheides aufnehmen, bedarf es insofern der Vereinbarung einer – aufschiebenden – Bedingung. Da der Bedingungseintritt nicht sicher ist, sollte bestimmt werden, dass die Gesellschafter sich im Innenverhältnis wirtschaftlich so stellen, als sei die Bedingung eingetreten.

Neben der bestandskräftigen Genehmigung der Gemeinschaftspraxis kommen als Bedingungen u. a. in Betracht:

- Bestandskraft einer Zulassung,
- Bestandskraft einer Verlegungsgenehmigung,
- Zustandekommen eines Anteilskaufvertrages,
- Finanzierungszusage.

vv) Salvatorische Klausel

Keinesfalls fehlen darf eine sog. salvatorische Klausel. Hierdurch versuchen die Parteien, ein in Teilen nichtiges Rechtsgeschäft in den nicht von der Nichtigkeit erfassten Teilen zu retten. Die Vereinbarung einer Erhaltens- oder Ersetzungsklausel entbindet nicht von der nach § 139 BGB vorzunehmenden Prüfung, ob die Parteien das teilnichtige Geschäft als Ganzes verworfen oder den Rest hätten gelten lassen. Die Darlegungs- und Beweislast trifft dabei die Partei, die den Vertrag entgegen der Erhaltensklausel als Ganzes für unwirksam hält.

2. Steuerliche Aspekte

Literatur:

Schulze zur Wiesche, Die Einlage in eine atypisch stille Gesellschaft und die Einlage als Sonderbetriebsvermögen als Einbringungsvorgänge i. S. d. § 24 UmwStG; DB 1986 S. 1744; *Hörger/Stöbbe*, Die Zuordnung stiller Reserven beim Ausscheiden eines Gesellschafters einer Personengesellschaft – Modifizierte Stufentheorie –, DStR 1991 S. 1230; *Richter*, Praxisfragen bei Wiederaufnahme bzw. geringfügiger Fortsetzung der Steuerberatertätigkeit nach Praxisveräußerung, DStR 1998 S. 442; *Märkle*, Die Übertragung eines Bruchteils eines Gesellschaftsanteils bei vorhandenem Sonderbetriebsvermögen, DStR 2001 S. 685; *Ehlers*, Praxisveräußerungen und Sozietätsgründungen in ertragsteuerlicher Sicht, NWB F. 3 S. 12201 ff.; *Spindler*, Der „Gesamtplan" in der Rechtsprechung des BFH, DStR 2005 S. 1; *Korn/Strahl*, Freiberufliche Tätigkeit im Steuerrecht, NWB F. 3 S. 13417 ff.; *Rogall/Stangl*, Die unentgeltliche Übertragung von Mitunternehmeranteilen und Teilmitunternehmeranteilen mit Sonderbetriebsvermögen, DStR 2005 S. 1073; *Klein*, Zweifelsfragen zu Übertragungsakten nach § 6 Abs. 3 EStG; NWB F. 3 S. 13771; *Korn*, Brennpunkte zur Einnahmenüberschussrechnung nach § 4 Abs. 3 EStG, KÖSDI 2/2006; *Rogall*, Steuerneutrale Bar- und Sachabfindung beim Ausscheiden aus Personengesellschaften – zum Verhältnis von § 6 Abs. 5 EStG zu § 16 EStG, DStR 2006 S. 731; *Michels/Ketteler-Eising*, Ertragsteuerliche Behandlung des Kaufpreises für Kassenarztpraxen, DStR 2006 S. 961; *Ghirardini*, Übertragung von Wirtschaftsgütern, NWB direkt Nr. 40/ S. 6; *Gragert*, Ertragsteuerliche Behandlung der integrierten Versorgung im Gesundheitswesen, NWB F. 3 S. 14321.

a) Grundsätze zur Besteuerung der Gemeinschaftspraxis

aa) Allgemeine Hinweise zur Besteuerung von Ärzten

Der Arzt in eigener Praxis unterliegt als natürliche Person mit Wohnsitz oder gewöhnlichem Aufenthalt im Inland nach § 1 Abs. 1 Satz 1 EStG der Einkommensteuer. Die selbständige Berufstätigkeit als Arzt und die arztähnliche selbständige Berufstätigkeit gehört dabei zur **freiberuflichen Tätigkeit i. S. d. § 18 Abs. 1 Nr. 1 EStG** und führt zu Einkünften aus selbständiger Arbeit.

Soweit **Heil- oder Heilhilfsberufe** nicht zu den Katalogberufen Arzt oder Zahnarzt zählen, ist ein solcher Beruf einem der in § 18 Abs. 1 Nr. 1 Satz 2 EStG genannten **Katalogberufen ähnlich**, wenn das typische Bild des Katalogberufs mit seinen wesentlichen Merkmalen dem Gesamtbild des zu beurteilenden Berufes vergleichbar ist. Dazu gehörte die Vergleichbarkeit der jeweils ausgeübten Tätigkeit nach den charakterisierenden Merkmalen, die Vergleichbarkeit der Ausbildung und die Vergleichbarkeit der Bedingungen, an die das Gesetz die Ausübung des zu vergleichenden Berufes knüpft; z. B. Altenpfleger, Ergotherapeuten, Logopäden, staatlich geprüfte Masseure, Podologen, Rettungsassistenten oder Zahnpraktiker. Die Zulassung des jeweiligen Steuerpflichtigen bzw. die regelmäßige Zulassung seiner Berufsgruppe nach § 124 Abs. 2 SGB V durch die zuständigen Stellen der gesetzlichen Krankenkassen stellt ein ausreichendes Indiz für das Vorliegen einer dem Katalogberuf ähnlichen Ausbildung, Erlaubnis und Tätigkeit i. S. d. § 18 Abs. 1 Nr. 1 EStG dar (BMF v. 22.10.2004 - IV B 2 - S 2246 - 3/04, BStBl 2004 I S. 1030).

Ein Angehöriger eines freien Berufes in diesem Sinne ist nach § 18 Abs. 1 Nr. 1 Satz 3 EStG auch dann freiberuflich tätig, wenn er sich der **Mithilfe fachlich vorgebildeter Arbeitskräfte** bedient; Voraussetzung ist, dass der Arzt weiterhin aufgrund eigener Fachkenntnisse **leitend und eigenverantwortlich** tätig wird (sog. **Stempeltheorie;** H 15.6 EStH – „Mithilfe anderer Personen"). Dies ist nach den Umständen des Einzelfalls zu beurteilen und kann nicht exakt und allgemein gültig festgelegt werden. Hierfür sind die Praxisstruktur, die individuellen Kapazitäten des Arztes, das in der Praxis anfallende Leistungsspektrum und die Qualifikation der Mitarbeiter zu berücksichtigen. Eine freiberufliche Tätigkeit liegt im Einzelfall beispielsweise dann nicht vor, wenn die Zahl der vorgebildeten Arbeitskräfte und die Zahl der täglich anfallenden Untersuchungen eine Eigenverantwortlichkeit ausschließen. Hiervon betroffen sind insbesondere die Bereiche der Labormedizin oder andere ärztliche „Massenarbeit" (BMF v. 31.1.2003 - IV A 6 - S 2246 - 5/03, BStBl 2003 I S. 170).

Übt der Einzelarzt neben seiner freiberuflichen Tätigkeit noch eine weitere gewerbliche Tätigkeit aus, führt diese zu Einkünften aus Gewerbebetrieb, die in der Regel nach der sog. Trennungstheorie getrennt ermittelt werden, sofern dies nach der Verkehrsauffassung möglich ist (H 15.6 EStH „Gemischte Tätigkeit").

Typische Beispiele für eine gewerbliche Tätigkeit sind der **Verkauf von Kontaktlinsen nebst Pflegemittel** durch Augenärzte, der **Verkauf von Nahrungsergänzungsmitteln oder Zahnpflegeprodukten**, Leistungen der **häuslichen Pflegehilfe** durch Krankenschwestern/Krankenpfleger, **Massagen und Pediküren** bei Fußpflegern oder das **medizinische Gerätetraining durch Krankengymnasten**

B. Berufsausübungsgemeinschaften

(zu unterscheiden von der ärztlich verordneten gerätegestützten Krankengymnastik; OFD München v. 11.6.2004 - S 2246 - 37 St 41/42, DStR 2004 S. 1963).

bb) Besteuerung der Gemeinschaftspraxis

Die Gemeinschaftspraxis als Personengesellschaft dagegen unterliegt selbst weder der Einkommensteuerpflicht (nach § 1 EStG sind natürliche Personen einkommensteuerpflichtig) noch der Körperschaftsteuerpflicht (nach § 1 KStG sind juristische Personen körperschaftsteuerpflichtig). Zu den Einkünften natürlicher Personen gehören nach § 15 Abs. 1 Satz 1 Nr. 2 EStG (i. V. m. § 18 Abs. 4 Satz 2 EStG) vielmehr die Gewinnanteile der Gesellschafter einer Personengesellschaft, bei der der Gesellschafter als Unternehmer (Mitunternehmer) des Betriebes anzusehen ist. Die Feststellung der Gewinnanteile der einzelnen Mitunternehmer erfordert eine **einheitliche und gesonderte Feststellung von Besteuerungsgrundlagen** nach § 180 Abs. 1 Nr. 2a AO.

Mitunternehmer i. S. d. § 15 Abs. 1 Satz 1 Nr. 2 EStG (i. V. m. § 18 Abs. 4 Satz 2 EStG) ist, wer zivilrechtlich Gesellschafter einer Personengesellschaft ist und eine gewisse **unternehmerische Initiative** entfalten kann sowie **unternehmerisches Risiko** trägt. Beide Merkmale können im Einzelfall mehr oder weniger ausgeprägt sein (H 15.8 EStH „Allgemeines" m. w. N.). Der Umfang des steuerlichen Betriebsvermögens und der Betriebseinnahmen und -ausgaben bestimmt sich nach (§ 18 Abs. 4 Satz 2 i. V. m.) § 15 Abs. 1 Satz 1 Nr. 2 EStG und umfasst das Gesamthandsvermögen und das Sonderbetriebsvermögen.

Schließen sich Ärzte als Angehörige eines freien Berufes zu einer Gemeinschaftspraxis zusammen, erzielen diese nur dann freiberufliche Einkünfte, wenn **alle Gesellschafter die Merkmale eines freien Berufes erfüllen**. Kein Gesellschafter darf nur kapitalmäßig beteiligt sein oder Tätigkeiten ausüben, die keine freiberuflichen sind. Auch die Beteiligung einer Kapitalgesellschaft führt zur **Gewerblichkeit**, denn eine Kapitalgesellschaft kann die Merkmale eines freien Berufes nicht erfüllen, weil ihre Tätigkeit nach § 2 Abs. 2 Satz 1 GewStG stets als Gewerbebetrieb gilt (BFH v. 3.12.2003 – IV B 192/03, BStBl 2004 II S. 303).

Nach § 15 Abs. 3 Nr. 1 EStG gilt die Tätigkeit einer Gemeinschaftspraxis auch dann in vollem Umfang als Gewerbebetrieb, wenn auch eine Tätigkeit i. S. d. § 15 Abs. 1 Satz 1 Nr. 1 EStG ausgeübt wird (sog. **gewerbliche Infizierung** oder Abfärbung). Es ist dabei erst einmal unerheblich, welchen Umfang die gewerblichen Einkünfte im Verhältnis zu den freiberuflichen Einkünften einnehmen. Allerdings greift die Umqualifizierung des § 15 Abs. 3 Nr. 1 EStG jedenfalls bei einem Anteil der originär gewerblichen Tätigkeit von 1,25 % der Gesamtumsätze (**Geringfügigkeitsgrenze**) nicht ein (BFH v. 11.8.1999 - XI R 12/98, BStBl 2000 II S. 229), wobei in der Literatur bereits Geringfügigkeitsgrenzen von 5 %

bis zu 10 % diskutiert werden (Korn/Strahl, Freiberufliche Tätigkeit im Steuerrecht, NWB F. 3 S. 13417 ff.).

Ist der Umfang der gewerblichen Tätigkeit in der Gemeinschaftspraxis nicht mehr als geringfügig anzusehen, führen diese gewerblichen Einkünfte als **Folge der Infizierung** zur **Umqualifizierung sämtlicher Einkünfte** der Gemeinschaftspraxis in solche aus Gewerbebetrieb. Auch die Einkünfte aus der ärztlichen Tätigkeit unterliegen dann der Gewerbesteuer. Durch die **pauschalierte Anrechnung der Gewerbesteuerbelastung** auf die Einkommensteuer mit Einführung des § 35 EStG ab dem Veranlagungszeitraum 2004 hat sich die Gewerbesteuerproblematik entschärft. Je nach Höhe des Gewerbesteuerhebesatzes bleibt jedoch eine Erhöhung der Gesamtsteuerbelastung im Falle der Umqualifizierung von bis zu 3 bis 4 Prozentpunkten.

PRAXISHINWEIS

Zur **Vermeidung der gewerblichen Infizierung** ist die Gründung einer gesonderten **gewerblichen (beteiligungsidentischen) GbR** unter Berücksichtigung eines entsprechenden formalen Vorgehens **anerkannt** (BMF v. 14.5.1997 - IV B 4 - S 2246 - 23/97, BStBl 1997 I S. 566; BFH v. 19.2.1998, IV - R - 11/97, BStBl 1998 II S. 603). Besondere Vorsicht ist allerdings auch im Falle gesonderter GbRs geboten, wenn die freiberufliche Gemeinschaftspraxis der gewerblichen GbR Wirtschaftsgüter, z. B. Einrichtungsgegenstände, zur Nutzung gegen Entgelt überlässt. In einem solchen Fall besteht die **Gefahr einer mitunternehmerischen Betriebsaufspaltung**.

Vermietet eine Personengesellschaft, hier die Gemeinschaftspraxis, Betriebsvermögen gegen Entgelt oder Teilentgelt an eine ganz oder mehrheitlich personenidentische Personengesellschaft (Schwestergesellschaft), hier die gewerbliche GbR, ist die vermietende Personengesellschaft als dann gewerbliche Besitzgesellschaft im Rahmen einer mitunternehmerischen Betriebsaufspaltung anzusehen. Die gesamten Einkünfte der Gemeinschaftspraxis wären wiederum als gewerblich anzusehen. Fälle einer unentgeltlichen Überlassung von Wirtschaftsgütern sind hiervon nicht betroffen. Bei einer entsprechenden Gestaltung ist darauf zu achten, dass Einlagen in die gewerbliche GbR nicht als verdecktes Entgelt gewertet werden können (vgl. ausführlich BMF v. 28.4.1998 - IV B 2 - S 2241 - 42/98, BStBl 1998 I S. 583).

Ein besonderes, verdecktes Gefahrenpotenzial bilden im Zusammenhang mit der gewerblichen Infizierung auch Verträge zur **integrierten Versorgung**. In den Fällen der **integrierten Versorgung nach §§ 140a ff. SGB V** werden u. a. zwischen dem Arzt und einer Krankenkasse Verträge abgeschlossen, nach denen die Krankenkasse dem Arzt für die Behandlung der Patienten eine **Fallpauschale** zahlt, die je nach Vereinbarung in Einzelfällen sowohl die medizinische Betreuung als auch die **Abgabe von Arzneien und Hilfsmitteln abdeckt**. Diese Fallpauschalen können damit Vergütungen sowohl für freiberufliche ärztliche Tätigkeiten als auch für gewerbliche Tätigkeiten (Abgabe von Arzneimitteln und Hilfsmitteln) umfassen. Nach der aktuellen Auffassung des Bundesfinanzministeriums (BMF v. 1.6.2006 - IV B 2 - S 2240 - 33/06, DB 2006 S. 1763) kommt es in den Fällen der integrierten Versorgung, bei denen die Fallpauschale auch für die Abgabe von Arzneimitteln und Hilfsmitteln gezahlt wird, zu einer gewerblichen Infizierung der gesamten Tätigkeit der Gemeinschaftspraxen nach § 15 Abs. 3 Nr. 1 EStG, sofern die von der Rechtsprechung aufgestellte Geringfügigkeitsgrenze überschritten ist.

cc) Folgen einer vermögenslosen Beteiligung

Auf dem Weg in die „echte" Beteiligung wird bei der Aufnahme eines neuen Arztes in eine Praxis dieser häufig für eine Übergangsfrist als Kennlernphase – manchmal auch auf Dauer – vermögenslos oder mit einem nur geringen Anteil an der Praxis beteiligt. Für einen solchen Fall stellt sich die Frage, ob die Gemeinschaftspraxis die Voraussetzungen für das Vorliegen einer steuerlichen Mitunternehmerschaft erfüllt. Nach der Rechtsprechung des BFH ist nicht jeder zivilrechtliche Gesellschafter einer Personengesellschaft auch Mitunternehmer i. S. d. § 15 Abs. 1 Satz 1 Nr. 2 EStG.

Das FG Baden-Württemberg, Außensenate Freiburg v. 16.6.2005 - 3 K 101/01, EFG 2005 S. 1539 (rechtskräftig durch Rücknahme der Revision, vgl. auch BFH v. 14.4.2005 - XI R 82/03, BStBl 2005 II S. 752) verneint das Vorliegen einer Mitunternehmerschaft bei einem allenfalls **schwach ausgeprägten Mitunternehmerrisiko** des neu eintretenden Arztes wegen

- eines festen Gewinnanteils ohne Rücksicht auf das Praxisergebnis;
- fehlender Beteiligung an einem eventuellen Verlust;
- fehlender Beteiligung an den stillen Reserven der Gemeinschaftspraxis;
- eines durch Abschluss einer Berufshaftpflichtversicherung stark eingeschränkten Haftungsrisikos

und einer **beschränkten Mitunternehmerinitiative** bei

- keiner Befugnis des neu eintretenden Arztes zur Geschäftsführung der Gemeinschaftspraxis;
- Abrechnung mit der Kassenärztlichen Vereinigung und den Patienten allein durch den Seniorpartner;

▶ im Wesentlichen lediglich bestehenden Informations- oder Kontrollrechten, jedoch keinen Widerrufs- oder Stimmrechten betreffend das gemeinsame Unternehmen,

auch dann, wenn alle Mitglieder der Gemeinschaftspraxis als solche nach außen als sog. Außensozietät auftreten und deshalb nach Rechtsscheingrundsätzen unbeschränkt persönlich haften und ihre Patienten im Wesentlichen eigenverantwortlich und selbständig betreuen. Die selbständige Berufsausübung begründet keine auf eine gemeinschaftliche Unternehmensführung gezogene „Mitunternehmer"-Initiative. Berufs- und Vertragsarztrecht sind für die steuerliche Beurteilung insoweit nicht bindend.

Im Ergebnis verfügen der oder die Seniorpartner und der vermögenslos Beteiligte – wenn das Vertragsverhältnis nicht als Mitunternehmerschaft anerkannt wird – somit jeweils über **eigene Einkunftsquellen**. Nach dem Gesamtbild der Verhältnisse kann der vermögenslos Beteiligte unter Umständen sogar als Arbeitnehmer im sozialversicherungs- und lohnsteuerrechtlichen Sinne anzusehen sein (Wacker/Schmidt, EStG 2006, § 18 Rz 42 m. w. N.; zu den Merkmalen der Arbeitnehmereigenschaft vgl. H 67 LStH). Eine einheitliche und gesonderte Feststellung (§ 180 Abs. 1 Nr. 2a AO) entfällt. Ermittelt der Seniorpartner seinen Gewinn nach § 4 Abs. 3 EStG, sind die „Gewinn-Zahlungen" an den neu eintretenden Arzt nach § 11 EStG jeweils im Zeitpunkt der Zahlung als Betriebsausgaben zu erfassen.

Wenn ein vermögenslos beteiligter Gesellschafter steuerlich nicht Mitunternehmer der Praxis ist, besteht die Gefahr, dass die Finanzverwaltung vermutet, dass die Seniorpartner im Umfang der Tätigkeit des vermögenslos beteiligten Gesellschafters selbst nicht mehr leitend und eigenverantwortlich im Rahmen ihrer Praxis tätig sind. Es wird kaum glaubhaft darstellbar sein, dass ein Seniorpartner einen vermögenslos beteiligten Gesellschafter laufend überwacht und grundsätzliche Fragen selbst entscheidet sowie die uneingeschränkte fachliche Verantwortung der erbrachten Leistungen übernimmt. Als Folge kann dies zu gewerblichen Einkünften für die Seniorpartner führen und im Falle einer Gemeinschaftspraxis zur **gewerblichen Infizierung** der gesamten Mitunternehmerschaft nach § 15 Abs. 3 Nr. 1 EStG.

PRAXISHINWEIS

Um das Vorliegen einer Mitunternehmerschaft, insbesondere des Mitunternehmerrisikos, zu gewährleisten, sollte bezüglich der Hauptaspekte eine gewisse Beteiligung am Gewinn und Verlust, an den stillen Reserven (z. B. durch eine Abfindungsregelung bezüglich des seit Eintritt entstehenden Goodwill-Zuwachses), der Haftung und der Geschäftsführung vertraglich vereinbart werden.

b) Errichtung einer Gemeinschaftspraxis
Im Rahmen der Errichtung einer Gemeinschaftspraxis sind **verschiedene Fallgruppen** zu unterscheiden:

- die **Neugründung** einer Gemeinschaftspraxis durch mehrere Ärzte,
- der **Erwerb** einer Einzelpraxis durch mehrere Ärzte,
- die **Aufnahme** eines neuen Partners in eine bestehende Einzelpraxis,
- der **Zusammenschluss** mehrerer Praxen zu einer neuen Gemeinschaftspraxis.

Die **Neugründung** einer Gemeinschaftspraxis durch mehrere Ärzte stellt unter steuerlichen Aspekten wohl den einfachsten – gleichzeitig in der Praxis den wohl seltensten – Fall dar. Zwei oder mehrere Ärzte, die noch nicht selbständig praktiziert haben, eröffnen eine gemeinsame Praxis. Zu vereinbarten Teilen bringen die zukünftigen Partner vorhandene Eigenmittel ein. Entsprechend anteilig übernehmen sie die Finanzierungen und erwerben dadurch gemeinsam die anzuschaffende Praxisausrüstung.

Auch der Fall des **gemeinschaftlichen Erwerbs einer bestehenden Einzelpraxis** durch mehrere Ärzte wirft nur wenige steuerliche Fragen auf. Für die Erwerber steht die Abschreibungsfähigkeit der Anschaffungskosten für das materielle Vermögen der Praxis und insbesondere der Anschaffungskosten für das immaterielle Vermögen der Praxis im Vordergrund (siehe hierzu S. 111). Für den veräußernden Einzelarzt ergibt sich die Frage der Behandlung des Veräußerungsgewinns, insbesondere im Hinblick auf eine steuerbegünstigte Behandlung (siehe hierzu S. 114).

aa) Aufnahme eines neu eintretenden Arztes in eine Einzelpraxis
Die Errichtung einer Gemeinschaftspraxis durch die Aufnahme eines neu eintretenden Arztes in eine Einzelpraxis stellt **steuerlich die Veräußerung eines Teils einer Einzelpraxis gegen Entgelt** dar. Die entgeltliche Aufnahme eines Sozius in eine Einzelpraxis ist dabei nicht als steuerbegünstigte Veräußerung i. S. d. § 18 Abs. 3 und § 34 EStG zu beurteilen, sondern als nicht begünstigter laufender Gewinn zu erfassen (BFH v. 18.10.1999 - GrS 2/98, BStBl 2000 II S. 123).

Gegenstand des Erwerbs ist steuerlich nicht der Anteil an der Einzelpraxis selbst, sondern die einzelnen Wirtschaftsgüter entsprechend dem Anteil an der entstehenden Mitunternehmerschaft. Soweit der neu eintretende Arzt als Erwerber eine Ausgleichszahlung zu leisten hat und die Erwerbsaufwendungen den Buchwert des auf den Erwerber übergehenden Kapitalkontos übersteigen oder unterschreiten, ist eine Ergänzungsbilanz bzw. Ergänzungsrechnung zum Gesamthandsvermögen aufzustellen (BFH v. 30.3.1993 - VIII R 63/91, BStBl 1993 II S. 706 m. w. N.).

Zur Vermeidung bzw. Abmilderung der durch die Aufdeckung der stillen Reserven verursachten Steuern bietet das Steuerrecht verschiedene Möglichkeiten, u. a.:

- der **Ausgleich** über die **Gewinnverteilung,**
- die **Nutzung** des **Umwandlungssteuerrechts** (Einbringung nach § 24 UmStG),
- das **Überlassungsmodell.**

(1) Ausgleich über die Gewinnverteilung

Bei dieser auch als „Gewinnverzichts-Modell" bezeichneten Möglichkeit erfolgt **keine Kaufpreiszahlung,** sondern der Ausgleich erfolgt über die Verteilung des laufend zu versteuernden Gewinns. Der Praxisanteilsinhaber erhält im Rahmen der Gewinnverteilung durch eine zeitlich begrenzte Regelung zunächst einen höheren Gewinnanteil. Er profitiert damit befristet überproportional von der Tätigkeit und den Leistungen des eintretenden Gesellschafters. Dies wird so lange durchgeführt, bis der eintretende Gesellschafter die erworbenen stillen Reserven „abgearbeitet" hat.

Da der eintretende Gesellschafter an den Einzelpraxisinhaber keinen Kaufpreis zu zahlen hat, sondern seinen Eintritt in die Gemeinschaftspraxis im Rahmen der Gewinnverteilung „abzahlt", entfällt für ihn die Notwendigkeit der Finanzierung. Für den Praxisinhaber liegt der Vorteil in der Verteilung als laufender Gewinn auf mehrere zukünftige Veranlagungszeiträume, wodurch sich die sofortige Versteuerung als laufender Gewinn vermeiden lässt (Korn/Strahl, Freiberufliche Tätigkeit im Steuerrecht, NWB F. 3 S. 13417 ff.; Ehlers, NWB F. 3 S. 12201 ff.).

PRAXISHINWEIS

Im Rahmen dieses Modells besteht jedoch die **Gefahr,** dass die Finanzverwaltung in dem Mehrgewinn **Kaufpreisraten** sieht, wenn die Gewinnanteile, die der Einzelpraxisinhaber als Vorabgewinn erhält, in Bezug auf die Höhe und den Zeitpunkt zu eindeutig festgelegt sind. Die Finanzverwaltung würde dann den Barwert der Vorabgewinne als Kaufpreiszahlung in das Privatvermögen ansehen und steuerlich entsprechend den allgemeinen Grundsätzen (siehe hierzu S. 110)sofort versteuern (FG München v. 30.11.1989 - 16 K 10133/81, EFG 1990 S. 319; R 16 Abs. 11 EStR).

(2) § 24 Umwandlungssteuergesetz

Die Einbringung einer Einzelpraxis in eine Gemeinschaftspraxis gegen Gewährung von Gesellschaftsrechten ist aus ertragsteuerlicher Sicht ein **tauschähnlicher Vorgang im Sinne einer Betriebsveräußerung** (BFH v. 26.1.1994 - III R 39/91, BStBl 1994 II S. 458). Die Versteuerung des Veräußerungsgewinns nach § 18 Abs. 3 i. V. m. § 16 EStG (ggf. i. V. m. § 34 EStG) lässt sich allerdings unter Anwendung der Vorschrift des § 24 UmwStG 2006 (teilweise) vermeiden. § 24 UmwStG 2006 erfasst insoweit auch das Vermögen, welches einer selbständigen Tätigkeit dient (BFH v. 13.12.1979 - IV R 69/74, BStBl 1980 II S. 239; so auch Widmann/Mayer, Umwandlungsrecht, UmwStG § 20 Tz. 2).

Wird ein Betrieb, Teilbetrieb (vgl. zum Begriff Teilbetrieb S. 116) oder Mitunternehmeranteil an einer Personengesellschaft gegen Gewährung von Gesellschaftsrechten eingebracht und wird der Einbringende Mitunternehmer der Gesellschaft oder wird seine Mitunternehmerstellung aufgestockt, darf das eingebrachte Betriebsvermögen nach § 24 Abs. 2 UmwStG 2006 bei der Übertragung **auf Antrag mit dem Buchwert** oder ein höheren Wert, höchstens aber mit dem gemeinen Wert angesetzt werden, wenn das Besteuerungsrecht der Bundesrepublik Deutschland nicht eingeschränkt wird, wovon bei Arztpraxen in aller Regel auszugehen ist. Handelsbilanzielle Restriktionen für den Wertansatz sind bei Freiberuflern dabei nicht zu beachten. Durch den Buchwertansatz kann auf Antrag die Aufdeckung der stillen Reserven vermieden werden. Der Antrag ist spätestens bis zur erstmaligen Abgabe der steuerlichen Schlussbilanz bei dem für die Besteuerung der übernehmenden Gesellschaft zuständigen Finanzamt zu stellen (§ 24 Abs. 2 Satz 3 i. V. m. § 20 Abs. 2 Satz 3 UmwStG 2006).

Im Gegensatz zur Einbringung in eine Kapitalgesellschaft nach § 20 UmwStG 2006 genügt im Rahmen des § 24 UmwStG 2006 eine Einbringung in das Sonderbetriebsvermögen. Im Rahmen der Einbringung ist es zur Anwendung des § 24 UmwStG 2006 daher nicht erforderlich, dass sämtliche wesentliche Betriebsgrundlagen auch in das Gesamthandvermögen übertragen werden; es genügt, wenn sie zukünftig der Gemeinschaftspraxis zur Nutzung zur Verfügung gestellt werden (BMF v. 25.3.1998 - IV B 7 - S - 1978 - 21/98/IVB 2b - 1909 - 33/98, BStBl 1998 I S. 268, geändert durch BMF v. 21.8.2001 - IV A 6 - S 1909 - 11/01, BStBl 2001 I S. 543, im Folgenden Umwandlungsteuererlass Tz. 24.06).

Werden im Rahmen der Einbringung Wirtschaftsgüter nicht in das Betriebsvermögen sondern in das Sonderbetriebsvermögen eingebracht, ist besondere Vorsicht bezüglich des Rechtsinstituts der **mitunternehmerischen Betriebsaufspaltung** geboten (vgl. ausführlich z. B. Widmann/Mayer, Umwandlungsrecht, UmwStG § 24 Tz.6.10). Im Bereich der freiberuflichen Einkünfte ist dies allerdings insoweit nicht nötig, da das Rechtsinstitut der mitunternehmerischen Betriebsaufspaltung bei einer rein freiberuflichen Tätigkeit keine Anwendung findet (BFH v. 10.11.2005 - IV R 29/04, BStBl 2006 II S. 173).

Zur Anpassung der Kapitalkonten an das zutreffende gesellschaftsrechtliche Verhältnis werden in der Eröffnungsbilanz der neuen Personengesellschaft häufig die Buchwerte aufgestockt. Gleiches gilt, wenn eine höhere Gesellschaftseinlage geleistet werden muss als nachher in der Bilanz der Personengesellschaft auf dem Kapitalkonto gutgeschrieben wird. In diesen Fällen können die Gesellschafter der Personengesellschaften **Ergänzungsbilanzen** aufstellen, durch die der Buchwertansatz ermöglicht wird und die sofortige Versteuerung der stillen Reserven vermieden werden kann (Umwandlungsteuererlass, a. a. O., Tz. 24.09 ff.).

Wird ein Betrieb, Teilbetrieb oder Mitunternehmeranteil teilweise auf Rechnung des Einbringenden, teilweise auf Rechnung eines Dritten in eine Personengesellschaft eingebracht, der dafür dem Einbringenden ein Entgelt zahlt (Zuzahlung), so stellt sich die Einbringung auf Rechnung des Dritten als Veräußerungsvorgang dar. Als Engelt ist auch die Übernahme privater Verbindlichkeiten oder Verbindlichkeiten Dritter anzusehen. Bei einer **Zuzahlung in das Betriebsvermögen** kann durch die Aufstellung einer negativen Ergänzungsbilanz die sofortige Versteuerung stiller Reserven ausgeglichen werden.

Die Besteuerung des Gewinns, der durch eine Zuzahlung in das Privatvermögen des Einbringenden entsteht (**Zuzahlung ins Privatvermögen**), kann nicht durch Erstellung einer negativen Ergänzungsbilanz vermieden werden (Umwandlungsteuererlass, Tz. 24.10). Eine Zuzahlung in das Privatvermögen liegt auch vor, wenn mit ihr eine zugunsten des Einbringenden begründete (nicht betrieblich veranlasste) Verbindlichkeit der Gesellschaft getilgt wird, z. B. ein durch Privatentnahmen negatives Kontokorrentkonto ausgeglichen wird. (BFH v. 8.12.1994 - IV R 82/92, BStBl 1995 II S. 599).

Bei der Gewinnermittlung der Gemeinschaftspraxis nach § 4 Abs. 3 EStG ist im Übrigen zum Einbringungszeitpunkt auf die Gewinnermittlung nach § 4 Abs. 1 EStG überzugehen und eine Einbringungsbilanz zu erstellen. Der dabei entstehende **Übergangsgewinn** ist laufender Gewinn. Die spätere Rückkehr zur Gewinnermittlung nach § 4 Abs. 3 EStG – wenn steuerlich zulässig – wird im Allgemeinen als nicht willkürlich zu erachten sein. Ein dabei entstandener Übergangsverlust ist nach dem neuen Gewinnverteilungsschlüssel zu verteilen (OFD Frankfurt a. M. v. 16.1.2006 - S-1978d A - 4 - St II 2.02, DStZ 2006 S. 242; kritisch BFH v. 13.9.2001 - IV R 13/01, BStBl 2002 II S. 287; vgl. auch kritisch Korn, Brennpunkte zur Einnahmenüberschussrechnung nach § 4 Abs. 3 EStG, KÖSDI 2/2006).

Offen ist die Frage nach der steuerlichen **Behandlung der Forderungen im Einbringungszeitpunkt**. Häufig werden nur das materielle und das immaterielle

Vermögen und ggf. langfristige Verbindlichkeiten in die Gemeinschaftspraxis eingebracht, die Forderungen jedoch zurückbehalten und durch den bisherigen Praxisinhaber eingezogen.

Aufgrund des Umstandes, dass Forderungen keine wesentlichen Betriebsgrundlagen sind (Patt, in: Dötsch/Eversberg/Jost/Pung/Witt, Die Körperschaftsteuer, § 20 UmwStG n. F. Tz. 37), müssen sie bei der Praxisübertragung auch nicht mitveräußert werden, um die Tarifbegünstigung zu erlangen. Nach Auffassung von Korn/Strahl (Korn/Strahl, Freiberufliche Tätigkeit im Steuerrecht, NWB F. 3 S. 13417 ff.) sind diese zurückbehaltenen Forderungen nicht in der Schlussbilanz für die veräußerte oder eingebrachte Praxis anzusetzen. Ihre Zurückhaltung führt auch nicht dazu, dass sie zu steuerlichem Privatvermögen werden, weil sie bis zur Vereinnahmung „geborenes" Betriebsvermögen sind. Eine gewinnrealisierende Entnahme ist daher nicht zwingend. Nach Auffassung von Korn/Strahl (a. a. O.) kommt es deswegen im Zeitpunkt der Praxis- oder Anteilsveräußerung nicht zu einer Gewinnrealisierung durch die Aktivierung der Forderungen. Vielmehr sind unter Fortsetzung der Gewinnermittlung nach § 4 Abs. 3 EStG die Forderungen erst im Zeitpunkt des späteren Zuflusses beim bisherigen Praxisinhaber zu versteuern. Er erzielt insofern nachträgliche Einkünfte aus seiner freiberuflichen Tätigkeit.

Nach Auffassung der OFD Frankfurt a. M. (v. 16.1.2006, a. a. O) sind dagegen die Forderungen in die Übergangsgewinnermittlung mit einzubeziehen. Diese Auffassung wird erstinstanzlich v. FG Rheinland-Pfalz geteilt (v. 3.5.2006 - 1 K 1608/03, EFG 2006 S. 1298), eine höchstrichterliche Entscheidung insbesondere im Hinblick auf das BFH-Urteil v. 13.9.2001 (a. a. O) steht noch aus (Revision eingelegt, BFH v. 22.8.2006 - XI R 32/06).

PRAXISHINWEIS

Im Falle der Aktivierung der Forderungen empfiehlt es sich, als **Übergangszeitpunkt** nicht den Jahreswechsel (Schlussbilanz 31.12./Eröffnungsbilanz 1.1.), sondern vielmehr den **Jahresanfang, vorzugsweise den 2.1.** (d. h. Schlussbilanz 1.1./Eröffnungsbilanz 2.1.), zu wählen, um den zweifachen Wechsel zwischen den Gewinnermittlungsarten in denselben Veranlagungszeitraum zu legen bzw. lediglich den Zufluss der Einnahmen im laufenden Jahr auf den Anfang des Jahres vorwegzunehmen. Ist Stichtag für die Aktivierung der Forderungen der 1.1. ist davon auszugehen, dass der größte Teil der Forderungen in der Regel ohnehin bis zum 31.12. des Jahres zugeflossen wäre. Durch die Wahl des Bilanzierungsstichtages 1.1./2.1. wird somit die Besteuerung in den folgenden Veranlagungszeitraum (das Zuflussjahr) verlagert. Um der Ernsthaftigkeit der Vereinbarung Ausdruck zu verleihen, sollte hinsichtlich der laufenden Aufwendungen (z. B.

Miete, Personalkosten) eine anteilige Aufteilung der Kosten des 1.1. vorgenommen werden.

(3) Überlassungsmodell

Der bisherige Einzelpraxisinhaber bleibt Eigentümer des gesamten vorhandenen Praxisvermögens, zumindest aller wesentlichen Betriebsgrundlagen, welches er der Gemeinschaftspraxis einschließlich des Praxiswertes zur Nutzung überlässt. Gemeinschaftliches Eigentum wird – ggf. mit Ausnahme von nicht wesentlichem Umlaufvermögen – also vorerst nicht gebildet und die Gemeinschaftspraxis wird auch nicht Eigentümer der Geräte oder des Praxiswertes. Das Vermögen der Einzelpraxis wird insoweit nach § 18 Abs. 4 i. V. m. § 15 Abs. 1 Satz 1 Nr. 2 EStG **Sonderbetriebsvermögen des bisherigen Einzelpraxisinhabers** bei der Gemeinschaftspraxis, ohne dass dies einen Veräußerungsvorgang auslöst. Im Laufe der Zeit werden die Ersatzbeschaffungen von der Gemeinschaftspraxis selbst durchgeführt, so dass die Gemeinschaftspraxis nach und nach einen eigenen materiellen und immateriellen Praxiswert aufbaut, während der Praxiswert des Einzelpraxisinhabers sukzessive abnimmt.

Ungeklärt scheint die Frage, ob dieses Modell als **Unterfall des § 24 UmwStG 2006**, bei dem sämtliche wesentliche Betriebsgrundlagen in das Sonderbetriebsvermögen eingebracht werden, anzusehen und damit auch der Zwischenwertansatz bis zur Höhe der gemeinen Werte möglich ist (vgl. Widmann/Mayer, Umwandlungsrecht, UmwStG § 24 Tz. 6 f. m. w. N.). Zumindest Schulze zu Wische vertritt die Auffassung, dass die Einbringung lediglich des Umlaufvermögens in eine Personengesellschaft unter Zurückbehaltung aller wesentlichen Grundlagen als Sonderbetriebsvermögen zwingend zur Buchwertfortführung verpflichtet (Schulze zur Wiesche, DB 1986 S. 1744). Unseres Erachtens ist aber Widmann zuzustimmen, der die Auffassung vertritt, dass es genügt, dass die wesentlichen Wirtschaftsgüter der Sacheinlage Bestandteil des Betriebsvermögens werden, dass der aufnehmenden Personengesellschaft zuzurechnen ist und dass damit die Einbringung in das Sonderbetriebsvermögen durch die Zurverfügungstellung zur Nutzung ausreichend ist. In der Praxis dürfe allerdings lediglich von Bedeutung sein, dass eine Fortführung der Buchwerte ohne Aufdeckung der stillen Reserven möglich erscheint.

Im Laufe der Zeit verflüchtigt sich der Praxiswert der überlassenen Praxis und es entsteht ein neuer Praxiswert der Gemeinschaftspraxis. Sollte dem entgegen das Finanzamt die Auffassung vertreten, der immaterielle Wert wäre im Laufe der Zeit auf die Gemeinschaftspraxis übergegangen, so wäre dieser Vorgang steuerneutral nach **§ 6 Abs. 5 Satz 3 Nr. 2 EStG** als unentgeltliche Übertragung eines einzelnen Wirtschaftsgutes aus dem Sonderbetriebsvermögen eines Mitunternehmers in das Betriebsvermögen der Mitunternehmerschaft anzusehen. Dies kann auch nicht als Gestaltungsmissbrauch angesehen werden, denn selbst bei Annahme einer direkten Übertragung in das Gesamthandsvermögen der Mitunternehmerschaft wäre nach § 24 UmwStG 2006 der Buchwertansatz möglich.

Für die Überlassung erhält der Einzelpraxisinhaber laufend einen angemessenen Ausgleich über die Gewinnverteilung, bemessen am Wert des überlassenen Vermögens (als Gewinnvorab).

PRAXISHINWEIS

Es könnte auch ein festes Mietentgelt vereinbart werden. Aus umsatzsteuerlicher Sicht ist dies jedoch nicht empfehlenswert, da ein festes Mietentgelt zu einem umsatzsteuerpflichtigen Leistungsaustausch zwischen der Gemeinschaftspraxis und dem Gesellschafter führt (A 6 Abs. 3 ff. UStR BFH v. 24.9.2004 - V B 177/02, BFH/NV 2005 S. 258). Die Entstehung von zusätzlicher Umsatzsteuer liegt sicherlich nicht im Interesse der Partner, da bei der Gemeinschaftspraxis in der Regel mangels steuerpflichtiger Umsätze der Vorsteuerabzug gem. § 15 Abs. 2 Nr. 1 UStG ausgeschlossen ist. Trotz der Möglichkeit der Vorsteuerberichtigung nach § 15a UStG für den Gesellschafter wird bei diesem eine Nettobelastung mit Umsatzsteuer verbleiben.

bb) Zusammenschluss mehrerer Einzelpraxen

Die Errichtung einer Gemeinschaftspraxis durch den **Zusammenschluss mehrerer Einzelpraxen** stellt steuerlich ebenfalls grundsätzlich die Veräußerung gegen Entgelt dar. Die Gegenleistung für die Übertragung besteht insoweit in der Gewährung der Gesellschaftsrechte an der neuen Gemeinschaftspraxis. Auf den Übertragungsvorgang ist § 24 UmwStG 2006 anwendbar (vgl. zu § 24 UmwStG 2006 im Einzelnen S. 92).

Aufgrund unterschiedlicher Wertverhältnisse der bestehenden Praxen sind in der Regel Ausgleichszahlungen zwischen den Gesellschaftern erforderlich. Soweit Ausgleichszahlungen in das Privatvermögen eines Einbringenden stattfinden, findet § 24 UmwStG 2006 insoweit keine Anwendung. Die Vermeidung der Entstehung eines steuerpflichtigen laufenden Gewinns durch die Erstellung von Ergänzungsbilanzen ist nicht möglich (Umwandlungssteuererlass, a. a. O., Tz. 24.10).

Gleiches gilt im Übrigen auch beim **Zusammenschluss mehrerer Gemeinschaftspraxen**. In diesem Fall findet die Einbringung von Mitunternehmeranteilen gegen Gewährung von Gesellschaftsrechten statt.

c) Aufnahme neuer Gesellschafter in eine Gemeinschaftspraxis

Die Aufnahme eines neuen Gesellschafters in eine Gemeinschaftspraxis – ohne dass einer der bisherigen Mitunternehmer ausscheidet – stellt steuerlich die **Veräußerung eines Teils eines Mitunternehmeranteils** durch die bisherigen Gesellschafter der Gemeinschaftspraxis dar.

Durch das Unternehmensteuerfortentwicklungsgesetz (UntStFG) wurde ab dem 1.1.2002 die Begünstigung der §§ 16 und 34 EStG in § 16 Abs. 1 Satz 1 Nr. 2 EStG auf den Fall der Veräußerung des gesamten Mitunternehmeranteils unter Aufdeckung aller stiller Reserven beschränkt. Die bis dahin ebenfalls begünstigte Veräußerung eines Teils eines Mitunternehmeranteils ist seither als laufender Geschäftsvorfall zu behandeln und damit der Veräußerung eines Teils einer Einzelpraxis gleichgestellt (vgl. BT-Drucks. 14/6882 v. 10.9.2001 S. 34). Entsprechend bieten sich für die steuerliche Gestaltung dieselben Modelle an, die sich auch für die Aufnahme eines neu eintretenden Arztes in einer Einzelpraxis anbieten (der Ausgleich über die Gewinnverteilung, die Einbringung nach § 24 UmwStG 2006 durch Zahlung des Eintretenden in das Betriebsvermögen der Gemeinschaftspraxis und das Überlassungsmodell; vgl. hierzu S. 90 ff.).

Erfolgt der **Eintritt eines weiteren Arztes** in eine bestehende Gemeinschaftspraxis gegen Geldeinlage oder Einlage anderer Wirtschaftsgüter, bringen in diesem Fall die bisherigen Gesellschafter der Personengesellschaft – aus Sicht des § 24 UmwStG 2006 – ihre Mitunternehmeranteile an der bisherigen Personengesellschaft in eine neue, durch den neu hinzutretenden Gesellschafter vergrößerte Personengesellschaft ein (Umwandlungsteuererlass, a. a. O., Tz. 24.01 c).

Der Gewinn, der durch eine Zuzahlung in das Privatvermögen der bisherigen Gesellschafter der Personengesellschaft entsteht, kann nicht nach § 24 UmwStG 2006 durch Erstellung einer (negativen) Ergänzungsbilanz vermieden werden (Umwandlungsteuererlass, a. a. O., Tz. 24.10). Eine Zuzahlung in das Privatvermögen liegt auch vor, wenn mit ihr eine zugunsten der bisherigen Gesellschafter begründete (nicht betrieblich veranlasste) Verbindlichkeit der Gesellschaft getilgt wird, z. B. ein durch Privatentnahmen negatives Kontokorrentkonto ausgeglichen wird. (BFH v. 8.12.1994 - IV R 82/92, BStBl 1995 II S. 599).

d) Gesellschafterwechsel

Der bloße Gesellschafterwechsel bei einer bestehenden Personengesellschaft - ein Gesellschafter scheidet aus, ein anderer erwirbt seine Anteile und tritt an seine Stelle – fällt nicht unter § 24 UmwStG 2006 (Umwandlungsteuererlass, a. a. O., Tz. 24.01 c).

Gegenstand des Erwerbs ist dabei steuerlich nicht der Anteil an der Mitunternehmerschaft selbst, sondern sind die einzelnen Wirtschaftsgüter des Gesamthandsvermögens entsprechend des Anteils an der Mitunternehmerschaft. Soweit der neu eintretende Arzt an den bisherigen Mitunternehmer der Gemeinschaftspraxis als Erwerber eine Ausgleichszahlung zu leisten hat und die Erwerbsaufwendungen den Buchwert des auf den Erwerber übergehenden Kapitalkontos übersteigen oder unterschreiten, ist eine Ergänzungsbilanz bzw. Ergänzungsrechnung zum Gesamthandsvermögen aufzustellen (BFH v. 30.3.1993 - VIII R 63/91, BStBl 1993 II S. 706 m. w. N.). Dem Erwerber stehen aus seinen Anschaffungskosten entsprechende Abschreibungen zu (vgl. hierzu S. 110).

Der ausscheidende Gesellschafter erzielt im Rahmen der Veräußerung seines gesamten Mitunternehmeranteils einen im Rahmen der § 18 Abs. 3 i. V. m § 16 Abs. 1 Satz 1 Nr. 2, Abs. 2 bis 4 und § 34 EStG steuerbegünstigten Veräußerungsgewinn (vgl. S. 114).

e) Ausscheiden eines Gesellschafters

Scheidet ein Gesellschafter aus einer Mitunternehmerschaft aus, ohne dass ein anderer Gesellschafter dessen Anteile erwirbt, führt dies zur **Anwachsung der anteiligen Wirtschaftsgüter bei den verbleibenden Gesellschaftern**, die die Gesellschaft fortsetzen. Steuerrechtlich sind jedoch die durch die Anwachsung eintretenden Vermögensmehrungen wie eine Anteilsübertragung zu behandeln, weil die Anwachsung **wirtschaftlich gesehen der Anteilsübertragung** entspricht (BFH v. 14.9.1994 - I R 12/94, BStBl 1995 II S. 407).

Hat der Ausscheidende Anspruch auf eine Abfindung, so stellt diese ein Entgelt für den Übergang seines Gesellschaftsanteils auf die Verbleibenden dar (BFH v. 15.4.1993 - IV R 66/92, BStBl 1994 II S. 227). Wie bei der Anteilsübertragung ist daher für den Ausscheidenden zu beurteilen, in welchem Umfang dieser eine Abfindung anlässlich seines Ausscheidens von den verbleibenden Gesellschaftern erhält.

Die Besteuerung des Ausscheidenden richtet sich dabei nach den allgemeinen Grundsätzen der Veräußerung des gesamten Mitunternehmeranteils bzw. der Aufgabe des gesamten Mitunternehmeranteils, falls Wirtschaftsgüter des Sonderbetriebsvermögens oder des Gesamthandsvermögens in das Privatvermögen überführt werden (vgl. S. 114).

Werden dem Ausscheidenden zur Abgeltung seines Abfindungsanspruchs Wirtschaftsgüter der Gemeinschaftspraxis übertragen, ist zu unterscheiden, ob die Übertragung in das Privatvermögen oder ein anderes Betriebsvermögen des Ausscheidenden erfolgt.

Erfolgt die **Übertragung in das Privatvermögen des Ausscheidenden**, ist der Sachverhalt steuerlich in zwei Vorgänge zu trennen (BMF v. 14.3.2006 - IV B - S 2242 – 7/06, BStBl 2006 I S. 253 Rz 51 mit Beispiel). Das übertragene Wirtschaftsgut wird zunächst **in Höhe des gemeinen Wertes** zum **Veräußerungspreis des Ausscheidenden** gerechnet und führt damit in Höhe der anteiligen stillen Reserven zu einem zu versteuernden Veräußerungsgewinn. Im Gegenzug zur Aufdeckung der anteiligen stillen Reserven des ausscheidenden Gesellschafters entsteht eine Verbindlichkeit gegenüber dem ausscheidenden Gesellschafter in Höhe des Abfindungsanspruchs. Anschließend entsteht auf der Ebene der Gemeinschaftspraxis für die **verbleibenden Gesellschafter** ein **laufender Gewinn durch Aufdeckung der anteiligen stillen Reserven**, da die verbleibenden Gesellschafter insoweit das Wirtschaftsgut zur Abgeltung des Abfindungsanspruches einsetzen. Im Ergebnis sind sämtliche stillen Reserven in dem übertragenen Wirtschaftsgut aufzudecken, die anteiligen stillen Reserven des ausscheidenden Gesellschafters werden zum zu versteuernden Veräußerungsgewinn gerechnet, die anteiligen stillen Reserven der verbleibenden Gesellschafter zum laufenden Gewinn. Die Anschaffungskosten im Privatvermögen des ausscheidenden Gesellschafters entsprechen dem gemeinen Wert des übertragenen Wirtschaftsgutes.

BEISPIEL: An der Gemeinschaftspraxis A, B und C sind die Ärzte zu je 1/3 beteiligt. Der Wert des Betriebsvermögens beträgt 900.000 €, der Buchwert 300.000 €. Die Bilanz der Praxis sieht wie folgt aus:

Aktiva		Passiva	
	€		€
Wirtschaftsgut 1	90.000	Kapitalkonto A	100.000
	(TW: 300.000)	Kapitalkonto B	100.000
Wirtschaftsgut 2	210.000	Kapitalkonto C	100.000
	(TW: 600.000)		
	300.000		300.000

C scheidet gegen eine Abfindung von 300.000 € in Form des Wirtschaftsgutes 1 in das Privatvermögen aus der Praxis aus. Nach dem Ausscheiden des C hat die Bilanz folgendes Bild:

B. Berufsausübungsgemeinschaften

Vorgang 1:

(Aufdeckung der anteiligen stillen Reserven durch das Ausscheiden von C)

Aktiva €		Passiva €	
Wirtschaftsgut 1		Kapitalkonto A	100.000
(90 T€ + 1/3 v. 210 T€)	160.000		
	(TW: 300.000)	Kapitalkonto B	100.000
Wirtschaftsgut 2		Anspruch C	300.000
(210 T€ + 1/3 v. 390 T€)	340.000		
	(TW: 600.000)		
	500.000		500.000

Für C ist ein tarifbegünstigter Veräußerungsgewinn von 200.000 € entstanden (Anspruch 300.000 € / Buchwert des Betriebsvermögens (Kapitalkonto) 100.000 €). A und B müssen die Buchwerte der Wirtschaftsgüter 1 und 2 entsprechend aufstocken. Da die Wirtschaftsgüter zu 1/3 entgeltlich erworben wurden, erhöht sich die AfA-Bemessungsgrundlage um 200.000 € (Anschaffungskosten 300.000 € ./. Buchwert 100.000 €). Wenn C das Wirtschaftsgut 1 (Buchwert nunmehr 160.000 €) zur Tilgung seiner Ausgleichsforderung von 300.000 € erhält, müssen A und B dieses Wirtschaftsgut aus dem Betrieb nehmen. Da das Wirtschaftsgut 300.000 € wert ist, entsteht dadurch ein Veräußerungsgewinn i. H. v. 140.000 €, den A und B je zur Hälfte als laufenden Gewinn versteuern müssen. Ein Veräußerungsgewinn – und kein Entnahmegewinn – entsteht deshalb, weil die Hingabe des Sachwerts zum Wegfall der Schuld führt. Darin ist keine Entnahme, sondern eine Veräußerung, verbunden mit einer Gewinnrealisierung hinsichtlich des den Buchwert des Wirtschaftsguts übersteigenden Schuldenteils (Ausgleichsanspruch des C), zu sehen.

Vorgang 2:

(Ausgleich Abfindungsanspruch)

Aktiva €		Passiva €	
Wirtschaftsgut 2	340.000	Kapitalkonto A	100.000
	(TW: 600.000)	+ Gewinn A	70.000
		Kapitalkonto B	100.000
		+ Gewinn B	70.000
	340.000		340.000

Erfolgt die **Übertragung des (einzelnen) Wirtschaftsgutes in ein Betriebsvermögen** des Ausscheidenden oder **sein Sonderbetriebsvermögen bei einer anderen Mitunternehmerschaft**, ist bei der Übertragung gem. § 6 Abs. 5 EStG der **Buchwert** anzusetzen (zur Abgrenzung zur Realteilung siehe S. 106). Der Buchwertansatz verhindert die Aufdeckung der stillen Reserven und der Vorgang wird buchmäßig durch die **steuerneutrale Anpassung der Kapitalkonten** abgebildet (Rogall, DStR 2006 S. 731 m. w. N.). Die stillen Reserven in dem übertragenen Wirtschaftsgut gehen auf den ausscheidenden Gesellschafter über.

BEISPIEL: An der Gemeinschaftspraxis A, B und C sind die Ärzte zu je 1/3 beteiligt. Der Wert des Betriebsvermögens beträgt 900.000 €, der Buchwert 300.000 €. Die Bilanz der Praxis sieht wie folgt aus:

Aktiva		Passiva	
	€		€
Wirtschaftsgut 1	90.000	Kapitalkonto A	100.000
	(TW: 300.000)	Kapitalkonto B	100.000
Wirtschaftsgut 2	210.000	Kapitalkonto C	100.000
	(TW: 600.000)		
	300.000		300.000

C scheidet gegen eine Abfindung von 300.000 € in Form des Wirtschaftsgutes 1 (Buchwert 90.000 €) in das Betriebsvermögen seiner neuen Einzelpraxis aus der Praxis aus.

Das Kapitalkonto von C wird erfolgsneutral von 100.000 € um 10.000 € auf 90.000 € abgestockt und die Kapitalkonten von A und B um je 5.000 € aufgestockt. Durch die Umbuchung verlagern sich stille Reserven von A und B auf C. Anschließend wird das Wirtschaftsgut 1 (Buchwert 90.000 €) gegen das Kapitalkonto von C erfolgsneutral ausgebucht.

Nach dem Ausscheiden des C hat die Bilanz folgendes Bild:

Aktiva		Passiva	
	€		€
Wirtschaftsgut 2	210.000	Kapitalkonto A	105.000
	(TW: 600.000)	Kapitalkonto B	105.000
	300.000		300.000

Wird das übertragene Wirtschaftsgut allerdings innerhalb einer **Sperrfrist von 3 Jahren** nach Abgabe der Steuererklärung des Übertragenen für den Veranlagungszeitraum veräußert oder entnommen, ist gem. § 6 Abs. 5 Satz 4 EStG rückwirkend auf den Zeitpunkt der Übertragung der Teilwert anzusetzen. Die in diesem Rahmen vorgesehene Option, den rückwirkenden Teilwertansatz bei Veräußerung und Entnahme durch die Erstellung einer Ergänzungsbilanz zu verhindern, kann hier nicht zur Anwendung kommen, da die Erstellung einer

B. Berufsausübungsgemeinschaften

Ergänzungsbilanz im Rahmen der Gemeinschaftspraxis für einen ausgeschiedenen Gesellschafter nicht möglich ist. Der Teilwert ist gem. § 6 Abs. 5 Satz 5 und 6 EStG ebenfalls anzusetzen, soweit unmittelbar oder mittelbar der Anteil einer Körperschaft, Personenvereinigung oder Vermögensmasse an dem Wirtschaftsgut begründet wird oder im Laufe von 7 Jahren nach der Übertragung des Wirtschaftsguts begründet.

Werden anlässlich des Ausscheidens Wirtschaftsgüter zu Buchwerten, z. B. nach § 6 Abs. 5 EStG, in ein anderes Betriebsvermögen oder Sonderbetriebsvermögen des Ausscheidenden überführt oder übertragen, liegt insgesamt **kein Fall der steuerlich begünstigten Aufgabe des Mitunternehmeranteils** vor. In diesem Fall verhindert die Tatsache, dass nicht sämtliche stille Reserven im Mitunternehmeranteil aufgedeckt werden, die Anwendung der Steuerbegünstigung der §§ 16 und 34 EStG.

Nach § 6 Abs. 5 EStG nicht begünstigt ist insbesondere die **direkte Übertragung** eines einzelnen Wirtschaftsgutes aus dem Gesamthandsvermögen einer Mitunternehmerschaft (Gemeinschaftspraxis) **in das Gesamthandsvermögen einer anderen Mitunternehmerschaft** (z. B. in eine andere Gemeinschaftspraxis). Eine Fortführung der Buchwerte ist in diesem Fall nicht möglich. Wird das einzelne Wirtschaftsgut zunächst zu Buchwerten in das Sonderbetriebsvermögen bei einer anderen Mitunternehmerschaft übertragen und anschließend zu Buchwerten aus dem Sonderbetriebsvermögen in das Gesamthandsvermögen der anderen Mitunternehmerschaft, ist die Gesamtplanrechtsprechung des BFH zu beachten (Spindler, DStR 2005 S. 1). Unter Anwendung dieser Rechtsprechung würden beide Vorgänge zu einer einheitlichen, nicht begünstigten Übertragung zusammengefasst, wenn diese zeitnah erfolgen.

Darüber hinaus ist für weitere Gestaltungen zu beachten, dass insbesondere eine nachfolgende **weitere Übertragung gegen Gewährung von Gesellschaftsrechten** als tauschähnlicher Umsatz im Sinne einer Veräußerung anzusehen ist, die innerhalb der Sperrfristen den rückwirkenden Ansatz des Teilwertes auslöst.

Ferner wird die Anwendung von § 6 Abs. 5 EStG verhindert, wenn der Ausscheidende im Zusammenhang mit der Übertragung von einzelnen Wirtschaftsgütern zu Buchwerten auch **Verbindlichkeiten mit übernimmt**. In diesem Fall ist die Übernahme der Verbindlichkeiten als Entgelt zu werten. Im Verhältnis zu den Teilwerten der übernommenen Wirtschaftsgüter liegt ein (teil-)entgeltliches Veräußerungsgeschäft vor (BMF v. 7.6.2001 - IV A 6 - S 2241 - 52/ 01, BStBl 2001 I S. 367).

PRAXISHINWEIS

Aufgrund der Gefahr, dass unter Umständen rückwirkend der Teilwert im Rahmen der Übertragung anzusetzen ist, empfiehlt es sich, in die Vereinbarung über das Ausscheiden eine Regelung aufzunehmen, die im Falle einer schädlichen Verfügung über das Wirtschaftsgut den entstehenden Veräußerungsgewinn für Zwecke der Besteuerung ausschließlich dem ausscheidenden Gesellschafter zuordnen wird.

f) Unentgeltliche Übertragungsvorgänge

Von den entgeltlichen Vorgängen abzugrenzen sind die **unentgeltlichen Vermögensübertragungen**, z. B. im Rahmen einer vorweggenommenen Erbfolge. Zu unterscheiden sind hier

- die **unentgeltliche Aufnahme** eines Gesellschafters in eine Einzelpraxis zur Gründung einer Gemeinschaftspraxis,

- die **unentgeltliche Übertragung** eines **Teils eines Mitunternehmeranteils** an einer Gemeinschaftspraxis sowie

- die **unentgeltliche Übertragung** des gesamten Mitunternehmeranteils an einer Gemeinschaftspraxis

(hierzu ausführlich BMF v. 3.3.2005 - IV B 2 - S 2241 - 14/05, BStBl 2005 I S. 458). Diese unentgeltlichen Vorgänge beurteilen sich nach **§ 6 Abs. 3 EStG**. Die Grundsätze des § 6 Abs. 3 EStG sind dabei auch auf Fälle anwendbar, bei denen der Gewinn **durch Einnahmen-Überschussrechnung gem. § 4 Abs. 3 EStG** ermittelt wird; dies ergibt sich bereits aus § 6 Abs. 7 EStG (OFD Düsseldorf v. 9.9.1999, S 1978d - 4 St 111 K, EStK § 6 EStG Karte 10.1).

aa) Die unentgeltliche Aufnahme eines Gesellschafters in eine Einzelpraxis zur Gründung einer Gemeinschaftspraxis

Bei einer **unentgeltlichen Aufnahme einer natürlichen Person in eine bestehende Einzelpraxis** ist nach § 6 Abs. 3 Satz 2, 2. Halbsatz EStG zwingend die **Buchwertfortführung** vorgeschrieben. Erforderlich ist, dass **sämtliche wesentliche Betriebsgrundlagen** anteilig auf den Übernehmer übergehen.

Im Rahmen des § 6 Abs. 3 EStG kommt es für die Beurteilung des Betriebsvermögens zur Frage der **Wesentlichkeit** nur auf die **funktionale Betrachtung** an. Funktional wesentlich können nur solche Wirtschaftsgüter sein, die für die Funktion des Betriebes von Bedeutung sind; auf das Vorhandensein erheblicher stiller Reserven kommt es nicht an (BMF v. 3.3.2005, a. a. O. Tz. 3 ff.).

Der Buchwertansatz gilt aber auch im Falle der **Zurückbehaltung von funktional wesentlichem Betriebsvermögen**, wenn das zurückbehaltene Betriebsvermögen **Sonderbetriebsvermögen** bei der entstehenden Gemeinschaftspraxis wird und damit weiterhin zum steuerlichen Betriebsvermögen der entstehenden Mitunternehmerschaft zählt. Der Mitunternehmeranteil umfasst insoweit den

B. Berufsausübungsgemeinschaften

Anteil am Gesamthandsvermögen als auch das dem einzelnen Mitunternehmer zuzurechnende Sonderbetriebsvermögen (BFH v. 12.4.2000 - XI R 35/99, BStBl 2001 II S. 26). Voraussetzung für die Buchwertfortführung ist nach § 6 Abs. 3 Satz 2 EStG allerdings dann, dass der Eingetretene den übernommenen Mitunternehmeranteil über einen Zeitraum von mindestens 5 Jahren ab dem Übergang des wirtschaftlichen Eigentums nicht veräußert oder aufgibt (**Behaltefrist**). Wird diese Behaltefrist nicht eingehalten, erfolgt rückwirkend für den Übertragungsvorgang der Teilwertansatz (BMF v. 3.3.2005, a. a. O. Tz. 21, 11 ff.).

Eine Veräußerung ist grundsätzlich auch eine **Einbringung nach den §§ 20, 24 UmwStG 2006**, unabhängig davon, ob die Buchwerte, gemeinen Werte oder Zwischenwerte angesetzt werden sowie die **Übertragung** einzelner Wirtschaftsgüter zu Buchwerten gegen Gewährung von Gesellschaftsrechten **nach § 6 Abs. 5 EStG**. Im Grundsatz würde damit infolge der Behaltefrist eine nachfolgende Übertragung des übernommenen Mitunternehmeranteils oder einzelner Wirtschaftsgüter gegen Gewährung von Gesellschaftsrechten innerhalb der 5 Jahre rückwirkend den Buchwertansatz für die erste unentgeltliche Übertragung unmöglich machen und zur **Aufdeckung von stillen Reserven** führen.

In diesen Fällen liegt allerdings nach Auffassung der Finanzverwaltung **keine schädliche Veräußerung** i. S. d. § 6 Abs. 3 Satz 2 EStG vor, wenn der Einbringende die gewährten Gesellschaftsrechte über einen Zeitraum von mindestens 5 Jahren – beginnend mit der ursprünglichen Übertragung des Mitunternehmeranteils nach § 6 Abs. 3 Satz 2 EStG – nicht veräußert oder aufgibt und auch die neue Gesellschaft den eingebrachten Mitunternehmeranteil oder die eingebrachten Wirtschaftsgüter innerhalb der genannten Frist nicht veräußert (BMF v. 3.3.2005, a. a. O. Tz. 11, 13 ff.). Die Finanzverwaltung verlängert somit im Ergebnis die Behaltefrist auf die gewährten Gesellschaftsrechte.

bb) Die unentgeltliche Übertragung eines Teils eines Mitunternehmeranteils an einer Gemeinschaftspraxis

Die gleichen Grundsätze gelten auch im Falle der **Übertragung eines Teils eines Mitunternehmeranteils**. Ist bereits Sonderbetriebsvermögen im Rahmen einer bestehenden Gemeinschaftspraxis vorhanden, ist zur Anwendung des § 6 Abs. 3 EStG grundsätzlich erforderlich, dass im selben Verhältnis sowohl Gesamthandsvermögen als auch Sonderbetriebsvermögen auf den Eintretenden übergehen.

Bei der Übertragung nur eines Teils eines Mitunternehmeranteils ist zu unterscheiden zwischen einer unterquotalen, einer quotalen und einer überquotalen Übertragung des vorhandenen Sonderbetriebsvermögens.

Wird anlässlich der Teilanteilsübertragung von Gesamthandsvermögen funktional wesentliches **Sonderbetriebsvermögen** nicht oder in geringerem Umfang (**unterquotal**) übertragen als es dem übertragenen Teil des Anteils am Gesamthandsvermögen entspricht, liegt insgesamt noch eine Übertragung nach § 6 Abs. 3 EStG vor (BMF v. 3.3.2005, a. a. O. Tz. 10 ff.).

Wird anlässlich der Teilanteilsübertragung von Gesamthandsvermögen **Sonderbetriebsvermögen** in größerem Umfang (**überquotal**) übertragen als es dem übertragenen Teil des Anteils am Gesamthandsvermögen entspricht, ist der Vorgang in eine Übertragung nach § 6 Abs. 3 Satz 1 EStG für den quotalen Teil des Sonderbetriebsvermögens und eine Übertragung nach § 6 Abs. 5 EStG für den überquotalen Teil des Sonderbetriebsvermögens aufzuteilen. Zu beachten ist dann insbesondere, dass es nach § 6 Abs. 5 EStG anders als nach § 6 Abs. 3 EStG nicht steuerneutral möglich ist, auch Verbindlichkeiten zu übertragen. Wenn im Zusammenhang mit dem überquotal übertragenen Sonderbetriebsvermögen auch Verbindlichkeiten übernommen werden, liegt insoweit eine entgeltliche Übertragung vor, auf die § 6 Abs. 5 EStG keine Anwendung findet (BMF v. 3.3. 2005, a. a. O. Tz. 16 f.). Für spätere Verfügungen über den Mitunternehmeranteil ist zudem zu beachten, dass unterschiedliche Behalte- bzw. Sperrfristen ausgelöst werden, die jeweils zu prüfen sind.

War der Arzt, der den Mitunternehmeranteil unentgeltlich erhält, bereits vorher Mitunternehmer der Gemeinschaftspraxis, so kann er in Bezug auf die Behaltefrist nach § 6 Abs. 3 Satz 2 EStG allerdings insoweit seinen alten, vorhandenen Mitunternehmeranteil unschädlich veräußern oder aufgeben. Die Schädlichkeit setzt erst ein, wenn auch Teile des unentgeltlich übernommenen Mitunternehmeranteils veräußert oder aufgegeben werden (BMF v. 3.3.2005, a. a. O. Tz. 12 ff.).

cc) **Die unentgeltliche Übertragung des gesamten Mitunternehmeranteils an einer Gemeinschaftspraxis**

Die unentgeltliche **Übertragung des gesamten Mitunternehmeranteils** erfolgt nach § 6 Abs. 3 EStG zu Buchwerten. Erforderlich ist für die Buchwertfortführung in diesem Fall die Übertragung des gesamten **funktional wesentlichen Sonderbetriebsvermögens** (BMF v. 3.3.2005, a. a. O. Tz. 4 ff.).

Die unentgeltliche Übertragung des Mitunternehmeranteils unter Zurückbehaltung funktional wesentlicher Betriebsgrundlagen des Sonderbetriebsvermögens und deren **Überführung ins Privatvermögen** verhindert die Anwendung der Buchwertfortführung. In diesem Fall liegt insgesamt eine (tarifbegünstigte) Aufgabe des gesamten Mitunternehmeranteils vor unter **Aufdeckung sämtlicher stiller Reserven.**

Wird infolge der unentgeltlichen Übertragung des gesamten Mitunternehmeranteils funktional wesentliches Sonderbetriebsvermögen in ein anderes Betriebsvermögen bzw. Sonderbetriebsvermögen nach **§ 6 Abs. 5 EStG zu Buchwerten** übertragen, verhindert dies die Anwendung von § 6 Abs. 3 EStG für das

B. Berufsausübungsgemeinschaften

unentgeltlich übertragene Vermögen. Der Gewinn aus der **Aufdeckung der stillen Reserven** in dem unentgeltlich übertragenen Mitunternehmeranteil ist nicht nach den §§ 16, 34 EStG tarifbegünstigt, weil nicht sämtliche stille Reserven in dem Mitunternehmeranteil aufgedeckt werden.

Die gleichen Grundsätze gelten für Überführungen ins Privatvermögen und Übertragungen nach § 6 Abs. 5 EStG, die in zeitlichem und sachlichem Zusammenhang mit der unentgeltlichen Übertragung des gesamten Mitunternehmeranteils stehen (Gesamtplanrechtsprechung).

g) Beendigung einer Gemeinschaftspraxis

Bei der Beendigung der Gemeinschaftspraxis lassen sich zwei Hauptfälle unterscheiden:

- das **Ausscheiden des vorletzten Gesellschafters** aus einer zweigliedrigen Gemeinschaftspraxis und

- die **Realteilung** der Gemeinschaftspraxis

Das Ausscheiden des vorletzten Gesellschafters aus einer zweigliedrigen Gemeinschaftspraxis ist vergleichbar mit den übrigen Fällen des Ausscheidens eines Gesellschafters aus einer (fortbestehenden) Gemeinschaftspraxis (BFH v. 10.3.1998 - VIII R 76/96, BStBl 1999 II S. 269). In diesem Fall führt allerdings die Anwachsung des Anteils des ausscheidenden Gesellschafters beim verbleibenden Gesellschafter zur Beendigung der Mitunternehmerschaft. Die Gemeinschaftspraxis wird zur Einzelpraxis. Für den ausscheidenden Gesellschafter sind dabei die Fälle der Barabfindung, der Sachwertabfindung ins Privatvermögen und die Sachwertabfindung in ein (anderes) Betriebsvermögen denkbar (hierzu im Einzelnen S. 98).

Denkbar ist zudem, dass die Gemeinschaftspraxis steuerlich im Wege der Realteilung (§ 16 Abs. 3 EStG) beendet wird.

aa) Zur Abgrenzung zwischen Realteilung und Sachwertabfindung

Scheidet ein Arzt als Gesellschafter aus einer Gemeinschaftspraxis aus, erhält als Abfindung wesentliche materielle oder immaterielle Betriebsgrundlagen des Betriebsvermögens und setzt seine ärztliche Tätigkeit mit diesen Wirtschaftsgütern in örtlicher Nähe zur bisherigen Praxis fort, ergeben sich im Einzelfall **Abgrenzungsschwierigkeiten** zwischen einer Sachwertabfindung in ein Betriebsvermögen (§ 6 Abs. 5 EStG) und einer Realteilung (§ 16 Abs. 3 EStG).

Die **Sachwertabfindung in ein Betriebsvermögen und die Realteilung unterscheiden sich** in Bezug auf die Frage, ob die bestehende Praxis, aus der der Gesellschafter ausscheidet – lediglich eingeschränkt – fortgeführt wird (Sachwertabfindung) oder ob die Praxis in der bisherigen Form eingestellt wird und zwei neue Praxen entstehen, die aus dem aufgeteilten Betriebsvermögen der real geteilten Praxis gegründet werden (Realteilung). Erhält der Ausscheidende als Abfindung wesentliche materielle oder immaterielle Betriebsgrundlagen, die er in ein (anderes) Betriebsvermögen überträgt, stellt sich die Frage, ob in der steuerlichen Bewertung die Praxis, aus der der Gesellschafter ausscheidet, im eigentlichen Sinn noch fortbesteht. Dies wird sich nur im Einzelfall abgrenzen lassen.

Die **Realteilung** i. S. d. § 16 Abs. 3 Satz 2 ff. EStG ist nach Auffassung der Finanzverwaltung insoweit durch den auf der Ebene der Mitunternehmerschaft verwirklichten **Tatbestand der Betriebsaufgabe** gekennzeichnet (BMF v. 28.2.2006 - IV B 2 - S 2242 - 6/06, BStBl 2006 I S. 228). Die Realteilung hat dann Vorrang vor den Regelungen des § 6 Abs. 5 EStG (Sachwertabfindung in ein Betriebsvermögen).

Als Realteilung ist somit ertragsteuerlich die **Aufgabe einer Mitunternehmerschaft durch Aufteilung des Gesellschaftsvermögens** zwischen den Mitunternehmern unter der Voraussetzung, dass mindestens eine wesentliche Betriebsgrundlage nach der Realteilung weiterhin Betriebsvermögen eines Realteilers darstellt, zu verstehen. Nach den allgemeinen Grundsätzen würde der Vorgang als Betriebsaufgabe der Mitunternehmerschaft anzusehen sein und damit zur Aufdeckung aller stillen Reserven im Betriebsvermögen der Mitunternehmerschaft führen (BFH v. 29.4.2004 - IV B 124/02, BFH/NV 2004 S. 1395). § 16 Abs. 3 Satz 2 ff. EStG verhindert diese Aufdeckung dann für den Sonderfall der Realteilung.

BEISPIEL: Die Ärzte A und B lösen ihre Gemeinschaftspraxis in der Weise auf, dass durch bauliche Maßnahmen (Zwischenwände, zweiter Eingang) in den bisherigen Praxisräumen zwei getrennte Einzelpraxen entstehen. Die Geräte werden untereinander aufgeteilt und jeder Arzt betreut „seine" Patienten weiter. Dieser Vorgang dürfte als Realteilung gewertet werden.

BEISPIEL: Der Arzt C scheidet aus der Gemeinschaftspraxis A, B & C aus. Als Abfindung erhält er einige teure Spezialgeräte, mit denen er außerhalb des örtlichen Wirkungskreises der Gemeinschaftspraxis eine Einzelpraxis errichtet. Die Ärzte A und B betreuen fortan die Patienten der Gemeinschaftspraxis nur noch zu zweit. Dieser Vorgang dürfte als Sachwertabfindung in ein Betriebsvermögen gewertet werden.

PRAXISHINWEIS

Zwischen diesen Beispielen liegt noch eine beachtliche Grauzone. Betrachtet man die Aussagen der Finanzverwaltung zur Abgrenzung (BMF v. 28.2.2006, a. a. O.), dürfte tendenziell beim Ausscheiden eines Mitunternehmers aus einer mehrgliedrigen Mitunternehmerschaft und deren Fortführung durch die übrigen Mitunternehmer eine Sachwertabfindung anzunehmen sein. Bei Beendigung einer zweigliedrigen Mitunternehmerschaft durch Ausscheiden des vorletzten Gesellschafters dürfte dagegen tendenziell wahrscheinlich von einer Realteilung auszugehen sein, wenn beide Mitunternehmer wesentliche Betriebs-

B. Berufsausübungsgemeinschaften

grundlagen des Betriebsvermögens erhalten und damit (eigene) Praxen fortführen. Bei Zweifeln empfiehlt sich die Einholung einer verbindlichen Auskunft.

bb) Steuerliche Folgen einer Realteilung

Werden im Zuge einer Realteilung einer Mitunternehmerschaft Teilbetriebe, Mitunternehmeranteile oder einzelne Wirtschaftsgüter in das jeweilige Betriebsvermögen der einzelnen Mitunternehmer oder in deren Sonderbetriebsvermögen bei einer anderen Mitunternehmerschaft übertragen, so sind nach § 16 Abs. 3 Satz 2 ff. EStG bei der Ermittlung des Gewinns der Mitunternehmerschaft diese Wirtschaftsgüter mit den Werten anzusetzen, die sich nach den Vorschriften über die Gewinnermittlung ergeben, sofern die Besteuerung der stillen Reserven sichergestellt ist; der übernehmende Mitunternehmer ist an diese Werte gebunden. § 16 Abs. 3 Satz 2 EStG schreibt insofern die **Buchwertfortführung** für diese Fälle der Realteilung vor. Anders als bei § 6 Abs. 5 EStG ist es dabei unbeachtlich, wenn im Rahmen der Realteilung auch Verbindlichkeiten auf die einzelnen Gesellschafter übertragen werden.

Dagegen ist für den jeweiligen Übertragungsvorgang **rückwirkend der gemeine Wert** anzusetzen, soweit bei einer Realteilung, bei der einzelne Wirtschaftsgüter übertragen worden sind, zum Buchwert übertragener Grund und Boden, übertragene Gebäude oder andere übertragene wesentliche Betriebsgrundlagen innerhalb einer **Sperrfrist** nach der Übertragung veräußert oder entnommen werden; diese Sperrfrist endet 3 Jahre nach Abgabe der Steuererklärung der Mitunternehmerschaft für den Veranlagungszeitraum der Realteilung (§ 16 Abs. 3 Satz 2 und 3 EStG).

PRAXISHINWEIS

Der Ansatz des gemeinen Wertes und damit der entstehende Gewinn ist im Grundsatz der Gemeinschaftspraxis insgesamt zuzurechnen und nicht allein dem Realteiler, der das Wirtschaftsgut erhalten hat. In den Ausscheidensvereinbarungen sollte daher geregelt werden, wer die steuerlichen Konsequenzen zu tragen hat, wenn einer der Realteiler gegen die Einhaltung der Sperrfrist verstößt.

Soweit im Rahmen der Realteilung ein **Spitzenausgleich** zur Abgeltung unterschiedlicher Werte gezahlt wird, führt dieser zu einem **nicht begünstigten steuerlichen Veräußerungsgewinn**.

Die Grundsätze der Realteilung sind nach § 16 Abs. 2 Satz 4 EStG ebenfalls nicht anzuwenden, soweit die Wirtschaftsgüter **unmittelbar oder mittelbar auf eine Körperschaft, Personenvereinigung oder Vermögensmasse übertragen** werden (z. B. eine MVZ-GmbH) und die Körperschaft nicht schon bisher mittelbar oder unmittelbar an dem übertragenen Wirtschaftsgut beteiligt war; in diesem Fall ist bei der Übertragung der gemeine Wert anzusetzen.

PRAXISHINWEIS

An dieser Stelle lässt sich zunächst festhalten, dass sowohl die Sachwertabfindung in ein Betriebsvermögen (§ 6 Abs. 5 EStG) als auch die Realteilung (§ 16 Abs. 3 EStG) die Buchwertfortführung ermöglichen. Dabei bietet die Realteilung zunächst den Vorteil, dass bei Anwendung von § 16 Abs. 3 EStG die Übernahme von Verbindlichkeiten nicht als entgeltlicher Vorgang gewertet wird. Die **Annahme einer Realteilung** dürfte in der Praxis in vielen Fällen aber auch zu **erheblichen Schwierigkeiten** führen.

Zum einen bezieht sich § 6 Abs. 5 EStG nur auf die Wirtschaftsgüter, die der Ausscheidende als Abfindung erhält, § 16 Abs. 3 EStG bezieht sich dagegen auf alle Wirtschaftsgüter der Gemeinschaftspraxis.

Zum anderen ist nach Auffassung der Finanzverwaltung eine Übertragung einzelner Wirtschaftsgüter des Gesamthandsvermögens **in das Gesamthandsvermögen einer anderen Mitunternehmerschaft,** an der der Realteiler ebenfalls beteiligt ist, zu Buchwerten nicht möglich (BMF v. 28.2.2006 - IV B 2 - S 2242 - 6/06, BStBl 2006 I S. 228).

Wird eine Gemeinschaftspraxis daher in der Weise geteilt, dass im Rahmen der Realteilung Wirtschaftsgüter in das Gesamthandsvermögen einer anderen ggf. neu gegründeten Gemeinschaftspraxis übergehen, ist für diese Wirtschaftsgüter der gemeine Wert anzusetzen.

BEISPIEL: ▶ Die Ärzte A, B und C beenden ihre Gemeinschaftspraxis im Rahmen einer Realteilung. Jeder der Ärzte erhält Teile des materiellen und immateriellen Betriebsvermögens. Während A seine ärztliche Tätigkeit als Einzelarzt fortsetzt, beschließen B und C ihre Tätigkeit mit den erhaltenen Wirtschaftsgütern gemeinsam im Rahmen einer Gemeinschaftspraxis fortzuführen. Sie übertragen im Rahmen der Realteilung daher die Wirtschaftsgüter auf die Gemeinschaftspraxis B und C. Die Übertragung der Wirtschaftsgüter aus der Gemeinschaftspraxis A, B und C in die Gemeinschaftspraxis B und C im Rahmen der Realteilung ist zu Buchwerten nicht möglich. Bei der Übertragung sind für diese Wirtschaftsgüter vielmehr die gemeinen Werte anzusetzen und somit die stillen Reserven aufzudecken.

Daneben ist zu beachten, dass auch eine spätere Übertragung der Wirtschaftsgüter im Rahmen eines tauschähnlichen Vorgangs gegen Gewährung von Gesellschaftsrechten – z. B. im Rahmen einer **Einbringung nach § 24 UmwStG 2006** – **innerhalb der Sperrfrist** zu einem rückwirkenden Ansatz des gemeinen Wertes im Rahmen der Realteilung führt.

> **BEISPIEL:** Die Ärzte A und B beenden ihre Gemeinschaftspraxis im Rahmen einer Realteilung. Jeder der Ärzte erhält Teile des materiellen und immateriellen Betriebsvermögens und beide setzen anfangs ihre ärztliche Tätigkeit jeweils im Rahmen einer Einzelpraxis fort. Zeitnah beschließt B allerdings seine Tätigkeit gemeinsam mit C im Rahmen einer Gemeinschaftspraxis fortzusetzen. B bringt daher innerhalb der Sperrfrist seine Einzelpraxis in die Gemeinschaftspraxis B und C gegen Gewährung von Gesellschaftsrechten ein. Bei der Übertragung der Wirtschaftsgüter aus der Gemeinschaftspraxis A und B an B sind insoweit rückwirkend die gemeinen Werte anzusetzen.

PRAXISHINWEIS

Liegt eine Realteilung vor und ist geplant, im Rahmen der Realteilung oder zeitnah eine neue Gemeinschaftspraxis zu gründen, empfiehlt es sich, die Wirtschaftsgüter der real zu teilenden Gemeinschaftspraxis zunächst **auf unbestimmte Zeit in das Sonderbetriebsvermögen** der einzelnen Gesellschafter bei der neuen Gemeinschaftspraxis zu übertragen und **nicht in das Gesamthandsvermögen** der neuen Gemeinschaftspraxis, da die Übertragung in ein Sonderbetriebsvermögen zu Buchwerten erfolgt. Unter Ausschaltung der „Gesamtplanrechtsprechung" **(Einhaltung einer Karenzzeit)** können dann zu einem späteren Zeitpunkt die Wirtschaftsgüter aus dem Sonderbetriebsvermögen in das Gesamthandsvermögen der Mitunternehmerschaft übertragen werden.

h) Steuerliche Behandlung der Anschaffungskosten eines Gemeinschaftspraxisanteils/Berücksichtigung der Vertragsarztzulassung

Aus steuerlicher Sicht ist Gegenstand der Anschaffung nicht der Anteil an der Gesellschaft, sondern es sind die **ideellen Anteile an den einzelnen Wirtschaftsgütern des Gesellschaftsvermögens**. Hat der Ausgeschiedene auch vorhandenes Sonderbetriebsvermögen mitveräußert, gehört dieses ebenfalls zu den angeschafften Wirtschaftsgütern. Bei einer Abweichung der Anschaffungskosten von den Buchwerten im Gesamthandsvermögen wird die Aufstellung einer Ergänzungsbilanz bzw. Ergänzungsrechnung erforderlich (vgl. Schmidt/Wacker, EStG 2006, § 16 Rz 480 ff. m. w. N.).

Scheidet ein Gesellschafter aus einer Gemeinschaftspraxis gegen eine Abfindung aus, die höher ist als der Buchwert des Gesellschaftsanteils (des Kapitalkontos) im Zeitpunkt seines Ausscheidens, so spricht eine tatsächliche Vermutung dafür, dass der Buchwert der bilanzierten Wirtschaftsgüter des Betriebsvermögens stille Reserven enthält und/oder ein Geschäftswert vorhanden ist und dass die Mehrzahlungen den Anteil des ausscheidenden Gesellschafters an diesen stillen Reserven und/oder immateriellen Einzelwirtschaftsgütern und/ oder einen Geschäftswert abgelten sollen und demgemäß für den übernehmenden Gesellschafter Anschaffungskosten für diese Anteile sind. Nur wenn festgestellt werden kann, dass die Buchwerte der bilanzierten Wirtschaftsgüter des Betriebsvermögens der Personengesellschaft keine stillen Reserven enthalten und/oder auch nicht bilanzierte immaterielle Einzelwirtschaftsgüter und/ oder ein Geschäftswert nicht vorhanden ist, kommt eine Nichtaktivierung der Mehrzahlungen und damit ein sofortiger Abzug als Betriebsausgaben in Betracht, sofern die Mehrzahlungen nicht außerbetrieblich veranlasst waren (BFH v. 25.1.1979 - IV R 56/75, BStBl 1979 II S. 302).

Die Aktivierung im Einzelnen erfolgt nach der Stufentheorie bzw. der modifizierten Stufentheorie durch Verteilung der stillen Reserven auf die einzelnen materiellen und immateriellen Wirtschaftsgüter und den Praxiswert. Soweit nachweislich ein Mehrbetrag nicht zur Abgeltung stiller Reserven, sondern infolge der „Lästigkeit" (geschäftsschädigendes Verhalten) eines Gesellschafters gezahlt wird, um diesen zum Ausscheiden zu bewegen, sind die Aufwendungen sofort abziehbare Betriebsausgaben (Schmidt/Wacker, EStG 2006, § 16 Rz 487 ff. m. w. N.; Blümich/Stuhrmann, EStG 90. Aufl., § 16 Rz 175 ff. m. w. N.; Hörger/ Stöbbe, DStR 1991 S. 1230).

Im Zusammenhang mit der **Abschreibungsfähigkeit** der Anschaffungskosten eines **Praxiswerts** unterscheidet der BFH in seinen älteren Entscheidungen (BFH v. 24.2.1994 - IV R 33/93, BStBl 1994 II S. 590) deutlich zwischen dem personenbezogenen Praxiswert als grundsätzlich verschieden vom unternehmensbezogenen Geschäftswert und lässt entgegen der Vorschrift des § 7 Abs. 1 Satz 3 EStG die Abschreibung eines Praxiswertes beim Erwerb einer **Einzelpraxis über 3 bis 5 Jahre** bzw. bei einem Erwerb von Anteilen an einer **Gemeinschaftspraxis über 6 bis 10 Jahre** zu. Diesen Grundsätzen folgt auch die Finanzverwaltung (BMF v. 15.1.1995 - IV B 2 - S 2172 - 15/95, BStBl 1995 I S. 14).

Durch jüngere Finanzgerichtrechtsprechung (FG Niedersachsen v. 28.9.2004 - 13 K 412/01, EFG 2005 S. 420; FG Baden-Württemberg, Außensenate Freiburg v. 16.6.2005 – 3 K 101/01, EFG 2005 S. 1539 in einer Art obiter dictum) ist für den Fall des Erwerbs einer kassenärztlichen Praxis mit der Übertragung der entsprechenden Vertragsarztzulassung zunehmend eine **Aufteilung des immateriellen Vermögens** der Praxis auf ein **nicht abschreibungsfähiges Wirtschaftsgut, die Vertragsarztzulassung** und einen verbleibenden abschreibungsfähigen Praxiswert in die Diskussion geraten.

Kann die Vertragsarztzulassung nicht abgeschrieben werden, wirken sich die Anschaffungskosten steuerlich erst im Zeitpunkt der Praxisveräußerung aus.

Hierdurch fehlen in den anfänglichen Jahren die notwendigen Abschreibungen zur Finanzierung des Praxiskaufpreises.

In der Praxis dürfte dies als **Nachteil** zum einen dazu führen, dass sich die Laufzeiten der zur Finanzierung aufgenommenen Darlehen verlängern müssen, da aufgrund der fehlenden steuerlichen Entlastung durch die Abschreibung ein Anteil des Kapitaldienstes aus dem **Cashflow** erbracht werden muss. Folglich werden die Erwerber härter über die Höhe des Kaufpreises verhandeln, wenn dieser zukünftig zum Teil nicht mehr abschreibungsfähig ist.

Ein weiterer **Nachteil** ergibt sich bei der Anwendung der Steuerbegünstigung nach § 16 i. V. m. § 34 Abs. 3 EStG für einen Veräußerungsgewinn bei der späteren Veräußerung der Praxis. Können – wie bisher – Abschreibungen vorgenommen werden, reduzieren diese den laufenden Gewinn. Bei einer späteren Veräußerung aufgedeckte stille Reserven sind dann unter den Voraussetzungen des § 16 EStG i. V. m. § 34 Abs. 3 EStG steuerbegünstigt. Können auf einen Teil des Kaufpreises keine Abschreibungen vorgenommen werden, ergibt sich ein **höherer Buchwert der Praxis im Zeitpunkt der Veräußerung**, welcher auf den Veräußerungspreis anzurechnen ist. Auf diese Weise erhöhen sich die normal zu besteuernden laufenden Gewinne. Im Gegensatz dazu reduziert sich in den meisten Fällen der steuerbegünstigte Veräußerungsgewinn. Es entsteht eine höhere Gesamtsteuerbelastung.

Nach Auffassung des FG Niedersachsen stellt der mit der Vertragsarztzulassung verbundene wirtschaftliche Vorteil ein gesondertes, nicht abnutzbares immaterielles Wirtschaftsgut dar. Das Wirtschaftsgut bestehe dabei nicht in der öffentlich-rechtlichen Zulassung als solcher, sondern in der damit verbundenen wirtschaftlichen Chance. Insoweit sei zu differenzieren wie bei der Beurteilung von Güterverkehrsgenehmigungen. Die Einzelveräußerbarkeit sei keine Voraussetzung für ein Wirtschaftsgut. Daher sei nach Auffassung des FG Niedersachsen der Umstand, dass eine Vertragsarztzulassung zivilrechtlich nicht gesondert veräußerbar sei, sondern nur der Vermögensgegenstand Arztpraxis (BSG v. 29.9.1999 - B 6 KA 1/99 R, BSGE 85, 1), nicht maßgebend. Der Entscheidung des FG Niedersachsen lag allerdings ein Fall zugrunde, bei dem nach Darstellung des Finanzgerichts die vertraglichen Vereinbarungen ausschließlich darauf abzielten, die Vertragsarztzulassung übernehmen zu können.

Die OFD Koblenz hat sich in einer Verfügung (v. 12.12.2005 - Nr. 129/05 S 2134 a A - St 31 4, mittlerweile gleich lautend OFD Magdeburg v. 6.2.2006 - S 2134 a - 15 - St 213) mit diesem Urteil auseinander gesetzt und ist zu dem Ergebnis gelangt, dass der wirtschaftliche Vorteil der Vertragszulassung grundsätzlich ein selbständiges, immaterielles Wirtschaftsgut des Anlagevermögens und nicht nur einen unselbständigen wertbildenden Faktor darstellt, der nur im Rahmen des Praxiswertes in Erscheinung tritt.

Diese Auffassung begegnet in der Literatur allerdings einigen Bedenken, insbesondere, ob der Vertragsarztzulassung bei der Übernahme von Praxen bzw. Praxisanteilen im Rechtsverkehr überhaupt ein gesonderter Wert zugemessen wird. Auch ist unklar, welchen Wert die Finanzverwaltung einer Vertragsarztzulassung beimessen wird (hierzu Michels/ Ketteler-Eising, DStR 2006 S. 961). Der Auffassung des FG Niedersachsen und insbesondere der Auffassung der OFD Koblenz sollte insoweit nicht gefolgt werden.

Zum einen ist es fraglich, ob Zulassungen zur vertragsärztlichen Versorgung überhaupt mit Güterverkehrgenehmigungen und der dazu ergangenen Rechtsprechung vergleichbar sind, wie es das FG Niedersachsen angenommen hat. Die Zulassungen zur vertragsärztlichen Versorgung begründet lediglich einen Vergütungsanspruch gegen die gesetzlichen Krankenversicherungsträger. Fehlt es an einer Zulassung zur vertragsärztlichen Versorgung, ist dadurch aber im Grundsatz die Möglichkeit der ärztlichen Tätigkeit nicht eingeschränkt, wenn auch zuzugeben ist, dass sich ein gesetzlich Versicherter in der Regel (noch) wegen der Kostenübernahme nur von einem Kassenarzt behandeln lassen wird.

Einer Zulassung zur vertragsärztlichen Versorgung wird allerdings in der überwiegenden Zahl der Fälle kein gesonderter Wert zukommen. Wenn es an einer generellen Zulassungsbeschränkung fehlt oder angesichts regelmäßig offener Planungsbereiche Arztsitze unbesetzt sind, ist dies offensichtlich. Aber auch in anderen Fällen hat die **Zulassung zur vertragsärztlichen Versorgung häufig keinen Wert** mehr. Mittlerweile ist statistisch belegt, dass der Anteil der unter 35-jährigen Ärzte an allen berufstätigen Ärzten immer weiter sinkt (von 27,4 % in 1991 auf 15,4 % in 2005; Quelle: Statistik der BÄK) und auch die Zahl der Hochschulabsolventen im Fach Humanmedizin drastisch sinkt (von 11.555 in 1993 auf 8.896 in 2004; Quelle: Statistisches Bundesamt). Ein Grund für diese dramatische Entwicklung ist sicherlich das stetig sinkende Einkommen für Mediziner (Budgetkürzungen bei steigenden Praxiskosten). In den meisten Fällen ist ein Kassenarzt allein aus seiner vertragsärztlichen Tätigkeit nicht mehr in der Lage, einen angemessenen Unternehmerlohn zu erwirtschaften. Um einen angemessenen Gewinn zu erzielen, sind zusätzliche privatärztliche Leistungen und ein Zusatzangebot an individuellen Gesundheitsleistungen (IGeL) erforderlich. Nach den allgemeinen Grundsätzen der Betriebswirtschaftslehre kann aber einer Abrechnungsbefugnis im Sinne eines Belieferungsrechtes gegenüber den Krankenkassen kein Wert zukommen, wenn unter Berücksichtigung eines angemessenen Unternehmerlohns kein positiver Übergewinn über die reine Tätigkeitsvergütung hinaus verbleibt.

B. Berufsausübungsgemeinschaften

> **PRAXISHINWEIS**
>
> Sollte zur Vermeidung einer Auseinandersetzung mit dem Finanzamt vor dem Finanzgericht eine Bewertung dennoch notwendig sein, bietet sich zur Reduzierung des Problems eine Aufteilung nach der Methode der Patienten-Leistungsquote an (Michels/Ketteler-Eising, DStR 2006 S. 961). In jedem Fall sollte ein möglichst niedriger Wert für die Vertragsarztzulassung zur Vorbereitung für spätere Diskussionen mit der Finanzverwaltung bereits im Zeitpunkt des Vertragsabschlusses intern dokumentiert werden. **Keinesfalls** sollte der Empfehlung (so Welper, NWB F. 2 S. 9041) gefolgt werden, **in dem Kaufvertrag einen Wert für die Vertragsarztzulassung betragsmäßig zu differenzieren.** Hierdurch wird dem Finanzamt bereits nach außen ein Wert dokumentiert und eine Diskussion über die Frage, ob Vertragsarztzulassungen überhaupt ein gesonderter Wert zukommt oder die Vertragsarztzulassung nicht vielmehr Teil des Praxiswertes ist, unmöglich gemacht.

i) **Besteuerung der Veräußerung bzw. Aufgabe des Vermögens**

Im Rahmen der Begründung ärztlicher Kooperationen spielt die Besteuerung für den abgebenden, nicht mehr an der Kooperation teilnehmenden Arzt, eine erhebliche Rolle. Nach § 18 Abs. 3 EStG gehört für den Veräußerer einer Praxis oder eines Gemeinschaftspraxisanteils auch der Gewinn, der bei der Veräußerung des Vermögens oder eines selbständigen Teils des Vermögens oder eines Anteils am Vermögen erzielt wird, das der selbständigen Arbeit dient, zu den Einkünften aus der ständigen Arbeit. § 16 Abs. 1 Satz 1 Nr. 1 und 2 und Abs. 1 Satz 2 sowie Abs. 2 bis 4 EStG gilt entsprechend. Auch die Aufgabe der selbständigen Tätigkeit ist damit wie die Aufgabe der gewerblichen Tätigkeit zu behandeln. In Verbindung mit § 34 EStG führt daher die Veräußerung oder Aufgabe einer ganzen Praxis und des gesamten Mitunternehmeranteils an einer Gemeinschaftspraxis unter Berücksichtigung der gesetzlichen Voraussetzungen zu einem steuerbegünstigten Veräußerungsgewinn.

Voraussetzung für die Annahme einer (steuerbegünstigten) **Praxis- bzw. Praxisanteilsveräußerung** ist, dass sämtliche **quantitativ oder funktional wesentliche Betriebsgrundlagen auf den Erwerber übergehen** (BFH v. 24.5.1956 - IV 24/55 U, BStBl 1956 III S. 205).

Zu den wesentlichen wirtschaftlichen Grundlagen der freiberuflichen Tätigkeit gehören insbesondere die immateriellen Wirtschaftsgüter der Praxis wie der Patientenstamm und der Praxiswert. Nach ständiger Rechtsprechung des BFH ist bei Praxisübertragungen eine Veräußerung dieser wesentlichen Betriebsgrundlagen daher nur anzunehmen, wenn der Veräußerer seine freiberufliche

Tätigkeit in dem bisherigen **örtlichen Wirkungskreis** wenigstens für eine **gewisse Zeit** einstellt. Diese Rechtsprechung zum Erfordernis der zeitweiligen Einstellung einer freiberuflichen Tätigkeit am bisherigen örtlichen Wirkungskreis beruht auf der Überlegung, dass bei fortdauernder Tätigkeit des Freiberuflers in seinem bisherigen örtlichen Wirkungskreis eine weitere Nutzung der persönlichen Beziehungen zu den bisherigen Patienten nahe liegt. Dies stünde aber einer echten Übertragung dieser wesentlichen wirtschaftlichen Grundlage an den Erwerber entgegen. Die Veräußerungserlöse sind dann als laufender Gewinn zu erfassen.

Die Rechtsprechung hat dabei die Begriffe der „gewissen Zeit" und des „örtlichen Wirkungskreises" nicht näher bestimmt. Die Erheblichkeit der zeitlichen Dauer der Einstellung der Tätigkeit und das Gebiet des örtlichen Wirkungskreises sind von den Umständen des Einzelfalles abhängig (BFH v. 10.6.1999 - IV R 11/99, BFH/NV 1999 S. 1594). Im Schrifttum wird insoweit eine Zeitspanne von 3 Jahren als ausreichende Wartezeit angesehen, nach deren Ablauf nicht mehr von einer Praxisverlegung, sondern von einer Neueröffnung auszugehen ist. Diese Zeitspanne entspricht in etwa der Nutzungsdauer eines erworbenen Praxiswerts, aber auch den Fristen, die oft einem Wettbewerbsverbot zugrunde gelegt werden.

PRAXISHINWEIS

Soll nach einer „gewissen Zeit" die Tätigkeit im örtlichen Wirkungskreis wieder aufgenommen werden, empfiehlt es sich, eine verbindliche Auskunft hierzu einzuholen (vgl. Richter, DStR 1998 S. 442; Brandt, in: Herrmann/Heuer/Raupach, EStG, § 18 EStG Anm. 322 ff. m. w. N.; zu Einzelfragen vgl. Schmidt/Wacker, EStG 2006, § 18 Rz 229 m. w. N.).

Behandelt der Veräußerer einer freiberuflichen Praxis nach einer Veräußerung frühere Patienten auf Rechnung und im Namen des Erwerbers, so steht dies der Anwendung des § 18 Abs. 3 EStG nicht entgegen. Entscheidend ist, dass der Veräußerer die wesentlichen wirtschaftlichen Grundlagen der Praxis einschließlich des Patientenstamms zivilrechtlich und wirtschaftlich auf den Erwerber überträgt und dieser die Rechtsbeziehungen zu den Patienten verwertet (BFH v. 18.5.1994 - I R 109/93, BStBl 1994 II S. 925).

PRAXISHINWEIS

Da diese Frage allerdings in Bezug auf rechtsmissbräuchliche Gestaltungen streitbehaftet ist (OFD Düsseldorf v. 28.2.1989 - S 2290 A - St 111, DB 1989 S. 555), empfiehlt es sich wenn möglich, nach der Veräußerung Einkünfte aus nichtselbständiger Arbeit als Arbeitnehmer zu erzielen.

Nach der Rechtsprechung des BFH ist von einer Veräußerung der wesentlichen Grundlagen der Praxis auch dann auszugehen, wenn nur **einzelne Patienten zurückbehalten** werden, auf die in den letzten 3 Jahren weniger als 10 % der gesamten Einnahmen entfielen (BFH v. 7.11.1991 - IV R 14/90, BStBl 1992 II S. 457). Zumindest nach Auffassung der Finanzverwaltung ist jedoch die **Hinzugewinnung neuer Patienten** innerhalb der gewissen Zeit – auch ohne Überschreiten der 10 %-Grenze – schädlich, da eine Betriebsaufgabe dann tatsächlich nicht stattgefunden hat (OFD Berlin v. 15.8.2003 - St 122 S - 2249 3/03, FR 2003 S. 1146).

Auch die Veräußerung eines selbständigen Teils des Vermögens, das der selbständigen Arbeit dient, fällt unter § 18 Abs. 3 EStG. Damit ist analog des § 16 Abs. 1 Satz 1 Nr. 1 EStG auch im Rahmen einer freiberuflichen Tätigkeit eine Teilbetriebsveräußerung denkbar.

Ein **Teilbetrieb** ist in Anlehnung an den Begriff i. S. d. § 16 Abs. 1 Nr. 1 EStG ein mit einer gewissen Selbständigkeit ausgestatteter, organisatorisch in sich geschlossener und für sich lebensfähiger Teil der Gesamtpraxis. Dabei kann im Hinblick auf die Eigenart der selbständigen Arbeit, insbesondere das Abstellen auf die persönliche Betätigung bei Teilen einer freiberuflichen Praxis, die erforderliche Selbständigkeit nur dann angenommen werden, wenn sich die freiberufliche Arbeit entweder auf wesensmäßig verschiedene Tätigkeiten mit zugehörigen **unterschiedlichen Patientenkreisen** erstreckt (1. Fallgruppe) oder bei gleichartiger Tätigkeit in voneinander getrennten **örtlich abgegrenzten Bereichen** ausgeübt wird (2. Fallgruppe). Handelt es sich hingegen um eine einheitlich gleichartige freiberufliche Tätigkeit, so kann regelmäßig ausgeschlossen werden, dass Teile der Praxis eine so weitgehende organisatorische Selbständigkeit erreicht haben, dass sie Teilbetrieben im gewerblichen Bereich gleichgestellt werden können (BFH v. 4.11.2004 - IV R 17/03, BStBl 2005 II S. 208).

Die Tätigkeiten des Arztes im Bereich der privatärztlichen Behandlung und die Tätigkeiten im Bereich der Kassenpatienten sind nicht wesensverschieden. Die „Kassenpraxis" ist im Rahmen der Gesamtpraxis insoweit kein Teilbetrieb im Sinne der ersten Fallgruppe (BFH Urteil v. 6.3.1997 - IV R 28/96, BFH/NV 1997 S. 746).

Der Veräußerung des gesamten Mitunternehmeranteils steht die **Aufgabe des gesamten Mitunternehmeranteils** gleich. Von einer steuerbegünstigten Aufgabe des gesamten Mitunternehmeranteils ist beispielsweise auszugehen, wenn im zeitlichen und wirtschaftlichen Zusammenhang mit der Veräußerung des Anteils am Gesamthandsvermögen der Gemeinschaftspraxis die wesentlichen (funktional und quantitativ) Betriebsgrundlagen im Sonderbetriebsvermögen in das Privatvermögen überführt werden (Schmidt/Wacker, EStG 2006, § 16 Rz 400 ff., 414). Entscheidend ist, dass in einem als einheitlich zu beurteilenden Vorgang sämtliche stillen Reserven in dem Mitunternehmeranteil aufgedeckt werden.

Veräußerungsgewinn ist nach § 16 Abs. 2 Satz 1 EStG der Betrag, um den der Veräußerungspreis nach Abzug der Veräußerungskosten den Wert des Betriebsvermögens oder den Wert des Anteils am Betriebsvermögen übersteigt. Auch bei Steuerpflichtigen, die ihren Gewinn nach § 4 Abs. 3 EStG ermitteln, erfolgt die Ermittlung des Veräußerungsgewinns infolge § 16 Abs. 2 Satz 2 EStG nach § 4 Abs. 1 oder nach § 5 EStG. Insoweit sind die Erstellung einer Schlussbilanz und eine Übergangsgewinnermittlung notwendig. Der Übergangsgewinn ist dabei laufender Gewinn.

Liegt eine Veräußerung i. S. d. § 18 Abs. 3 EStG vor, gehört der Veräußerungsgewinn zu den außerordentlichen Einkünften nach § 34 Abs. 2 Nr. 1 EStG. Hat der Veräußerer das **55. Lebensjahr vollendet** oder ist er im sozialversicherungsrechtlichen Sinne **dauernd berufsunfähig**, dann kann der Veräußerungsgewinn steuerermäßigt nach § 34 Abs. 3 EStG („**halber**" **Steuersatz**) besteuert werden. Diese Ermäßigung kann der Steuerpflichtige nach § 34 Abs. 3 Satz 4 nur einmal im Leben in Anspruch nehmen. Ansonsten besteht die Möglichkeit der Anwendung der „Fünftelungsregelung" des § 34 Abs. 1 EStG, die jedoch in den meisten Fällen wegen der Höhe der Einkünfte durch das Erreichen des Spitzensteuersatzes ohne Wirkung bleibt.

Unter den gleichen Voraussetzungen, Vollendung des 55. Lebensjahres oder dauernder Berufsunfähigkeit im sozialversicherungsrechtlichen Sinne, wird der Veräußerungsgewinn nach § 16 Abs. 4 EStG auf Antrag zur Einkommensteuer nur herangezogen, soweit er 45.000 € übersteigt. Der **Freibetrag** ist dem Steuerpflichtigen nur einmal zu gewähren. Er ermäßigt sich um den Betrag, um den der Veräußerungsgewinn 136.000 € übersteigt.

Als Alternative zur sofortigen Besteuerung bietet sich für einen Veräußerer die **Veräußerung gegen wiederkehrende Bezüge** an. Veräußert ein Steuerpflichtiger seinen Betrieb gegen eine Leibrente oder alternativ gegen Ratenzahlungen mit einer Laufzeit von mehr als 10 Jahren, hat er ein Wahlrecht. Er kann wählen zwischen einer Sofortbesteuerung des Barwertes und der sich anschließenden Ertragsanteile aus den vereinbarten Zahlungen oder einer Besteuerung der Renten-/Ratenzahlungen als nachträgliche Betriebseinnahmen. Denkbar zur Gestaltung ist auch eine Kombination der Betriebsveräußerung gegen wiederkehrende Bezüge und festes Entgelt (zu Einzelheiten vgl. R 16 Abs. 11 EStR m. w. H.).

3. Exkurs Umsatzsteuer

Literatur:

Rasche, Mitunternehmerische Übetragungsvorgänge - Umsatzsteuerliche Auswirkungen der Buchwertverknüpfung, UStB 2002 S. 14; *Krengel/Horrichs*, Umsatzsteuerbefreiung für die ästhetisch-plastische Chirurgie?, NWB F. 7 S. 6119; *Küntzel*, Umsatzsteuerliche Behandlung von Leistungen der Ästhetisch-Plastischen Chirurgen, MedR 2005 S. 346; *Fuhrmann/Strahl*, Rechtsentwicklung und Streitpunkte zu § 4 Nr. 14 (Steuerfreiheit bestimmter heilberuflicher Tätigkeiten), DStR 2005 S. 266; *Krieger*, Nicht alle IGeL sind umsatzsteuerpflichtig, Der Deutsche Dermatologe 2005 S. 584; *Kranenberg*, Umsatzsteuerliche Leistungen bei heilberuflicher Tätigkeit – Voraussetzungen und Nachweise, UStB 2006 S. 111; *Michels/Ketteler-Eising*, Umsatzsteuerliche Regelungen für medizinische Analysen und Abgrenzung zwischen § 4 Nr. 14 UStG und § 4 Nr. 16 UStG, UR 2006 S. 619; *dies.*, Leistungen im Gesundheitswesen – Eine umsatzsteuerliche Standortbestimmung, DB 2006 S. 2597.

a) Umsatzsteuerliche Behandlung ärztlicher Leistungen

aa) Grundsätzliches

Die nachfolgenden Ausführungen erheben nicht den Anspruch, das Thema „Arzt und Umsatzsteuer" umfassend darzustellen. Sie beschränken sich vielmehr auf einige neue, aktuelle Aspekte und die Schwerpunkte, die für die Ausführungen zu den einzelnen Kooperationsformen über die umsatzsteuerlichen Grundkenntnisse hinaus von Bedeutung ist.

Von den unter § 1 Abs. 1 Nr. 1 UStG fallenden Umsätzen sind nach § 4 Nr. 14 UStG steuerfrei

„die Umsätze aus der Tätigkeit als Arzt, Zahnarzt, Heilpraktiker, Physiotherapeut (Krankengymnast), Hebamme oder aus einer ähnlichen heilberuflichen Tätigkeit und aus der Tätigkeit als klinischer Chemiker. Steuerfrei sind auch die sonstigen Leistungen von Gemeinschaften, deren Mitglieder Angehörige der in Satz 1 bezeichneten Berufe sind, gegenüber ihren Mitgliedern, soweit diese Leistungen unmittelbar zur Ausführung der nach Satz 1 steuerfreien Umsätze verwendet werden. Die Umsätze eines Arztes aus dem Betrieb eines Krankenhauses sind mit Ausnahme der ärztlichen Leistungen nur steuerfrei, wenn die in Nummer 16 Buchstabe b bezeichneten Voraussetzungen erfüllt sind. Die Sätze 1 und 2 gelten nicht

   a) für die Umsätze aus der Tätigkeit als Tierarzt und für die Umsätze von Gemeinschaften, deren Mitglieder Tierärzte sind,

   b) für die Lieferung oder Wiederherstellung von Zahnprothesen (aus Unterpositionen 9021 21 und 9021 29 00 des Zolltarifs) und kieferorthopädischen Apparaten (aus Unterposition 9021 10 des Zolltarifs), soweit sie der Unternehmer in seinem Unternehmen hergestellt oder wiederhergestellt hat";

Nach A 91a Abs. 2 UStR gilt Folgendes:

*„Unter Beachtung der Rechtsprechung des Europäischen Gerichtshofs sind Leistungen nur dann nach Art. 13 Teil A Abs. 1 Buchst. c der 6. EG-Richtlinie steuerfrei, wenn sie der **medizinischen Betreuung von Personen durch das Diagnostizieren und Behandeln von Krankheiten oder anderen Gesundheitsstörungen** dienen (EuGH-Urteil v. 14.9.2000 - Rs. C-384/98, UR 2000 S. 342). § 4 Nr. 14 und § 4 Nr. 16 UStG, die auf der Grundlage von Art. 13 Teil A Abs. 1 Buchst. b und c der 6. EG-Richtlinie „ärztliche Heilbehandlungen" bzw. „Heilbehandlungen im Bereich der Humanmedizin" von der Umsatzsteuer befreien, sind im Sinne des o. g. EuGH-Urteils auszulegen. Dies gilt unabhängig davon, um welche konkrete heilberufliche Leistung es sich handelt (Untersuchung, Attest, Gutachten usw.), für wen sie erbracht wird (Patient, Gericht, Sozialversicherung o. a.) und wer sie erbringt (freiberuflicher oder angestellter Arzt, Heilpraktiker, Physiotherapeut, Unternehmer, der ähnliche heilberufliche Tätigkeiten nach § 4 Nr. 14 UStG ausübt, sowie Krankenhäuser, Kliniken usw.). Heilberufliche Leistungen sind daher nur steuerfrei, wenn bei der Tätigkeit ein **therapeutisches Ziel im Vordergrund** steht."*

Ergänzend ist anzumerken, dass der EuGH in seinem Urteil v. 20.11.2003 (C-307/01, d'Ambrumenil, EGHE 2003 S. 13888) darüber hinaus entschieden hat, dass auch ärztliche Leistungen umsatzsteuerfrei sein können, *„wenn diese in erster Linie dem **Schutz der Gesundheit** des Betroffenen dienen sollen".* Insoweit geht die Auffassung des EuGH weiter als die derzeitige Auffassung der Finanzverwaltung (Michels/Ketteler-Eising, DB 2006 S. 2597). Der BFH ist dem weitestgehend gefolgt, indem er z. B. für betriebsärztliche Leistungen, die ein Unternehmer gegenüber einem Arbeitgeber erbringt und die darin bestehen, die Arbeitnehmer zu untersuchen, arbeitsmedizinisch zu beurteilen und zu beraten sowie die Untersuchungsergebnisse zu erfassen und auszuwerten (§ 3 Abs. 1 Nr. 2 ASiG), entschieden hat, dass diese gem. § 4 Nr. 14 UStG 1993 steuerfrei sind, soweit die Leistungen nicht auf Einstellungsuntersuchungen entfallen (BFH v. 13.7.2006 - V R 7/05, BFH/NV 2006 S. 2387).

Die Steuerbefreiung nach § 4 Nr. 14 UStG setzt nicht voraus, dass der Unternehmer Umsätze gegenüber einem Patienten als Leistungsempfänger erbringt und mit ihm oder seiner Krankenkasse hierüber abrechnet (BFH v. 25.11.2004 - V R 44/02, BStBl 2005 II S. 190). Entscheidend sind nicht die Qualifikation des Unternehmers und die Person des umsatzsteuerlichen Leistungsempfängers. Entscheidend ist die **berufliche Qualifikation des Leistungserbringers**. Dieser kann auch Arbeitnehmer oder Subunternehmer des Unternehmers sein.

Unerheblich ist entsprechend, in welcher **Rechtsform** der Unternehmer die Leistung erbringt (A 93 Abs. 1 UStR). Die Umsätze aus einer heilberuflichen Tätigkeit sind zudem auch nach § 4 Nr. 14 UStG umsatzsteuerfrei, wenn die Einkünfte als

B. Berufsausübungsgemeinschaften

Einkünfte aus Gewerbebetrieb zu qualifizieren sind (A 93 Abs. 2 UStR). Die umsatzsteuerliche Beurteilung und die ertragsteuerliche Beurteilung sind insoweit vollkommen getrennt zu sehen.

Die Prüfung der Befreiungsvorschrift des § 4 Nr. 14 UStG im Bereich der Humanmedizin beschränkt sich somit auf zwei Voraussetzungen:

1. **Steht bei der heilberuflichen Leistung ein therapeutisches Ziel im Vordergrund?**
2. **Verfügt der Leistungserbringer über die nötige berufliche Qualifikation?**

Systematisch kann wie folgt vorgegangen werden (Michels/Ketteler-Eising, DB 2006 S. 2597):

ABBILDUNG: Prüfschema zur Umsatzsteuer

Leistung im Bereich der Humanmedizin	Medizinische Betreuung von Menschen			
	↓ Ja			
Qualifikation des Leistungserbringers (Nicht des Unternehmers)	Erbringer der Leistung ist ein Arzt	Nein →	Erbringer der Leistung übt einen ärztähnlichen Beruf aus	Nein →
	↓ Ja ←		← Ja	
Art der Leistung (therapeutisches Ziel)	Leistung dient der Diagnose oder Behandlung von Krankheiten und anderen Gesundheitsstörungen	Nein →	Leistung dient dem Schutz und der Aufrechterhaltung der Gesundheit	Nein →
	↓ Ja ←		← Ja	
	nach § 14 UStG umsatzsteuerfreie Heilbehandlung		keine Anwendung des § 4 Nr. 14 UStG	

bb) Beurteilung der Qualifikation des Leistungserbringers

Zu den Anforderungen an die Qualifikation bezüglich des Angehörigen eines arztähnlichen Berufs gilt nach A 90 UStR aus Sicht der Finanzverwaltung Folgendes:

„Neben den Leistungen aus der Tätigkeit als (Zahn-)Arzt oder (Zahn-)Ärztin und aus den in § 4 Nr. 14 Satz 1 UStG genannten nichtärztlichen Heilberufen können auch die Umsätze aus der Tätigkeit von nicht ausdrücklich genannten Heil- und Heilhilfsberufen (Gesundheitsfachberufe) unter die Steuerbefreiung fallen. Dies

*gilt jedoch nur dann, wenn es sich um eine Katalogberuf ähnliche heilberufliche Tätigkeit handelt und die sonstigen Voraussetzungen dieser Vorschrift erfüllt sind. Ein Beruf ist einem der im Gesetz genannten Katalogberufe ähnlich, wenn das typische Bild des Katalogberufs mit seinen wesentlichen Merkmalen dem Gesamtbild des zu beurteilenden Berufs vergleichbar ist. Dazu gehören die **Vergleichbarkeit der jeweils ausgeübten Tätigkeit** nach den charakterisierenden Merkmalen, die **Vergleichbarkeit der Ausbildung** und die **Vergleichbarkeit der Bedingungen**, an die das Gesetz die Ausübung des zu vergleichenden Berufs knüpft (BFH-Urteil v. 29.1.1998 - V R 3/96, BStBl 1998 II S. 453). Dies macht vergleichbare berufsrechtliche Regelungen über Ausbildung, Prüfung, staatliche Anerkennung sowie staatliche Erlaubnis und Überwachung der Berufsausübung erforderlich. **Ausreichendes Indiz** für das Vorliegen einer ähnlichen heilberuflichen Tätigkeit ist die Zulassung des jeweiligen Unternehmers bzw. die **regelmäßige Zulassung seiner Berufsgruppe gem. § 124 Abs. 2 SGB V** durch die zuständigen Stellen der gesetzlichen Krankenkassen (vgl. hierzu auch BMF-Schreiben v. 28.2.2000 - IV D 2 S 7170 - 12/00, BStBl 2000 I S. 433 und BFH-Urteil v. 19.12.2002 - V R 28/00, BStBl 2003 II S. 532)."*

Ergänzend ist anzumerken, dass der EuGH in seinem Urteil v. 27.4.2006 (C-443/04, H. A. Solleveld, und C-444/04, J. E. van den Hout von Eijnsbergen, HFR 2006 S. 735) darüber hinaus entschieden hat, dass die Vorschrift der 6. EG-Richtlinie dahingehend auszulegen ist, dass er den Mitgliedstaaten bei der **Definition der arztähnlichen Berufe** und der Heilbehandlungen im Bereich der Humanmedizin, die zu diesen Berufen gehören, für die Zwecke der in dieser Bestimmung vorgesehenen Befreiung ein **Ermessen einräumt**. Bei der Ausübung dieses Ermessens haben die Mitgliedstaaten jedoch erstens das mit dieser Bestimmung verfolgte Ziel, zu gewährleisten, dass die Befreiung nur für Leistungen gilt, die von Personen erbracht werden, die über die erforderlichen **beruflichen Qualifikationen** verfügen, und zweitens den **Grundsatz der steuerlichen Neutralität** zu beachten.

Eine nationale Regelung verstößt nach Auffassung des EuGH insoweit gegen dieses Ziel und diesen Grundsatz, wenn unterschiedliche Berufe unter Berücksichtigung deren jeweiliger **beruflicher Qualifikationen** als **qualitativ gleichwertig anzusehende Leistungen** erbringen, die Angehörigen der jeweiligen Berufsgruppe aber umsatzsteuerlich unterschiedlich behandelt werden. Erbringen also Angehörige unterschiedlicher Berufe Heilbehandlungsleistungen, die unter Berücksichtigung der jeweiligen beruflichen Qualifikation eine gleichwertig Qualität gewährleisten, ist es insoweit nicht zulässig, den einen Beruf als arztähnlich anzusehen und die Umsatzsteuerbefreiung zuzusprechen, den anderen Beruf aber von der Definition der arztähnlichen Berufe auszunehmen.

cc) Beurteilung der Art der Leistung

Aufgrund der Tatsache, dass zur Anwendung der Umsatzsteuerbefreiung nach § 4 Nr. 14 UStG das therapeutische Ziel im Vordergrund stehen muss, kommt der Frage der **medizinischen Indizierung der Leistungen** im Einzelfall erhebliche Bedeutung zu. Nicht jede ärztliche Leistung ist somit eine Heilbehandlungsleistung im umsatzsteuerlichen Sinne.

Nach Auffassung der Finanzverwaltung (OFD Frankfurt a. M. v. 7.4.2005 - S 7170 A 69 St I 2.30, DStR 2005 S. 1101) kommt entsprechend z. B. eine generelle Steuerbefreiung nach § 4 Nr. 14 UStG für ästhetisch-plastische Leistungen eines Chirurgen (**Schönheitsoperationen**) nicht in Betracht. Es hängt insoweit von den Umständen des Einzelfalles ab, ob ein therapeutisches Ziel im Vordergrund steht (z. B. bei Maßnahmen zur Behebung/Vermeidung von Fehlfunktionen des Körpers oder durch Entstellung, also durch einen regelwidrigen Köperzustand i. S. krankenversicherungsrechtlicher Grundsätze veranlasst, sowie zutreffend nach Auffassung der OFD bei Eingriffen wegen psychischer Belastung; nicht jedoch bei rein kosmetischen Eingriffen).

BEISPIEL: ▶ Beispiele für **steuerpflichtige Umsätze** im Bereich der Schönheitsoperationen sind nach Auffassung der Finanzverwaltung:

Fettabsaugung, Faltenbehandlung, Brustvergrößerung, Brustverkleinerung, Lifting, Nasenkorrekturen, Hautverjüngung (Lasertherapie), Lippenaufspritzung, Botox-Behandlung (Verminderung von Falten durch Einspritzen des stark verdünnten Nervengiftes Botulinum-Toxin), Permanent Make-up, Anti-Aging Behandlung, Bleaching (Bleichen der Zähne) und Dentalkosmetik.

Zu den Beispielen der Finanzverwaltung ist anzumerken, dass aber in den Bereichen Brustverkleinerung und Nasenkorrekturen häufig auch eine medizinische Indizierung gegeben ist, um akute oder prognostizierte zukünftige Beschwerden zu lindern bzw. zu verhindern.

Die **Feststellungslast** für das Vorliegen eines therapeutischen Ziels liegt grundsätzlich bei demjenigen, der sich auf die Steuerbefreiung beruft. Es ist also Aufgabe des Arztes, im Einzelfall die medizinische Indikation konkret darzutun (BFH v. 22.2.2006 - V B 30/05, BFH/NV 2006 S. 1168). Es ist daher notwendig, eine Zuordnung zwischen den einzelnen Zahlungen und der einzelnen Leistungen vornehmen zu können. Die medizinische Indizierung der Leistung muss dann substantiiert nachweisbar sein, ggf. durch Offenlegung der Befunddokumentation. Allein die Aussage des behandelnden Arztes, der die Umsatzsteuerbefreiung begehrt, wird jedenfalls nicht ausreichen. Fraglich erscheint, ob grundsätzlich vollständige, richtige, zeitgerechte und geordnete Aufzeichnungen auch inhaltlich so gestaltet sein müssen, dass ein Finanzbeamter als medizinischer Laie in die Lage versetzt wird, über die medizinische Indizierung ohne die Hinzuziehung eines ärztlichen Sachverständigen selbst entscheiden zu können.

PRAXISHINWEIS

Problematisch bleiben für den Arzt die Vorgaben der ärztlichen Schweigepflicht (vgl. Küntzel, Umsatzsteuerliche Behandlung von Leistungen der ästhetisch-Plastischen Chirurgen, MedR 2005 S. 346). Auch die vollständige Anonymisierung der personbezogenen Daten des Einzelfalls in den ärztlichen Unterlagen wird dann nicht helfen, wenn dem Finanzbeamten der Name des Patienten bereits aus den Zahlungsunterlagen (Kontoauszügen) bekannt ist und die umsatzsteuerliche Behandlung dieser Zahlung geprüft wird. Hierzu wären im Vorfeld bereits sämtliche Zahlungsunterlagen (Kontoauszüge/Rechnungen) zu anonymisieren. In der Praxis wäre es daher hilfreich – gerade bei wesentlichen Umsätzen – **bereits im Aufklärungsgespräch vor Behandlungsbeginn die Einwilligung des Patienten einzuholen**, dem Finanzamt die Grundlagen der medizinischen Indizierung für Zwecke der Nachweispflichten zur Umsatzsteuer offenbaren zu dürfen unter Hinweis auf die Verschwiegenheitspflicht des Finanzbeamten.

Ein deutliches Indiz für ein therapeutisches Ziel ist die **Übernahme der Kosten durch die Krankenversicherung**. Auch der **ärztlichen Verordnung** von Leistungen wird gerade in den Bereichen arztähnlicher Berufsgruppen ein hoher Beweiswert zukommen (Kranenberg, UStG 2006 S. 111). Hieraus kann aber nicht der Umkehrschluss gezogen werden, dass bei fehlender Kostenübernahme und ohne ärztliche Verordnung zugleich eine Umsatzsteuerpflicht gegeben ist (Fuhrmann/Strahl, DStR 2005 S. 266; a. A. Krengel/ Horrichs, NWB F. 7 S. 6119). Zu dieser Frage führt z. B. das Finanzgericht Köln (v. 19.1.2006 - 10 K 5354/02, EFG 2006 S. 774) zutreffend aus: *„Die Übernahme der Kosten durch die gesetzlichen Krankenkassen ist zwar ein wichtiges Indiz für das Vorliegen einer Krankheit, dafür alleine aber nicht ausschlaggebend. Insbesondere ist zu berücksichtigen, dass dieses Indiz umso mehr an Wirkung verliert, als die Krankenkassen im Zuge sog. Gesundheitsreformen immer mehr auch Kosten für eine eindeutige Heilbehandlung nicht übernehmen. Hinzu kommt, dass, um es vorsichtig auszudrücken, die Zurückhaltung der gesetzlichen Krankenkassen bei der Erstattung von Kosten neuartiger Heilbehandlungsmethoden für die umsatzsteuerliche Behandlung nicht ausschlaggebend sein darf."*

Folgt man der Auffassung des EuGH (v. 20.11.2003 – C-307/01, d'Ambrumenil, EGHE 2003 S. 13888 Rz 31; a. A. Krengel/Horrichs, a. a. O.; Kranenberg, a. a. O.) liegt der Zweck der Umsatzsteuerbefreiung nicht primär, wie das BVerfG ausführt (BVerfG v. 10.11.1999 - 2 BvR 2861/93, BStBl 2000 II S. 160), in der Entlastung der Sozialversicherungsträger, sondern darin, durch die Steuerbefreiung den Zugang zu ärztlichen Heil- und Krankenhausbehandlungen nicht durch höhere

B. Berufsausübungsgemeinschaften

Kosten dieser Behandlungen zu versperren, wenn sie der Umsatzsteuer unterstellt würden. Die Entlastung der Sozialversicherungsträger ist insoweit für den EuGH nur mittelbar.

Bezogen auf ästhetisch-plastische Leistungen eines Chirurgen (Schönheitsoperationen) bleibt z. B. festzuhalten, dass die Finanzverwaltung (OFD Frankfurt a. M. v. 7.4.2005, a. a. O.) zutreffend davon ausgeht, dass eine medizinische Indizierung auch bei Eingriffen wegen psychischer Belastung gegeben ist, insbesondere nach vorheriger psychologischer bzw. psychotherapeutischer Begutachtung. Gleichwohl trifft die gesetzliche Krankenversicherung in diesen Fällen nicht zwingend eine Leistungspflicht, jedenfalls können z. B. psychische Leiden allein nicht den Anspruch auf eine Operation zum Brustaufbau begründen. Die Krankenkasse muss Versicherte nicht mit jeglichem Mittel versorgen, das seiner Gesundheit förderlich ist oder für sich in Anspruch nimmt, auf die Krankheit einzuwirken; vielmehr mutet das SGB V dem Versicherten zu, teilweise selbst für seine Gesundheit zu sorgen (BSG v. 19.10.2004 - B 1 KR 3/03 R, BSGE 1993 S. 252).

Die dargestellten Grundsätze sind auf jede Form der individuellen Gesundheitsleistungen (IGeL) übertragbar. Entgegen der Auffassung von Krengel/Horrichs (a. a. O.) bedingt die fehlende Kostenübernahme durch die Krankenkassen keine Umsatzsteuerpflicht, sondern eine **Prüfung der medizinischen Indizierung in jedem Einzelfall.**

b) Umsatzsteuerliche Behandlung der Übertragung von Wirtschaftsgütern (§ 6 Abs. 3 und 5 EStG, § 16 Abs. 3 EStG, § 24 UmwStG 2006)

Für die Übertragung von Betrieben, Teilbetrieben, Mitunternehmeranteilen und einzelner Wirtschaftsgüter ist es neben der ertragsteuerlichen Beurteilung (§ 6 Abs. 3 und 5 EStG, § 16 Abs. 3 EStG, § 24 UmwStG 2006) für die Beratung von Ärzten notwendig, sich auch mit der umsatzsteuerlichen Beurteilung dieser Vorgänge auseinanderzusetzen.

Soweit eine Praxis im Ganzen, ggf. inkl. sämtlicher Mitunternehmeranteile, im Rahmen des § 24 UmwStG 2006 gegen Gewährung von Gesellschaftsrechten oder unentgeltlich übertragen wird, dürfte in der Regel von einer nicht steuerbaren Geschäftsveräußerung im Ganzen auszugehen sein (zum Teilbetrieb bei Arztpraxen siehe S. 116). Diese liegt vor, wenn die wesentlichen Grundlagen eines Unternehmens an einen Unternehmer für dessen Unternehmen übertragen werden (zu Einzelheiten vgl. A 5 UStR).

PRAXISHINWEIS

Der EuGH (v. 27.11.2003 – C-497/01, HFR 2004 S. 402) hat bezüglich einer nicht steuerbaren Geschäftsveräußerung im Ganzen entschieden, dass der durch die Übertragung Begünstigte jedoch beabsichtigen muss, den übertragenen Geschäftsbetrieb oder Unternehmensteil zu betreiben und nicht nur die **betreffende Geschäftstätigkeit sofort abzuwickeln** sowie ggf. den Warenbestand zu verkaufen. Wird zeitnah nach der Übertragung der Praxis der Praxissitz verlegt und die bisherige Tätigkeit der Praxis im örtlichen Wirkungskreis eingestellt, ist im Einzelfall zu prüfen, ob tatsächlich noch von einer nicht steuerbaren Geschäftsveräußerung im Ganzen ausgegangen werden kann.

Liegt keine nicht steuerbare Geschäftsveräußerung im Ganzen vor, insbesondere bei der Übertragung einzelner Wirtschaftsgüter, liegt eine Lieferung gegen Entgelt (gewährte Gesellschaftsrechte) vor bzw. steht ihr bei unentgeltlichen Übertragungen als unentgeltliche Wertabgabe gleich. Soweit im Grundsatz eine unentgeltliche Wertabgabe vorliegt, ist diese nach § 3 Abs. 1b UStG allerdings tatsächlich nur dann einer Lieferung gegen Entgelt gleichgestellt und damit umsatzsteuerbar, wenn der Gegenstand oder seine Bestandteile zum vollen oder teilweisen Vorsteuerabzug berechtigt haben. Diese Frage gewinnt umso mehr an Bedeutung bei Ärzten, die zunehmend umsatzsteuerpflichtige Umsätze ausführen und diese ggf. von den Ärzten mangels umsatzsteuerlicher Detailkenntnisse nicht erkannt werden.

Betroffen hiervon sind insbesondere die Vorgänge des § 6 Abs. 3 und Abs. 5 EStG und des § 16 Abs. 3 EStG (Realteilung), wenn keine gesondert geführten Unternehmensteile übertragen werden. Dies gilt allerdings nur insoweit, als der Vermögensgegenstand das umsatzsteuerliche Unternehmensvermögen tatsächlich verlässt.

BEISPIEL: Zum Betriebsvermögen der Einzelpraxis Dr. A gehört ein medizinisches Großgerät. Da er dieses in der Praxis nicht mehr benötigt, überlässt er es einer Privatklinik GmbH & Co. KG, an der er als Mitunternehmer beteiligt ist. Die Überlassung erfolgt gegen ein festes umsatzsteuerpflichtiges Entgelt. Ertragsteuerlich handelt es sich um eine Überführung aus seinem Betriebsvermögen in das **Sonderbetriebsvermögen** bei der GmbH & Co. KG zum Buchwert nach § 6 Abs. 5 EStG. Umsatzsteuerlich ist der Vorgang unbeachtlich, da Dr. A das medizinische Großgerät weiterhin selbst unternehmerisch i. S. d. § 2 Abs. 1 UStG zur Erzielung von Einnahmen (Miete) nutzt. Das Umsatzsteuerrecht kennt insoweit nicht die Untergliederung in verschiedene Unternehmensvermögen einer Person. Anders läge der Fall, wenn Dr. A das medizinisches Großgerät unentgeltlich an die Privatklinik GmbH & Co. KG überlassen würde. Erfolgt die Überlassung unentgeltlich, fehlt es an der erforderlichen Absicht, Einnahmen mit dem Gerät zu erzielen, und damit würde aus umsatzsteuerlicher Sicht der unternehmerische Zusammenhang gelöst. Auf Ebene des Unternehmensvermögens (Praxis) ist dann von einer unentgeltlichen Wertabgabe für unternehmensfremde Zwecke nach § 3 Abs. 1b UStG auszugehen, eine zumindest teilweise Vorsteuerabzugsberechtigung vorausgesetzt. Der Vorgang steht dann einer Lieferung gegen Entgelt gleich.

BEISPIEL: Zum Betriebsvermögen der Einzelpraxis Dr. A gehört ein medizinisches Großgerät. Da er dieses in der Praxis nicht mehr benötigt, überträgt er es in das Ge-

B. Berufsausübungsgemeinschaften

samthandsvermögen seiner Privatklinik GmbH & Co. KG, an der er als Mitunternehmer beteiligt ist. Unabhängig davon, ob der Vorgang entgeltlich im Rahmen eines Kaufvertrages oder gegen Gewährung von Gesellschaftsrechten erfolgt, liegt umsatzsteuerlich eine Lieferung gegen Entgelt vor. Die Grundsätze der Mindestbemessungsgrundlage nach § 10 Abs. 5 UStG sind dabei zu beachten. Erfolgt die Übertragung unentgeltlich, ist wiederum zu prüfen, ob eine ganze oder teilweise Vorsteuerabzugsberechtigung vorgelegen hat.

BEISPIEL: ▶ Im Rahmen einer Realteilung der Gemeinschaftspraxis A & B wird das Gesellschaftsvermögen zwischen den Ärzten aufgeteilt, die ihre Tätigkeit in Einzelpraxen fortsetzen. Gesondert geführte Unternehmensteile liegen nicht vor. Der Vorgang steht umsatzsteuerlich, eine zumindest teilweise Vorsteuerabzugsberechtigung vorausgesetzt, als unentgeltliche Wertabgabe nach § 3 Abs. 1b UStG einer Lieferung gegen Entgelt gleich (hierzu mit mehreren Fallgestaltungen Rasche, Mitunternehmerische Übertragungsvorgänge – Umsatzsteuerliche Auswirkungen der Buchwertverknüpfung, UStB 2002 S. 14.)

PRAXISHINWEIS

Soweit der Unternehmer **Kleinunternehmer** i. S. d. § 19 UStG ist, besteht nach § 19 Abs. 1 Satz 4 UStG ausdrücklich keine Berechtigung zum Vorsteuerabzug. In diesen Fällen können umsatzsteuerliche Probleme bei unentgeltlichen Vorgängen verhindert werden.

Soweit ein **Übertragungsvorgang** nicht die Voraussetzungen für eine nicht steuerbare Geschäftsveräußerung im Ganzen erfüllt oder bei unentgeltlichen Vorgängen mangels Vorsteuerabzugsberechtigung nicht steuerbar ist, wird regelmäßig von einer **Lieferung gegen Entgelt** auszugehen sein. Dass der Ort der Lieferung im Inland liegt, dürfte die Regel sein. Damit liegt umsatzsteuerlich ein **umsatzsteuerbarer Umsatz** i. S. d. § 1 Abs. 1 Nr. 1 UStG vor.

Liegt ein umsatzsteuerbarer Umsatz vor, ist im nächsten Schritt zu prüfen, ob eine **Umsatzsteuerbefreiung** in Betracht kommt.

§ 4 Nr. 14 UStG kommt nicht in Betracht, da die Lieferung von Gegenständen nicht als ärztliche Heilbehandlungsleistung anzusehen ist. Allerdings befreit § 4 Nr. 28 UStG die Lieferungen von Gegenständen von der Umsatzsteuer, für die der Vorsteuerabzug nach § 15 Abs. 1a Nr. 1 UStG ausgeschlossen ist oder wenn der Unternehmer die gelieferten Gegenstände während des gesamten Verwendungszeitraums ausschließlich für eine nach § 4 Nr. 8 bis 27 UStG steuerfreie Tätigkeit verwendet hat. Ausschließlich ist dies in diesem Zusammenhang aus Vereinfachungsgründen so zu verstehen, dass eine Nutzung für nicht nach § 4 Nr. 8 bis 27 umsatzsteuerfreie Umsätze in geringfügigem Umfang (höchstens 5 %) nicht schädlich ist (A 122 Abs. 2 UStR).

Hat der Arzt den gelieferten Gegenstand während des gesamten Verwendungszeitraums ausschließlich (zu mehr als 95 %) für umsatzsteuerfreie Umsätze nach § 4 Nr. 14 UStG genutzt, ist der Vorgang umsatzsteuerfrei.

PRAXISHINWEIS

§ 4 Nr. 28 gilt nach den gleichen Grundsätzen auch für die „**Lieferung**" von Praxiswerten (BFH v. 21.12.1988 - V R 24/87, BStBl 1989 II S. 430).

PRAXISHINWEIS

Bei der Prüfung darf dabei nicht auf die tatsächlich in Anspruch genommene Vorsteuer abgestellt werden. Die Tatsache, dass kein Vorsteuerabzug in Anspruch genommen wurde, ist nicht gleichbedeutend mit der Prüfung, ob eine **Berechtigung zum Vorsteuerabzug** bestanden hat, die ggf. nur nicht in Anspruch genommen wurde.

BEISPIEL: Der Zahnarzt Dr. D mit einem Gesamtumsatz i. H. v. jährlich 350.000 € erbringt darin enthaltene umsatzsteuerpflichtige zahnprothetische Leistung i. H. v. jährlich 17.500 €. Der Zahnarzt nimmt für sich die Kleinunternehmerregelung nach § 19 UStG in Anspruch. Für seine gesamte Tätigkeit nutzt Herr Dr. D ein Gerät, dass er am Ende der Nutzung für 11.900 € unter Inanspruchnahme von § 4 Nr. 28 UStG umsatzsteuerfrei veräußert. Im Rahmen einer Betriebsprüfung wird festgestellt, dass Dr. D neben der unstreitig umsatzsteuerfreien zahnprothetischen Leistungen noch umsatzsteuerpflichtige Leistungen im Rahmen von Bleaching (Bleichen der Zähne) und Dentalkosmetik i. V. v. jährlich 3.500 € erbracht hat. Der umsatzsteuerpflichtige Umsatz beträgt somit jährlich tatsächlich insgesamt 21.000 €, dies entspricht 6 %. Zum einen hat Dr. D die Kleinunternehmerregelung zu Unrecht in Anspruch genommen, zum anderen war er zum Vorsteuerabzug i. H. v. 6 % berechtigt, so dass auch die Veräußerung des Gerätes nach § 4 Nr. 28 UStG nicht in Anspruch genommen werden kann. Aus den umsatzsteuerpflichtigen Umsätzen hat Dr. D jährlich 3.353 € (19 % aus 21.000 €) sowie aus der Veräußerung 1.900 € (19 % aus 11.900 €) nachzuentrichten. Dies gilt unabhängig davon, ob der Vorsteuerabzug bei Anschaffung des Gerätes noch berichtigt werden kann.

PRAXISHINWEIS

In der Praxis sollte die Wirkungsweise und die Voraussetzungen von § 4 Nr. 28 UStG nicht unterschätzt werden. Veräußert zum Beispiel ein Zahnarzt mit einem eingegliederten umfangreichen zahntechnischen Labor (**umsatzsteuerpflichtiger Umsatzanteil > 5 %**) im Rahmen einer **Praxisteilveräußerung** den kassenärztlichen Teil seiner Praxis und des Labors, der in der Regel nicht als gesonderter Unternehmensteil anzusehen ist, führt dies zur vollen Umsatzsteuerpflicht auf den Gesamtkaufpreis einschließlich Praxiswert, ohne dass der

Erwerber zum vollen Vorsteuerabzug berechtigt wäre. Gleiches gilt für die Veräußerung einzelner Wirtschaftgüter, die zum Teil zum Vorsteuerabzug berechtigt haben.

Will der Zahnarzt die Umsatzsteuerbelastung vermeiden, geht dies nur durch eine nicht steuerbare Geschäftsveräußerung im Ganzen. Denkbar wäre es aus steuerlicher Sicht z. B. dass der Zahnarzt seine Praxis insgesamt gegen Gewährung von Gesellschaftsrechten in eine Gemeinschaftspraxis einbringt. In dem Gesellschaftsvertrag kann dann zur Aufgabenverteilung und der Gewinnverteilung klar geregelt werden, dass sich die Tätigkeit des Zahnarztes sukzessive auf die Behandlung von Privatpatienten konzentrieren wird und der Kollege die Behandlung der gesetzlich Versicherten übernimmt.

III. Teilberufsausübungsgemeinschaft

1. Rechtliche Aspekte

Literatur:

Ratzel/Möller/Michels, Die Teilgemeinschaftspraxis – Zulässigkeit, Vertragsinhalte, Steuern, MedR 2006 S. 377.

a) Rechtsgrundlagen

Nach § 18 Abs. 1 MBO kann sich eine Berufsausübungsgemeinschaft auf Teile der gemeinsamen Berufsausübung (im Extremfall sogar auf **eine einzelne Leistung**) beschränken (sog. „Teilgemeinschaftspraxis"). Als einen Vorläufer der jetzigen Teilgemeinschaftspraxen könnte man die sog. Leistungserbringergemeinschaft gem. § 15 Abs. 3 BMV-Ä und § 14 Abs. 2 AEK/V ansehen, auch wenn sie vom rechtlichen Ansatz her eher als Organisationsgemeinschaft zu verstehen ist. Faktisch ist danach im vertragsärztlichen Bereich seit etlichen Jahren für **gerätebezogene Untersuchungsleistungen** vieles von dem möglich, was nun in ein anderes Gewand gekleidet ist.

§ 33 Abs. 2 Satz 3 Ärzte-ZV erklärt die Teilberufsausübungsgemeinschaft auch für den vertragsärztlichen Bereich für zulässig, sieht jedoch die **Einschränkung** vor, dass diese Kooperationsform für medizinisch-technische Untersuchungen, die auf Überweisung erbracht werden, unzulässig ist. Der Gesetzgeber führt in der Gesetzesbegründung (BT-Drucks. 16/2474 S. 31) aus, dass hierdurch sog. **Kickback-Konstellationen** verhindert werden sollen.

b) Formalien

Im privatärztlichen Bereich ist die Errichtung einer Teilgemeinschaftspraxis der zuständigen Ärztekammer **anzuzeigen**. Bei kammerübergreifenden Vorhaben ist jeder Gesellschafter verpflichtet, die für ihn zuständige Kammer auf alle am Zusammenschluss beteiligten Ärztinnen und Ärzte hinzuweisen (§ 18 Abs. 6 MBO). Gemäß § 18 Abs. 1a BO HH muss der Gesellschaftsvertrag der Ärztekammer vorgelegt werden. Auch wenn eine ausdrückliche Regelung in der jeweiligen Berufsordnung fehlt, ist die Ärztekammer berechtigt, den Vertrag zur Einsicht und Prüfung anzufordern.

Die vertragsärztliche Teilgemeinschaftspraxis bedarf der **vorherigen Genehmigung** durch den Zulassungsausschuss. Sind bei einer in einem KV-Bereich tätigen überörtlichen Teilberufsausübungsgemeinschaft mehrere Zulassungsausschüsse zuständig, wird die Zuständigkeit durch die Kassenärztliche Vereinigung und die Landesverbände der Krankenkassen bestimmt. Gehören der Teilgemeinschaftspraxis Ärzte aus unterschiedlichen kassenärztlichen Vereinigungen an, hat die Teilgemeinschaftspraxis den Sitz zu wählen, der maßgeblich ist für die Genehmigungsentscheidung sowie die für die gesamte Leistungser-

B. Berufsausübungsgemeinschaften

bringung dieser überörtlichen Teilgemeinschaftspraxis anzuwendenden ortsgebundenen Regelungen. Die Wahl hat jeweils für einen Zeitraum von 2 Jahren zu erfolgen (§ 33 Abs. 3 Ärzte-ZV). Der Gesetzgeber hat lediglich die Grundentscheidung zur Zulässigkeit der überörtlichen Teilgemeinschaftspraxis getroffen, im Übrigen aber bestimmt, dass Näheres einheitlich in den Bundesmantelverträgen zu regeln sei. Es ist damit zu rechnen, dass die Praxis der Zulassungsgremien bis zum Inkrafttreten der bundesmantelvertraglichen Regelungen restriktiv sein wird.

c) Einige Modelle

Nach Anerkennung der Teilberufsausübungsgemeinschaften durch das regionale Kammerrecht werden die ersten Kooperationsmodelle – im privatärztlichen Bereich – praktiziert. Sie sind äußerst unterschiedlich und lassen sich im Wesentlichen wie folgt skizzieren:

- Eine niedergelassene Kinderärztin möchte regelhaft gemeinsam mit einem Neurologen an einem Tag in der Woche Kinder mit neurologischen Problemen versorgen. In der sonstigen Zeit möchten sowohl der Neurologe als auch die Kinderärztin an ihrem Praxissitz ihre Einzelpraxen führen (Beispiel der Bundesärztekammer).

- Ein Laborarzt bietet bisherigen und potenziellen Zuweisern die Gründung einer Teilberufsausübungsgemeinschaft in der Rechtsform der Partnerschaftsgesellschaft an mit dem Hinweis, dass Analysen des Speziallabors (früher sog. M III-Leistungen) nicht laborgemeinschaftsfähig, aber sehr wohl von einer Teilberufsausübungsgemeinschaft erbringbar seien. Der umworbene Zuweiser hat eine Einlage von 50 € zu leisten und wird ausschließlich an dem Honorar der von ihm initiierten Untersuchungsaufträge – nicht am Gesamtergebnis der Gesellschaft – beteiligt.

- Die Ärzte Zeitung berichtete, dass in zwei Städten 21 bzw. 27 Ärzte jeweils eine Teilgemeinschaftspraxis gebildet haben. Beteiligt sind Hausärzte, aber auch Fachärzte – z. B. aus den Gebieten Labor, Neurologie, Orthopädie und Gynäkologie. Als Ziel wird die Förderung der Kooperation unter den beteiligten Ärzten durch gezielte Überweisungen bei individuellen Gesundheitsleistungen (IGeL = Selbstzahlerleistungen) und bei Privatpatienten formuliert. Der Zusammenschluss soll Klinikambulanzen und Medizinischen Versorgungszentren Patienten abwerben, indem die Zusammenarbeit zwischen Haus- und Fachärzten intensiviert und der Patient auf der ambulanten Schiene geführt statt ins Krankenhaus eingewiesen wird. Die Initiatoren erwarten einen zusätzlichen Umsatz von 15.000 € bis 20.000 € für Haus- und bis zu 45.000 1 für Fachärzte. Der Gesellschafter der Teilgemeinschaftspraxis erbringt seine Leistungen mit den Ressourcen seiner (eigenen) Praxis.

▶ Nichtoperative Augenärzte gründen eine Teilgemeinschaftspraxis mit einem operativ tätigen Augenarzt, dem sie bereits in der Vergangenheit Patienten zu Katarakt- und Lasic- Operationen überwiesen hatten. Gesellschaftszweck ist **ausschließlich die operative Tätigkeit**. Am Ergebnis der Honorare aus der operativen Tätigkeit sind die Zuweiser mit 10 %, und zwar bezogen auf die jeweils individuell überwiesenen Patienten, beteiligt.

▶ Nichtoperative Ärzte gründen mit dem Operateur eine Teilgemeinschaftspraxis, wobei der Gesellschaftszweck in der vollständigen Betreuung von Patienten mit einer OP-Indikation besteht. Die nichtoperativen Ärzte erbringen sämtliche prä- und postoperativen Leistungen, der Operateur führt ausschließlich den operativen Eingriff durch.

▶ Ein Radiologe und ein Kardiologe verabreden sich, Kardio-MRT-Leistungen in der Weise durchzuführen, dass der Kardiologe nach entsprechenden Voruntersuchungen die Indikationsstellung vornimmt und der Radiologe die Schnittbilddiagnostik durchführt. Die Befundung erfolgt gemeinsam im Wege der Teleradiologie. Das Honorar wird nach einem Schlüssel, der die hohen Gerätekosten berücksichtigt, aufgeteilt.

d) Gestaltungsmissbrauch

Einem wesentlichen Teil der Modelle ist gemeinsam, dass die Tätigkeiten eines (Organ-)Facharztes und eines Facharztes der methodendefinierten Fächer (Radiologie, Labor, Pathologie) vergesellschaftet werden sollen. Speziell bei den sog. virtuellen oder Publikumsteilgemeinschaftspraxen stellt sich dabei die Frage, was Gegenstand gerade der **gemeinsamen Berufsausübung** ist. Eine gemeinsame Behandlung sämtlicher Patienten findet oftmals nicht statt. Teilweise ist sie nach Maßgabe der einzelnen Fächerkombinationen noch nicht einmal möglich. Nicht selten beschränkt sich die Tätigkeit eines Gesellschafters auf die Überweisung seines Patienten. Ein zulässiger Gesellschaftszweck i. S. v. §§ 705, 726 BGB liegt nicht vor. Tatsächlich dient das „Gesellschaftsmäntelchen" nur zur Verschleierung des nach wie vor geltenden Verbots der Zuweisung gegen Entgelt (§ 31 MBO). Liegt ein Verstoß gegen § 31 MBO vor, führt dies zur **Nichtigkeit des Gesellschaftsvertrages** (§ 134 BGB).

Die Problematik ist den Ärztekammern nicht verschlossen geblieben. Es ist damit zu rechnen, dass eine Vielzahl von Berufsordnungen i. S. d. § 18 Abs. 1a BO HH modifiziert werden:

„Teil-Berufsausübungsgemeinschaften sind nur zulässig, wenn die ihr zugehörigen Ärzte am Gewinn dieser Gemeinschaft jeweils entsprechend ihres persönlich erbrachten Anteils an der gemeinschaftlichen Leistung beteiligt werden. Die Anordnung einer Leistung, insbesondere aus den Bereichen der Labormedizin, der Pathologie und der bildgebenden Verfahren stellt keinen Leistungsanteil im Sinne

des Satzes 1 dar. Verträge über die Gründung einer Teil- Berufsausübungsgemeinschaft sind der Ärztekammer vorzulegen."

Eine ähnliche Formulierung hat der Vorstand der Bundesärztekammer mit Beschluss v. 24.11.2006 in § 18 Abs. 1 MBO eingefügt:

„Der Zusammenschluss zur gemeinsamen Ausübung des Arztberufs kann zum Erbringen einzelner Leistungen erfolgen, sofern er nicht lediglich einer Umgehung des § 31 dient. Eine Umgehung liegt insbesondere vor, wenn sich der Beitrag der Ärztin oder des Arztes auf das Erbringen medizinisch-technischer Leistungen auf Veranlassung der übrigen Mitglieder einer Teil-Berufsausübungsgemeinschaft beschränkt oder der Gewinn ohne Grund in einer Weise verteilt wird, die nicht dem Anteil der von ihnen persönlich erbrachten Leistungen entspricht. Die Anordnung einer Leistung, insbesondere aus den Bereichen der Labormedizin, der Pathologie und der bildgebenden Verfahren, stellt keinen Leistungsanteil im Sinne des Satzes 3 dar. Verträge über die Gründung von Teil-Berufsausübungsgemeinschaften sind der Ärztekammer vorzulegen."

Die ungewöhnliche Vorgehensweise wurde damit begründet, dass es aktuellen Regelungsbedarf gebe und eine Entscheidung der Kammerversammlung erst im Frühjahr erfolgen könne.

Die kritischen Anmerkungen dürfen allerdings den Blick nicht dafür verschließen, dass es nicht nur zulässige, sondern durchaus **sinnvolle Gesellschaftsmodelle** gibt, z. B. wenn sich eine Radiologe und eine Kardiologe zur Erbringung von Schnittbilddiagnostik zusammenschließen. Gleiches kann z. B. für Laborärzte und Endokrinologen gelten.

e) Rechtsformen

Zur Bildung einer Teilberufsausübungsgemeinschaft stehen den Ärzten die Rechtsformen der Gemeinschaftspraxis (BGB-Gesellschaft), der Partnerschaftsgesellschaft sowie – je nach Kammerrecht – der Ärzte-Gesellschaft in der Form der Kapitalgesellschaft zur Verfügung. Das Vertragsarztrecht erkennt indes die juristische Person nicht an, sofern diese nicht als MVZ zugelassen ist.

Ist die Gemeinschaftspraxis in Form einer Partnerschaftsgesellschaft organisiert, gilt bezüglich des Vertragsschlusses prinzipiell nichts anderes. Für Verbindlichkeiten der Partnerschaft haften neben der Partnerschaft mit ihrem Vermögen auch die Partner als Gesamtschuldner; gem. § 8 Abs. 2 PartGG ist die Haftung für Schäden wegen fehlerhafter Berufsausübung neben der Partnerschaft allerdings auf den Partner beschränkt, der innerhalb der Partnerschaft die berufliche Leistung zu erbringen oder verantwortlich zu leiten und zu überwachen hat. Ob die Partnerschaftsgesellschaft gerade bei den aus einer Vielzahl von Gesellschaftern bestehenden „Publikums-Teilgemeinschaftspraxen" praktikabel ist, darf mit Fug und Recht bezweifelt werden.

f) Gesellschaftsrechtliche Binnenstruktur

Die Teilgemeinschaftspraxis ist **Berufsausübungsgemeinschaft**. Von daher ist der Gesellschafterkreis auf Ärzte beschränkt. Die gesetzlichen Vorgaben für die Gestaltung der Binnenstruktur sowohl der BGB-Gesellschaft als auch der Partnerschaftsgesellschaft sind im Wesentlichen dispositiv und können durch den Gesellschaftsvertrag individuell gestaltet werden. So ist es zivilrechtlich grundsätzlich zulässig, den Gesellschaftern unterschiedliche Rechte und Pflichten zuzuweisen.

aa) Gesellschaftszweck

Gerade bei Teilgemeinschaftspraxen kommt der **Festlegung des Gesellschaftszwecks** eine besondere Bedeutung zu. Da die Ärzte sich lediglich zur Erbringung einzelner Leistungen zusammenschließen, ist eine Abgrenzung zum Leistungsangebot der „Stammpraxis" besonders wichtig. Es ist unbedingt zu regeln, ob eine Verpflichtung besteht, bestimmte Untersuchungen nicht in der „Stammpraxis", sondern ausschließlich in der Teilgemeinschaftspraxis zu erbringen und über diese abzurechnen.

bb) Gesellschafterbeiträge

Jeden Gesellschafter trifft eine **Zweckförderungspflicht** (Beitragspflicht). Bei der Teilgemeinschaftspraxis als Berufsausübungsgemeinschaft besteht die Förderpflicht primär in der (ärztlichen) Mitwirkung zur Erreichung eines diagnostischen oder therapeutischen Zwecks, also der Patientenbetreuung im weiteren Sinne. Hiervon unabhängig kann die Bereitstellung von Ressourcen (Räume, Geräte, Personal) ebenso von der Beitragspflicht umfasst sein wie die Mitwirkung an der Organisation. So kann z. B. ein Gesellschafter verpflichtet sein, die Abrechnung gegenüber den Patienten durchzuführen.

Gesetzlich ist **keine Einlageverpflichtung** vorgesehen. Soweit Teilgemeinschaftspraxisverträge die Gesellschafter zur Leistung von Mini-Einlagen i. H. v. z. B. 50 € verpflichten, im Übrigen jedoch ein umfassender Haftungsausschluss suggeriert wird, spricht das nicht für eine „echte" Teilgemeinschaftspraxis, sondern weckt Erinnerungen an Einkaufsgemeinschaften, wie sie im Laborbereich zum Teil jahrelang praktiziert wurden.

cc) Beschlussfassung

In der Personengesellschaft sind grundsätzlich die Gesellschafter für die Entscheidung in allen Gesellschafts- und Gesellschafterangelegenheiten zuständig. Je größer die Anzahl der Gesellschafter ist, desto schwieriger kann es im Einzelfall sein, einen Beschluss der Gesellschafter herbeizuführen. Vielfach bietet sich zur Abwicklung des Tagesgeschäfts die **Bildung eines Geschäftsführungsgremiums** an. Dabei darf nicht vergessen werden, dass die Teilgemeinschaftspraxis eine mit persönlicher Haftung des einzelnen Gesellschafters verbundene Berufsausübungsgesellschaft ist. Entscheidungen, die in den Kernbereich der Gesellschafterrechte eingreifen – wie insbesondere die Aufnahme weiterer Ärzte als Gesellschafter – sollten stets der Gesellschafterversammlung vorbehalten bleiben. Ob ein einstimmiger Beschluss bei größeren Teilgemeinschaftspraxen sachgerecht ist, erscheint zweifelhaft.

dd) Geschäftsführungs- und Vertretungsbefugnis

Bei größeren Zusammenschlüssen wird die Geschäftsführung nicht von allen Gesellschaftern gemeinschaftlich ausgeübt werden können. Gesellschaftsvertraglich ist zu regeln, welchem Gesellschafter in welchem Umfang insbesondere Vertretungsmacht eingeräumt wird. Zum Schutz der anderen Gesellschafter wird man mehreren Gesellschaftern gemeinschaftlich auszuübende Vertretungsmacht einräumen und gegebenenfalls deren Rahmen bei finanziellen Rechtsgeschäften betragsmäßig begrenzen. Denkbar ist auch die Beauftragung eines Nichtgesellschafters mit der Erledigung der Geschäftsführungstätigkeit.

ee) Vermögensbeteiligung

Für die Ordnungsmäßigkeit der Leistungserbringung und die Abrechnungsfähigkeit sind die Eigentums- und Besitzverhältnisse an den Praxisräumen sowie den eingesetzten medizinisch-technischen Geräten anerkanntermaßen unerheblich.

In vielen Fällen wird die Teilgemeinschaftspraxis über **kein wesentliches eigenes medizinisches Anlagevermögen** verfügen. Meist erbringt der einzelne Gesellschafter „seine Leistungen" mit den Ressourcen seiner „Stammpraxis". Größere Einheiten werden möglicherweise über eine separate kaufmännische Organisation verfügen. Gleichwohl dürften sich die insofern zu tätigenden Investitionen im Rahmen halten. Ob ein Arzt hieran vermögensmäßig beteiligt ist, dürfte für seinen gesellschaftsrechtlichen Status unerheblich sein.

Der immaterielle oder ideelle Wert einer ärztlichen Praxis wird regelmäßig verstanden als die Chance, mit dem Ansehen und dem guten Ruf der Einrichtung Patienten zu werben und hierdurch Einkommen zu erzielen. Naturgemäß liegen bisher keine Erkenntnisse zur Marktfähigkeit von Teilgemeinschaftspraxen vor. Es ist aber zu bezweifeln, dass es den meisten Teilgemeinschaftspraxen gelingen wird, bei den Patienten als eigenständiges Rechtssubjekt mit der für die Entstehung eines „Goodwill" gebotenen Deutlichkeit wahrgenommen zu werden. Dies gilt insbesondere dann, wenn die einzelnen Ärzte die ärztlichen Leistungen in ihrer angestammten Praxis erbringen. Dann kann gegebenenfalls der ideelle Wert dieser Praxis von der Einbindung in die Teilgemeinschaftspraxis profitieren, ohne dass ein eigenständiger immaterieller Wert der Teilgemeinschaftspraxis entsteht.

ff) Ergebnisverteilung

Bei Überprüfung der rechtlichen Zulässigkeit von Kooperationsmodellen kommt den **finanziellen Regelungen eine zentrale Bedeutung** zu, da bei kaum einem anderen Punkt unlautere Motive deutlicher zutage kommen. Die gerechte Ergebnisverteilung stellt – auch bei zulässigen Vorhaben – einen der schwierigsten Aspekte bei der Abfassung des Gesellschaftsvertrages dar. Die in § 722 BGB vorgesehene Gewinnverteilung nach Köpfen wird in der Praxis häufig modifiziert. Der Gestaltungsrahmen wird einerseits vom Grundsatz der Vertragsfreiheit (§ 311 BGB) und andererseits von berufsrechtlichen Vorgaben wie dem **Verbot unzulässiger Honorarbeteiligung** sowie dem **Verbot der Zuweisung gegen Entgelt** (§ 31 MBO) geprägt. Beide Verbote sind – und hierauf kann nicht oft genug hingewiesen werden – durch die Zulässigkeit von (Teil-)Berufsausübungsgemeinschaften nicht aufgehoben. Allerdings wird es schwieriger werden, gesellschaftsrechtlich korrekt als „Gewinnzuweisung" bezeichnete Zahlungen als kaschierte unzulässige Zuwendungen zu entlarven.

Nach der Vorstellung der Bundesärztekammer richtet sich die typische Ergebnisverteilung einer Berufsausübungsgemeinschaft nach einem prozentualen Verteilungsschlüssel. Diese Annahme trifft sicherlich auf viele Gemeinschaftspraxen zu. Es ist jedoch festzustellen, dass diese statische Regelung häufig durch eine Vielzahl anderer – mehr oder weniger leistungsbezogener – Faktoren wie z. B. individuell erwirtschafteter Umsatz, zeitlicher Einsatz, Übernahme von Geschäftsführungsaufgaben oder Tätigkeitsvergütungen ergänzt oder ersetzt wird.

Gegen eine prozentuale Ergebnisverteilung sind keine Einwendungen zu erheben, sofern sie die Beiträge der einzelnen Gesellschafter zur Förderung des Gesellschaftszwecks zutreffend abbildet. Allerdings dürften feste prozentuale Verteilungsschlüssel in der Praxis die Ausnahme bilden, da sie bei (Voll-)Berufsausübungsgemeinschaften meist die Beteiligung der einzelnen Gesellschafter am Gesellschaftsvermögen abbilden. Über ein solches werden viele (Teil-)Berufsausübungsgemeinschaften indes nicht verfügen.

Auch im Rahmen einer (Teil-)Berufsausübungsgemeinschaft ist die Ergebnisverteilung nach Maßgabe der individuell erbrachten ärztlichen Leistungen unproblematisch. Schließen sich nichtoperative und operative Ärzte zusammen, könnte die Ergebnisverteilung die tatsächlichen Beiträge abbilden. Die nichtoperativ tätigen Ärzte wären am Gesamtergebnis in dem Verhältnis zu beteiligen, in welchem der Wert der von ihnen erbrachten prä- und postoperativen Leistungen zum Wert der Gesamtleistungen steht. Da mit dem ärztlichen Honorar die Praxiskosten und somit auch der Investitionsaufwand abgegolten wird (vgl. § 4 Abs. 3 GOÄ), kann der Umstand der persönlichen finanziellen Beteiligung selbstverständlich auch im Rahmen einer leistungsbezogenen Gewinnverteilung berücksichtigt werden. Aber: Wird der Gewinnverteilungsmaßstab dadurch geändert, dass die von der Zuweisung profitierenden Gesellschafter ohne sachlichen Grund auf Gewinn verzichten, erhöht sich hierdurch – unzulässigerweise – der Gewinnanteil der zuweisenden Gesellschafter. Insofern hat die Landesärztekammer Hamburg im neuen § 18 Abs. 1a ihrer Berufsordnung hervorgehoben, dass die Gewinnverteilung in einer Teilberufsübungsgemeinschaft nach Maßgabe der von den einzelnen Ärzten persönlich erbrachten Leistungen erfolgen müsse. Auch die geänderte MBO enthält diese Bedingung. Die **Anordnung** einer Leistung – insbesondere, aber nicht ausschließlich aus den Bereichen der Labormedizin, der Pathologie sowie der bildgebenden Verfahren – darf hiernach kein gewinnverteilungsrelevantes Kriterium darstellen.

Andererseits kann es im Rahmen der Ergebnisverteilung der (Teil-)Berufsausübungsgemeinschaft selbstverständlich berücksichtigt werden, wenn ein Gesellschafter Geschäftsführungsaufgaben übernimmt oder der Gesellschaft bestimmte Ressourcen zur Verfügung stellt. Oftmals wird die Ressourcenüberlassung durch Gewährung eines Vorabgewinns erfasst, so dass lediglich der bereinigte Gewinn nach Maßgabe des vereinbarten Schlüssels zur Verteilung gelangt.

Nicht auf ein wirklich gewolltes Gesellschaftsverhältnis, sondern vielmehr auf eine – unzulässige – kick-back-Beziehung deuten Regelungen hin, wonach der „überweisende" Gesellschafter unabhängig vom wirtschaftlichen Gesamtergebnis der Teilgemeinschaftspraxis stets einen bestimmten prozentualen Anteil des durch seine „Überweisung" ausgelösten Rechnungsbetrages als Gewinn erhält.

Die Vereinbarung eines festen Gewinnbetrages (Fixums) dürfte – obwohl rechtlich zulässig – in der Praxis allenfalls eine untergeordnete Rolle spielen.

g) Außenauftritt

Gemäß § 18a Abs. 1 MBO sind bei Berufsausübungsgemeinschaften die **Namen und Arztbezeichnungen aller beteiligten Ärzte anzukündigen**. Dies gilt nicht nur für Praxisschilder (am jeweiligen Ort der „Teil"leistungserbringung), sondern für alle Tätigkeiten im Rahmen eines Außenauftritts, also auch für Briefbögen, Praxisstempel, Homepage (der Teilgemeinschaftspraxis). Man kann sich leicht vorstellen, dass insbesondere bei größeren überörtlichen Teilgemeinschaftspraxen erheblicher bürokratischer und finanzieller Aufwand entstehen kann. Umgehungsversuche, diesen Aufwand durch Phantasienamen oder Bezeichnungen wie „Dr. A. und Partner" zu vermeiden, sind unzulässig, sofern nicht die Namen sämtlicher Gesellschafter aufgeführt werden.

h) Behandlungsvertrag

Bei (Teil-)Gemeinschaftspraxen in der Rechtsform einer GbR wird der Behandlungsvertrag i.d.R. mit der Gesellschaft abgeschlossen, es sei denn, der Patient erklärt vor Beginn der Behandlung, den Arztvertrag nur mit einem der Ärzte abschließen zu wollen. Wenn der Arzt dies akzeptiert, kommt der Behandlungsvertrag nur mit ihm zustande. In diesem Falle haftet nur er, nicht die Gesellschaft. Diese Fallvariante dürfte im Rahmen einer Teilgemeinschaftspraxis aber keine Rolle spielen.

i) Abrechnung

Abrechnungstechnisch bedeutet dies, dass die privatärztlichen Leistungen nach Maßgabe der GOÄ von der Teilgemeinschaftspraxis unter Nennung aller Gesellschafter abgerechnet werden müssen. Die Teilgemeinschaftspraxis wird sich zwar zu den üblichen Bedingungen einer Verrechnungsstelle bedienen dürfen, was jedoch an den vorgenannten Voraussetzungen nichts ändert. Der **Grundsatz der persönlichen Leistungserbringung** gilt auch in einer Teilberufsausübungsgemeinschaft.

Setzt die Erbringung und Abrechnung einer Leistungsposition eine **bestimmte Fachkunde** voraus, muss bei einem (zulässigen) Leistungssplitting jeder der an der Leistungserbringung beteiligte Gesellschafter über diese Fachkunde verfügen.

Wie die Abrechnung im vertragsärztlichen Bereich – speziell bei überörtlichen und besonders bei KV-übergreifenden Gesellschaften – abgewickelt werden wird, ist derzeit noch ungeklärt.

j) Haftung, Versicherung

Sämtliche Ärzte einer Teilgemeinschaftspraxis haften gegenüber den Patienten gesamtschuldnerisch. Bei einer Teilgemeinschaftspraxis in Form einer GbR wird man aber auch für nicht austauschbare Leistungen eine Mithaftung annehmen müssen, da die (Weiter-)Behandlung des Patienten in der Teilgemeinschaftspraxis ja gerade besonderer Inhalt des Behandlungsvertrages ist und i.d.R. dem Gesellschaftszweck entspricht.

Den Gesellschaftern einer Partnerschaftsgesellschaft kann das Haftungsprivileg des § 8 Abs. 2 PartGG zugute kommen. Dort, wo die Ausübung ambulanter Heilkunde in Form einer juristischen Person des Privatrechts erlaubt ist, kommt der Vertrag mit dieser zustande. Sie haftet alleine aus Vertrag. Die deliktsrechtliche Verantwortlichkeit des handelnden Arztes bleibt allerdings unberührt.

B. Berufsausübungsgemeinschaften

Bezüglich der **Berufshaftpflichtversicherung** ist dringend anzuraten, dass jeder Gesellschafter seinen Eintritt in die Teilgemeinschaftspraxis seiner Versicherung unter Angabe der übrigen Gesellschafter und ihres Risikospektrums meldet, weil es sich aus den o. g. Gründen um eine Gefahrerhöhung handelt. Meldet der Arzt seinen Eintritt in die Teilgemeinschaftspraxis nicht, riskiert er im Schadensfall seinen Versicherungsschutz wegen Obliegenheitsverletzung. Haben die Haftpflichtversicherungen der jeweiligen Teilgemeinschaftsgesellschafter unterschiedliche Bedingungen oder auch Deckungssummen bzw. versicherte Risiken, sind im Schadensfall Konflikte mit den betroffenen Versicherungsgesellschaften vorprogrammiert. Dieses Problem könnte nur durch einen einheitlichen Berufshaftpflichtversicherungsvertrag aller Teilgemeinschaftsgesellschafter bei einem Versicherungsunternehmen gelöst werden.

2. Steuerliche Aspekte

Literatur:

Karsten, Steuerliche Fragen der kooperativen Leistungserbringung am Modell der Teilgemeinschaftspraxis, SchadeBrief September/Oktober 2005, 14. Jahrgang S. 4; *Ratzel/Möller/Michels*, Die Teilgemeinschaftspraxis, MedR 2006 S. 377.

a) Allgemeine steuerliche Grundsätze

Die Teilgemeinschaftspraxis als Sonderform der Gemeinschaftspraxis unterliegt den gleichen **steuerlichen Grundsätzen wie die Gemeinschaftspraxis**. Ist die Teilgemeinschaftspraxis von der Intention getragen, gemeinschaftlich einen Gewinn zu erzielen, führt dies zu einer Beteiligung des Arztes an einer (weiteren) gesonderten **Mitunternehmerschaft**. Ist ein Arzt sowohl an einer Gemeinschaftspraxis wie auch an einer weiteren Teilgemeinschaftspraxis beteiligt, erzielt er aus beiden Gesellschaften Einkünfte aus selbstständiger Arbeit, soweit die Gesellschaften die Voraussetzungen für eine freiberufliche Tätigkeit i. S. d. § 18 EStG erfüllen. Durch das Auftreten nach außen und die nachhaltige Tätigkeit zur Erzielung von Einnahmen entsteht durch den Zusammenschluss der Ärzte zur Teilgemeinschaftspraxis **umsatzsteuerlich ein selbständiges gesondertes Unternehmen**.

Die steuerlich besonders relevanten **Fragestellungen** ergeben sich im Zusammenhang mit

- der **Gewinnverteilung** (Gewerblichkeitsrisiko) und
- den **Leistungsbeziehungen zwischen den Gesellschaftern und der Teilgemeinschaftspraxis**.

b) Gewinnverteilung

Gerade weil bei der Teilgemeinschaftspraxis häufig Ärzte verschiedener Fachrichtungen miteinander kooperieren, erfordert die Ausgestaltung einer angemessenen betrieblich veranlassten Gewinnverteilung bei der Teilgemeinschaftspraxis eine erhöhte Aufmerksamkeit. Gegenüber der Gemeinschaftspraxis besteht insoweit ein besonderes Risiko der Gewerblichkeit.

Wie bei der Gemeinschaftspraxis darf kein Gesellschafter nur kapitalmäßig beteiligt sein oder Tätigkeiten ausüben, die keine freiberuflichen sind (vgl. S. 85), da ansonsten von **gewerblichen Einkünften** auszugehen ist.

Für die Abgrenzung der gewerblichen von den freiberuflichen Einkünften bei interprofessionellen Partnerschaftsgesellschaften zwischen Steuerberatern, Rechtsanwälten und Wirtschaftsprüfern vertritt die Finanzverwaltung hierzu die Auffassung, dass eine freiberufliche Tätigkeit durch die Personenbezogenheit der erbrachten Leistung gekennzeichnet ist (sog. „**Höchstpersönlichkeit der Einkünfteerzielung**"). Hiermit sei es grundsätzlich nicht vereinbar, dass ein Partner über die Gewinnverteilung an Einnahmen partizipiert, die andere Gesellschafter aus einer Tätigkeit erzielt haben, welche dem Partner selbst nicht erlaubt ist. Eine Gewerblichkeit der Einnahmen dieses Gesellschafters soll allerdings nur dann angenommen werden, wenn die **Gewinnverteilungsabrede eklatant von den tatsächlichen Tätigkeitsbeiträgen abweicht**, so dass zum Beispiel nicht jede Gewinnverteilungsabrede nach der Beteiligungsquote schon im Grundsatz schädlich ist. Unschädlich ist auch eine pauschale Zuordnung sowohl der Einnahmen als auch von Gemeinkosten, wenn eine Aufteilung auf die einzelnen Gesellschafter andernfalls nur durch eine nicht praktikable Einzelerfassung möglich wäre (OFD Koblenz - Kurzinformation Einkommensteuer Nr. 128/05 v. 15.12.2005 – S 2246 A, DB 2006 S. 73).

Diese steuerlichen Grundsätze zu interprofessionellen Partnerschaftsgesellschaften sollten zur Vorsicht auch bei der Ausgestaltung der Gewinnverteilungsabrede einer Teilgemeinschaftspraxis Berücksichtigung finden. Es fehlt zwar an einer klaren Aussage, ob Gemeinschaften von Ärzten unterschiedlicher Fachrichtungen als „interprofessionell" anzusehen sind, es bleibt aber festzustellen, dass auch in diesem Fall Mitunternehmer partnerschaftlich zusammenarbeiten, denen im Einzelfall die Tätigkeit des anderen Partners nicht erlaubt ist.

Diese Probleme verstärken sich in den Fällen der Teilgemeinschaftspraxis zwischen Ärzten und deren „klassischen **Zuweisern**". Hier muss zudem aus steuerlicher Sicht – neben den arztrechtlichen Fragestellungen – darauf geachtet werden, dass sich die Gewinnanteile des beteiligten zuweisenden Ärzte letztlich nicht darauf beschränken, die Zuweisungen als entscheidende Tätigkeit abzugelten. Die **bloße Beschaffung von Patienten** (Aufträgen) für die Teilgemeinschaftspraxis dürfte im Einzelfall als Tätigkeitsbeitrag nicht ausreichen, eine freiberufliche Betätigung des zuweisenden Arztes im Rahmen der Teilgemeinschaftspraxis anzunehmen (Schmidt/Wacker, EStG 2006, § 18 Rz 43 m. w. N.). Es

B. Berufsausübungsgemeinschaften

ist daher empfehlenswert, einen ausreichenden Zusammenhang zwischen der ärztlichen Tätigkeit des Gesellschafters im Rahmen der Teilgemeinschaftspraxis und der Gewinnverteilung herzustellen und die tatsächliche ärztliche Tätigkeit des Gesellschafters zu dokumentieren.

PRAXISHINWEIS

Es empfiehlt sich bei komplexeren Teilgemeinschaftspraxen die Gewinnermittlung – soweit praktikabel – mit einer Kostenstellenrechnung zu verbinden. Auf diese Weise kann eine detaillierte Gewinnverteilung ausgestaltet werden, bei der allerdings auch die Leistungen der einzelnen Gesellschafter (Risiko, Kapitaleinsatz, Arbeitseinsatz, Geräteeinsatz) Berücksichtigung finden sollten.

c) Ertragsteuerliche Beurteilung der Leistungsbeziehungen

Die Teilgemeinschaftspraxis kann zur Erbringung ihrer Leistungen

- eigene Geräte, eigenes Material und Personal besitzen,
- in unentgeltlichen Leistungsbeziehungen zu den beteiligten Gesellschaftern/Praxen stehen,
- in entgeltlichen Leistungsbeziehungen zu den beteiligten Gesellschaftern/Praxen stehen.

aa) Eigene Geräte, eigenes Material und Personal

Setzt die Teilgemeinschaftspraxis zur Erbringung ihrer Leistungen eigene Ressourcen (Geräte/Material/Personal) ein, entstehen hierdurch **keine Leistungsbeziehungen** zwischen den Praxen der Gesellschafter der Teilgemeinschaftspraxis und der Teilgemeinschaftspraxis. Die Abgeltung der Tätigkeit der Gesellschafter erfolgt über die Gewinnverteilung und ist steuerlich im Sinne einer Leistungsbeziehung unbeachtlich. Der Wert der eigenen Arbeitsleistung des Arztes ist für sich nicht entnahmefähig (BFH v. 9.7.1987 – IV R 87/85, BStBl 1988 II S. 342).

bb) Unentgeltliche Leistungsbeziehungen zu den beteiligten Gesellschaftern/Praxen

In einer Vielzahl der Fälle wird die Teilgemeinschaftspraxis zur Erbringung ihrer Leistungen die Ressourcen (Geräte/Material/Personal) der beteiligten Gesellschafter/Praxen einsetzen. Sofern dies unentgeltlich, d. h. über die allgemeine Gewinnbeteiligung, erfolgt, liegt ertragsteuerliche auf Ebene der abgebenden Praxis eine **Nutzungsentnahme** vor und korrespondierend erfolgt eine gewinnmindernde Berücksichtigung der **angefallenen Aufwendungen als Sonderbetriebsausgaben bei der Teilgemeinschaftspraxis** (BFH v. 26.10.1987 – GrS 2/86,

BStBl 1988 II S. 348); dabei wird unterstellt, dass das Wirtschaftsgut zu mehr als 50 % von der Praxis genutzt wird.

Wird das Wirtschaftsgut dagegen zu mehr als 50 % in der Teilgemeinschaftspraxis genutzt, so ist es aufgrund der überwiegenden Nutzung durch die Teilgemeinschaftspraxis insgesamt dem Sonderbetriebsvermögen des betreffenden Mitunternehmers bei der Teilgemeinschaftspraxis zuzurechnen. In diesem Fälle liegt hinsichtlich der durch das Wirtschaftsgut verursachten Aufwendungen auf der Ebene der Teilgemeinschaftspraxis eine Nutzungsentnahme vor und korrespondierend eine gewinnmindernde Berücksichtigung dieser Aufwendungen als Betriebsausgaben bei der Praxis (OFD Koblenz v. 13.12.2006 – S 2241 A – St 31 1 – n. v.).

cc) Entgeltliche Leistungsbeziehungen zu den beteiligten Gesellschaftern/Praxen

Überlässt die Praxis eines Gesellschafter Ressourcen (Geräte/Material/Personal) an die Teilgemeinschaftspraxis gegen ein gesondertes Entgelt, ist diese Leistung **originär keine freiberufliche ärztliche Tätigkeit**, kann aber im Einzelfall subsidiär zu Einkünften aus § 18 EStG führen.

Dient das Entgelt lediglich dazu, die tatsächlichen Selbstkosten (anteilige Gesamtaufwendungen) der Praxen zu ersetzen, so kann aus der Überlassung kein Gewinn erzielt werden. Die Überlassung führt durch das **Fehlen einer Gewinnerzielungsabsicht insoweit nicht zu gewerblichen Einkünften**.

Aber auch wenn in dem Entgelt ein Gewinnaufschlag enthalten ist, entstehen nicht in jedem Fall zwangsläufig gewerbliche Einkünfte. So führt nach Auffassung der Finanzverwaltung die **entgeltliche Überlassung medizinisch-technischer Großgeräte mit Gewinnaufschlag** dann nicht zu gewerblichen Einkünften, wenn mit der Überlassung keine Zusatzleistungen, z. B. die Gestellung von Verbrauchsmaterialien oder Personalgestellung zur Bedienerunterstützung, verbunden sind (OFD Rheinland – Kurzinformation Einkommensteuer Nr. 9/2006 v. 2.2.2006, DB 2006 S. 304). Auch wenn sich die Aussage der Finanzverwaltung auf medizinisch-technische Großgeräte beschränkt, dürfte die Auffassung auch auf **andere reine Geräteüberlassungen** (im Sinne einer Vermietung von Sachinbegriffen oder einzelner beweglicher Wirtschaftsgüter) **und reine Untervermietungen mangels einer originären gewerblichen Betätigung** übertragbar sein (Ratzel/Möller/Michels, MedR 2006 S. 377).

Liegen keine gewerblichen Einkünfte vor, führt die Behandlung der Geräte als Betriebsvermögen, das einer selbständigen Tätigkeit dient, subsidiär (§ 21 Abs. 3, § 22 Nr. 3 EStG) zu Einkünften aus § 18 EStG.

Beschränkt sich die Leistung der Praxis des Gesellschafters nicht auf eine reine Geräteüberlassung oder Untervermietung, sondern werden **Zusatzleistungen** (Gestellung von Verbrauchsmaterialien oder Personalgestellung zur Bedienerunterstützung) erbracht, liegen **originäre gewerbliche Einkünfte** vor. Erfolgt die Überlassung durch eine Mitunternehmerschaft (z. B. eine Gemeinschaftspraxis), ist § 15 Abs. 3 Nr. 1 EStG (Infektionstheorie) zu beachten.

d) Umsatzsteuerliche Beurteilung der Leistungsbeziehungen

Auch für die umsatzsteuerliche Beurteilung ist für die Teilgemeinschaftspraxis zu unterscheiden, ob diese zur Erbringung ihrer Leistungen

- eigene Geräte, eigenes Material und Personal besitzen,
- in unentgeltlichen Leistungsbeziehungen zu den beteiligten Gesellschaftern/Praxen stehen,
- in entgeltlichen Leistungsbeziehungen zu den beteiligten Gesellschaftern/Praxen stehen.

aa) Eigene Geräte, eigenes Material und Personal

Setzt die Teilgemeinschaftspraxis zur Erbringung ihrer Leistungen eigene Ressourcen (Geräte/Material/Personal) ein, entstehen hierdurch **keine umsatzsteuerlich relevanten Leistungsbeziehungen**.

bb) Unentgeltliche Leistungsbeziehungen zu den beteiligten Gesellschaftern/Praxen

Tritt ein Gesellschafter in Leistungsbeziehungen zu seiner Gesellschaft, steht es ihm umsatzsteuerlich frei, diese als **nichtsteuerbaren Gesellschafterbeitrag** (unentgeltlich) oder als umsatzsteuerlich relevanten Leistungsaustausch (entgeltlich) auszugestalten (A 6 Abs. 3 UStR). Steht der Gesellschafter zu der Teilgemeinschaftspraxis in einer unentgeltlichen Leistungsbeziehung, liegt auf dieser Ebene kein umsatzsteuerbarer Sachverhalt vor.

Wenn die überlassenen Ressourcen (Geräte/Material/Personal) allerdings zum umsatzsteuerlichen Unternehmensvermögen der überlassenden Praxis gehören, sind die Leistungsbeziehungen daneben auch auf dieser Ebene zu beurteilen. Entscheidend ist, ob die Überlassung aus Sicht der abgegebenen Praxis aus deren unternehmerischen Gründen erfolgt. Erfolgt die Überlassung nicht aus unternehmerischen Gründen, sondern für Zwecke, die außerhalb des Unternehmens liegen, sind dann die weiteren Voraussetzungen für die Annahme einer **unentgeltlichen Wertabgabe** nach § 3 Abs. 9a Nr. 1 UStG zu prüfen.

Die Gründe, die für eine **unternehmerische Veranlassung** der unentgeltlichen Leistung seitens der abgebenden Praxis sprechen, können vielfältig sein (Ratzel/Möller/Michels, MedR 2006 S. 377):

- Die Kooperation eröffnet die Möglichkeit der Zuweisung von Patienten ohne das Risiko, den Patienten zu verlieren.
- Eine fachübergreifende Zusammenarbeit unter gemeinsamen Namen wird möglich und entwickelt damit eine Multiplikatorwirkung durch einen höheren Bekanntheitsgrad, d. h. Marketing im Sinne der Gewinnung neuer Patienten für die eigene Praxis.
- Eine Erweiterung des Leistungsangebotes und eine Verbesserung der Honorarsituation auch der eigenen Praxis kann erreicht werden.
- Die Teilgemeinschaftspraxis kann zudem ein erster Schritt in eine weitere enge Zusammenarbeit zwischen den Gesellschaftern der Teilgemeinschaftspraxis sein.

Daneben sind auch Parallelen zum Leistungsaustausch bei Arbeitsgemeinschaften des Baugewerbes erkennbar, so dass die hierzu entwickelten Grundsätze (A 6 Abs. 7 UStR) auch in dem Fall der Teilgemeinschaftspraxis Anwendung finden dürften.

Verneint man unternehmerische Gründe für die Überlassung und unterstellt im Grundsatz eine unentgeltliche Wertabgabe, ist zu unterscheiden ob diese in der Überlassung von Gegenständen (Geräten) oder anderen sonstigen Leistungen (z. B. Personalgestellung) besteht. Handelt es sich um Mischleistungen, ist dabei zunächst zu klären, ob die Leistung einheitlich oder getrennt beurteilt werden muss (A 29 UStR).

Besteht die Leistung in der **Überlassung von Gegenständen**, ist für die Annahme einer unentgeltlichen Wertabgabe weitere Voraussetzung, dass der Gegenstand zum **vollen oder teilweisen Vorsteuerabzug** berechtigt hat. Solange die Gegenstände ausschließlich zur Erbringung umsatzsteuerfreier ärztlicher Leistungen eingesetzt wurden, liegt damit keine unentgeltliche Wertabgabe vor. Erst wenn die Gegenstände auch für umsatzsteuerpflichtige Umsätze verwendet wurden – was nicht generell auszuschließen ist –, liegt eine unentgeltliche Wertabgabe vor, die einer sonstigen Leistung gegen Entgelt gleichgestellt ist.

Die **Personalgestellung** für nicht unternehmerische Zwecke zulasten des Unternehmens ist **grundsätzlich eine steuerbare Wertabgabe** nach § 3 Abs. 9a Nr. 2 UStG (A 24c Abs. 5 UStR).

cc) Entgeltliche Leistungsbeziehungen zu den beteiligten Gesellschaftern/Praxen

Die Überlassung von Ressourcen (Geräte/Material/Personal) gegen ein gesondertes Entgelt stellt einen **umsatzsteuerbaren Leistungsaustausch** dar. Da es sich hierbei nicht um eine ärztliche Leistung handelt, findet die Umsatzsteuerbefreiung des § 4 Nr. 14 UStG auf diese Leistungen keine Anwendung. Auch die

B. Berufsausübungsgemeinschaften

Umsatzsteuerbefreiung § 4 Nr. 28 UStG findet keine Anwendung, da es sich insoweit bei der Gebrauchsüberlassung um eine sonstige Leistung und keine Lieferung von Gegenständen handelt. In der Regel dürfte die Leistung daher **umsatzsteuerpflichtig** sein.

ÜBERBLICK: Leistungen einer Praxis an die Teilgemeinschaftspraxis

```
                            ┌─────────────────────────────┬─────────────────────────────┐
                            │                             │                             │
                   "unentgeltlich"                                          "entgeltlich"
               Gesellschafterbeitrag                                      Leistungsaustausch
                            │                                                    │
        ┌───────────────────┴───────────────────┐                                 │
 aus unternehmerischen Gründen       aus unternehmensfremden Gründen       umsatzsteuerbar und
            │                        (aus Sicht der abgebenden Praxis)    umsatzsteuerpflichtig
    nicht umsatzsteuerbar                       │                         (ggf. als Sonderfall nach
                                                │                         § 4 Nr. 14 UStG umsatzsteuerfrei)
                            ┌───────────────────┴───────────────────┐
                  Verwendung eines Gegenstandes         Erbringung einer anderen sonstigen Leistung
                     (§ 3 Abs. 9a Nr. 1 UStG)                  (§ 3 Abs. 9a Nr. 2 UStG)
                            │                                          │
              ┌─────────────┴─────────────┐                             │
      Gegenstand ohne              Gegenstand mit voller oder teilweiser     umsatzsteuerbare unentgeltliche
   Vorsteuerabzugsberechtigung        Vorsteuerabzugsberechtigung                    Wertabgabe
   (hier ausschließliche Verwendung
    für umsatzsteuerfreie Umsätze nach
    § 4 Nr. 14 UStG, ggf. § 19 UStG)
              │                              │                                          │
     nicht umsatzsteuerbar          umsatzsteuerbare und              als Sonderfall der ärztlichen
                                    umsatzsteuerpflichtige           Heilbehandlungsleistungen
                                   unentgeltliche Wertabgabe                nach § 4 Nr. 14 UStG
                                   (ggf. analoge Anwendung der          umsatzsteuerbare und
                                         Grundsätze zur                   umsatzsteuerfrei
                                   Praxisgemeinschaft A 94 UStR      unentgeltliche Wertabgabe
                                       => umsatzsteuerfrei)
```

IV. Überörtliche Berufsausübungsgemeinschaft

1. Rechtliche Aspekte

Literatur:

Dahm/Ratzel, Liberalisierung der Tätigkeitsvoraussetzungen des Vertragsarztes und Vertragsarztrechtsänderungsgesetz – VÄndG, MedR 2006 S. 555; *Laas*, Die überörtliche Gemeinschaftspraxis, 2006; *Halbe/Orlowski/Karch*, Vertragsarztrechtsänderungsgesetz, 2007.

a) Hintergrund

Bis zur Änderung der MBO durch den 2004 in Bremen abgehaltenen 107. Deutschen Ärztetag bestimmte Kapitel D II Nr. 8 Abs. 2 MBO, dass die Berufsausübungsgemeinschaft nur an einem einzigen Praxissitz zulässig war. Daneben war es unter restriktiven Voraussetzungen möglich, ärztliche Leistungen in einem ausgelagerten Praxisteil oder in einer genehmigten Zweigpraxis zu erbringen. Lediglich für solche Ärzte, die ihrem typischen Fachgebietsinhalt nach nicht regelmäßig unmittelbar patientenbezogen tätig waren, sah die MBO die Bildung einer überörtlichen Berufsausübungsgemeinschaft vor. Dies galt insbesondere für Ärzte für Pathologie, Laboratoriumsmedizin und Mikrobiologie.

Mit Urteil v. 16.7.2003 (B 6 KA 49/02 R, MedR 2004 S. 114) entschied das Bundessozialgericht, dass eine bezirksübergreifende überörtliche Gemeinschaftspraxis zwischen Laborärzten unzulässig sei, sofern die Gesellschafter **unterschiedlichen** Kassenärztlichen Vereinigungen angehörten. Das Bundessozialgericht führte detailliert aus, dass das grundsätzliche Verbot der überörtlichen Gemeinschaftspraxis die freie ärztliche Berufsausübung schütze. Ungerechtfertigte Einflüsse Dritter auf die Berufsausübung gelte es zu verhindern. Ärztliche Praxen sollten nicht im Wege franchiseähnlicher Modelle durch Dritte, zu denen gesellschaftsrechtliche Beziehungen bestehen, betrieben werden können. In einer anderen Entscheidung, ebenfalls v. 16.7.2003 (B 6 KA 34/02 R, MedR 2004 S. 119), erklärte das Bundessozialgericht eine Konstellation für zulässig, in welcher zwei Laborarztpraxen ihren Sitz im Bereich **derselben** Kassenärztlichen Vereinigung hatten. Unter Berücksichtigung der BSG-Rechtsprechung sowie der Liberalisierung der Berufsrechts wurden teilweise überörtliche Berufsausübungsgemeinschaften innerhalb eines KV-Bereichs oder zumindest innerhalb eines Planungsbereichs zugelassen. Keine einheitliche Regelung bestand hinsichtlich des zeitlichen Umfangs, in welchem die Gesellschafter der Berufsausübungsgemeinschaft am jeweils anderen Standort tätig sein durften.

In der rechtswissenschaftlichen Literatur wurden gegen die **Verfassungsmäßigkeit** des berufs- und vertragsarztrechtlichen Verbots der überörtlichen Gemeinschaftspraxis für patientenbezogene ärztliche Tätigkeit **erhebliche Bedenken** vorgetragen.

B. Berufsausübungsgemeinschaften

b) Voraussetzungen

aa) Vorgaben des ärztlichen Berufsrechts – § 18 Abs. 3 MBO 2004

§ 18 Abs. 3 Satz 3 MBO bildet die berufsrechtliche Grundlage für die (privatärztliche) überörtliche Gemeinschaftspraxis:

„Eine Berufsausübungsgemeinschaft mit mehreren Praxissitzen ist zulässig, wenn an dem jeweiligen Praxissitz verantwortlich mindestens ein Mitglied der Berufsausübungsgemeinschaft hauptberuflich tätig ist."

Da sämtliche Landesärztekammern die Vorgaben der MBO in ihre jeweiligen Satzungen übernommen haben, steht die überörtliche Berufsausübungsgemeinschaft allen Arztgruppen bundesweit offen.

Unternimmt man den Versuch einer Definition der überörtlichen Berufsausübungsgemeinschaft, könnte wie folgt formuliert werden:

„Zusammenschluss mehrerer Berufsträger mit dem Ziel, ihren Beruf gemeinsam unter Nutzung gemeinschaftlich vorgehaltener Ressourcen, einer einheitlichen Kartei und eines zumindest teilweise gemeinsamen Patientenstammes an mindestens zwei Praxissitzen auszuüben."

Bei einem Zusammenschluss von Ärzten mit Praxissitzen jeweils in einer Stadt sollte man nicht von einer überörtlichen, sondern von einer **intralokalen Berufsausübungsgemeinschaft** sprechen.

Die **Anzahl** der einer überörtlichen Berufsausübungsgemeinschaft angehörenden Praxissitze ist berufsrechtlich ebensowenig beschränkt wie diejenige der sich zusammenschließenden Ärzte. Gleiches gilt für die **räumliche Entfernung** der einzelnen Standorte zueinander. Da sich theoretisch eine Praxis in Kiel mit einer Praxis in München zusammenschließen kann, ist es offensichtlich, dass sich mit zunehmender Distanz selbständige Organisationen an den einzelnen Praxissitzen entwickeln werden. Zudem drängt sich die Frage auf, ob eine **gemeinschaftliche Patientenbehandlung** – sieht man von der Möglichkeit telemedizinischer Befunddiskussion ab – überhaupt erfolgen kann. Nach den Vorgaben der Bundesärztekammer (DÄBl. 2006 S. A-801, 804) sind allerdings eine gemeinsame Patientenbehandlung und ein gemeinsamer Patientenstamm zwingend!

Ferner verlangt die Bundesärztekammer, dass an jedem der Praxissitze mindestens ein Mitglied der Berufsausübungsgemeinschaft **hauptberuflich tätig** ist. Insofern wird verlangt, dass die überwiegende Arbeitszeit an dem Praxissitz verbracht wird und die Tätigkeit des Arztes an anderen Orten nicht mehr als 13 Stunden pro Woche beträgt.

bb) Vorgaben des Vertragsarztrechts

(1) Überörtliche Berufsausübungsgemeinschaft

Mit Inkrafttreten des VÄndG zum 1.1.2007 hat der Gesetzgeber die Möglichkeit geschaffen, auch im vertragsärztlichen Bereich bundesweit überörtliche Berufsausübungsgemeinschaften zu errichten. § 33 Abs. 2 Ärzte-ZV bestimmt:

„Sie [die Berufsausübungsgemeinschaft] ist auch zulässig bei unterschiedlichen Vertragsarztsitzen der Mitglieder der Berufsausübungsgemeinschaft (überörtliche Berufsausübungsgemeinschaft), wenn die Erfüllung der Versorgungspflicht des jeweiligen Mitglieds an seinem Vertragsarztsitz unter Berücksichtigung der Mitwirkung angestellter Ärzte und Psychotherapeuten in dem erforderlichen Umfang gewährleistet ist sowie das Mitglied und die bei ihm angestellten Ärzte und Psychotherapeuten an den Vertragsarztsitzen der anderen Mitglieder nur in zeitlich begrenztem Umfang tätig werden."

Auch im Vertragsarztrecht ist die **Anzahl** der Mitgliedspraxen sowie diejenige der ihr angehörenden Ärzte **nicht begrenzt**. Von Bedeutung ist, dass jedes Mitglied der Berufsausübungsgemeinschaft nach wie vor einen eigenen **Vertragsarztsitz** hat. Dieser wird durch die Praxisanschrift konkretisiert (§ 24 Abs. 1 Ärzte-ZV). Außerhalb des Vertragsarztsitzes dürfen vertragsärztliche Leistungen nur in den gesetzlich vorgesehenen Fällen erbracht werden. Bei einem Verstoß gegen diesen Grundsatz drohen der Verlust des Honoraranspruchs sowie disziplinarische Ahndungen!

Der Gesetzgeber hat nicht näher bestimmt, was er unter einer Tätigkeit an den anderen Vertragsarztsitzen versteht, deren Umfang zeitlich begrenzt ist. Die Einzelheiten werden von der Kassenärztlichen Bundesvereinigung mit den Spitzenverbänden der Krankenkassen in **Bundesmantelverträgen** festgelegt werden. Es ist damit zu rechnen, dass neben zeitlichen Beschränkungen strikte Vorgaben gemacht werden, die die Anzahl der für einen Vertragsarzt in Betracht kommenden potenziellen **Tätigkeitsorte** der überörtlichen Berufsausübungsgemeinschaft betreffen und evtl. **Höchstentfernungen** zu seinem Vertragsarztsitz festlegen. Bis zum Inkrafttreten der bundesmantelvertraglichen Regelungen ist vor allzu mutigen Rechtskonstruktionen zu warnen!

Die überörtliche Berufsausübungsgemeinschaft darf Standorte in **unterschiedlichen KV- Bereichen** haben (§ 33 Abs. 3 Ärzte-ZV). In diesem Fall hat sie den **Vertragsarztsitz** zu wählen, der maßgeblich ist für die Genehmigungsentscheidung sowie die auf die gesamte Leistungserbringung dieser Gesellschaft anzuwendenden ortsgebundenen Regelungen, insbesondere zur Vergütung, zur Abrechnung sowie zu den Wirtschaftlichkeits- und Qualitätsprüfungen. Die Wahl hat jeweils für die **Dauer von 2 Jahren** zu erfolgen. Die Regelungen der Details

B. Berufsausübungsgemeinschaften

ist den Richtlinien der Kassenärztlichen Bundesvereinigung, insbesondere aber den Bundesmantelverträgen vorbehalten.

Es bleibt abzuwarten, ob es den Partnern der Bundesmantelverträge zeitnah gelingen wird, das ohnehin schon komplexe und für viele undurchschaubare System der vertragsärztlichen Organisation um sinnvolle und stimmige Regelungen zur überörtlichen Berufsausübungsgemeinschaft zu ergänzen. Sollten sie der Herausforderung nicht Herr werden, steht zu befürchten, dass der Gesetzgeber ihnen nicht nur Unfähigkeit – und damit Überflüssigkeit – bescheinigen, sondern die Umsetzung in Verbindung mit der Vornahme mutmaßlich einschneidender Strukturveränderungen selbst vornehmen wird!

Letztlich darf bei der vielerorts anzutreffenden Liberalisierungseuphorie nicht vergessen werden, dass die Neuausrichtung unter den **überkommenen finanziellen Rahmenbedingungen** erfolgt, da die Gesamtvergütung nach wie vor budgetiert ist. Darüber hinaus entfällt der Aufschlag von 60 Punkten für arztgruppen- und schwerpunktgleiche Gemeinschaftspraxen bei Berufsausübungsgemeinschaften mit mehreren Praxissitzen (vgl. Nr. 5.1 Allgemeine Bestimmungen des EBM 2000plus).

(2) Bildung von Filialen („Zweitpraxis")

Von der Möglichkeit, sich überörtlich zu einer Berufsausübungsgemeinschaft zusammen zu schließen, ist die Gründung einer Filiale gem. § 24 Abs. 3 Ärzte-ZV zu unterscheiden (vgl. hierzu S. 29 f. und S. 149).

c) Formalien

aa) Berufsrecht

Jeder Arzt ist verpflichtet, die für ihn zuständige Kammer über den Zusammenschluss zu einer überörtlichen Berufsausübungsgemeinschaft unter Hinweis auf die übrigen beteiligten Ärzte zu **informieren** (§ 18 Abs. 6 MBO). Ein Genehmigungserfordernis besteht allerdings nicht!

Gemäß § 18a MBO besteht die Verpflichtung, auf dem **Praxisschild** die **Namen** aller in der Gemeinschaft zusammengeschlossenen Ärzte sowie die **Rechtsform anzukündigen**.

bb) Vertragsarztrecht

Die Berufsausübungsgemeinschaft bedarf der **vorherigen Genehmigung** des Zulassungsausschusses. Die Genehmigung erfolgt auf der Grundlage eines schriftlichen Gesellschaftsvertrages. Für überörtliche Berufsausübungsgemeinschaften mit Vertragsarztsitzen in mehreren Zulassungsbezirken einer Kassenärztlichen Vereinigung wird der zuständige Zulassungsausschuss durch Vereinbarung zwischen der kassenärztlichen Vereinigung sowie den Landesverbänden der Krankenkassen und den Verbänden der Ersatzkassen bestimmt (§ 33 Abs. 3

Satz 2 Ärzte-ZV). Gehören die Mitglieder einer überörtlichen Berufsausübungsgemeinschaft mehreren Kassenärztlichen Vereinigungen an, bestimmt sich die Zuständigkeit des Zulassungsausschusses nach der von den Mitgliedern getroffenen Wahlentscheidung zur KV-Zuständigkeit.

Der Zulassungsausschuss kann die Genehmigung der überörtlichen Berufsausübungsgemeinschaft mit **Auflagen** versehen.

Keiner Genehmigung bedarf die Tätigkeit eines Vertragsarztes an den anderen Vertragsarztsitzen eines Mitglieds der überörtlichen Berufsausübungsgemeinschaft, der er angehört (§ 24 Abs. 3 Ärzte-ZV).

d) Der Weg in die überörtliche Berufsausübungsgemeinschaft

Es existieren unterschiedliche praxisrelevante (Grund-)Modelle zur Errichtung einer überörtlichen Berufsausübungsgemeinschaft:

aa) Niederlassung

Mehrere Ärzte lassen sich an unterschiedlichen Praxissitzen nieder und gründen zeitgleich mit der Niederlassung eine überörtliche Berufsausübungsgemeinschaft.

bb) Aufspaltung

Eine bereits bestehende Berufsausübungsgemeinschaft eröffnet – ohne Gründung einer neuen Gesellschaft – einen weiteren Standort, zu welchem ein Gesellschafter seinen Praxissitz verlegt.

cc) Einbringung in neu gegründete Gesellschaft

Mehrere Ärzte errichten unter Beibehaltung von mindestens zwei selbständigen Praxissitzen eine Berufsausübungsgemeinschaft. In diese (neue) Gesellschaft bringen sie ihre bisherigen Praxen ein. Dabei ist es unerheblich, ob es sich um Einzel- oder Gemeinschaftspraxen handelt.

Hervorzuheben ist, dass durch die Verbindung zur gemeinschaftlichen standortübergreifenden Berufsausübung keine Doppel- oder Mehrfach-Gesellschaft, sondern **eine** Berufsausübungsgesellschaft entsteht.

dd) Beitrittsmodell

Ein niedergelassener Arzt tritt einer bereits bestehenden Berufsausübungsgemeinschaft unter Einbringung seiner Praxis, Beibehaltung seines Praxissitzes oder Eröffnung eines neuen Praxissitzes bei.

e) Binnenstruktur

Es gelten die Ausführungen zur Gemeinschaftspraxis/Partnerschaftsgesellschaft in modifizierter Weise.

Angesichts der möglicherweise erheblichen räumlichen Entfernung der einzelnen Praxissitze, wird sich oftmals die Frage stellen, ob überhaupt eine **gemein-**

same **Berufsausübung** bezweckt ist. Der Bundesärztekammer (DÄBl. 2006 S. A-801 f.) ist zuzustimmen, dass auch bei einer überörtlichen Berufsausübungsgemeinschaft der Wille, lediglich Ressourcen gemeinschaftlich zu nutzen, unzureichend ist. Gleiches gilt, wenn sich die Kooperation lediglich auf die Bildung von Qualitätszirkeln oder Gewinnpooling beschränkt.

Das Vorhandensein mehrerer Praxissitze kann im Sinne einer größeren Autonomie und Zuweisung individueller Leitungskompetenz eine **standortbezogene Anpassung** der Regelungen zur Beschlussfassung, Geschäftsführung und Vertretung sachdienlich erscheinen lassen.

Bei der Ergebnisverteilung können Besonderheiten der Betriebsstätten durchaus berücksichtigt werden. Aber auch bei einer überörtlichen Berufsausübungsgemeinschaft ist es unzulässig, die Beteiligungsquote am Gewinn von der Anzahl und/oder dem Umfang der an einen Mitgesellschafter gerichteten Überweisungen abhängig zu machen.

Besonderheiten werden sich beim **nachvertraglichen Wettbewerbsverbot** ergeben. Dessen berufsrechtsbeschränkende Auswirkungen lassen es geboten erscheinen, den räumlichen Geltungsbereich auf den individuellen Praxissitz zu beziehen und nicht jede Tätigkeit an einer weiteren Betriebsstätte zu erfassen.

2. Steuerliche Aspekte

a) Allgemeine steuerliche Grundsätze

Für die laufende Besteuerung überörtlicher Gemeinschaftspraxen ergeben sich keine steuerlichen Besonderheiten gegenüber Gemeinschaftspraxen mit nur einem Standort. Steuerlich handelt es sich um eine Gesellschaft mit mehreren Betriebsstätten.

Der Frage der **leitenden und eigenverantwortlichen Tätigkeit** der Gesellschafter (siehe S. 84) an allen Standorten sollte allerdings erhöhte Aufmerksamkeit gewidmet werden (BFH v. 19.10.1995 - IV R 11/95, BFH/NV 1996 S. 464). Da nach § 18 Abs. 3 MBO an dem jeweiligen Praxissitz verantwortlich mindestens ein Mitglied der Berufsausübungsgemeinschaft hauptberuflich tätig sein muss, kommt der Frage insbesondere Bedeutung im Bereich der „Filialbildung" mit angestellten Ärzten zu sowie wenn an einem Standort lediglich ein vermögenslos beteiligter Gesellschafter (siehe S. 88) tätig ist, da ansonsten von einer Gewerblichkeit der Gesellschaft auszugehen sein kann.

Auch sollte die **Gewinnverteilung** nicht eklatant von den tatsächlichen Tätigkeitsbeiträgen abweichen, so dass ein Gesellschafter über Gebühr an dem Gewinn eines Standortes partizipiert, an dem er überhaupt nicht tätig ist (siehe S. 138).

b) Gründung durch Einbringung

Im Regelfall erfolgt steuerlich die Gründung der überörtlichen Gemeinschaftspraxis durch Einbringung mehrerer Einzel- oder Gemeinschaftspraxen gegen Gewährung von Gesellschaftsrechten an der überörtlichen Gemeinschaftspraxis (im Rahmen einer **Einbringung in eine neu gegründete Praxis** oder durch den **Beitritt in eine bestehende Praxis**). Diese Einbringung gegen Gewährung von Gesellschaftsrechten stellt grundsätzlich einen Veräußerungsvorgang dar, für den die Vorschriften des § 24 UmwStG 2006 angewendet werden können (siehe S. 92). Nach § 24 UmwStG 2006 kann bei der Einbringung von Betrieben oder Mitunternehmeranteilen in eine Personengesellschaft das eingebrachte Betriebsvermögen auf Antrag mit dem Buchwert bewertet werden. Die Aufdeckung stiller Reserven wird somit vermieden.

Entspricht das Verhältnis der Teilwerte der einzelnen Praxen zueinander nicht dem Beteiligungsverhältnis an der neuen überörtlichen Gemeinschaftspraxis, werden Zuzahlungen zugunsten der Gesellschafter notwendig, die teilweise Anteile ihrer Praxen an die anderen Gesellschafter abgeben. Diese **Zuzahlungen** können erfolgen

- **in das Privatvermögen** der abgebenden Gesellschafter:
  In diesem Fall entsteht ein Veräußerungsgewinn in Höhe der Differenz zwischen der Zuzahlung und dem anteiligen Buchwert der Praxis, der als laufender Gewinn sofort zu versteuern ist (Umwandlungssteuererlass, a. a. O. Tz. 20.04).

- **in das Betriebsvermögen** der überörtlichen Gemeinschaftspraxis:
  In diesem Fall kann die sofortige Versteuerung durch die Aufstellung von Ergänzungsrechnungen vermieden werden, da die Zuzahlung zum Betriebsvermögen der eingebrachten Praxis rechnet (Umwandlungssteuererlass, a. a. O. Tz. 20.01). Eine kurzfristige Entnahme der Zuzahlungen aus dem Betriebsvermögen der überörtlichen Gemeinschaftspraxis ist dabei als Umgehungstatbestand nach § 42 AO zu werten.

PRAXISHINWEIS

Neben einer Zuzahlung wäre auch ein befristeter Ausgleich über die Gewinnverteilung denkbar (siehe S. 91). Steuerlich wäre auch ein Überlassungsmodell möglich, bei dem die eingebrachten Praxen Sonderbetriebsvermögen der überörtlichen Gemeinschaftspraxis werden (siehe S. 95).

c) Gründung durch Aufspaltung

Arztrechtlich ist es möglich, eine überörtliche Gemeinschaftspraxis in der Weise zu gründen, dass eine bestehende Gemeinschaftspraxis einen Teil ihrer Praxis an einen anderen, weiteren Praxissitz verlagert. Diese „Filialbildung" innerhalb einer bestehenden Gemeinschaftspraxis ist steuerlich unbeachtlich, da es insoweit nicht zu Übertragungs- oder Überführungsvorgängen kommt. Es findet lediglich eine räumliche „Standortverlegung/-erweiterung" innerhalb ein und desselben Betriebvermögens statt.

V. Job-Sharing-Gemeinschaft

1. Rechtliche Aspekte

Literatur:
Kamps, Der neue Teilnahmestatus der eingeschränkten Zulassung gem. § 103 Abs. 1 Nr. 4 SGB V, MedR 1998 S. 103; *Gleichner,* Job-Sharing in der Vertragsarztpraxis, MedR 2000 S. 399; sehr ausführlich *Reiling,* in: Rieger (Hrsg.), Lexikon des Arztrechts, 2002, S. 2730 – Job- Sharing; *Halbe/Rothfuß,* in: Halbe/Schirmer (Hrsg.), Handbuch Kooperationen im Gesundheitswesen, 2005, A 1100 Rn. 25 ff.

a) Rechtsgrundlage

Die Zulassungsbeschränkungen in der im Wesentlichen noch heute geltenden Fassung wurden zum 1.1.1993 eingeführt. Es zeigte sich bald, dass das System zu starr war. Um den Bedürfnissen vieler Ärzte nach **individueller Festlegung ihres Arbeitseinsatzes** nachzukommen und **zusätzliche Beschäftigungschancen** für Ärzte zu schaffen, ohne damit die Gefahr einer Leistungsausweitung auszulösen, führte der Gesetzgeber zum 1.7.1997 das Rechtsinstitut des sogenannten Job-Sharings ein. Die Bildung einer Gemeinschaftspraxis in einem zulassungsgesperrten Planungsbereich wurde gem. § 101 Abs. 1 Nr. 4 SGB V zulässig, wenn ein Vertragsarzt sich mit einem Arzt desselben Fachgebiets zusammenschloss und beide Ärzte sich gegenüber dem Zulassungsausschuss zur **Einhaltung eines Leistungsumfangs** verpflichteten, der denjenigen der bisherigen Praxis nicht wesentlich überschritt.

Man spricht davon, dass der hinzukommende Arzt eine „**Job-Sharing-Zulassung**" oder auch eine „eingeschränkte" oder „beschränkte" oder „vinkulierte" Zulassung erhält, während sich im Zulassungsstatus des bisherigen Praxisinhabers nichts ändert. Dieser bleibt auch zukünftig Inhaber einer unbeschränkten Vollzulassung.

Bereits der Begriff „Job-Sharing" deutet darauf hin, dass eine Arbeitsplatzteilung erfolgt. Der über eine Vollzulassung verfügende Vertragsarzt und der Job-Sharing-Gesellschafter teilen sich – in der Terminologie des Vertragsarztrechtsänderungsgesetzes – einen Versorgungsauftrag. Die Ärzte in ihrer Gesamtheit haben die erforderlichen Sprechstunden abzuhalten und für Notfallbehandlungen zur Verfügung zu stehen. Insofern ist es zulässig, dass sich der vollzugelassene Vertragsarzt primär um die Privatpatienten der Praxis kümmert.

b) Zulassungsvoraussetzungen

Die Details zur Zulassung einer Job-Sharing-Gemeinschaftspraxis ergeben sich aus Abschnitt IVa der Bedarfsplanungs-Richtlinien-Ärzte.

Der „Job-Sharing-Gesellschafter" muss in seiner Person die Zulassungsvoraussetzungen erfüllen. Hierzu zählt, dass er in das **Arztregister eingetragen** sein und auch im Übrigen **vollumfänglich zulassungsfähig** sein muss. Zum 1.1.2007 wurde die bis dahin geltende Zugangsaltersgrenze von 55 Jahren aufgehoben.

Für die Zulassung der Job-Sharing-Gemeinschaftspraxis ist es ferner erforderlich, dass dem Zulassungsausschuss ein **Gemeinschaftspraxisvertrag vorgelegt** wird. Der Job-Sharing- Gesellschafter ist in Abgrenzung zum Job-Sharing-Assistenten oder Job-Sharing- Angestellten (vgl. § 101 Abs. 1 Nr. 5 SGB V) „**echter Gesellschafter**". Demgemäß muss sein gesellschaftsrechtlicher Status sich von dem eines Angestellten oder Scheingesellschafters abgrenzen.

In der Praxis ist festzustellen, dass die Zulassungsgremien an die Ausgestaltung der Rechtsposition des Job-Sharers geringere Anforderungen stellen als bei einem Gesellschafter mit einer Vollzulassung.

Die Beteiligten müssen bedarfsplanungsrechtlich derselben Arztgruppe angehören. Ob dies der Fall ist, richtet sich nach Nr. 23b Bedarfsplanungs-Richtlinien-Ärzte. So ist es zulässig, dass z. B. ein Facharzt für Allgemeinmedizin und ein Facharzt für Innere Medizin im Rahmen der hausärztlichen Versorgung eine Job-Sharing-Gemeinschaftspraxis gründen können. Ein versorgungsbereichsübergreifender Zusammenschluss wäre unzulässig.

Die Einbindung als Job-Sharing-Gesellschafter ist auch bei einer fachübergreifenden Gemeinschaftspraxis zulässig. In diesem Fall wird die Zulassung des Job-Sharers an diejenige des Vertragsarztes seiner Arztgruppe gebunden.

Voraussetzung für die Genehmigung der Job-Sharing-Gemeinschaftspraxis ist ferner, dass sich sämtliche Gesellschafter gegenüber dem Zulassungsausschuss schriftlich bereit erklären, während des Bestands der Gemeinschaftspraxis den zum Zeitpunkt der Antragstellung bestehenden **Praxisumfang nicht wesentlich zu überschreiten** und in diesem Zusammenhang die vom Zulassungsausschuss festgelegte Leistungsbeschränkung anzuerkennen. Die Leistungsbeschränkung basiert auf dem Abrechnungsvolumen des Vertragsarztes vor Errichtung der Gemeinschaftspraxis bzw. dem Beitritt zu einer bestehenden Gemeinschaftspraxis. Im letzteren Fall wird nicht etwa das Abrechnungsvolumen lediglich des Vertragsarztes festgeschrieben, mit welchem das Job- Sharing praktiziert wird, sondern betroffen ist das gesamte Abrechnungsvolumen der Gemeinschaftspraxis. Dies ist der maßgebliche Grund dafür, dass das Job-Sharing in der Praxis nur von untergeordneter Bedeutung ist. Hieran ändert auch der Umstand nichts, dass der Job-Sharing-Gemeinschaftspraxis ein 3 %-iges jährliches Wachstum zugestanden wird. Bei einer Gemeinschaftspraxis ist Grundlage des Wachstums der Honoraranteil lediglich des Gesellschafters, mit welchem das Job-Sharing praktiziert wird und nicht das Abrechnungsvolumen der gesamten Praxis. Bedenkt man, dass das Abrechnungsvolumen der gesamten Praxis – einschließlich auch der unbudgetierten (!) Leistungen – faktisch eingefroren wird, erscheint die auf einen Arzt beschränkte Wachstumsmöglichkeit ungerecht.

c) Status

Der im Rahmen des Job-Sharing zugelassene Gesellschafter ist **Mitglied der Kassenärztlichen Vereinigung** und deren Disziplinargewalt unterworfen. Insofern ergeben sich keine Unterschiede zum Status des uneingeschränkt zugelassenen Vertragsarztes. Die Beschränkung der Zulassung bedeutet, dass die Job-Sharing-Zulassung **akzessorisch zur Vollzulassung** ist. Endet die Vollzulassung, teilt die Job-Sharing-Zulassung dieses Schicksal. Die Job-Sharing-Zulassung wird nicht bei der Bedarfsplanung berücksichtigt.

Im Nachbesetzungsverfahren gilt folgende Besonderheit: Gemäß § 101 Abs. 3 Satz 4 SGB V ist der Job-Sharer bei der Bewerberauswahl erst nach **fünfjähriger** gemeinsamer vertragsärztlicher Tätigkeit mit dem voll zugelassenen Vertragsarzt privilegiert. Dies hat Auswirkungen primär auf die Nachfolge in der Einzelpraxis, da bei einer Gemeinschaftspraxis regelmäßig der Sondertatbestand des § 103 Abs. 6 SGB V einschlägig sein dürfte.

d) Wegfall der Beschränkung

Nach **zehnjährigem Bestand** der Job-Sharing-Zulassung erstarkt diese automatisch mit allen Konsequenzen wie z. B. der Nachbesetzungsfähigkeit zur Vollzulassung (§ 101 Abs. 4 Satz 2 SGB V). Nach wie vor ungeklärt ist die Frage, ob es Im Rahmen einer Gemeinschaftspraxis erforderlich ist, dass das Job-Sharing mit ein und demselben Partner praktiziert wird. Würde man diese Frage verneinen, bedeutete dies eine unzumutbare Härte für den Job-Sharer, der für seine zehnjährige vertragsärztliche Tätigkeit belohnt werden soll.

Bei einer **Entsperrung des Planungsbereichs** erstarken so viele beschränkte Zulassungen zu Vollzulassungen wie durch die Entsperrung frei werden. Dabei wird eine Auswahl nach der Dauer des Bestehens der Job-Sharing-Zulassungen vorgenommen.

e) Gestaltungsnotwendigkeiten

Die Job-Sharing-Gemeinschaftspraxis unterscheidet sich zivilrechtlich nicht von einer Gemeinschaftspraxis mit unbeschränkt zugelassenen Vertragsärzten. Dies gilt insbesondere hinsichtlich der Abgrenzung des Scheingesellschafters zum „echten" Gesellschafter.

Andererseits bedarf die zulassungsbedingte **Unsicherheit der Rechtsposition** des Job- Sharers der besonderen Berücksichtigung bei der Vertragsgestaltung. Der über die Vollzulassung verfügende Vertragsarzt hat es rechtlich in der Hand, durch Gestaltungserklärungen gegenüber dem Zulassungsausschuss (z. B. Beendigung der Gemeinschaftspraxis oder Verzicht auf seine Vertragsarztzulas-

B. Berufsausübungsgemeinschaften

sung) der Tätigkeit des Job- Sharers die Rechtsgrundlage zu entziehen. Hat der Job-Sharer Gesellschaftsanteile erworben, kann er diese oftmals ohne Vertragsarztzulassung nicht veräußern. Diesen Besonderheiten ist durch **Bestimmungen zur Laufzeit** Rechnung zu tragen, indem z. B. das ordentliche Kündigungsrecht des voll zugelassenen Vertragsarztes ausgeschlossen wird. Ungerechtfertigte Kündigungen gilt es mit Vertragsstrafen zu unterbinden. Auch muss die Rechtsposition des Job-Sharers durch Ausgestaltung von Vollmachten so gefestigt werden, dass dieser **Einfluss auf das Nachbesetzungsverfahren** nehmen kann. Hilfsweise sind zugunsten des Job-Sharers **Entschädigungsregelungen** für den Fall vorzusehen, dass er entgegen der ursprünglichen Planung keine Vollzulassung erhält.

2. Steuerliche Aspekte

Die Job-Sharing-Gemeinschaftspraxis unterscheidet sich steuerlich nicht von der Grundform der Gemeinschaftspraxis (siehe S.84 ff.).

In der Praxis wird allerdings der neue Job-Sharing-Partner häufig für eine gewisse Zeit vermögenslos an der Gemeinschaftspraxis beteiligt. Trifft den Job-Sharing-Partner ein nur **schwach ausgeprägtes Mitunternehmerrisiko** und verfügt er zudem über eine **beschränkte** Möglichkeit, **Mitunternehmerinitiative** zu entfalten, können ihm die Voraussetzungen fehlen, um steuerlich als Mitunternehmer der Job-Sharing-Gemeinschaftspraxis angesehen zu werden. Bei der Job-Sharing-Gemeinschaftspraxis sind daher die steuerlichen Folgen einer vermögenslosen Beteiligung und deren Verhinderung besonderes zu beachten (siehe S. 88).

VI. So genannte „gemischte Gemeinschaftspraxis"

1. Rechtliche Aspekte

Literatur:

Kleinke/Frehse, Kooperationsmöglichkeiten zwischen Vertragsarzt und Privatarzt, AusR 2003 S. 69; *Möller*, Gemeinschaftspraxis zwischen Privatarzt und Vertragsarzt, MedR 2003 S. 195; *Trautmann*, Die vertragsarztrechtlichen Voraussetzungen der gemeinschaftlichen Berufsausübung von Ärzten nach § 33 Abs. 2 Ärzte-ZV, NZS 2004 S. 238; *Blaurock*, Gestaltungsmöglichkeiten der Zusammenarbeit von Vertrags- und Privatarzt, MedR 2006 S. 643.

§ 33 Abs. 2 Satz 2 Ärzte-ZV in der bis zum 31.12.2006 geltenden Fassung bestimmte: „Die gemeinsame Ausübung vertragsärztlicher Tätigkeit ist nur zulässig unter Vertragsärzten."

Mit Wirkung zum 1.1.2007 hat im vertragsarztrechtlichen Sinne eine Begriffserweiterung stattgefunden. § 33 Abs. 2 Satz 1 Ärzte-ZV erklärt die gemeinsame Ausübung vertragsärztlicher Tätigkeit nunmehr „unter allen zur vertragsärztlichen Versorgung zugelassenen Leistungserbringern ..." für zulässig. Ausweislich der Gesetzesbegründung kann die Berufsausübungsgemeinschaft auch unter Einbindung einer MVZ-GmbH errichtet werden.

Sowohl das SGB V als auch § 33 Abs. 2 Ärzte-ZV schweigen zu der Frage, ob eine vertragsärztliche Berufsausübungsgemeinschaft auch dann gebildet werden darf, wenn nicht sämtliche Leistungserbringer an der vertragsärztlichen Versorgung teilnehmen. Fraglich ist mithin, ob im Rahmen einer Berufsausübungsgemeinschaft unterschiedliche Bereiche vorgehalten werden können. So wäre es denkbar, dass der Gesellschaftszweck darauf ausgerichtet ist, dass sämtliche Gesellschafter gemeinschaftlich privatärztliche Leistungen erbringen, wohingegen lediglich ein Teil der Gesellschafter vertragsarztrechtlich tätig ist.

Derartige Modelle sind für die Beteiligten in vielfacher Hinsicht vorteilhaft. So könnte z. B. der Vertragsarzt, dessen Zulassung mit Ablauf des Quartals endet, in welchem er sein 68. Lebensjahr vollendet, trotz des Verlustes der Vertragsarztzulassung weiterhin in der Gesellschaft verbleiben. Vorteile könnten sich für sämtliche Gesellschafter auch dadurch ergeben, dass ein Arzt, der noch über keine eigene Vertragsarztzulassung verfügt, der Gesellschaft beitritt und zunächst primär privatärztlich tätig ist, wobei er die übrigen Ärzte im Rahmen des vertragsarztrechtlich Zulässigen vertritt. Im Falle des Ausscheidens eines Vertragsarztes aus der Gemeinschaftspraxis könnte er dessen Gesellschaftsanteil inklusive Vertragsarztsitz übernehmen.

Teilweise wird die Auffassung vertreten, § 33 Abs. 2 Satz 1 Ärzte-ZV enthalte ein Verbot einer Berufsausübungsgemeinschaft zwischen einem Privat- und einem

B. Berufsausübungsgemeinschaften

Vertragsarzt. Es wird befürchtet, dass ein Arzt, dem die Vertragsarztzulassung entzogen wurde, auf diesem Wege selbständig eine Vertragsarztpraxis betreiben könnte.

Bei der rechtlichen Beurteilung ist zunächst hervorzuheben, dass § 33 Abs. 2 Satz 1 Ärzte-ZV nicht organisations- sondern primär **tätigkeitsbezogen** auszulegen ist. Die Regelung besagt nur Selbstverständliches, dass nämlich eine **gemeinsame vertragsärztliche Tätigkeit** nur vertragsärztlich zugelassenen Leistungserbringern vorbehalten bleibt.

Die Diskussion über die Zulässigkeit einer sog. „gemischten Berufsausübungsgemeinschaft" ist durch ein Urteil des OLG München (v. 12.9.2005 – 21 U 2982/05, MedR 2006 S. 172) neu entfacht worden. Es hat eine Klausel in einem Gemeinschaftspraxisvertrag, wonach ein Vertragsarzt und ein Nichtvertragsarzt sich zur **gemeinsamen vertragsärztlichen Tätigkeit** verpflichtet haben, wegen Verstoßes gegen § 33 Abs. 2 Ärzte-ZV als nichtig beurteilt. Dieser Entscheidung ist im Ergebnis zuzustimmen, da der Wille der Gesellschafter auf die gemeinschaftliche Erbringung vertragsärztlicher Leistungen ausgerichtet war.

Mit dieser Entscheidung ist jedoch nichts darüber gesagt, ob bei sauberer vertraglicher und tatsächlicher Trennung des privatärztlichen und des vertragsärztlichen Bereichs ein Verstoß gegen vertragsarztrechtliche Vorgaben vorliegt. Ob es dabei erforderlich – wie teilweise gefordert – ist, dass für Privatpatienten und GKV-Patienten getrennte Dokumentationssysteme geführt werden, erscheint überzogen. Richtigerweise wird bei Beachtung des Grundsatzes, dass Nichtvertragsärzte keinen Einfluss auf die vertragsärztliche Tätigkeit ausüben dürfen, von der Zulässigkeit des Modells auszugehen sein. Einzelne Kassenärztliche Vereinigungen haben hierzu ausdrücklich ihre Zustimmung erklärt (vgl. KV Nordrhein in KVNO aktuell online 5/03, S. 3 f.). Eine obergerichtliche oder höchstrichterliche Entscheidung steht jedoch nach wie vor aus.

2. Steuerliche Aspekte

Die sog. „gemischte Gemeinschaftspraxis" unterscheidet sich steuerlich nicht von der Grundform der Gemeinschaftspraxis (siehe S. 84 ff.).

Die Tatsache, dass Ärzte miteinander kooperieren, von denen nicht alle zur Abrechnung im Rahmen der vertragsärztlichen Versorgung zugelassen sind, hat keine Auswirkung auf die ertragsteuerliche Qualifikation der Einkünfte aus der vertragsärztlichen oder privatärztlichen Tätigkeit. Auch das Umsatzsteuerrecht kennt keine Differenzierung zwischen einer vertragsärztlichen und einer privatärztlichen Tätigkeit.

Wie bei der Teilgemeinschaftspraxis ist aber bei der Gewinnverteilungsabrede darauf zu achten, dass der ausschließlich privatärztlich tätige Arzt nicht eklatant an Gewinnen partizipiert, die sich durch die KV-Honorare aus der vertragsärztlichen Tätigkeit ergeben und umgekehrt. Ansonsten besteht die Gefahr der Gewerblichkeit der Einkünfte aus der „gemischten Gemeinschaftspraxis" (siehe S. 139). Da arztrechtlich bereits eine saubere vertragliche und tatsächliche Trennung des privatärztlichen und des vertragsärztlichen Bereichs erforderlich ist, empfiehlt es sich für gemischte Gemeinschaftspraxen, einen Kostenstellenrechnung für die Gewinnverteilung zugrunde zu legen.

VII. Partnerschaftsgesellschaft

1. Rechtliche Aspekte

Literatur:

Krieger, Partnerschaftsgesellschaftsgesetz. Eine neue Möglichkeit in freier Praxis partnerschaftlich zusammenzuarbeiten, MedR 1995 S. 96; *Nentwig/Bonvie/Hennings*, Das Partnerschaftsgesellschaftsgesetz: Die berufliche Zusammenarbeit von Medizinern, 2001; *Schirmer*, Berufsrechtliche und kassenarztrechtliche Fragen der ärztlichen Berufsausübung in Partnerschaftsgesellschaften, MedR 1995 S. 341, 383.

a) Rechtliche Struktur

Die Partnerschaftsgesellschaft (Partnerschaft) steht den Angehörigen freier Berufe seit dem 1.7.1995 zur Verfügung. Sie ist im Partnerschaftsgesellschaftsgesetz (PartGG) geregelt und stellt eine Sonderform der GbR dar, weist jedoch in vielen Bereichen Ähnlichkeiten mit der OHG auf, obwohl sie keine Handelsgesellschaft ist (§ 1 Abs. 1 Satz 2 PartGG) Gesellschafter können nur Angehörige freier Berufe (Aufzählung in § 1 Abs. 2 PartGG) zur **Ausübung ihrer Berufe** sein, wodurch eine kapitalmäßige Beteiligung ebenso ausgeschlossen wird wie die Gesellschafterstellung z. B. eines Krankenhausträgers. Das Gesetz sagt allerdings nichts dazu, in welchem zeitlichen Umfang der einzelne Partner seinen Beruf in der Partnerschaft auszuüben hat.

Da die Partnerschaft Berufsausübungsgesellschaft ist, kann diese Rechtsform nicht gewählt werden, wenn Vertragsärzte ein MVZ gründen, in welchem sie selbst nicht ärztlich tätig sind. Enthält das Berufsrecht vom PartGG abweichende Vorschriften, genießen diese Vorrang (§ 18 Abs. 5 MBO, § 1 Abs. 3 PartGG). So dürfen Ärzte die Heilkunde nur in arzttypischen Partnerschaftsgesellschaften ausüben. Ein gesellschaftsrechtlicher Zusammenschluss ist nur mit solchen anderen Berufsangehörigen und in der Weise gestattet, dass diese in ihrer Verbindung mit dem Arzt einen gleichgerichteten oder integrierenden diagnostischen oder therapeutischen Zweck bei der Heilbehandlung, der Prävention oder Rehabilitation erfüllen (§ 23b Abs. 1 MBO). Demgemäß dürfte ein Rechtsanwalt – obwohl unstreitig Angehöriger eines freien Berufs – nicht Angehöriger einer Ärzte-Partnerschaft sein.

Die Partnerschaftsgesellschaft setzt – ebenso wie die in der Rechtsform der BGB-Gesellschaft geführte Gemeinschaftspraxis – grundsätzlich die **aktive Berufstätigkeit** sämtlicher Partner voraus. Verliert ein Partner die Approbation als Arzt, scheidet er kraft Gesetzes aus der Partnerschaftsgesellschaft aus (§ 9 Abs. 3 PartGG).

Die Partnerschaftsgesellschaft ist rechts- und parteifähige Personengesellschaft (§ 7 Abs. 2 PartGG i. V. m. § 124 HGB). Sie hat einen Namen, unter dem sie klagen und verklagt werden kann (§§ 2, 11 PartGG). Der Name der Partnerschaft muss den Namen mindestens eines Partners, den Zusatz „und Partner" („+ Partner", „& Partner") oder „Partnerschaft" sowie die Berufsbezeichnung sämtlicher in der Partnerschaft vertretenen Berufe (§ 2 Abs. 1 PartGG) aufführen. Enthält das Berufsrecht strengere Anforderungen zur Firmierung, sind diese – ebenfalls – zu beachten. So gilt gem. § 17 Abs. 4 MBO, dass die **Namen sämtlicher Gesellschafter aufzuführen** sind. Der Name eines verstorbenen Gesellschafters darf – anders als z. B. nach dem anwaltlichen Berufsrecht – nicht weiter geführt werden (§ 18a Abs. 1 MBO). Diese Regelung verhindert den Aufbau einer dauerhaften Namensmarke. Ob das Verbot im Interesse des Patientenschutzes tatsächlich erforderlich ist, erscheint zweifelhaft.

b) Formalien

aa) Zivilrechtliche Voraussetzungen

Das PartGG ist ein recht knapp gefasstes Gesetz, welches die Rechtsanwendung allerdings durch vielfache Verweisungen auf Bestimmungen des OHG-Rechts im HGB verkompliziert. Ergänzend ist die „Verordnung über die Errichtung und Führung des Partnerschaftsregisters" zu beachten, die Einzelheiten zu dem nach §§ 4, 5 PartGG zu führenden Partnerschaftsregister regelt. Die Partnerschaftsregister halten für die Gründung hilfreiche Formblätter bereit, die regelmäßig auch über das Internet zur Verfügung stehen.

Die Gründung der Ärztepartnerschaft erfordert zunächst den **Abschluss eines schriftlichen Gesellschaftsvertrages** unter Regelung der (Minimal-)Voraussetzungen des § 3 PartGG:

► Name der Gesellschaft,

► Sitz der Gesellschaft,

► Name und Vorname jedes Partners,

► in der Gesellschaft ausgeübte Berufe,

► Wohnort jedes Partners,

► Gegenstand der Partnerschaftsgesellschaft.

Das Schriftformerfordernis (§ 126 BGB) gilt nicht nur für den Abschluss des Gesellschaftsvertrages, sondern auch für **spätere Änderungen**. Bei einer Verletzung dieser Vorgaben laufen die Gesellschafter Gefahr, das Haftungsprivileg dieser Rechtsform zu verlieren.

Im Verhältnis zu Dritten wird die Partnerschaft erst mit der Eintragung in das Partnerschaftsregister wirksam. Bis zu diesem Zeitpunkt liegt eine BGB-Gesellschaft vor. Die Umwandlung einer als BGB-Gesellschaft geführten Gemeinschaftspraxis in eine Partnerschaftsgesellschaft ist **identitätswahrend** möglich

(§ 2 Abs. 2 PartGG i. V. m. § 24 Abs. 2 HGB); es muss mithin keine neue Gesellschaft gegründet werden.

Die Anmeldung erfolgt bei dem für den Sitz der Partnerschaft zuständigen Partnerschaftsregister. Sie bedarf der öffentlichen Beglaubigung durch einen Notar. In der gleichen Form sind der Eintritt eines neuen Partners sowie das Ausscheiden eines Partners anzumelden. Der Partnerschaftsvertrag bedarf nicht der Vorlage beim Partnerschaftsregister, so dass insofern keine inhaltliche Überprüfung erfolgt.

Besteht die Partnerschaft nur aus zwei Partnern, führt das Ausscheiden eines Partners zum Erlöschen der Partnerschaftsgesellschaft, da es keine Einmann-Partnerschaftsgesellschaft gibt. Sofern der Gesellschaftsvertrag eine Fortsetzungsklausel enthält, führt der Verbleibende die Praxis als Einzelpraxis fort.

bb) **Berufsrechtliche Anzeigepflicht**

Der Zusammenschluss zu einer Partnerschaftsgesellschaft, deren Änderung und Beendigung sind der Ärztekammer anzuzeigen. Es besteht **keine Genehmigungspflicht**. Sind für die Beteiligten mehrere Ärztekammern zuständig, so ist jeder Arzt verpflichtet, die für ihn zuständige Ärztekammer auf alle am Zusammenschluss beteiligten Ärzte hinzuweisen (§ 18 Abs. 6 MBO).

cc) **Vertragsarztrechtliche Genehmigung**

Die vertragsärztlich tätige Partnerschaftsgesellschaft bedarf der **vorherigen Genehmigung** durch den für ihren Sitz zuständigen Zulassungsausschuss (§ 33 Abs. 2 Ärzte-ZV). Die Zulassungsausschüsse prüfen, ob der vorgelegte Gesellschaftsvertrag den berufs- und vertragsarztrechtlichen Vorgaben entspricht. Dabei wird regelmäßig dem Umstand besondere Bedeutung beigemessen, dass nicht „verkappte" Angestellte als Partner geführt werden. Auf die Erteilung der Genehmigung besteht bei Vorliegen der Voraussetzungen ein Rechtsanspruch. Insofern gelten die Ausführungen zur Gemeinschaftspraxis und überörtlichen Gemeinschaftspraxis entsprechend.

c) **Binnenstruktur, Haftung**

Die Binnenstruktur der in der Rechtsform der Partnerschaft geführten ärztlichen Berufsausübungsgemeinschaft unterscheidet sich nicht von derjenigen der Gemeinschaftspraxis. Es gilt ebenfalls der Grundsatz der gesamtschuldnerischen persönlichen Haftung der Partner für Gesellschaftsverbindlichkeiten. Ein der Partnerschaftsgesellschaft beitretender Partner haftet ab Eintragung in das Partnerschaftsregister für Altverbindlichkeiten unbegrenzt mit seinem Privatvermögen. Lediglich für **berufliche Fehler** enthält § 8 Abs. 2 PartGG in der ab dem 1.8.1998 geltenden Fassung ein **Haftungsprivileg**: *„Waren nur einzelne Partner mit der Bearbeitung eines Auftrags befasst, haften nur sie persönlich für berufliche*

Fehler neben der Partnerschaft; ausgenommen sind Bearbeitungsvorgänge von untergeordneter Bedeutung."

Mit beruflichen Fehlern aus einem Auftrag ist im ärztlichen Bereich die Verletzung des schuldrechtlichen Behandlungsvertrages, mithin der klassische Behandlungsfehler, gemeint. Die besonders haftungsträchtige Abrechnung gegenüber der Kassenärztlichen Vereinigung fällt nicht in diese Kategorie. Bei **KV-Rückforderungen** bleibt es in diesem Zusammenhang bei dem Grundsatz der gesamtschuldnerischen persönlichen Haftung sämtlicher Partner neben der Partnerschaft. Das Prinzip der Haftungskonzentration auf die Partnerschaft und den handelnden Partner wirkt sich zugunsten der nicht in die Betreuung des Patienten eingebunden Partner als Haftungsprivileg aus.

Wird ein Partner im Übrigen von einem Patienten in Anspruch – etwa wegen fehlender oder unzureichender Deckung aus der Berufshaftpflichtversicherung – genommen, steht dem Partner ein **Ausgleichsanspruch gegen die Partnerschaft** zu. Dies gilt jedoch regelmäßig nicht bei Schadensersatzansprüchen, die der Inanspruchgenommene persönlich zu vertreten hat.

In der Beratungspraxis spielt die Partnerschaftsgesellschaft im ärztlichen Bereich keine bedeutende Rolle, da regelmäßig ausreichende Berufshaftpflichtversicherungen abgeschlossen sind und die Förmlichkeiten wie Registerpflichtigkeit die Ärzte eher abschrecken. Bei der Gründung von Publikums-Teilberufsausübungsgemeinschaften ist allerdings zunehmend festzustellen, dass die Partnerschaftsgesellschaft als Rechtsform bevorzugt wird.

2. Steuerliche Aspekte

Literatur:
Seibert, Die Partnerschaft für die Freien Berufe, DB 1994 S. 2381 f.

a) Allgemeine steuerliche Grundsätze

Die Partnerschaftsgesellschaft zählt wie auch die Gemeinschaftspraxis in Form der GbR steuerlich zu den Personengesellschaften und unterliegt damit denselben steuerlichen Grundsätzen, auf die verwiesen werden kann (siehe S. 84).

b) Umwandlung einer GbR in eine Partnerschaftsgesellschaft

Folgt man der Auffassung des BFH (BFH v. 21.6.1994 - VIII R 5/92, BStBl 1994 II S. 856), besteht bei der Gestaltung praktisch ein Wahlrecht zwischen der identitätswahrenden Fortführung der bisherigen Gesellschaft, bei der die identitätsbegründenden Merkmale (vergleichbare Gesellschaftsstruktur, gleicher Zweck, gleicher Gesellschafterbestand, gleiches Betriebsvermögen) im Wesentlichen erhalten bleiben und der identitätsaufhebenden Umwandlung mit Übergang des Gesellschaftsvermögens der erlöschenden Gesellschaft auf eine neu gegründete Personengesellschaft mit der Möglichkeit der Aufdeckung sämtlicher stiller Reserven.

Durch einen identitätswahrenden Formwechsel kann durch den Ansatz der Buchwerte die Aufdeckung stiller Reserven vermieden werden. Die formwechselnde Umwandlung einer Personengesellschaft in eine Personengesellschaft anderer Rechtsform unter Wahrung der zivilrechtlichen Identität und Beteiligungsverhältnisse ist steuerlich grundsätzlich weder eine Veräußerung noch eine Aufgabe der Mitunternehmeranteile noch eine Aufgabe der ganzen Personengesellschaft (Schmidt/Wacker, EStG 2006, § 16 Rz 416).

Das Umwandlungsgesetz sieht die Möglichkeit der Umwandlung einer GbR in eine PartG indes nicht vor, da § 191 Abs. 1 UmwG die Gesellschaft bürgerlichen Rechts als formwechselnden Rechtsträger nicht aufführt. Auch das Partnerschaftsgesellschaftsgesetz enthält für diese Art der „Umwandlung" keine eigenständige Norm. Jedoch bringe § 2 Abs. 2 2. Halbsatz PartGG zum Ausdruck, dass eine formwechselnde, identitätswahrende Umwandlung einer Gesellschaft bürgerlichen Rechts in eine Partnerschaftsgesellschaft nach den allgemeinen Regeln zulässig erscheint (Seibert, Die Partnerschaft für die Freien Berufe, DB 1994 S. 2381 f.; Bayerisches OLG v. 26.11.1997 - 3 ZBR 279/97, DB 1998 S. 253).

Folgt man dieser Auffassung, ist auch aus steuerlicher Sicht nach Anpassung des Gesellschaftsvertrages die bestehende Gesellschaft lediglich in das Partnerschaftsregister einzutragen (Beck'sches Handbuch der Personengesellschaften, Bärwaldt, § 18 Rz 51).

PRAXISHINWEIS

Zur Vermeidung von Auseinandersetzungen mit der Finanzverwaltung sollte bei der vertraglichen Gestaltung der Umwandlung explizit zum Ausdruck kommen, dass der Formwechsel als identitätswahrende Fortführung der bisherigen Gesellschaft unter Fortführung der steuerlichen Buchwerte ohne Betriebsveräußerung oder Betriebsaufgabe vereinbart wird.

VIII. Ärzte-Gesellschaft

1. Rechtliche Aspekte

Literatur:

Häußermann/Dollmann, Die Ärzte-Gesellschaft mbH, MedR 2005 S. 255; *Braun/Richter*, Gesellschaftsrechtliche und steuerrechtliche Grundfragen der Ärzte-GmbH, MedR 2005 S. 685; *Saenger*, Gesellschaftsrechtliche Binnenstruktur der ambulanten Heilkundegesellschaft, MedR 2006 S. 138; *Schäfer-Gölz*, Medizinisches Versorgungszentrum – Ärztegesellschaft, in: Baums/Wertenbruch (Hrsg.), Festschrift für Ulrich Huber zum siebzigsten Geburtstag, 2006, S. 951.

a) Voraussetzungen

Es entspricht einem seit Jahren geäußerten Wunsch der Ärzteschaft, sich zur gemeinsamen Berufsausübung „moderner Gesellschaftsformen" bedienen zu können. Die OHG und KG kommen als rechtlicher Mantel einer Berufsausübungsgemeinschaft nach herrschender Meinung generell wegen deren gewerblichen Gesellschaftszwecks nicht in Betracht. § 23a Abs. 1 MBO hat dem von vielen Ärzten geäußerten Wunsch auf Möglichkeiten der Haftungsbegrenzung Rechnung getragen, indem Ärzte „auch in der Form der juristischen Person des Privatrechts ärztlich tätig" sein können.

Nicht alle Landesärztekammern haben die Ärztegesellschaft in ihre jeweiligen Berufsordnungen aufgenommen. In Nordrhein-Westfalen hat die Ärztekammer Westfalen-Lippe die Ärztegesellschaft – anders als ihre nordrheinische Schwesterkammer – anerkannt. Deutschland gleicht insofern einem Flickenteppich!

In der Praxis dürften die meisten Ärzte-Gesellschaften als GmbH und nicht als AG gegründet werden. In diesem Fall müssen neben den berufrechtlichen Vorgaben die Voraussetzungen des GmbH-Gesetzes beachtet werden. Einer gesonderten Zulassung durch die Ärztekammer bedarf es nicht. Die Gründung der Ärzte-GmbH ist lediglich anzeigepflichtig (§ 18 Abs. 6 MBO).

Gesellschafter dürfen nur Ärzte und solche Personen sein, mit welchen der Arzt einen gleichgerichteten oder integrierenden diagnostischen oder therapeutischen Zweck bei der Heilbehandlung erfüllen kann (§ 23b Abs. 1 MBO = zur eigenverantwortlichen Berufsausübung befugte Angehörige anderer akademischer Heilberufe oder staatlicher Ausbildungsberufe im Gesundheitswesen sowie andere Personen mit naturwissenschaftlicher Ausbildung und Angehörige sozialpädagogischer Berufe: Physiotherapeuten, Sprachtherapeuten, Ergotherapeuten oder Hebammen), wobei weitere Vorgaben zur eigenverantwortlichen und selbständigen Berufsausübung zu beachten sind. Die Ärzte-Gesellschaft ist ebenfalls Berufsausübungsgesellschaft, wodurch eine rein kapitalistische Beteiligung ausgeschlossen ist. Selbst Krankenhausträger dürfen nicht Gesellschafter sein.

Ferner ist von Bedeutung, dass die Geschäftsführer mehrheitlich Ärzte sein und über die Stimmenmehrheit verfügen müssen. Hieraus ist zu folgern, dass die Gesellschaft, sofern auch Nicht-Ärzte Gesellschafter sind, zumindest zwei Ärzte-Gesellschafter-Geschäftsführer haben muss. Daneben sind angestellte Fremdgeschäftsführer grundsätzlich zulässig. Zwecks Vermeidung einer Fremdbestimmung dürfen Dritte nicht am Gewinn der Gesellschaft beteiligt sein. Hierdurch grenzt sich die Ärzte-Gesellschaft von der Heilkunde-GmbH ab, für welche diese Vorgaben nicht gelten, mithin eine rein kapitalistische Beteiligung in Betracht kommt.

b) Ärztegesellschaft und Vertragsarztrecht

Hervorzuheben ist, dass das Vertragsarztrecht die Ärzte-Gesellschaft als Leistungserbringerin nicht anerkennt. Eine Änderung hat auch das VÄndG nicht gebracht. Bei Erfüllung der gesetzlichen Voraussetzungen kann die Ärzte-Gesellschaft jedoch als Medizinisches Versorgungszentrum an der vertragsärztlichen Versorgung teilnehmen.

c) Gesellschaftsvertragliche Regelungen

Gesellschaftsvertraglich ist zu vereinbaren, dass ein Gesellschafter mit Beendigung seiner beruflichen Tätigkeit automatisch aus der Gesellschaft ausscheidet. Gleiches gilt bei Verlust der staatlichen Berufserlaubnis, z. B. dem Widerruf der Approbation als Arzt. Eine Übertragung von Geschäftsanteilen ist nur an solche Personen zulässig, die die berufsrechtlichen Voraussetzungen erfüllen. Dies bedingt eine berufliche Tätigkeit in der Gesellschaft. Bei Abtretung an eine unbefugte Person ist der zugrunde liegende Vertrag gem. § 134 BGB nichtig.

Kommt ein Gesellschafter, in dessen Person die subjektiven Gesellschaftervoraussetzungen nicht mehr vorliegen, der Aufforderung nicht nach, seinen Geschäftsanteil an die Mitgesellschafter oder eine von diesen benannte geeignete Person abzutreten, ist sein Geschäftsanteil einzuziehen (§ 34 GmbHG). Für den Erbfall kann im Gesellschaftsvertrag bestimmt werden, dass die Erben durch die Gesellschafterversammlung angewiesen werden können, den Gesellschaftsanteil auf einen neu eintretenden Gesellschafter zu übertragen.

Darüber hinaus sollte der Gesellschaftsvertrag bestimmen, dass die in der Gesellschaft tätigen Ärzte in medizinischen Angelegenheiten keinesfalls Weisungen von Nicht-Ärzte-Geschäftsführern unterworfen sind.

2. Steuerliche Aspekte

a) Ertragsteuerliche Grundsätze

Die Besteuerung der Ärzte-Gesellschaft in der Rechtsform der GmbH oder der AG unterscheidet sich grundlegend von den dargestellten Berufsausübungsgemeinschaften in der Rechtsform einer Personengesellschaft. Sie folgt insoweit dem Besteuerungsrecht für Kapitalgesellschaften als eigenständigem Steuersubjekt nach dem **Körperschaftsteuergesetz**. Ihre Tätigkeit gilt nach § 2 Abs. 2 Satz 1 GewStG **kraft Rechtsform stets als Gewerbebetrieb**. Eine Kapitalgesellschaft kann zudem die Merkmale eines freien Berufes nicht erfüllen, so dass die Gewerbesteuerpflicht auch jede Mitunternehmerschaft betrifft, an der neben freiberuflich tätigen Mitunternehmern eine Kapitalgesellschaft beteiligt ist. Dies gilt auch dann, wenn an der Kapitalgesellschaft ausschließlich Gesellschafter beteiligt sind, die selbst persönlich die Voraussetzungen für die Annahme einer freiberuflichen Tätigkeit erfüllen (BFH v. 3.12.2003 - IV B 192/03, BStBl 2004 II S. 303).

Die steuerlichen Grundsätze zur Ärztegesellschaft finden zugleich Anwendung für **Medizinische Versorgungszentren in der Rechtsform der GmbH**, so dass die folgenden Ausführungen auch in diesem Zusammenhang von besonderer Bedeutung sind.

b) Errichtung einer Ärzte-Gesellschaft

Die Gründung einer Ärztegesellschaft als GmbH kann entweder als **Bargründung** durch Leistung einer Bareinlage oder als **Sachgründung** durch Leistung einer Sacheinlage ausgestaltet werden.

Die Bargründung durch Leistung einer Bareinlage ist steuerlich unbeachtlich. Die Zahlung in Geld ist steuerneutral und führt für den Gesellschafter zu Anschaffungskosten auf die Beteiligung. Hat der Gesellschafter im Rahmen der Gründung ein Agio zu leisten, wird die nicht in das Nennkapital geleistete Einlage in dem steuerlichen Einlagekonto der Gesellschaft nach § 27 KStG ausgewiesen.

Wird ein Betrieb, Teilbetrieb oder Mitunternehmeranteil gegen Gewährung neuer Anteile an der Gesellschaft (**Sacheinlage**) in eine GmbH eingebracht, ist nach **§ 20 UmwStG 2006** das eingebrachte Betriebsvermögen mit dem gemeinen Wert zu bewerten, darf aber auf Antrag mit seinem Buchwert oder einem Zwischenwert angesetzt werden. Voraussetzung ist, dass sichergestellt ist, dass das übertragene Betriebsvermögen später bei der übernehmenden GmbH der Besteuerung nach dem Körperschaftsteuergesetz unterliegt, die Passivposten des eingebrachten Betriebsvermögens dürfen die Aktivposten nicht übersteigen (dabei ist das Eigenkapital nicht zu berücksichtigen). Das Recht der Bundesrepublik Deutschland hinsichtlich der Besteuerung des Gewinns aus der Veräußerung des eingebrachten Betriebsvermögens bei der übernehmenden Gesellschaft darf nicht ausgeschlossen oder eingeschränkt sein. Die Voraussetzung der Besteuerung nach dem Körperschaftsteuergesetz und dem Besteuerungsrecht der Bundesrepublik Deutschland dürfte bei der Ärzte- Gesellschaft in der Regel erfüllt sein, da die Ärzte-Gesellschaft nicht grenzüberschreitend gegründet wird. Der Antrag ist spätestens bis zur erstmaligen Abgabe der steuerlichen Schlussbilanz beim dem für die Besteuerung der übernehmenden Gesellschaft zuständigen Finanzamtes zu stellen.

Erhält der Einbringende für die Einbringung seines Betriebes, Teilbetriebes oder Mitunternehmeranteils neue Anteile an der Gesellschaft, ist dies aus ertragsteuerlicher Sicht ein veräußerungs- bzw. tauschähnlicher Vorgang. Aufgrund der in der Regel bestehenden Möglichkeit, das eingebrachte Betriebsvermögen mit dem Buchwert zu bewerten, kann die **Einbringung auf Antrag steuerneutral** ohne Aufdeckung der stillen Reserven realisiert werden, denn es gilt zum Buchwert veräußert. Voraussetzung für die Anwendung von § 20 UmwStG 2006 ist, dass **sämtliche wesentlichen Betriebsgrundlagen** des Betriebes, Teilbetriebes oder Mitunternehmeranteils in die GmbH eingebracht werden. Dies gilt auch für wesentliche Betriebsgrundlagen, die sich im **Sonderbetriebsvermögen eines Gesellschafters** befinden. Wirtschaftsgüter im Rahmen der Anwendung des § 20 UmwStG 2006 sind allerdings nicht schon allein deshalb eine wesentliche Betriebsgrundlage, weil in ihnen erhebliche stille Reserven ruhen (funktionale Betrachtungsweise). Die **Zurückbehaltung funktional wesentlicher Betriebsgrundlagen** hat zur Folge, dass die im eingebrachten Vermögen ruhenden **stillen Reserven aufzudecken** und zu versteuern sind. Bei der Einbringung zurückbehaltene Wirtschaftsgüter sind grundsätzlich als entnommen zu behandeln mit der Folge der Versteuerung der enthaltenen stillen Reserven, es sei denn, dass die Wirtschaftsgüter steuerneutral in ein anderes Betriebsvermögen überführt werden.

Setzt die GmbH den **gemeinen Wert oder Zwischenwerte** an, so ist der beim Einbringenden entstehende **Gewinn nach § 20 UmwStG 2006** in Verbindung mit den für die Veräußerung des Einbringungsgegenstandes geltenden allgemeinen Vorschriften **zu versteuern**. Der angesetzte Wert gilt dabei für den Einbringenden als Veräußerungspreis und als Anschaffungskosten der GmbH-Anteile. In den Fällen des Ansatzes der gemeinen Werte kommt zudem nach § 20 Abs. 4 UmwStG 2006 die Anwendung von § 16 Abs. 4 und 34 EStG unter zwei weiteren Voraussetzungen in Betracht. Zum einen muss es sich bei dem Einbringenden um eine natürliche Person handeln und zum anderen darf es sich nicht um die Einbringung nur von Teilen eines Mitunternehmeranteils (in Anlehnung an § 16 EStG) handeln.

Besondere Probleme bereitet die **verdeckte ("verschleierte") Sachgründung**. Als verdeckte Sachgründung/Sacheinlage wird es angesehen, wenn die gesetzlichen Regelungen über Sacheinlagen dadurch unterlaufen werden, dass zwar eine Bareinlage vereinbart wird, die Gesellschaft aber bei wirtschaftlicher Betrachtung von dem Einleger aufgrund einer im Zusammenhang mit der Übernahme der Einlage getroffenen Absprache einen Sachwert erhalten soll (BGH v. 7.7.2003 - II ZR 235/01, GmbHR 2003 S. 1051). Die Umstände des Einzelfalls, insbesondere **ein enger zeitlicher und sachlicher Zusammenhang** zwischen den Geschäften, können ein beweiskräftiges Indiz für eine solche Abrede begründen und die Beweislast umkehren mit der Folge, dass der einlagepflichtige Gesellschafter das Fehlen einer solchen Abrede nachzuweisen hat (OLG Düsseldorf v. 16.12.2005 - I 16 U 176/05; zu Einzelheiten des sachlichen und zeitlichen Zusammenhang vgl. Widmann/Mayer, Umwandlungsrecht, Anhang 5 Rz 238 ff., wobei der zeitliche Zusammenhang mit 6 Monaten angenommen wird).

Zunächst wird insoweit die GmbH formell im Rahmen einer Bargründung errichtet. Im sachlichen und zeitlichen Zusammenhang erfolgt dann eine Rückgewähr oder Verrechnung der Bareinlage zu Gunsten der Gesellschafter. Die verschleierte Sachgründung liegt insbesondere auch dann vor, wenn sich die Rückgewähr der Bareinlage als Kaufpreis für einen Betrieb, Teilbetrieb oder Mitunternehmeranteil sowie anderer Wirtschaftsgüter darstellt.

§ 20 UmwStG 2006 ist auf verdeckte („verschleierte") Sachgründungen **nicht anzuwenden**. Der Gesellschafter realisiert ein entsprechendes Veräußerungsgeschäft unter Aufdeckung der stillen Reserven. Ist der vereinbarte Kaufpreis unangemessen niedrig oder der Veräußerungsvorgang erfasst nicht alle eingebrachten Wirtschaftsgüter (z. B. den Praxiswert), ist hinsichtlich des unentgeltlichen Teils eine verdeckte Einlage in die Kapitalgesellschaft anzunehmen und die stillen Reserven ebenfalls aufzudecken (BFH v. 14.1.1993 - IV R 121/91, BFH/NV 1993 S. 525).

> **BEISPIEL:** Die Gesellschafter der Gemeinschaftspraxis A & B errichten im Rahmen einer Bargründung eine Ärzte-Gesellschaft mbH mit einem Stammkapital i. H. v. 150.000 €. Die Bareinlage wird sofort in bar eingezahlt. In zeitlichen und sachlichen Zusammenhang erwirbt die GmbH von A und B die Gemeinschaftspraxis mit allen wesentlichen Betriebsgrundlagen zum Preis von 150.000 € und zahlt den Kaufpreis an die Gesellschafter. Der Buchwert der Praxis beläuft sich dabei auf 130.000 €, der Teilwert auf 300.000 €. Infolge der verschleierten Sachgründung entsteht bei der Gemeinschaftspraxis ein steuerpflichtiger Gewinn i. H. v. 170.000 € (300.000 € abzgl. Buchwert 130.000 €).

Aufgrund des in § 19 Abs. 5 GmbHG geregelten **Umgehungsverbotes** bestehen die zivilrechtlichen Rechtsfolgen einer verdeckten Sacheinlage nach neuester Auffassung des BGH entgegen der bisher herrschenden Meinung in analoger Anwendung von § 27 Abs. 3 Satz 1 AktG auch bei der GmbH in der **Nichtigkeit** sowohl des schuldrechtlichen **Verpflichtungsgeschäftes** als auch des **dinglichen Erfüllungsgeschäft** (Eigentumsübertragung) (BGH v. 7.7.2003 – II ZR 235/01, GmbHR 2003 S. 1051). Zudem gilt die Einlageverpflichtung als nicht erfüllt und besteht daher weiter fort. Zur Heilung der verdeckten Sacheinlage bedarf es insoweit neben einem Heilungsbeschluss zur Änderung der Bargründung in eine

Sachgründung, der zugleich an Stelle des bisher nichtigen Kaufvertrages die Begründung für die beabsichtigte Übertragung darstellt, der (erneuten) Eigentumsübertragung seitens des Einbringenden an die GmbH.

Die steuerliche Beurteilung infolge der geänderten Auffassung des BGH, dass die GmbH zivilrechtlich nicht Eigentümer der Wirtschaftsgüter wird, ist nicht abschließend geklärt. Patt (Patt, in: Dötsch/Jost/Pung/Witt, Die Körperschaftsteuer, UmwStG n.F. § 20 Rz 142 ff.) geht davon aus, dass die aufnehmende GmbH weder zivilrechtliches noch wirtschaftliches Eigentum an den Wirtschaftsgütern erlangt hat, da der Gesellschafter einen jederzeitigen Anspruch auf Rückgabe der von der GmbH in Besitz genommenen Wirtschaftsgüter hat. Insoweit sei nicht mehr von einem Tatbestand des § 16 EStG auszugehen und die Wirtschaftsgüter seien weiterhin dem Gesellschafter zuzuordnen. Nach einer zivilrechtlichen Heilung der verdeckten Einlage geht er zudem unmittelbar von einer Anwendbarkeit von § 20 UmwStG 2006 aus. Die Dres. Tillmann (Tillmann/Tillmann, Heilung einer verschleierten Sachgründung aus steuerlicher Sicht, DB 2004 S. 1853) dagegen gehen davon aus, dass die aufnehmende GmbH wirtschaftliches Eigentum an den Wirtschaftsgütern erlangt hat und die Folgen des § 16 EStG ausgelöst werden. Sie sehen allerdings die Möglichkeit, unter bestimmten Voraussetzungen nachträglich die Rechtsfolgen des § 16 EStG mit Rückwirkung zu beseitigen, um den Weg für eine Einbringung i. S. d. § 20 UmwStG 2006 frei zu machen. Ob sich die Auffassung in der Finanzverwaltung und der Rechtsprechung insoweit ändert und § 20 UmwStG 2006 im Falle der zivilrechtlichen Heilung der verdeckten („verschleierten") Sachgründung zur Anwendung kommen kann, ist unklar.

c) Gesellschafterbeitritt, -wechsel und -austritt

aa) Gesellschaftereintritt

Für den Beitritt eines Gesellschafters zu einer bestehenden Ärzte-Gesellschaft bieten sich mehrere Möglichkeiten an:

- ► Erwerb von Anteilen anderer Gesellschafter,
- ► Beitritt im Rahmen einer effektiven Kapitalerhöhung,
- ► Erwerb eigener Anteile von der GmbH.

(1) Erwerb von Anteilen anderer Gesellschafter

Der Beitritt kann sich als Veräußerung von Anteilen der bisherigen Gesellschafter vollziehen.

BEISPIEL: ► An der Ärzte-Gesellschaft mbH sind die Dres. A, B, C und D zu je einem Viertel beteiligt. Im Rahmen des geplanten Beitritts veräußern die Gesellschafter jeweils 5 % Anteile an der GmbH an Dr. E, so dass alle 5 Gesellschafter nunmehr zu 20 % an der Ärzte-Gesellschaft mbH beteiligt sind.

Aufgrund der Beteiligung von i. d. R. mehr als einem Prozent an der GmbH liegt ertragsteuerlichen ein **Veräußerungsgeschäft von Anteilen an Kapitalgesellschaften** i. S. d. § 17 EStG vor, soweit es sich nicht einbringungsgeborene Anteile i. S. d. § 21 UmwStG a. F. bzw. § 22 UmwStG 2006 handelt, deren Veräußerung als Veräußerung i. S. d. § 16 EStG gilt. Der Veräußerer hat einen entsprechenden Veräußerungsgewinn zwischen Veräußerungspreis und Anschaffungskosten unter Berücksichtigung der Veräußerungskosten zu versteuern. Der Veräußerungsgewinn i. S. d. § 17 EStG unterliegt dem Halbeinkünfteverfahren. Gehören die **Anteile zu einem Betriebsvermögen**, führt die Veräußerung zu einem entsprechenden betrieblichen Veräußerungsgewinn. Der Erwerber hat Anschaffungskosten auf die Beteiligung, die er entsprechend dann geltend machen kann, wenn er selbst die Beteiligung wiederum veräußert.

(2) Beitritt im Rahmen einer effektiven Kapitalerhöhung
Der Beitritt kann ebenso im Rahmen einer effektiven Kapitalerhöhung erfolgen. Die im Rahmen eines satzungsändernden Gesellschafterbeschlusses festzulegende Zuführung **neuen Kapitals gegen Gewährung neuer Gesellschaftsrechte** wird dabei von dem beitretenden Gesellschafter übernommen. Die Einlage des beitretenden Gesellschafters wird sich in der Regel dabei aufteilen in Bezug auf den Nennwert der neuen Anteile und ein Agio (Ausgabeaufgeld) zur Abgeltung der stillen Reserven in der GmbH. Wie bei der Gründung der Kapitalgesellschaft kann die Einlage des beitretenden Gesellschafters aus einer Bareinlage oder einer Sacheinlage bestehen. Der beitretende Gesellschafter hat entsprechend seiner Einlage Anschaffungskosten auf die Beteiligung. Ist Gegenstand einer Sacheinlage ein Betrieb, Teilbetrieb oder Mitunternehmeranteil, bietet sich die Möglichkeit der Anwendung von § 20 UmwStG 2006.

Erhält der Einbringende neben den Gesellschaftsanteilen auch andere Wirtschaftsgüter, deren gemeiner Wert den Buchwert des eingebrachten Betriebsvermögens übersteigt, so hat die GmbH das eingebrachte Betriebsvermögen mindestens mit dem gemeinen Wert der anderen Wirtschaftsgüter anzusetzen. Dies gilt z. B. für Zuzahlungen in bar seitens der aufnehmenden GmbH. Bei der Bemessung der Anschaffungskosten der neuen Anteile ist der gemeine Wert der anderen Wirtschaftsgüter in Abzug zu bringen.

Auf Ebene der GmbH ist die Kapitalerhöhung steuerneutral. Ein Agio ist im steuerlichen Einlagekonto i. S. d. § 27 KStG als Zugang zu erfassen.

Für die Altgesellschafter stellt sich die Kapitalerhöhung zu Gunsten des beitretenden Gesellschafters grundsätzlich als **Verfügung über ihre Bezugsrechte** dar. Soweit der beitretende Gesellschafter allerdings an die Altgesellschafter kein Entgelt für die Verfügung über die Bezugsrechte zahlt, sondern ein Agio in die GmbH (als Rücklage) leistet, folgt die steuerrechtliche auch der zivilrechtlichen

B. Berufsausübungsgemeinschaften

Beurteilung. Insofern kann auch bei Berücksichtigung des wirtschaftlichen Gehaltes des Vorgangs nicht von einer entgeltlichen Veräußerung der Bezugsrechte die Rede sein. Die Altgesellschafter realisieren weder einen Vermögenswert, denn ihnen ist nichts zugeflossen, noch hat sich der Wert ihrer Geschäftsanteile verändert. Die Zahlung in die GmbH gleicht insoweit nur das aus, was an stillen Reserven der GmbH auf den beitretenden Gesellschafter übergeht bzw. was die Altgesellschafter durch die Übernahme des neuen Gesellschaftsanteils durch den beitretenden Gesellschafter an stillen Reserven verloren haben. Somit stellt sich der Vorgang **nicht als entgeltlich Veräußerung der Bezugsrechte** dar.

PRAXISHINWEIS

Soweit jedoch den Altgesellschafter in unmittelbarem zeitlichen Zusammenhang mit der Einzahlung des Agio ein Betrag wieder ausgezahlt wird, z. B. über Ausschüttungen, kann ein **Missbrauch rechtlicher Gestaltungsmöglichkeiten** i. S. d. § 42 AO vorliegen (BFH v. 13.10.1992 - VIII R 3/89, BStBl 1993 II 477).

BEISPIEL: Die Gesellschafter der A, B & C Ärzte-Gesellschaft mbH mit einem Stammkapital von 60.000 € und einem Teilwert von 750.000 € planen die Aufnahme des Dr. D als weiteren Gesellschafters mit einem Anteil von 25 %. Es wird beschlossen, dass Stammkapital um 20.000 € verbunden mit einem Agio i. H. v. 230.000 € zu erhöhen. Dr. D zahlt entsprechend in die Gesellschaft 250.000 € ein und das Geld wird für Neuinvestitionen bzw. Rückzahlung von Bankdarlehen verwendet. Der Vorgang ist steuerneutral.

BEISPIEL: Die Gesellschafter der A, B & C Ärzte-Gesellschaft mbH mit einem Stammkapital von 60.000 € und einem Teilwert von 750.000 € planen die Aufnahme des Dr. D als weiteren Gesellschafters mit einem Anteil von 25 %. Da Dr. D über eine eigene Praxis verfügt, wird beschlossen, diese im Rahmen einer Sachkapitalerhöhung mit einer Erhöhung des Stammkapitals um 20.000 € in der Ärzte-Gesellschaft mbH einzubringen. Der Buchwert der Praxis beläuft sich auf 40.000 €, der Teilwert auf 300.000 €. Da der Teilwert der Praxis nicht dem anteiligen Teilwert an Ärzte-Gesellschaft mbH entsprechen würde, erhält Dr. D von der GmbH neben den neuen Anteilen noch eine Zahlung i. H. v. 50.000 €. Da der gemeine Wert der neben den neuen Anteilen gewährten Zuzahlung i. H. v. 50.000 € höher liegt als der Buchwert der Praxis i. H. v. 40.000 € sind die Buchwerte um 10.000 € auszustocken sowie die stillen Reserven von Dr. D aufzudecken und zu versteuern. Die Anschaffungskosten der Anteile von Dr. D an Ärzte-Gesellschaft mbH belaufen sich auf 0 €. Bei der Bemessung der Anschaffungskosten durch den Wertansatz der Ärzte-Gesellschaft mbH für das übertragenen Betriebsvermögen i. H. v. 50.000 € ist insoweit der gemeinen Wertes der gewährten Wirtschaftsgüter (Zuzahlung) i. H. v. 50.000 € wieder in Abzug zu bringen. Für die Altgesellschafter ist der Vorgang steuerneutral.

(3) Erwerb eigener Anteile von der GmbH

Sollte die Ärzte-Gesellschaft über eigene Anteile verfügen, kann der Beitritt auch durch die Veräußerung dieser Anteile an den neuen Gesellschafter erfolgen.

Veräußert eine Kapitalgesellschaft eigene Anteile an einen bislang an der Gesellschaft nicht Beteiligten, führt dies in Höhe der Differenz des Buchwertes und des Veräußerungserlöses zu einem Veräußerungsgewinn/-verlust. Leistet der neu eintretende Gesellschafter in zeitlichem Zusammenhang mit dem Erwerb der Gesellschaftsanteile eine Zahlung in die Kapitalrücklage, kann dies als (disquotale) Einlage oder als zusätzliches Veräußerungsentgelt zu beurteilen sein (BFH v. 23.2.2005 – I R 44/04, BStBl 2005 II S. 522).

bb) Gesellschafterwechsel

Die Veräußerung der gesamten Anteile eines Gesellschafters an einen neu eintretenden Gesellschafter vollzieht sich steuerlich wie die partielle Veräußerung von Anteilen (siehe S. 170). Das Steuerrecht unterscheidet insoweit nicht zwischen der Veräußerung der gesamten Beteiligung an einer Kapitalgesellschaft und der partiellen Veräußerung von Anteilen an einer Kapitalgesellschaft.

cc) Gesellschafteraustritt

In aller Regel erfolgt das Ausscheiden eines Gesellschafters aus einer Ärzte-Gesellschaft durch Veräußerung der gesamten Anteile an der Gesellschaft an einen oder anteilig an alle Gesellschafter bzw. einen neu beitretenden Gesellschafter (siehe S. 170).

Im Grundsatz denkbar wäre es auch, dass das Ausscheiden durch den Erwerb eigener Geschäftsanteile durch die GmbH oder die Einziehung der Anteile gegen eine entsprechende angemessene Abfindung erfolgt. Nach herrschender Meinung dürften diese Fälle aber aus Sicht des ausscheidenden Gesellschafters ebenfalls zu einem steuerpflichtigen Gewinn i. S. d. § 17 EStG führen (vgl. Schmidt/Weber-Grellet, EStG 2006, § 17 Rz 101 ff.). Dies betrifft auch den Sonderfall der Kapitalherabsetzung zu Lasten des Geschäftsanteils des ausscheidenden Gesellschafters. Insoweit entsteht eine Herabsetzungsgewinn oder -verlust nach § 17 Abs. 4 EStG (vgl. Schmidt/Weber-Grellet, EStG 2006, § 17 Rz 233 ff.).

d) Unentgeltliche Übertragungsvorgänge

Bei der unentgeltlichen Übertragung der Anteile an eine natürliche Person fehlt es an einem entsprechenden entgeltlichen Veräußerungsgeschäft, so dass keine Veräußerung i. S. d. § 17 EStG vorliegt. Bei einer teilentgeltlichen Veräußerung ist der Vorgang nach der Trennungstheorie aufzuteilen in ein entgeltliches Veräußerungsgeschäft i. S. d. § 17 Abs. 1 EStG und eine voll unentgeltliche

Übertragung (Schmidt/Weber-Grellet, EStG 2006, § 17 Rz 105). Die unentgeltliche Anteilsübertragung an eine andere Kapitalgesellschaft als verdeckte Einlage steht dagegen nach § 17 Abs. 1 Satz 2 EStG einem Veräußerungsgeschäft gleich.

e) **Beendigung der Ärzte-Gesellschaft**
Die Beendigung der Ärzte-Gesellschaft erfolgt durch die Liquidation der GmbH und führt zu einem entsprechenden Liquidationsgewinn oder -verlust i. S. d. § 17 Abs. 4 EStG.

f) **Umsatzsteuerliche Grundsätze**
Umsatzsteuerlich ist für die Umsatzsteuerbefreiung des § 4 Nr. 14 UStG die **Rechtsform des Unternehmers und die ertragsteuerliche Einkunftsart ohne Bedeutung**. Werden Leistungen aus der Tätigkeit als Arzt, Zahnarzt, Heilpraktiker oder aus einer anderen heilberuflichen Tätigkeit i. S. v. § 4 Nr. 14 UStG erbracht, kommt es für die Steuerbefreiung nach dieser Vorschrift nicht darauf an, in welcher Rechtsform der Unternehmer die Leistung erbringt (A 93 Abs. 1 Satz 1 UStR). Die **Leistungen der Ärzte-Gesellschaft** in der Rechtsform der GmbH oder der AG sind somit **umsatzsteuerfrei**, wenn es sich um heilberufliche Leistungen handelt und diese von qualifizierten Leistungserbringern erbracht werden. Die Leistungen können auch mit Hilfe von Arbeitnehmern, die die erforderliche berufliche Qualifikation aufweisen, erbracht werden (A 93 Abs. 1 Satz 3 UStR).

C. Organisationsgemeinschaften

I. Praxisgemeinschaft

1. Rechtliche Aspekte

Literatur:

Arens, Praxisgemeinschaften in Ärztehäusern mit Fremdgeschäftsführung – Voraussetzungen und Grenzen ärztlichen Unternehmertums, MedR 1992 S. 145; *Luxenburger*, Praxisgemeinschaft – sinnvolle Kooperationsform – Gestaltungsmissbrauch und Folgen, in Schriftenreihe der Arge Medizinrecht im DAV, Bd. 2, 2000, S. 67; *Eisenberg*, Ärztliche Kooperations- und Organisationsformen, 2002; *Rieger*, Verträge zwischen Ärzten in freier Praxis (Heidelberger Musterverträge), 7. Aufl. 2002; *Cramer*, Praxisgemeinschaft versus Gemeinschaftspraxis – Auf den Gesellschaftszweck kommt es an, MedR 2004 S. 552; *Reiter*, Ärztliche Berufsausübungsgemeinschaften vs. Organisationsgemeinschaft – Ist die wirtschaftliche Beteiligung Dritter an einer Arztpraxis statthaft?, GesR 2005 S. 6; *aufgrund der umfassenden Darstellung und Bearbeitungstiefe besonders hervorzuheben Schäfer-Gölz*, in: Halbe/Schirmer (Hrsg.), Handbuch Kooperationen im Gesundheitswesen, 2005, A 1200-Praxisgemeinschaft; *Wehebrink*, Plausibilitätsprüfung: Die Praxisgemeinschaft als „faktische Gemeinschaftspraxis" – Zur Abrechnung ärztlicher Leistungen in einer Praxisgemeinschaft bei auffällig hoher Patientenidentität, NZS 2005 S. 400.

a) Definition

Die Praxisgemeinschaft wird definiert als Zusammenschluss zweier oder mehrerer Ärzte gleicher und/oder verschiedener Fachrichtungen, die gemeinsam Praxisräume und/oder Praxiseinrichtungen nutzen und/oder gemeinsam Praxispersonal in Anspruch nehmen. Die vom Ansatz her zutreffende Definition ist insofern zu eng, als nicht nur einzelne Ärzte, sondern auch ärztliche Berufsausübungsgemeinschaften einer Praxisgemeinschaft angehören können. Nach richtiger Ansicht ist die Bildung einer Praxisgemeinschaft **nicht nur zwischen Ärzten möglich**. Zulässigerweise können an ihr auch Angehörige nichtärztlicher Heil(hilfs)berufe, eine MVZ-Trägergesellschaft oder ein Krankenhausträger beteiligt sein. Die Praxisgemeinschaft zwischen einem Arzt und Zahnarzt ist ebenfalls nicht zu beanstanden.

Der Zugehörigkeit zu mehreren – ggf. auch überörtlichen – Praxisgemeinschaften stehen keine Bedenken entgegen.

In der rechtswissenschaftlichen Literatur spricht man von Praxisgemeinschaften im engeren Sinne, wenn ausschließlich Ärzte beteiligt sind und von einer Praxisgemeinschaft im weiteren Sinne, wenn ihr sonstige Dritte angehören. Bei der Ankündigung insbesondere neurologischer oder psychiatrischer Praxisgemeinschaften findet man die Bezeichnung „Praxengemeinschaft". Dies ist im Grunde eine präzisere Beschreibung des identischen Kooperationsmodells.

C. Organisationsgemeinschaften

Das wesentliche Kriterium einer Praxisgemeinschaft ist die **gemeinsame Raumnutzung**. Dabei ist diese nicht so zu verstehen, dass jeder Angehörige der Praxisgemeinschaft Mitbesitz an sämtlichen Räumlichkeiten hat. Die Räumlichkeiten können durchaus individuell zugeteilt sein. Gemeinsam genutzt werden regelmäßig der Eingangsbereich, Wartezonen, Sanitärbereiche etc. Die gemeinsame Nutzung von Geräten und/oder Personal ist fakultativ.

Bei der Praxisgemeinschaft ist es unerheblich, ob deren Angehörige privatärztlich oder vertragsärztlich tätig sind.

b) Abgrenzung

Die Praxisgemeinschaft als **Organisationsgemeinschaft** ist abzugrenzen von der Berufsausübungsgemeinschaft. Bei der Abgrenzung kommt es – wie Cramer (MedR 2004 S. 552) zutreffend herausgearbeitet hat – auf den Gesellschaftszweck an. In der Praxisgemeinschaft übt jedes Mitglied seinen **ärztlichen Beruf grundsätzlich getrennt** von den anderen Gesellschaftern aus. Etwas anderes gilt nur dann, wenn eine Berufsausübungsgemeinschaft Mitglied der Praxisgemeinschaft ist. In diesem Fall üben die Mitglieder dieser Berufsausübungsgemeinschaft ihre ärztliche Tätigkeit gemeinschaftlich aus. Bei der Praxisgemeinschaft ist das Gemeinsame der Berufsausübung im Gegensatz zur Berufsausübungsgemeinschaft gerade nicht vergesellschaftet. Es besteht in der Außenwirkung grundsätzlich keine einheitliche Praxis.

c) Datenlage, Motive

Angaben zur Anzahl von Praxisgemeinschaften sind nicht bekannt, da weder bei den einzelnen Ärztekammern noch bei der Bundesärztekammer noch bei den Kassenärztlichen Vereinigungen oder der Kassenärztlichen Bundesvereinigung Register geführt werden.

Die **Motivation zur Bildung einer Praxisgemeinschaft** ist vielfältig, wobei wirtschaftliche Überlegungen meist im Vordergrund stehen:

- ▶ Gemeinschaftliche Nutzung der Praxisressourcen,
- ▶ kollegialer Gedankenaustausch bei räumlicher Nähe,
- ▶ Aufteilung der Anschaffungs- und Unterhaltungskosten,
- ▶ Tätigkeit im eigenen Namen und eigene Abrechnung,
- ▶ keine Auseinandersetzungen bei der Gewinnverteilung,
- ▶ Kooperationsmöglichkeit bei Trennung einer Gemeinschaftspraxis,
- ▶ Vorstufe zur Bildung einer Gemeinschaftspraxis,
- ▶ Steigerung der Fallzahl durch Überweisungen.

d) Genehmigung/Anzeige

Ab Umsetzung der MBO 2004 ist nicht nur der Zusammenschluss zu einer Berufsausübungsgemeinschaft, sondern auch die Bildung einer Organisationsgemeinschaft sowie deren Änderung und Beendigung der zuständigen Ärztekammer anzuzeigen (§ 18 Abs. 6 MBO).

§ 33 Abs. 1 Satz 2 Ärzte-ZV bestimmt, dass die Kassenärztliche Vereinigung von der gemeinsamen Nutzung von Praxisräumen und Praxiseinrichtungen sowie der gemeinsamen Beschäftigung von Hilfspersonal zu unterrichten ist.

e) Berufs- und vertragsarztrechtliche Vorgaben

Bei Berufsausübungsgemeinschaften gilt, dass die Eigentumsverhältnisse für die Zulässigkeit der Berufsausübung unerheblich sind. Dies gilt erst recht bei Praxisgemeinschaften. Die Gestaltungsmöglichkeiten sind vielfältig. So können die Gesellschafter der Praxisgemeinschaft z. B. Gesamthandseigentümer der Einrichtungsgegenstände sein; diese können sich jedoch auch im Eigentum nur eines Gesellschafters oder einer Berufsausübungsgemeinschaft befinden oder z. B. auf der Grundlage eines Leasingvertrages genutzt werden.

Jeder der der Praxisgemeinschaft angehörenden Ärzte hat **seinen Beruf eigenverantwortlich und unabhängig** auszuüben. Vertragliche Abreden oder praktizierte Handhabungen, die die Mitglieder zu **nicht indizierten Leistungen** motivieren, sind unzulässig. Ein Verstoß gegen den Grundsatz des Verbots der Zuweisung gegen Entgelt (§ 31 MBO) liegt vor, wenn ein „Überweisungskartell" gebildet wird. So wäre es unzulässig, wenn z. B. die Kostenbeteiligungsquote eines Mitglieds der Praxisgemeinschaft davon abhängig gemacht wird, in welchem Umfang er einem oder mehreren anderen Mitgliedern Patienten zuweist. Es versteht sich von selbst, dass derartige Modelle den Grundsatz der freien Arztwahl (§ 7 Abs. 2 MBO) unterlaufen.

Bei der Durchführung von Praxisgemeinschaftskonzepten ist die **Beachtung der ärztlichen Schweigepflicht** (§ 9 MBO, § 203 StGB, §§ 27 f. BDSG) von elementarer Bedeutung. Nicht immer wird beachtet, dass die Patientenkartei grundsätzlich nach Praxen getrennt zu führen ist. Etwas anderes gilt nur dann, wenn die Patienten wirksam in die gemeinsame Datenführung eingewilligt haben. Verstöße sind besonders häufig nach Umwandlung einer Gemeinschaftspraxis in eine Praxisgemeinschaft festzustellen. Jede Praxis müsste darüber hinaus über eigene Kommunikationseinrichtungen erreichbar sein. Bei einer gemeinsam genutzten Telefonanlage müssen **Durchwahlnummern** individuell zugeordnet sein. Telefax und E-Mail-Adresse sind getrennt vorzuhalten. Problematisch ist die gemeinsame Nutzung von Warteeinrichtungen, deren Zulässigkeit lange Zeit umstritten war. Es entspricht der Natur der Sache, dass die Patienten Informationen darüber erhalten, wer welchen Arzt aufsucht. Richtigerweise wird man den Patienten das Recht einräumen müssen, zu entscheiden, ob sie eine Praxisgemeinschaft aufsuchen. Mit Betreten der Praxisräume willigen sie konkludent darin ein, dass dieser Vorgang zumindest teilöffentlich wird. Vom Ansatz her stellt sich das Problem ähnlich beim Aufsuchen jeder ärztlichen Einrichtung.

Insbesondere im Zusammenhang mit der Ausübung vertragsärztlicher Tätigkeit verbieten sich Gestaltungsmodelle, in denen die Praxisgemeinschaft als **„faktische Gemeinschaftspraxis"** geführt wird. Das Phänomen ist vor dem Hintergrund zu verstehen, dass Gemeinschaftspraxen – bei Beibehaltung der Binnenstruktur – in Praxisgemeinschaften umgewandelt wurden. Wesentliches Motiv der Trennung war die Möglichkeit, durch Gestaltung der Praxiszeiten und/oder durch Überweisungen die Fallzahlen zu erhöhen oder sonstige Abrechnungsvorteile auszunutzen. Derartige Modelle werden zu Recht unter der Rubrik **„Gestaltungsmissbrauch"** kritisch beurteilt. Üben die Angehörigen der Praxisgemeinschaft ihre vertragsärztliche Tätigkeit im Grunde wie in einer Gemeinschaftspraxis aus, verstößt dies gegen § 33 Abs. 2 Ärzte-ZV, da die erforderliche vorherige Genehmigung des Zulassungsausschusses fehlt. Die Kassenärztlichen Vereinigungen führen gegen die beteiligten Ärzte **Plausibilitätsüberprüfungen** durch. Aufgreifkriterien sind 20 % Patientenidentität in (teil-)gebietsgleichen/ versorgungsbereichsidentischen und 30 % bei gebietsübergreifenden/ versorgungsübergreifenden Praxisgemeinschaften. Ergebnis dieser Verfahren können Honorarrückforderungen, aber auch die Einleitung von Disziplinarverfahren und ggf. Verfahren auf Zulassungsentziehung sein. Das Bundessozialgericht (v. 22.3. 2006 – B 6 KA 76/04 R, MedR 2006 S. 611) spricht von einem „Verstoß gegen vertragsärztliche Pflichten von erheblichem Gewicht".

Obwohl grundsätzlich zulässig, kann das sog. Einnahme- oder Gewinnpooling ein Indiz dafür sein, dass die beteiligten Ärzte faktisch eine Gemeinschaftspraxis ausüben.

Bei der Vertragsgestaltung müssen sich die Beteiligten darüber bewusst sein, dass Verstöße gegen berufsrechtliche und/oder vertragsarztrechtliche Vorgaben zur Nichtigkeit der Verträge gem. § 134 oder § 138 BGB führen können.

f) Nachbesetzungsverfahren (§ 103 Abs. 4 bis 6 SGB V)

Bei Durchführung eines Nachbesetzungsverfahrens aus einer Berufsausübungsgemeinschaft heraus sind die verbleibenden Gesellschafter insofern privilegiert, als deren Interessen bei der Auswahlentscheidung angemessen zu berücksichtigen sind. Das Bundessozialgericht (v. 5.11.2003 – B 6 KA 11/03 R, MedR 2004 S. 697) hat die Rechtsposition der verbleibenden Gesellschafter deutlich gestärkt, indem es deren wirtschaftliches Interesse am Fortbestand der Praxis als im Auswahlverfahren zu berücksichtigen hervorgehoben hat. Ob § 103 Abs. 6

SGB V auch auf Praxisgemeinschaften anzuwenden ist, ist strittig. Nach richtiger Auffassung ist die Interessenlage zwischen einer Berufsausübungsgemeinschaft und einer Organisationsgemeinschaft nicht vergleichbar mit der Folge, dass die **Interessen der Praxisgemeinschaftspartner bei der Bewerberauswahl nicht zu berücksichtigen** sind.

g) Rechtsform, Vertragsinhalt

Als Rechtsform der Wahl für eine Praxisgemeinschaft hat Schäfer-Gölz in seiner Analyse zu den in Betracht kommenden Rechtsformen zu Recht die Gesellschaft bürgerlichen Rechts (GbR) herausgestellt. Die Praxisgemeinschaft ist im Regelfall BGB-Außengesellschaft, da sie am Rechtsverkehr durch Abschluss z. B. des Mietvertrages, von Dienstverträgen sowie sonstigen Versorgungsverträgen teilnimmt.

Folgende Aspekte sind bei der Vertragsgestaltung besonders zu berücksichtigen:

- Hervorhebung der getrennten Berufsausübung insbesondere mit getrennter Patientenkartei,
- Pflichten der Gesellschafter zur Leistung von Zahlungen, Zurverfügungstellung von Sachen, Erbringung von Dienstleistungen,
- Beteiligungsverhältnisse am Gesellschaftsvermögen (Hinweis: Da die Praxisgemeinschaft sich aus getrennten Praxen zusammensetzt, wird der Praxisgemeinschaft regelmäßig kein eigenständiger Goodwill zugerechnet; dieser entsteht auf der Ebene der einzelnen Praxen),
- Regelungen zur Geschäftsführung und Vertretung,
- Praktikable und flexible Regelungen zur Kostenverteilung,
- Pflicht zur Aufrechterhaltung des Praxisbetriebs,
- Ausscheidens-, Abfindungsregelungen,
- Wettbewerbsverbot (Wettbewerb nur in Ausnahmefällen zulässig).

h) Haftung

Zur gesamtschuldnerischen Haftung, Beitrittshaftung sowie Nachhaftung für Gesellschaftsverbindlichkeiten gelten die im Zusammenhang mit der Gemeinschaftspraxis dargestellten Grundsätze S. 67.

Für individuelle, auf die einzelne Praxis bezogene Verbindlichkeiten haftet der einzelne Arzt, grundsätzlich nicht die Praxisgemeinschaft und deren Gesellschafter. Diese rechnet mit der Kassenärztlichen Vereinigung ab und ist ggf. Adressat von Honorarrückforderungsbescheiden.

Behandlungsverträge mit den Patienten kommen zustande zwischen den Mitgliedern der Praxisgemeinschaft und dem Patienten, so dass regelmäßig eine individuelle Haftungszuordnung erfolgen kann.

Praxisgemeinschaften dürfen als solche angekündigt werden (vgl. § 18a Abs. 3 MBO). Für die Patienten ist nicht immer hinreichend erkennbar, dass eine getrennte Berufsausübung erfolgt, so dass eine Haftungszuordnung nach Rechtsscheingrundsätzen durchaus möglich ist. Der Bundesgerichtshof (v. 8.11.2005 – VI ZR 319/04, MedR 2006 S. 290) hat die gesamtschuldnerische Haftung von im kooperativen Belegarztwesen verbundenen Ärzten bejaht und dies auch mit dem Außenauftritt begründet. Vor diesem Hintergrund ist größte Vorsicht geboten, wenn bei einer Praxisgemeinschaft der **Rechtsschein gemeinschaftlicher Berufsausübung** gesetzt wird.

i) Umwandlung

In der Beratungspraxis besteht – häufig aus durchaus anerkennenswerten Motiven – nicht selten das Bedürfnis, eine Gemeinschaftspraxis in eine Praxisgemeinschaft – oder umgekehrt eine Praxisgemeinschaft in eine Gemeinschaftspraxis – „umzuwandeln". In diesen Fällen bedarf es grundsätzlich nicht der Auseinandersetzung der alten und Gründung einer neuen Gesellschaft. Da **Rechtsformidentität** besteht, genügt eine Modifizierung des Gesellschaftsvertrages, in dem insbesondere eine Änderung des Gesellschaftszwecks dahingehend vorgenommen wird, dass die gemeinsame Berufsausübung nicht mehr Gegenstand der Gesellschaft ist. Selbstverständlich ist der Gesellschaftsvertrag insgesamt den aktuellen Verhältnissen anzupassen.

2. Steuerliche Aspekte

Literatur:

Wien, Ertragsteuerliche und umsatzsteuerliche Probleme ärztlicher Praxen und die neue Umsatzsteuerbefreiung medizinisch-technischer Großgeräte, DStZ 1998 S. 753; *Fuhrmann*, Büro-, Praxis- und Apparategemeinschaft im Umsatzsteuerrecht, KÖSDI 2002 S. 13396; *Greite*, Fördermittel: Investitionszulage – Keine InvZul für eine GbR (Praxisgemeinschaft) ohne Gewinnerzielungsabsicht, FR 2004 S. 175; *Kempermann*, Freiberufler: Ein einheitliches Auftreten nach außen begründet noch keine Mitunternehmerschaft, FR 2005 S. 1148; *Gragert*, Die ertragsteuerliche Behandlung der Realteilung, NWB F. 3 S. 13887.

a) Ertragsteuerliche Grundsätze

Ertragsteuerlich ist die Praxisgemeinschaft als Hilfsgesellschaft anzusehen. **Mangels Gewinnerzielungsabsicht** kann in der Regel unterstellt werden, dass **kein Gewerbetrieb** vorliegt (Schmidt/Wacker, EStG 2006, § 15 Rz 327). Die Praxisgemeinschaft selbst ist dann – auch bei einem gemeinschaftlichen Auftreten nach außen – **keine Mitunternehmerschaft** (BFH v. 14.4.2005 – XI R 82/03, BStBl 2005 II S. 752), die Verteilung der Betriebsausgaben erfordert aber dennoch nach

§ 1 V zu § 180 Abs. 2 AO eine **gesonderte Feststellung** (Schmidt/Wacker, EStG 2006, § 18 Rz 40 m. w. N., auch BMF v. 14.11.2002, IV A 6 – S 2246 – 5/03, BStBl 2003 I S. 170). Erzielt der an der Praxisgemeinschaft Beteiligte aus seiner Praxis Einkünfte, die selbst wiederum nach § 180 AO gesondert und einheitlich festgestellt werden, ist die gesonderte Feststellung der Praxisgemeinschaft **bindend für die Gewinnfeststellung der Praxis und nicht für die Einkommensteuer** (BFH v. 10.6.1999 – IV R 25/98, BStBl 1999 II S. 545).

Eine Praxisgemeinschaft kann ohne die Voraussetzungen einer Mitunternehmerschaft zu erfüllen auch nicht Anspruchsberechtigter einer Investitionszulage sein (BFH v. 30.9.2003 – III R 5/00, BStBl 2003 II S. 947).

b) Umsatzsteuerliche Grundsätze

Aufgrund des Wortlautes des A 94 UStR ist davon auszugehen, dass die Praxisgemeinschaft nach Auffassung der Finanzverwaltung Unternehmer im umsatzsteuerlichen Sinne ist, die steuerbare, in der Regel aber steuerfreie Leistungen erbringt. Denn die sonstigen Leistungen einer ärztlichen Praxisgemeinschaft erfüllen die Voraussetzungen der Umsatzsteuerbefreiungsvorschrift des § 4 Nr. 14 Satz 2 UStG, wenn diese **unmittelbar von den Ärzten zur Ausführung ihrer steuerfreien Umsätze** verwendet werden. Die unmittelbare Verwendung gegenüber dem Patienten und damit die Umsatzsteuerfreiheit ist nicht gegeben, wenn Sie nur allgemein dem Praxisbetrieb dienen, z. B. bei der Übernahme von Verwaltungsaufgaben (Buchführung, Rechtsberatungen etc.) oder der Tätigkeit in der Art einer ärztlichen Verrechnungsstelle. Die Überlassung der Praxisräume erfüllt in der Regel die Umsatzsteuerbefreiungsvorschrift des § 4 Nr. 12 UStG.

Es kann allerdings bereits bei der Frage der **Unternehmereigenschaft einer Praxisgemeinschaft** nicht generell unterstellt werden, dass zwingend ein umsatzsteuerbarer **Leistungsaustausch zwischen der Praxisgemeinschaft und den Mitgliedern** stattfindet. In der überwiegenden Zahl der Fälle dürfte die Auffassung der Finanzverwaltung allerdings zutreffend sein, in Einzelfällen (u. U. bei Apparategemeinschaften) könnte die Unternehmereigenschaft aber auch verneint werden.

Die Tatsache, dass die Praxisgemeinschaft nur gegenüber ihren Mitgliedern tätig wird, ist bei der Beurteilung nach § 2 Abs. 1 Satz 3 UStG unerheblich, denn eine Personenvereinigung kann auch dann steuerbare Leistungen ausführen, wenn sie nur gegenüber ihren Mitgliedern tätig wird. Erforderlich ist allerdings ein Leistungsaustausch (Leistung gegen Entgelt) zwischen Praxisgemeinschaft (Gesellschaft) und Mitgliedern (Gesellschafter).

Der notwendige Leistungsaustausch kann sich bereits aus der Tätigkeit der Praxisgemeinschaft ergeben, wenn diese **ausschließlich oder teilweise den konkreten Interessen der Mitglieder dient** (BFH v. 27.9.2001 – V R 37/01, BFH/NV 2002

C. Organisationsgemeinschaften

S. 378). Der Annahme eines Leistungsaustausches steht es weder entgegen, dass die Personenvereinigung für alle Mitglieder gleichartige Leistungen ausführt noch dass sie durch ihre Tätigkeit Leistungen gleichzeitig für alle Mitglieder erbringt. Ebenso wenig ist es erheblich, ob sich die Zahlungen nach dem Umfang der Inanspruchnahme der Leistungen richten oder sich an den Beteiligungsverhältnissen orientieren (BFH v. 18.4.1996 – V R 123/ 93, BStBl 1996 II S. 387). Diese Grundsätze dürften für die meisten Praxisgemeinschaften Leistungen gegen Entgelt begründen.

Für die Annahme eines Leistungsaustausches ist es aber nicht nur Voraussetzung, dass ein Leistender und ein Leistungsempfänger vorhanden sind, sondern zusätzlich, dass der (konkreten) Leistung eine (konkrete) Gegenleistung gegenübersteht, d. h. dass ein unmittelbarer Zusammenhang zwischen Leistung und Gegenleistung besteht. Für die Annahme eines unmittelbaren Zusammenhanges im Sinne eines Austausches von Leistung und Gegenleistung genügt es nicht schon, dass die Mitglieder der Personenvereinigung lediglich gemeinschaftlich die Kosten für den Erwerb und die Unterhaltung eines Wirtschaftsgutes tragen, das sie gemeinsam nutzen wollen oder nutzen. Eine wirtschaftliche Tätigkeit der Gesellschaft liegt insoweit nur vor, wenn die Nutzungsüberlassung selbst gegen Entgelt erfolgt (BFH v. 28.11.2002 – IV R 18/01, BStBl 2003 II S. 443 m. w. N.).

Bei dem diesem Urteil zugrunde liegenden Fall sollten die Gesellschafter einer GbR nach dem Gesellschaftsvertrag alle mit der Planung und Errichtung einer Lagerhalle sowie der Anschaffung von Maschinen verbundenen Kosten zu gleichen Teilen tragen. Gleiches galt für die Deckung der laufenden Kosten. Die GbR richtete ein Konto ein, auf das die Gesellschafter die für den Bau erforderlichen Beträge zu gleichen Teilen einzahlten. Anschließend eröffnete die GbR für die laufenden Kosten ein weiteres Konto. Bedient wurde das Konto von beiden Gesellschaftern mit Einlagen zu gleichen Teilen. Für die Benutzung der Halle sowie der von der GbR angeschafften Maschinen war kein Entgelt vereinbart. In dem vorliegenden Einzelfall gelangte der BFH zu seiner Auffassung, da mangels entgeltlicher Leistungen die GbR nicht Unternehmerin sei.

PRAXISHINWEIS

Solange die Finanzverwaltung die Voraussetzungen des § 4 Nr. 14 UStG für eine umsatzsteuerfreie Leistung als erfüllt ansieht, dürfte die Frage nach der Umsatzsteuerbarkeit für die Praxis von untergeordneter Bedeutung sein.

c) Ertragsteuerliche Beurteilung von Leistungen an Nichtmitglieder

Neben der Nutzung allein durch die Mitglieder ist in der Praxis zunehmend festzustellen, dass zur effektiveren Ausnutzung bei investitionsintensiven Geräten diese auch an Ärzte und Einrichtungen (z. B. Krankenhäuser) überlassen werden, die nicht Mitglied der Gemeinschaft sind.

Erbringt die Praxisgemeinschaft auch **Leistungen an Nichtmitglieder gegen Entgelt**, stellt sich die Frage nach einer gemeinschaftlichen Gewinnerzielungsabsicht auf Ebene der Gemeinschaft. Erfolgt die Abrechnung der Leistungen zu den Selbstkosten mit dem Ziel der Kostensenkung, mangelt es an einer **Gewinnerzielungsabsicht**. Es ändert sich daher nichts an der ertragsteuerlichen Beurteilung der Praxisgemeinschaft.

Enthält die Abrechnung der Leistungen an Nichtmitglieder einen Gewinnaufschlag, ist von einer Gewinnerzielungsabsicht auszugehen.

Sind an der Praxisgemeinschaft ausschließlich freiberuflich tätige Ärzte oder arztähnliche Berufe beteiligt, sind die Leistungen im Einzelfall wie folgt zu beurteilen:

aa) Untervermietung mit Gewinnaufschlag

Werden von der Praxisgemeinschaft angemietete Räume mit Gewinnaufschlag an Nichtmitglieder untervermietet, führt dies originär zunächst zu Einkünften i. S. d. § 21 EStG. Sind an der Praxisgemeinschaft ausschließlich freiberufliche Ärzte beteiligt, ergeben sich subsidiär Einkünfte gem. § 18 EStG i. V. m. § 21 Abs. 3 EStG.

bb) Überlassung von Geräten und Einrichtungen mit Gewinnaufschlag ohne Zusatzleistungen

Bei der entgeltlichen Nutzungsüberlassung von **medizinisch-technischen Großgeräten** (zur Frage, wann Großgeräte vorliegen, vgl. OFD Hannover v. 15.6.2005, S 7172 - 9 - StO 181, UStK S-7172 Karte 1 § 4 Nr. 16 UStG) ist die Finanzverwaltung der Auffassung (OFD Rheinland – Kurzinformation Einkommensteuer Nr. 9/2006 v. 2.2.2006, DB 2006 S. 304), dass die Einnahmen auch dann nicht zu Einnahmen aus Gewerbebetrieb führen, wenn ein Gewinnaufschlag enthalten ist. **Voraussetzung** ist allerdings, dass **keine Zusatzleistungen**, z. B. die Gestellung von Verbrauchsmaterialien oder die Personalgestellung zur Bedienerunterstützung, **erbracht** wird. Offen ist die Frage, ob diese Grundsätze auch gelten, wenn es sich bei den Geräten und Einrichtungen **nicht um Großgeräte** handelt.

Im Rahmen der reinen Überlassung anderer Geräte und Einrichtung kann im Ergebnis nichts anderes gelten, wenn **keine ins Gewicht fallenden Sonderleistungen** erbracht werden oder der Umfang der Überlassungstätigkeit **keine unternehmerische Organisation** erfordert.

Bei der reinen Nutzungsüberlassung liegen im Grundsatz **originär Einkünfte aus Vermietung und Verpachtung** i. S. v. § 21 Abs. 1 Nr. 2 EStG vor, soweit Sachinbegriffe überlassen werden, oder bei einer Überlassung einzelner beweglicher Gegenstände – die Betriebsvermögenseigenschaft zunächst ausgeklammert – sonstige Einkünfte i. S. d. § 22 Nr. 3 EStG (zur Abgrenzung zwischen Sachinbegriffen und einzelnen beweglichen Wirtschaftsgütern vgl. FG Nürnberg v. 25.3.1994 – I 308/92, EFG 1994 S. 970). Da die überlassenen Geräte und Einrichtungen über die Praxisgemeinschaft zu einem freiberuflichen Betriebsvermögen gehören, werden die Einkünfte allerdings im Rahmen der **Subsidiarität in Einkünfte nach § 18 EStG** umqualifiziert. Erst wenn originär gewerbliche Merkmale vorliegen, d. h. besondere Umstände hinzutreten, hinter der die eigentliche Gebrauchsüberlassung in den Hintergrund tritt (BFH v. 22.1.2003 – X R 37/00, BStBl 2003 II S. 464), ist von gewerblichen Einkünften auszugehen.

cc) **Überlassung von Geräten, Einrichtungen und Räumen einschließlich Zusatzleistungen mit Gewinnaufschlag**

Erbringt die Praxisgemeinschaft gegenüber Nichtmitgliedern neben einer reinen Überlassung – im Sinne einer Vermietung von Räumen und Sachinbegriffen – auch **zusätzliche Dienstleistungen**, z. B. Gestellung von Verbrauchsmaterialien oder Personalgestellung zur Bedienerunterstützung, handelt es sich um eine **originär gewerbliche Tätigkeit**, die zu Einkünften i. S. d. § 15 EStG führt.

dd) **Vermeidung gewerbesteuerlicher Risiken**

Besteht ein – wenn auch nur latentes – **Risiko der Gewerblichkeit** der Praxisgemeinschaft, ergibt sich ein weiteres Gefährdungspotenzial für den Fall, dass eine **Gemeinschaftspraxis** an der Praxisgemeinschaft **beteiligt** ist. Es stellt sich die Frage, ob die Beteiligung einer ansonsten freiberuflichen Mitunternehmerschaft an einer gewerblichen Mitunternehmerschaft aufgrund der gewerblichen Beteiligungseinkünfte zu einer **gewerblichen Infektion** der freiberuflichen Mitunternehmerschaft insgesamt führt.

Nach der bisherigen Auffassung der Finanzverwaltung führen **gewerbliche Beteiligungseinkünfte** zur Abfärbung der Gewerblichkeit auf eine beteiligte Personengesellschaft (BMF v. 13.5.1996 – IV B 2 - S 2241 - 33/96, BStBl 1996 I S. 621). Mit seiner Entscheidung v. 6.10.2004 hat der BFH dem entgegen entschieden, dass die Beteiligung einer vermögensverwaltenden Personengesellschaft (Obergesellschaft) mit Einkünften aus Vermietung und Verpachtung an einer gewerblich tätigen anderen Personengesellschaft (Untergesellschaft) nicht zur Folge hat, dass die gesamten Einkünfte der Obergesellschaft als Einkünfte aus Gewerbebetrieb gelten (BFH v. 6.10.2004 – IX R 53/01, BStBl 2005 II S. 383). Ob die hier entwickelten Grundsätze auch bei einer freiberuflich tätigen Personengesellschaft als Obergesellschaft anzuwenden sind, ist nicht abschließend geklärt. Einiges spricht allerdings für eine Übertragung der in dem Urteil ausgeführten Überlegungen. Die Finanzverwaltung hat auf dieses Urteil mit einem **Nichtanwendungserlass** reagiert und eine gesetzliche Festschreibung der bisherigen Auffassung angekündigt (BMF v. 18.5.2005 – IV B 2 - S 2241 - 34/05, BStBl 2005 I S. 698). Für eine langfristige Gestaltung bietet daher die positive Entscheidung des BFH keine Lösung, sondern kann allenfalls für eine rettende Beratung hilfreich sein.

PRAXISHINWEIS

Für eine Gestaltung bietet es sich allerdings an, die **Beteiligung an der gewerblich tätigen Gesellschaft** von einem, mehreren oder allen Gesellschaftern **persönlich** halten zu lassen (BMF v. 13.5.1996, IV B 2 - S 2241 - 33/96, BStBl 1996 I S. 621). In diesem Fall ist die Abfärberegelung auf die ansonsten nicht gewerblich tätige Personengesellschaft nicht anzuwenden.

Die ertragsteuerliche Gestaltung wirft allerdings eine umsatzsteuerliche Frage auf, die noch nicht abschließend geklärt zu sein scheint. Nach dem Wortlaut von A 94 UStR sind die Leistungen von der Umsatzsteuer befreit, die die Mitglieder für ihre Praxen in Anspruch nehmen. Soweit eine Praxisgemeinschaft Umsätze an Personen erbringt, die nicht Mitglieder sind, sind diese Umsätze nicht nach § 4 Nr. 14 Satz 2 UStG steuerfrei. Ist nicht die Gemeinschaftspraxis Mitglied der Praxisgemeinschaft, sondern sind es die Gesellschafter (Ärzte) der Gemeinschaftspraxis persönlich, könnte fraglich sein, ob die Praxisgemeinschaft im Rahmen ihrer Leistungen an die Gemeinschaftspraxis Leistungen gegenüber ihren Mitgliedern erbringt, denn in diesem Fall sind der Leistungsempfänger (Gemeinschaftspraxis) und das Mitglied (Gesellschafter) nicht personenidentisch.

Die Zielrichtung von § 4 Nr. 14 Satz 2 UStG und die Formulierung von A 94 UStR sprechen allerdings auch in diesem Falle für eine Befreiung von der Umsatzsteuer. In A 94 UStR ist mehrfach die Rede von den „Praxen ihrer Mitglieder" und auch von Leistungen gegenüber „den Mitgliedern für ihre Praxen". Dies könnte darauf hindeuten, dass es unerheblich ist, ob Mitglied der Praxisgemeinschaft eine Gemeinschaftspraxis ist oder die Gesellschafter einer Gemeinschaftspraxis persönlich Mitglieder sind, sondern nur entscheidend ist, dass die Leistungen unmittelbar dem Patienten der Gemeinschaftspraxis zugute kommen.

PRAXISHINWEIS

Es empfiehlt sich bei der Wahl der ertragsteuerlichen Gestaltung zur Verminderung umsatzsteuerlicher Risiken, dass alle Gesellschafter der Gemeinschaftspraxis persönlich an der Praxisgemeinschaft beteiligt sind und damit als Mitglieder gelten.

d) Umsatzsteuerliche Beurteilung von Leistungen an Nichtmitglieder

Soweit die Praxisgemeinschaft Leistungen an Personen erbringt, die nicht Mitglied der Gemeinschaft sind, sind diese Umsätze **nicht nach § 4 Nr. 14 Satz 2 UStG** steuerfrei. Die Umsatzsteuerpflicht ist gleichzeitig verbunden mit einem entsprechenden Vorsteuerabzug. Die Steuerfreiheit der Umsätze an die Mitglieder wird dadurch nicht berührt (A 94 Abs. 4 UStR).

e) Ertragsteuerliche Beurteilung im Falle von Nicht-Ärzten als Mitglieder

Ist an einer **vermögensverwaltenden Personengesellschaft** eine Kapitalgesellschaft oder ein anderer Gewerbetreibender beteiligt, erfolgt die Umqualifizierung nur hinsichtlich der Einkünfte dieses Beteiligten (**Zebragesellschaft**) (Schmidt/Wacker, EStG 2006, § 15 Rz 201 ff. m. w. N.). In **Abgrenzung des Gewerbebetriebs** von der selbständigen Arbeit erzielen andererseits Gesellschaften nur dann freiberufliche Einkünfte, wenn **alle Gesellschafter die Merkmale eines freien Berufs erfüllen** (H 15.6 EStH „Gesellschaft"). Kein Gesellschafter darf nur kapitalmäßig beteiligt sein oder Tätigkeiten ausüben, die keine freiberuflichen sind (BFH v. 11.6.1985 – VIII R 254/80, BStBl 1985 II S. 584).

Gehören zu den Mitgliedern einer Praxisgemeinschaft Nicht-Ärzte, z. B. eine Krankenhaus gGmbH, stellt sich infolge dieser Grundsätze die Frage, ob es sich bei der Praxisgemeinschaft um einen Gewerbebetrieb handelt.

Mangelt es an einer Gewinnerzielungsabsicht, liegen wie bereits dargestellt keine Mitunternehmerschaft und kein Gewerbebetrieb vor (siehe S. 180). Erzielt die Praxisgemeinschaft mit der Überlassung von Geräten und Einrichtungen mit **Gewinnaufschlag und Zusatzleistungen** (z. B. Personal- und Materialgestellung) originär gewerbliche Einkünfte, liegt ein Gewerbebetrieb vor.

Übt die Praxisgemeinschaft neben der **Nutzungsüberlassung** an die Mitglieder eine Tätigkeit **mit Gewinnerzielungsabsicht** aus, die isoliert betrachtet die Grenzen der privaten Vermögensverwaltung nicht überschreitet (Überlassung von Grundstücken/, Sachinbegriffen, beweglichen Gegenständen ohne Zusatzleistungen), führt die Beteiligung eines Nicht-Arztes an einer Praxisgemeinschaft nicht zwangsläufig zu einem Gewerbebetrieb und gewerblichen Einkünften auch für den beteiligten freiberuflich tätigen Arzt. Vielmehr ist nach den Grundsätzen zur Zebragesellschaft davon auszugehen, dass die freiberuflichen Mitglieder freiberufliche Einkünfte i. S. d. § 18 EStG erzielen und die gewerblichen Mitglieder gewerbliche Einkünfte i. S. d. § 15 EStG.

Die **Beteiligung eines Nicht-Arztes** an einer Praxisgemeinschaft führt möglicherweise damit **nicht** in allen Fällen zu dem Ergebnis, dass Einkünfte der Praxisgemeinschaft **zwangsläufig gewerblich** sind. Ziel und Gegenstand einer Praxisgemeinschaft ist in der Regel nicht die Erzielung von Einkünften, welche dann durch die Beteiligung eines Nicht-Arztes als gewerbliche Einnahmen anzusehen sind. Die Tatsache, dass eine Umqualifizierung für die Beteiligten in andere – allerdings unterschiedliche – Einkunftsarten erfolgen muss, ergibt sich aus der jeweiligen Betriebsvermögenseigenschaft des Beteiligten. Die Abfärbetheorie des § 15 Abs. 3 Nr. 1 EStG ist nicht einschlägig, weil nicht die Personengesellschaft, sondern nur die jeweiligen Gesellschafter gewerbliche bzw. freiberufliche Einkünfte erzielen.

f) Umsatzsteuerliche Beurteilung im Falle von Nicht-Ärzten als Mitglieder

Die Finanzverwaltung verlangt in A 94 UStR dem Wortlaut nach, dass **ausschließlich** Angehörige der in § 4 Nr. 14 Satz 1 UStG bezeichneten Berufe Mitglieder der Apparategemeinschaft sind. Nach diesen Grundsätzen wären die Leistungen einer Apparategemeinschaft **umsatzsteuerpflichtig, wenn ein Mitglied nicht Arzt o. ä. ist**, z. B. ein Krankenhaus, selbst wenn dieses die Voraussetzungen des § 4 Nr. 16 UStG erfüllt und die Geräte und Einrichtungen ausschließlich für die Heilbehandlungen ihrer Patienten einsetzt.

Mit Wirkung zum 20.12.2003 wurde durch das Gesetz v. 15.12.2003 (BGBl I 2003 S. 2645) der Verweis in § 4 Nr. 14 Satz 1 UStG bezogen auf die Tätigkeit i. S. d. § 18 Abs. Nr. 1 des EStG aufgehoben. Die Steuerbefreiung des § 4 Nr. 14 Satz 1 UStG bezieht sich somit im Wortlaut auf die Umsätze aus der Tätigkeit als Arzt, Zahnarzt, Heilpraktiker, Physiotherapeut (Krankengymnast), Hebamme oder aus ähnlichen heilberuflichen Tätigkeiten und aus der Tätigkeit als klinischer Chemiker. Für die Steuerfreiheit kommt es nicht darauf an, in welcher Rechtsform der Unternehmer die Leistung erbringt (A 93 Abs. 1 UStR).

Somit stellt sich die Frage, wie die Beteiligung z. B. einer Ärzte-GmbH, einer Krankenhaus- gGmbH oder eines Medizinischen Versorgungszentrums an der Praxisgemeinschaft zu bewerten ist. Sind solche Gesellschaften an einer Praxisgemeinschaft beteiligt, werden die Leistungen an diese Mitglieder aber dort ausschließlich und unmittelbar für ärztliche Heilbehandlungen gegenüber Patienten eingesetzt, ist nach der hier vertretenen Auffassung die Umsatzsteuerfreiheit für die Leistungen der Praxisgemeinschaft zu gewähren, selbst wenn sich die Steuerbefreiung der nachfolgenden Leistung aus § 4 Nr. 16 UStG ergibt. Prinzipiell folgen die Umsatzsteuerbefreiungsvorschriften des § 4 Nr. 14 UStG und des § 4 Nr. 16 UStG unterschiedlichen steuerlichen Voraussetzungen. Beide Leistungen dienen jedoch dem Ziel der Erhaltung oder Wiederherstellung der menschlichen Gesundheit und verfolgen damit den gleichen Zweck. Die grundsätzliche Haltung der Finanzverwaltung zu dieser Frage bleibt abzuwarten, allerdings wurden im Rahmen der Erteilung einer verbindlichen Auskunft bereits Fälle zu Gunsten der Praxisgemeinschaft beurteilt.

Bei der Annahme einer Umsatzsteuerpflicht besteht eine Berechtigung zum Vorsteuerabzug. Wegen der Vorschriften zu Mindestbemessungsgrundlage und in Bezug auf die Personalnutzung ergeben sich jedoch unter Umständen zusätzliche umsatzsteuerliche Belastungen. Wegen der – stark umstrittenen – Anwendung der Korrekturzeiträume des § 15a UStG auf die Mindestbemessungsgrundlage wird das Problem noch verstärkt. Die Mindestbemessungsgrundlage für eine Geräteüberlassung (§ 10 Abs. 5 Nr. 1 UStG i. V. m. § 10 Abs. 4 Satz 1 Nr. 2 UStG i. V. m. § 3 Abs. 9a Satz 1 Nr. 1 UStG) bzw. eine Personalgestellung (§ 10 Abs. 5 Nr. 1 UStG i. V. m. § 10 Abs. 4 Satz 1 Nr. 3 UStG i. V. m. § 3 Abs. 9a Satz 1 Nr. 2 UStG) kann dann höher liegen als der mögliche Vorsteuerabzug.

g) Umwandlung der Praxisgemeinschaft in eine Gemeinschaftspraxis und umgekehrt

Die Umwandlung einer **Praxisgemeinschaft in eine Gemeinschaftspraxis** sollte unter Anwendung des **§ 24 UmwStG 2006** zu Buchwerten möglich sein. In diesem Fall kann die Einbringung der einzelnen Praxen der Mitglieder der Praxisgemeinschaft gegen Gewährung von Gesellschaftsrechten in die neue Gemeinschaftspraxis erfolgen. Durch die Umwandlung der Praxisgemeinschaft entsteht mit der Gemeinschaftspraxis dann eine neue Mitunternehmerschaft.

Für die **Leistungen an Nichtmitglieder** und die **Beteiligung von Nicht-Ärzten** sind nach der Umwandlung die steuerlichen Grundsätze der Gemeinschaftspraxis zu beachten, insbesondere das **Risiko der Gewerblichkeit der Gemeinschaftspraxis** insgesamt.

Die steuerlichen Fragestellungen für die **Umwandlung einer Gemeinschaftspraxis in eine Praxisgemeinschaft** sind wesentlich komplexer. Auch wenn die Gesellschaft zivilrechtlich fortbesteht, änderte sich steuerlich ihre Beurteilung. War die Gesellschaft bisher als Gemeinschaftspraxis steuerlich somit eine Mitunternehmerschaft, erfüllt jedoch die Praxisgemeinschaft nach den ertragsteuerlichen Grundsätzen nicht mehr die Voraussetzungen für eine Mitunternehmerschaft, so ist die Umwandlung steuerlich als **Beendigung der Mitunternehmerschaft** zu werten.

Die Umwandlung einer Gemeinschaftspraxis in eine Praxisgemeinschaft und die Fortsetzung der ärztlichen Tätigkeit in getrennten Praxen dürfte in vielen Fällen daher wegen der Beendigung der Mitunternehmerschaft einer Betriebsaufgabe gleichkommen und unter den Voraussetzungen des § 16 Abs. 3 Satz 2 ff. EStG als **Realteilung der Gemeinschaftspraxis** zu beurteilen sein (zur Realteilung einer Gemeinschaftspraxis siehe S. 106). Besonders problematisch ist – neben der einsetzenden **Sperrfrist** - in diesem Zusammenhang der Umstand, dass im Rahmen einer Realteilung einzelne Wirtschaftsgüter nach Auffassung der Finanzverwaltung nicht zu Buchwerten in das Gesamthandsvermögen einer **anderen Mitunternehmerschaft** übertragen werden können, sondern dass der **gemeine Wert** anzusetzen ist (BMF v. 28.2.2006 – IV B 2 - S 2242 - 6/06, BStBl 2006 I S. 228).

Entstehen bei der Umwandlung (Realteilung) der Gemeinschaftspraxis in eine Praxisgemeinschaft nicht nur Einzelpraxen, sondern auch „neue" Gemeinschaftspraxen, führt die Übertragung von Wirtschaftsgütern von der real geteilten Gemeinschaftspraxis in das Gesamthandsvermögen der „neuen" Gemeinschaftspraxis zur **Aufdeckung der stillen Reserven**. Dieses Problem dürfte hauptsächlich den Praxiswert betreffen, da dieser in der Regel die größten stillen Reserven enthält und in der Regel auch nicht bei der Praxisgemeinschaft verbleiben wird. Während die materiellen Wirtschaftsgüter rechtlich weiterhin bei der Praxisgemeinschaft verbleiben können, verfügt die Praxisgemeinschaft selbst in der Regel jedoch nicht über einen Praxiswert, sondern nur die einzelnen Praxen, da der Praxiswert der ärztlichen Tätigkeit zuzuordnen ist.

Nicht abschließend geklärt – und daher auch problematisch – scheint zudem die Frage, wie in diesem Zusammenhang mit den bei der Praxisgemeinschaft rechtlich verbleibenden Wirtschaftsgütern zu verfahren ist. Nach den ertragsteuerlichen Grundsätzen ist die Praxisgemeinschaft keine Mitunternehmerschaft. Die Praxisgemeinschaft kann aus diesem Grund aus steuerlicher Sicht nicht über mitunternehmerisch gebundenes gesamthänderisches Betriebsvermögen verfügen. Vielmehr dürften daher die einzelnen Wirtschaftsgüter entsprechend ihrem Anteil steuerlich dem **Betriebsvermögen der Mitglieder der Praxisgemeinschaft** zuzurechnen sein.

Folgt man diesen Überlegungen, führt die Beendigung der Gemeinschaftspraxis als Mitunternehmerschaft zu dem Ergebnis, dass sämtliche Wirtschaftsgüter aus steuerlicher Sicht anteilig aus dem bisherigen gesamthänderischen Betriebsvermögen in das **Betriebsvermögen der neu entstehenden Praxen** übergehen, soweit diese Mitglied der Praxisgemeinschaft sind. In Verbindung mit dem Umstand, dass bei einer Übertragung einzelner Wirtschaftsgüter von einer Mitunternehmerschaft auf eine andere Mitunternehmerschaft der gemeine Wert anzusetzen ist, würde dies zur Aufdeckung sämtlicher anteiliger stiller Reserven führen.

PRAXISHINWEIS

Während im Rahmen einer Realteilung die Übertragung zu Buchwerten in das Gesamthandsvermögen einer anderen Mitunternehmerschaft nicht möglich

C. Organisationsgemeinschaften

ist, ist der Ansatz der **Buchwerte** zulässig, soweit Wirtschaftsgüter **in das Sonderbetriebsvermögen bei einer anderen Mitunternehmerschaft** übertragen werden (Gragert, NWB F. 3 S. 13887). Diese Beurteilung wird in vielen Fällen eine steuerneutrale Gestaltung zu Buchwerten ermöglichen, wenn im Rahmen der Umwandlung einer Gemeinschaftspraxis in eine Praxisgemeinschaft auch „neue" Gemeinschaftspraxen entstehen. Notwendig ist dann, dass im Rahmen der Umwandlung die Wirtschaftsgüter nicht auf die „neue" Gemeinschaftspraxis übergehen sondern in das Sonderbetriebsvermögen der einzelnen Gesellschafter übertragen werden. Dies ist bei der vertraglichen Gestaltung – unter Beachtung der umsatzsteuerlichen Fragestellungen (siehe insbesondere Seite 124) und Grundsätze – zu berücksichtigen.

II. Apparategemeinschaft

1. Rechtliche Aspekte

Literatur:
Peikert, in: Rieger (Hrsg.), Lexikon des Arztrechts, 2002, 150 – Apparategemeinschaft.

a) Definition

Die meist in räumlicher Trennung zur eigenen Praxis erfolgende, gemeinschaftlich mit Dritten organisierte Nutzung von Räumen und/oder Geräten und/oder Personal wird als „Apparategemeinschaft" bezeichnet. Hierbei handelt es sich um eine **Organisationsgemeinschaft** als Unterfall der Praxisgemeinschaft mit vielfältigen Variationsmöglichkeiten.

Abzugrenzen von der „Apparategemeinschaft", der ein Element der gemeinsamen Beschaffung und Organisation eigen ist, sind Rechtsverhältnisse auf der Basis **rein schuldrechtlicher Nutzungsüberlassung**. So liegt keine „Apparategemeinschaft" vor, wenn z. B. ein Radiologe den in seinem Eigentum befindlichen Kernspintomographen an andere Ärzte oder einen Krankenhausträger vermietet.

b) Formalien

Hinsichtlich der Vorlage der Verträge bei der Ärztekammer gilt die allgemeine **Soll-Vorschrift** des § 24 MBO. Insoweit ist es anerkannt, dass lediglich Verträge von grundsätzlicher Bedeutung bei der Ärztekammer eingereicht werden sollen.

Für den vertragsärztlichen Bereich bestimmt § 33 Abs. 1 Ärzte-ZV, dass die Kassenärztliche Vereinigung von der gemeinschaftlichen Nutzung von Praxisräumen und Praxispersonal zu unterrichten sind. Demgemäß ist die Tätigkeit in einer Apparategemeinschaft nicht genehmigungs-, sondern lediglich **anzeigepflichtig**. Die Beachtung dieser Vorgabe ist dann besonders wichtig, wenn sich das gemeinschaftlich mit Dritten genutzte medizinische Gerät außerhalb der eigenen Praxisräume befindet.

c) Rechtsform

Apparategemeinschaften werden meist in der Rechtsform der BGB-Gesellschaft betrieben. Theoretisch kommt auch die Gründung einer juristischen Person in Betracht. Die Partnerschaftsgesellschaft scheidet als rechtlicher Mantel aus, da Apparategemeinschaften nicht zur Kategorie der Berufsausübungsgemeinschaft gehören. Sie sind **nicht auf Gewinnerzielung ausgerichtet**, sondern legen die entstandenen Kosten nach einem zu bestimmenden Schlüssel auf die einzelnen Gesellschafter um (Kosten- oder Ausgabengesellschaft).

Entgegen einer vielfach geäußerten Meinung handelt es sich bei der in der Rechtsform der BGB-Gesellschaft betriebenen Apparategemeinschaft nicht stets um eine BGB-Innengesellschaft, sondern häufig um eine BGB-Außengesellschaft. Dies ist insbesondere der Fall, wenn Geräte gemeinsam angeschafft und Räume gemeinsam genutzt werden. Dieser Befund hat die gravierende Folge der **gesamtschuldnerischen Haftung** für Gesellschaftsverbindlichkeiten sämtlicher Gesellschafter sowie beitretender neuer Gesellschafter mit ihrem Privatvermögen.

PRAXISHINWEIS

Bei Investitionen kann es vorteilhaft sein, dass jeder Beteiligte lediglich den auf ihn entfallenden Finanzierungsanteil selbst übernimmt. Hierdurch kann eine gesamtschuldnerische Haftung für das Gesamtengagement vermieden werden.

Zivil- und berufsrechtlich ist es unerheblich, aus welchen Personen oder Personengruppen sich der Gesellschafterkreis der Apparategemeinschaft zusammensetzt. Gerade bei der Beschaffung und der Nutzung von medizinischen Großgeräten haben sich Kooperationsformen zwischen Krankenhäusern und niedergelassenen Ärzten bewährt. Selbstverständlich steht diese Organisationsform auch Krankenhausärzten offen.

Für die Abrechnungsfähigkeit der erbrachten ärztlichen Leistungen sind die zivilrechtlichen Eigentumsverhältnisse unerheblich.

d) Behandlungsvertrag

Der Behandlungsvertrag kommt weder mit der Apparategemeinschaft noch mit sämtlichen Gesellschaftern der Apparategemeinschaft, sondern mit dem jeweiligen behandelnden Arzt zustande. Dies hat zur Folge, dass die Apparategemeinschaft nicht Inhaberin des Honoraranspruchs wird und deren Gesellschafter grundsätzlich nicht für Behandlungsfehler der anderen Mitgesellschafter haften.

PRAXISHINWEIS

Beim Außenauftritt sollte jeder Anschein gemeinschaftlicher ärztlicher Tätigkeit vermieden werden. Ansonsten kann sich aus Aspekten des Rechtsscheins eine gesamtschuldnerische Haftung aller Beteiligten ergeben (vgl. BGH v. 8.11.2005 – VI ZR 319/04, MedR 2006 S. 209).

2. Steuerliche Aspekte

a) Ertragsteuerliche Grundsätze

Die Apparategemeinschaft als Sonderform der Praxisgemeinschaft folgt deren ertragsteuerlichen Grundsätzen (siehe S. 180). In der Regel liegt daher **keine Mitunternehmerschaft** vor, sondern es werden nur die anteilig auf die Praxen der Mitglieder entfallenden **Betriebsausgaben gesondert festgestellt.**

Stellt eine Apparategemeinschaft niedergelassener Ärzte medizinische Großgeräte Krankenhäusern oder nicht beteiligten Ärzten zur Verfügung, führt dies selbst bei einem Gewinnaufschlag in dem Nutzungsentgelt nicht zu gewerblichen Einkünften. Voraussetzung ist allerdings, dass neben der entgeltlichen Nutzungsüberlassung keine zusätzlichen Dienstleistungen erbracht werden (OFD Rheinland – Kurzinformation Einkommensteuer Nr. 9/ 2006 v. 2.2.2006, DB 2006 S. 304, ausführlich siehe S. 183 ff.).

b) Umsatzsteuerliche Grundsätze

Die Apparategemeinschaft als Sonderform der Praxisgemeinschaft folgt auch deren umsatzsteuerlichen Grundsätzen (siehe S. 180). Die sonstigen Leistungen, die **unmittelbar von den beteiligten Ärzten zur Ausführung ihrer steuerfreien Umsätze** verwendet werden, erfüllen in der Regel insoweit die Voraussetzungen der Umsatzsteuerbefreiungsvorschrift des § 4 Nr. 14 Satz 2 UStG (A 94 UStR).

Häufiger als bei der Praxisgemeinschaft könnte fraglich sein, ob die Apparategemeinschaft als umsatzsteuerlicher Unternehmer anzusehen ist.

> **BEISPIEL:** ▶ Die drei in einem Ärztehaus niedergelassenen Ärzte A, B und C planen die gemeinsame Anschaffung einer Röntgenanlage. Sie vereinbaren hierzu jeweils zu einem Drittel selbst die Anschaffungskosten zu tragen und die Betriebsausgaben (Abschreibungen) in diesem Verhältnis aufzuteilen. Fraglich scheint, ob die Übernahme der Anschaffungskosten allein ausreicht, um als Entgelt (Gegenleistung) für die Überlassung des Gerätes gewertet zu werden (BFH v. 28.11.2002 - V R 18/01, BStBl 2003 II S. 443, m. w. N.; siehe auch Seite 182).

PRAXISHINWEIS

Solange die Finanzverwaltung die Voraussetzungen des § 4 Nr. 14 UStG für eine umsatzsteuerfreie Leistung als erfüllt ansieht, dürfte die Frage nach der Umsatzsteuerbarkeit für die Praxis von untergeordneter Bedeutung sein.

III. Laborgemeinschaft

1. Rechtliche Aspekte

Literatur:

Möller, Gründung und Betrieb privatärztlicher Laborgemeinschaften, MedR 1994 S. 10; *Peikert*, in: Rieger (Hrsg.), Lexikon des Arztrechts, 2002, 3300 – Laborgemeinschaften.

a) Definition, Rechtsgrundlagen

Eine Laborgemeinschaft ist ein Zusammenschluss von Ärzten gleicher oder unterschiedlicher Fachrichtung zur gemeinsamen Nutzung von Laboreinrichtungen zwecks Erbringung der in der eigenen Praxis anfallenden Laboratoriumsuntersuchungen.

Im vertragsärztlichen Bereich ist die allgemeine Rechtsgrundlage in § 105 Abs. 2 SGB V zu sehen: „Die Kassenärztlichen Vereinigungen haben darauf hinzuwirken, dass medizinisch-technische Leistungen, die der Arzt zur Unterstützung seiner Maßnahmen benötigt, wirtschaftlich erbracht werden. Die Kassenärztlichen Vereinigungen sollen ermöglichen, solche Leistungen im Rahmen der vertragsärztlichen Versorgung von Gemeinschaftseinrichtungen der niedergelassenen Ärzte zu beziehen, wenn eine solche Einrichtung medizinischen Erfordernissen genügt."

Konkretisierend bestimmen § 25 Abs. 3 BMV-Ä sowie § 28 Abs. 3 AEK-V: „Laborgemeinschaften sind Gemeinschaftseinrichtungen von Vertragsärzten, welche dem Zweck dienen, laboratoriumsmedizinische Analysen des Kapitels 32.2 [EBM 2000plus] regelmäßig in derselben gemeinschaftlichen Betriebsstätte zu erbringen."

Für den privatärztlichen Bereich bestimmt § 4 Abs. 2 GOÄ: *„Der Arzt kann Gebühren nur für selbständige Leistungen berechnen, die er selbst erbracht hat oder die unter seiner Aufsicht nach fachlicher Weisung erbracht wurden (eigene Leistungen). Als eigene Leistungen gelten auch von ihm berechnete Laborleistungen des Abschnitts M II des Gebührenverzeichnisses (Basislabor), die nach fachlicher Weisung unter der Aufsicht eines anderen Arztes in Laborgemeinschaften [...] erbracht wurden."*

Die Laborgemeinschaft gilt als **Unterfall der Apparategemeinschaft**. Sie ist eine reine Kostengemeinschaft. Der jeweilige Gesellschafter rechnet die in der Laborgemeinschaft erbrachten Leistungen gegenüber der Kassenärztlichen Vereinigung oder seinen Patienten ab und beteiligt sich im Wege der Umlage an den entstandenen Kosten der Gesellschaft.

b) Rechtsform

Die meisten Laborgemeinschaften sind BGB-Gesellschaften. Da die Laborgemeinschaft als ausgelagerter Praxisteil verstanden wird und ärztliche Praxen jahrzehntelang – und auch heute noch z. B. in Nordrhein – nicht als juristische Personen betrieben werden durften, schieden die GmbH oder AG als Rechtsform aus. Im Vertragsarztrecht ist die juristische Person – außer als MVZ-Trägerin – nach wie vor nicht anerkannt.

c) Kooperation mit Laborärzten

Viele Laborgemeinschaften arbeiten mit Laborärzten oder von diesen gehaltenen Betriebsgesellschaften zusammen. Oftmals werden Räume, Geräte, Personal, Fahrdienst etc. gemeinsam genutzt. Teilweise verfügen die Laborgemeinschaften nicht einmal mehr über eigene Ressourcen. Mittels eines **Dienstleistungsvertrages** nutzt die Laborgemeinschaft die Einrichtung des Laborarztes oder einer diesem nahe stehenden Gesellschaft, wobei dem Laborarzt häufig auch die ärztliche Leitung der Laborgemeinschaft obliegt. Der Laborarzt ist an der Zusammenarbeit interessiert, weil er sich die Überweisung von – lukrativen – Spezialuntersuchungen erhofft. In der Praxis wird dabei z. T. in mehr oder weniger offensichtlicher Form gegen das **berufsrechtliche Verbot der Zuweisung gegen Entgelt verstoßen**.

Der Bundesgerichtshof hat in diesem Zusammenhang festgestellt (v. 21.4.2005 – I ZR 201/ 02, MedR 2006 S. 168):

„1. Ein Laborarzt handelt unlauter i. S v. §§ 3, 4 Nr. 1 UWG, wenn er niedergelassenen Ärzten die Durchführung von Laboruntersuchungen, die diese selbst gegenüber der Kasse abrechnen können, unter Selbstkosten in der Erwartung anbietet, dass die niedergelassenen Ärzte ihm im Gegenzug Patienten für Untersuchungen überweisen, die nur von einem Laborarzt vorgenommen werden können.

2. Einem solchen Angebot unter Selbstkosten steht es gleich, wenn die günstigen Preise für die von den niedergelassenen Ärzten abzurechnenden Laboruntersuchungen dadurch ermöglicht werden, dass der Laborarzt einer von ihm betreuten Laborgemeinschaft der niedergelassenen Ärzte freie Kapazitäten seines Labors unentgeltlich oder verbilligt zur Verfügung stellt."

d) Exkurs: Speziallabor

Laborgemeinschaften sind sowohl im privat- als auch im vertragärztlichen Bereich auf die **Erbringung von Leistungen des Basislabors** beschränkt. Immer wieder führt es zu Diskussionen, unter welchen Voraussetzungen ein Arzt die Einrichtung des Labors unter Beachtung des **Grundsatzes der persönlichen Leistungserbringung** zur Durchführung von Spezialuntersuchungen nutzen darf.

C. Organisationsgemeinschaften

Mit Änderung der GOÄ im Jahre 1996 wollte der Gesetzgeber die „Selbstzuweisung" unterbinden und hierdurch eine wirtschaftlichere/sparsamere Indikationsstellung herbeiführen. Er ging davon aus, dass ein Arzt seinen Patienten eher die Durchführung einer Laboruntersuchung empfiehlt, wenn er selbst von der Leistung wirtschaftlich profitiert. Um dieses Ziel zu erreichen, untersagte der Gesetzgeber den Bezug von Leistungen der Kapitel M III und IV GOÄ aus Laborgemeinschaften. Die Leistungen sind seitdem nur noch abrechnungsfähig, wenn der Arzt die Leistungen unter Beachtung des Grundsatzes der persönlichen Leistungserbringung durchführt, mithin **bei der Leistungserbringung persönlich anwesend** ist. Bei Nutzung von hochtechnisierten Analyseautomaten stellt sich die höchstrichterlich nie geklärte Frage, zu welchem Zeitpunkt der Leistungserbringung die persönliche Anwesenheit des Arztes erfolgen muss, um diesem die Abrechnung der Laborleistungen zu ermöglichen. Es spricht sehr viel dafür, die Leistungen als selbst erbracht und damit abrechnungsfähig einzustufen, wenn der Arzt, dem Weisungsrechte gegenüber dem nichtärztlichen Personal zustehen müssen, zumindest zeitnah nach der automatischen Analyseerbringung persönlich im Labor die Validierung des Messergebnisses vornimmt. Die telematische Befundübermittlung in die Praxis des Arztes und die von diesem dort getätigte Freigabe des Befundergebnisses wird allgemein als nicht ausreichend angesehen.

e) Ausblick

Bei den Laborgemeinschaften könnte es sich um ein „Auslaufmodell" handeln, da die Kassenärztliche Bundesvereinigung (KBV) mittel- bis langfristig deren **Abschaffung plant**. Die KBV geht davon aus, dass knapp 30 % der in Laborgemeinschaften erbrachten Leistungen überflüssig seien. Seit 1999 sei ein Honorarmehrbedarf von 120 Mio. Euro zu verzeichnen. Durch Auflösung der Laborgemeinschaften sollen die hierdurch frei werdenden Mittel im Rahmen der Honorarverteilung anderen Leistungen zugute kommen. Innerärztlich regt sich allerdings erheblicher Widerstand. Sollte die Abschaffung im vertragsärztlichen Bereich erfolgen, wird es mutmaßlich nur eine Frage der Zeit sein, bis diese Vorgaben auf den GOÄ-Bereich abfärben.

2. Steuerliche Aspekte

Literatur:

Michels/Ketteler-Eising, Umsatzsteuerliche Regelungen für medizinische Analysen und Abgrenzung zwischen § 4 Nr. 14 UStG und § 4 Nr. 16 UStG, UR 2006 S. 619.

a) Ertragsteuerliche Grundsätze

Die Laborgemeinschaft als Sonderform der Praxisgemeinschaft folgt deren ertragsteuerlichen Grundsätzen (siehe S. 180). In der Regel liegt daher **keine Mitunternehmerschaft** vor.

Bei der Tätigkeit von Laborgemeinschaften handelt es sich steuerlich nach Auffassung der Finanzverwaltung um **Hilfstätigkeiten der ärztlichen Tätigkeit**, die lediglich aus technischen Gründen aus der Einzelpraxis ausgegliedert sind. Die Einnahmen aus einer Laborgemeinschaft bzw. aus Laborleistungen sind daher den Einnahmen aus selbständiger Arbeit der beteiligten Ärzte zuzurechnen. Laborgemeinschaften werden aufgrund der in der Regel lediglich kostendeckenden Auftragsabwicklung nicht mit Gewinnerzielungsabsicht tätig, so dass insoweit **nicht von einer Gewerblichkeit der Laborgemeinschaften auszugehen** ist (BMF v. 31.1.2003 - IV A 6 - S 2246 - 5/03, BStBl 2003 I S. 170).

Erbringen dagegen Laborgemeinschaften auch **Leistungen an Nichtmitglieder** mit Gewinnerzielungsabsicht, ist unter Beachtung der Grundsätze zur leitenden und eigenverantwortlichen Tätigkeit von Laborärzten die Gewerblichkeit der Einkünfte zu prüfen. Für die Frage der leitenden und eigenverantwortlichen Tätigkeit bei Laborärzten ist insbesondere die Praxisstruktur, die individuelle Leistungskapazität des Arztes, das in der Praxis anfallende Leistungsspektrum und die Qualifikation der Mitarbeiter zu berücksichtigen. Eine leitende und eigenverantwortliche Tätigkeit liegt im Einzelfall z. B. dann nicht vor, wenn die Zahl der vorgebildeten Arbeitskräfte und die Zahl der täglich anfallenden Untersuchungen eine Eigenverantwortlichkeit ausschließen (BMF v. 31.1.2003 - IV A 6 - S 2246 - 5/03, BStBl 2003 I S. 170). In Einzelfall kann die Laborgemeinschaft als gewerbliche Mitunternehmerschaft zu qualifizieren sein.

PRAXISHINWEIS

Ist eine freiberufliche Gemeinschaftspraxis an einer als gewerblich zu qualifizierenden Laborgemeinschaft beteiligt, geht die Finanzverwaltung von einer gewerblichen Infizierung auch der freiberuflichen Gemeinschaftspraxis aus. Das BFH-Urteil v. 6.10.2004 (IX R 53/01, BStBl 2005 II S. 383) dürfte zwar Argumente gegen die Verwaltungsauffassung bieten, die Finanzverwaltung hat allerdings auf das Urteil des BFH mit einem Nichtanwendungserlass unter Ankündigung einer gesetzlichen Neuregelung reagiert (BMF v. 18.5.2005 - IV B 2 - S 2241 - 34/05, BStBl 2005 I S. 698). Der BFH hatte insoweit entschieden, dass es nicht zur Umqualifizierung der Einkünfte einer vermögensverwaltenden Personengesellschaft in gewerbliche Einkünfte kommt, zu deren Gesamthandsvermögen eine Beteiligung an einer gewerblichen Personengesellschaft gehört. Zur Frage, inwieweit in diesen Fällen die vom BFH entwickelte Bagatellgrenze von 1,25 % des Gesamtumsatzes (H 15.8 EStH „geringfügige gewerbliche Tätigkeit") Anwendung findet, hat sich die Finanzverwaltung nicht geäußert. Es empfiehlt sich daher, dass nicht die Gemeinschaftspraxis, sondern der einzelne Arzt Mitglied der Laborgemeinschaft wird. Gewerbliche Einnahmen im Sonderbetriebsbereich des Gesellschafter führen nicht nach § 15 Abs. 3 Nr. 1 EStG zur Gewerb-

C. Organisationsgemeinschaften

lichkeit der Gesellschaft/ Gesamthand (BFH v. 28.7.2006 - XI R 31/05, BFH/NV 2006 S. 2175).

b) Verfahrensrechtliche Grundsätze

Im Grundsatz erfolgt wie bei der Praxisgemeinschaft eine gesonderte Feststellung der auf den beteiligten Arzt entfallenden Betriebsausgaben der Laborgemeinschaft nach § 1 SGB V zu § 180 Abs. 2 AO. Die von dem Arzt zu leistenden Kostenumlagen sind dann für den Arzt steuerlich keine Betriebsausgaben und für die Laborgemeinschaft keine Betriebseinnahmen. Die Zuordnung der negativen Einkünfte erfolgt ausschließlich über die gesonderte Feststellung bei der Gewinnermittlung der Praxis.

Laborgemeinschaften verfügen in der Praxis häufig über ein Vielzahl von Mitgliedern. Von der Finanzverwaltung wird es daher teilweise zugelassen, dass die Laborgemeinschaft die gezahlten Kostenumlagen als Betriebseinnahmen erfasst. In diesem Fall hat der Einnahme die Zahlung des beteiligten Arztes bei diesem als gewinnmindernde Betriebsausgabe gegenüberzustehen und ist entsprechend als solche zu verbuchen. Die Laborgemeinschaft ermittelt dann im Rahmen einer einheitlichen und gesonderten Feststellung die Differenz zwischen Betriebseinnahmen und -ausgaben und verteilt dieses Ergebnis auf die Mitglieder.

In beiden Fällen wirken sich bei dem beteiligten Arzt im Ergebnis nur die nach der gesonderten Feststellung gem. § 180 Abs. 2 AO auf ihn anteilig entfallenden Aufwendungen der Laborgemeinschaft gewinnmindernd aus. Das Feststellungsfinanzamt der Laborgemeinschaft hat dem für die Veranlagung der Praxis des Arztes zuständigen Finanzamt die Art der Behandlung der vereinnahmten Umlagen mitzuteilen (OFD Hannover v. 26.3.2003, GewStK § 2 GewStG, Fach 3 Karte 4).

PRAXISHINWEIS

Beteiligt sich ein Arzt an einer Laborgemeinschaft, sollte im Vorfeld die steuerliche Behandlung der Umlagezahlungen an die Laborgemeinschaft mit der Laborgemeinschaft und dem Finanzamt abgestimmt werden.

c) Umsatzsteuerliche Grundsätze

Die Laborgemeinschaft als Sonderform der Praxisgemeinschaft folgt auch deren umsatzsteuerlichen Grundsätzen (siehe S. 180). Die sonstigen Leistungen, die **unmittelbar von den beteiligten Ärzten zur Ausführung ihrer steuerfreien Um-**

sätze verwendet werden, erfüllen in der Regel insoweit die Voraussetzungen der Umsatzsteuerbefreiungsvorschrift des § 4 Nr. 14 Satz 2 UStG (A 94 UStR).

Besonderer Aufmerksamkeit bedarf die umsatzsteuerliche Würdigung der **Kooperation von Laborgemeinschaften mit Laborärzten.** Da die Mitglieder der Laborgemeinschaft in der Regel selbst ausschließlich oder überwiegend umsatzsteuerfreie ärztliche Leistungen erbringen, kommt der Frage besondere Bedeutung zu, ob aus der Kooperation mit Laborärzten **zusätzliche Umsatzsteuer** entsteht, die von den Ärzten nicht als Vorsteuer in Abzug gebracht werden kann.

Im ersten Schritt ist zu unterscheiden, ob es sich bei den Leistungen des Laborarztes an die Laborgemeinschaft um die Erbringung **medizinischer Laboruntersuchungen/Analysen** handelt, die nach § 4 Nr. 14 oder 16 UStG steuerfrei sein können, oder ob es sich bei den Leistungen um die **Bereitstellung von Einrichtungen, Geräten und Personal,** eine organisatorische und wirtschaftliche Beratung und andere nicht umsatzsteuerbefreite Leistungen handelt. Soweit bei den Analysen durch den Laborarzt **Arbeitnehmer der Laborgemeinschaft** eingesetzt werden, ist für die Frage der Höhe des umsatzsteuerlichen Entgeltes zudem zu prüfen, ob es sich seitens der Laborgemeinschaft um eine **nichtsteuerbare Personalbeistellung** oder eine **steuerbare Personalgestellung** nach den Abgrenzungskriterien der Werklieferung an den Laborarzt handelt.

Handelt es sich bei den Leistungen des Laborarztes um die Erbringung medizinischer Laboruntersuchungen/Analysen, ist im zweiten Schritt die Frage zu prüfen, ob diese nach § 4 Nr. 14 oder nach § 4 Nr. 16 UStG steuerfrei sein können und die dort geforderten Voraussetzungen erfüllt werden.

Der EuGH (v. 8.6.2006 – C-106/05, L. u. P. GmbH, HFR 2006 S. 831) vertritt zu dieser Frage die Auffassung, dass medizinische Analysen als ärztliche Leistungen anzusehen sind und unter die Befreiungsvorschrift nach Art. 13 Teil A Abs. 1 Buchstabe b der 6. EG-Richtlinie (§ 4 Nr. 16 UStG) fallen, wenn Sie außerhalb der Praxisräume des praktischen Arztes, der Sie angeordnet hat, in einem Labor durchgeführt werden, dass als eine **Einrichtung „gleicher Art" wie ein „Zentrum für ärztliche Heilbehandlung und Diagnostik"** anzusehen ist. Die für diese Leistung in **§ 4 Nr. 16 Buchstabe c UStG** als Voraussetzung geforderte **ärztliche Aufsicht** bei der Leistungserbringung wertet der EuGH als Verstoß gegen Art. 13 Teil A Abs. 1 Buchstabe b der 6. EG-Richtlinie. Die zweite Voraussetzung, dass die Leistungen nach den nationalen Regelungen mindestens zu 40 % Personen zugute kommen müssen, die bei einem Träger der **Sozialversicherung** versichert sind **(40-%-Grenze),** hält der EuGH dagegen für zulässig.

Dem folgend hat der Laborarzt in diesen Fällen für die Gewährung der Umsatzsteuerbefreiung seiner medizinischen Analysen den **Nachweis zu führen,** dass seine Leistungen zu mindestens 40 % Versicherten zugute kommen, die Bezieher von Leistungen nach dem Zweiten Buch Sozialgesetzbuch, die Empfänger von Sozialhilfe oder die Versorgungsberechtigt sind. In der Praxis dürfte die Führung dieses Nachweises auf erhebliche praktische Probleme stoßen, die es im Einzelfall zu lösen gilt.

Dass dem EuGH-Urteil v. 8.6.2006 zugrunde liegende anhängige BFH-Verfahren V R 55/03 (Vorinstanz FG Münster v. 19.8.2003 - 15 K 8753/98, EFG 2004 S. 64) ist derzeit noch nicht abgeschlossen. Das Ergebnis bleibt abzuwarten. Insbesondere von dem **grundgesetzlich geschützten Gleichheitsgrundsatz** ergeben sich Bedenken, medizinische Analysen, die ein Arzt in seinen Praxisräumen selbst erbringt und dieselben medizinischen Analysen, die der Arzt über einen Laborarzt erbringen lässt, umsatzsteuerlich unterschiedlich zu behandeln (Michels/Ketteler-Eising, UR 2006 S. 619).

IV. Praxisverbünde

1. Rechtliche Aspekte

Literatur:

Rieger, Vernetzte Praxen – Rechtsbeziehungen zwischen den Beteiligten – berufs-, vertragsarzt- und wettbewerbsrechtliche Aspekte, MedR 1998 S. 75; *Weimar*, Ärztliche Praxisnetze – Anwaltliche Gestaltung des Gesellschaftsvertrages, MDR 2000 S. 866; *Rieger*, in: Rieger (Hrsg.) Lexikon des Arztrechts, 2001, S. 4305 – Praxisnetz.

a) Definition

§ 23d Abs. 1 MBO definiert den Praxisverbund wie folgt: *„Ärztinnen und Ärzte dürfen, auch ohne sich zu einer Berufsausübungsgemeinschaft zusammenzuschließen, eine Kooperation verabreden (Praxisverbund), welche auf die Erfüllung eines durch gemeinsame oder gleichgerichtete Maßnahmen bestimmten Versorgungsauftrages oder auf eine andere Art der Zusammenarbeit zur Patientenversorgung, z. B. auf dem Felde der Qualitätssicherung oder Versorgungsbereitschaft, gerichtet ist."*

Gemäß § 23d Abs. 3 MBO können unter Berücksichtigung weiterer berufsrechtlicher Vorgaben einem Praxisverbund auch **Krankenhäuser, Vorsorge- und Rehabilitations- Kliniken und Angehörige anderer Gesundheitsberufe** angehören.

§ 73a Abs. 1 SGB V beschreibt „vernetzte Praxen" – aus der Sicht des Vertragsarztrechts – wenig präzise als Möglichkeit der Kassenärztlichen Vereinigungen, mit den Landesverbänden der Krankenkassen und Verbänden der Ersatzkassen in Gesamtverträgen Versorgungs- und Vergütungsstrukturen zu vereinbaren, die dem vom Versicherten gewählten Verbund haus- und fachärztlich tätiger Vertragsärzte Verantwortung für die Gewährleistung der Qualität und Wirtschaftlichkeit der vertragsärztlichen Versorgung sowie der ärztlich verordneten oder veranlassten Leistungen insgesamt oder für inhaltlich definierte Teilbereiche diese Leistungen überträgt. Wesentlich sind die Freiwilligkeit einerseits des Zusammenschlusses von Vertragsärzten und andererseits der Wahl der Versicherten zur Teilnahme. Im Hausarztmodell kommt dem vom Patienten gewählten Hausarzt – neben dessen eigener ärztlicher Tätigkeit – die **Koordinierungsfunktion** („Hausarzt als Lotse") zu.

In der Praxis werden die Begriffe „Praxisverbund" und „Praxisnetz = vernetzte Praxis" meist synonym verwandt. Die praktische Relevanz dieser Kooperationsform ist – zumindest derzeit noch – von untergeordneter Bedeutung.

b) Formalien

Der Vertrag über die Errichtung des Praxisverbundes ist der Ärztekammer zum Zweck der Prüfung vorzulegen (§ 23d Abs. 2 MBO). Ist der Verbund kammerübergreifend tätig, muss jeder Arzt den Vertrag der für ihn zuständigen Landesärztekammer einreichen. Ein Genehmigungserfordernis besteht nicht.

Der Arzt kann **Mitglied in mehreren Praxisnetzen** sein.

Im vertragsärztlichen Bereich ist ein formaler – schriftlicher – Beitritt des Vertragsarztes zu dem zwischen der Kassenärztlichen Vereinigung und den Krankenkassen abgeschlossenen Strukturvertrag erforderlich, der seinerseits an die Mitgliedschaft im Praxisnetz geknüpft ist.

c) Vertragsarztrechtliche Besonderheiten

Die Gründung eine Praxisnetzes setzt im Bereich der vertragsärztlichen Versorgung voraus, dass die Kassenärztliche Vereinigung mit den Verbänden der Krankenkassen und den Verbänden der Ersatzkassen einen Strukturvertrag abgeschlossen hat. **Strukturverträge** sind öffentlich-rechtliche, im Streitfall der Sozialgerichtsbarkeit unterfallende Verträge. Sie **konkretisieren qualitative Untersuchungs- und Behandlungsstandards** wie

- erweiterte Präsenz- und Dokumentationspflichten,
- Teilnahme an Qualitätszirkeln,
- Zweitmeinungsmodelle,
- Vorgaben zur Kommunikation,
- evtl. Netz-Positivliste für Arzneimittel.

In den Strukturverträgen sind die Rahmenbedingungen im Sinne von Mindestvoraussetzungen für die privatrechtliche Ausgestaltung des Netzes vorzugeben.

Der Zulassungsstatus des einzelnen Vertragsarztes wird durch die Teilnahme an einem Strukturvertrag nicht berührt, allerdings werden dessen vertragsärztliche Rechte und Pflichten entsprechend dem Inhalt des Strukturvertrages modifiziert. Auch die nach Maßgabe eines Strukturvertrages erbrachten vertragsärztlichen Leistungen sind Bestandteil des vertragsärztlichen Vergütungssystems.

Für die Leistungen des Praxisnetzes kann die **Bildung von Finanzierungsbudgets** vereinbart werden. Der am Strukturvertrag teilnehmende Arzt rechnet die von ihm erbrachten Leistungen unter Anwendung des EBM 2000plus oder nach vereinbarten Pauschalen ab. Im Rahmen der netzinternen Honorarverteilung kann sich je nach Grad der Budgetausschöpfung ein höherer oder niedrigerer Verteilungspunktwert ergeben als bei Leistungserbringung außerhalb des Praxisnetzes.

Die Teilnahme am Praxisnetz ist für jeden Vertragsarzt freiwillig. Bei Erfüllung der Voraussetzungen besteht grundsätzlich ein **Rechtsanspruch auf Teilnahme am Strukturvertrag und Aufnahme in das Praxisnetz.**

d) Rechtsbeziehungen der Ärzte untereinander

Der Praxisverbund ist **Organisationsgemeinschaft**, nicht Berufsausübungsgemeinschaft. Beim Praxisverbund schließen sich die Verbundärzte zusammen, um durch abgestimmte Maßnahmen die Untersuchungs- und Behandlungsqualität zu sichern und hierdurch Kosten einzusparen. Die gemeinsame ärztliche Leistungserbringung gegenüber den Patienten ist ebensowenig Gesellschaftszweck wie das Ziel, die eigene Praxis nach ökonomischen Maximen zu betreiben. Der Praxisverbund kann aber durchaus die **Vorstufe für eine Teilgemeinschaftspraxis** bilden.

Als Rechtsformen kommen primär die BGB-Gesellschaft und – aus Haftungsgründen vorzugswürdig – die GmbH in Betracht, wobei die GmbH bei häufigem Mitgliederwechsel wegen der Pflicht zur notariellen Beurkundung und Eintragung in das Handelsregister faktisch Probleme bereitet. Die Partnerschaftsgesellschaft scheidet als Rechtsform aus, da die Gesellschafter ihren Beruf nicht in der Gesellschaft ausüben.

Folgende Aspekte sind bei der **Vertragsgestaltung** besonders zu berücksichtigen:

- Definition des Gesellschaftszwecks,
- Konkretisierung von Treue- und Förderpflichten,
- Pflichten der Gesellschafter zur Erbringung von Einlagen und Dienstleistungen,
- Hervorhebung der getrennten Berufsausübung insbesondere mit getrennter Patientenkartei,
- Regelungen zur Geschäftsführung und Vertretung,
- Vorgaben zur Willensbildung/Abstimmung,
- Bestimmungen zur Aufnahme und zum Ausschluss eines Arztes
- Modalitäten zur Liquidation der Gesellschaft.

Der Praxisverbund kann sich zur organisatorischen Unterstützung einer **Betreibergesellschaft** bedienen. Auch kann er einen **Netzmanager** beschäftigen. Die Mitgliedschaft im Praxisverbund soll grundsätzlich allen zur Teilnahme bereiten Ärzten ermöglicht werden (§ 23d Abs. 1 Satz 2 MBO).

e) Rechtsbeziehungen zu Patienten

Der Patient schließt den **Behandlungsvertrag** nicht mit dem Praxisverbund, sondern mit seinem Arzt. Zum Praxisverbund tritt er in keine rechtliche Beziehung. Demgemäß haftet ausschließlich der behandelnde Arzt und nicht der Praxisverbund und/oder dessen Mitglieder für eine Vertragsverletzung. Etwas anderes

C. Organisationsgemeinschaften

kann gelten, wenn die Verbundärzte den Eindruck vermitteln, die ärztliche Leistung gemeinschaftlich zu erbringen (Rechtsscheinhaftung).

Für Versicherte kann die Teilnahme an einem Strukturvertrag die zeitlich befristete Einschränkung der freien Arztwahl auf die dem Netz beigetretenen Vertragsärzte bedeuten. Gerechtfertigt wird dieser Eingriff mit der angestrebten **verbesserten Versorgungsqualität**.

2. Steuerliche Aspekte

a) Ertragsteuerliche Grundsätze

In den rechtlichen Aspekten ist dargestellt, dass das Ziel des Praxisverbundes weder die gemeinsame ärztliche Leistungserbringung gegenüber dem Patienten, noch die eigene Praxis nach ökonomischen Maximen zu betreiben, ist. Ertragsteuerlich kann demzufolge ein Praxisverbund mangels der Absicht, gemeinschaftlich Gewinne zu erwirtschaften, **keine Mitunternehmerschaft** sein. Dies gilt selbst in den Fällen der Teilnahme an einem Strukturvertrag, der netzintern die Honorarverteilung regelt. In diesen Fällen geht es ebenfalls nicht um eine gemeinsame Gewinnerzielung, sondern nur um die Liquidation der erbrachten Leistungen gegenüber den Patienten der Praxis unter Beachtung des zur Verfügung stehenden Budgets unter Anwendung des EBM 2000plus oder nach vereinbarten Pauschalen.

Soweit innerhalb des Praxisverbundes Kosten, z. B. für die Verwaltung, entstehen und von den Mitgliedern auszugleichen sind, sind diese **Aufwendungen** wie bei den anderen Formen der Kostengemeinschaft **gesondert festzustellen** und auf die Praxen der Mitglieder als Betriebsausgaben zu verteilen.

b) Umsatzsteuerliche Grundsätze

In der Regel tritt der Praxisverbund weder in Rechtsbeziehungen zu den Patienten, noch besteht die Absicht Einnahmen zu erzielen. Der Praxisverbund ist daher umsatzsteuerlich **kein Unternehmer** i. S. d. § 2 Abs. 1 UStG.

V. Betreibergesellschaft

1. Rechtliche Aspekte

Literatur:

Ahrens, Praxisgemeinschaften in Ärztehäusern mit Fremdgeschäftsführung – Voraussetzungen und Grenzen ärztlichen Unternehmertums, MedR 1992 S. 143; *Taupitz*, Integrative Gesundheitszentren: neue Formen interprofessioneller ärztlicher Zusammenarbeit, MedR 1993 S. 367; *Ratzel/Cramer*, Ärztliche MRT-Kooperationen, Orthopädische Mitteilungen 2001 S. 30; *Eisenberg*, Ärztliche Kooperations- und Organisationsformen, 2002, S. 299 f.

a) Beschreibung des Phänomens

Unter den vielschichtigen Begriffen „**Betreiber-, Betriebs- oder Kostengesellschaft**" werden Modelle verstanden, in denen Dritte einem Arzt oder mehreren Ärzten im Rahmen eines Gesamtkonzepts gegen Entgelt Ressourcen (Räume und/oder Geräte und/oder Personal) zur Verfügung stellen und gegebenenfalls weitergehende Dienstleistungen erbringen.

Beispielhaft sei auf **Gesundheitszentren/Ärztehäuser** hingewiesen, in denen zum einen Ärzte unterschiedlicher, sich häufig ergänzender Fachgebiete und zum anderen auch andere nichtärztliche Gesundheitsberufe (z. B. Physiotherapeuten, Ernährungsberater etc.) unter einem Dach oder in unmittelbarer räumlicher Nähe angesiedelt werden. Teilweise besteht eine **einheitliche betriebswirtschaftliche Geschäftsführung** mit zentralen Funktionsbereichen (Buchführung, Personalwesen, Einkauf, Schreibbüro, koordiniertem Abschluss von Versicherungen etc.).

Nicht selten wird das Konzept von Apothekern initiiert, die auf diese Weise die Besucherfrequenz ihrer Apotheke absichern wollen. Neuerdings ist festzustellen, dass verstärkt Krankenhausträger ihren potenziellen Einweisern günstige Rahmenbedingungen zur Ausübung ihrer beruflichen Tätigkeit anbieten.

Ebenfalls in die Kategorie der Betreibermodelle fallen **Kooperationen zwischen Überweisern und Überweisungsempfängern**. Praktiziert werden Apparategemeinschaften in der Rechtsform der GmbH & Co. KG, bei denen die GmbH & Co. KG hochpreisige medizinische Großgeräte an Spezialisten vermietet, die ihrerseits auf Überweisung von anderen Kollegen tätig werden. Diese zuweisenden Kollegen werden als Kommanditisten eingebunden und profitieren über ihre Ergebnisbeteiligung am Überweisungsumfang.

b) Zulässigkeitsgrenzen

Heute ist es absolut unstreitig, dass die Eigentumsverhältnisse an den medizinischen Geräten für die Frage der Zulässigkeit ärztlicher freiberuflicher Tätigkeit unerheblich ist. Zutreffend formuliert § 17 Abs. 1 MBO, dass die Ausübung ambulanter ärztlicher Tätigkeit an die **Niederlassung in einer Praxis** – nicht mehr: in "eigener" Praxis – gebunden ist. Vor diesem Hintergrund ist es nicht zu beanstanden, wenn ein Dritter – und zwar unabhängig von dessen Rechtsform – einem Arzt die Ressourcen zur Berufsausübung zur Verfügung stellt. Insofern darf nicht unberücksichtigt bleiben, dass die Banken sich bei größeren von ihnen finanzierten Investitionen ohnehin das Sicherungseigentum an Geräten und der Praxiseinrichtung einräumen lassen!

Bei der Einschaltung von Betreibergesellschaften wird man die Vereinbarung **umsatzabhängiger Entgelte**, deren Angemessenheit unterstellt, nicht untersagen können. Keinesfalls darf die Vergütung als stille Beteiligung an der Arztpraxis gestaltet werden. Auch darf die Fremdgeschäftsführung nicht so weit reichen, dass der Arzt faktisch in „seiner" Praxis nichts mehr zu sagen hat. Jede Einflussnahme in den Kernbereich der ärztlichen Berufsausübung kann zur Nichtigkeit der gesamten Konstruktion führen. Gleiches gilt, wenn die Belange der ärztlichen Schweigepflicht nicht in dem gebotenen Umfang gewahrt werden.

Bei Geräte-Betreibergesellschaften gilt Folgendes: Die Beteiligung eines Arztes als Investor ist zulässig. Das Berufsrecht verbietet dem Arzt nicht die allgemeine wirtschaftliche Betätigung. Korrespondiert die Ergebnisbeteiligung allerdings ausschließlich mit der Anzahl der selbst veranlassten Überweisungen, liegt ein Verstoß gegen das **Verbot der Zuweisung gegen Entgelt** (§ 31 MBO) vor mit der Folge der Nichtigkeit der Vertragskonstruktion.

PRAXISHINWEIS

Soweit die Betriebsgesellschaft Dritten gewerbsmäßig Personal überlässt, ist § 1 Abs. 1 Satz 1 AÜG zu beachten. Danach ist die Erlaubnis der Bundesagentur für Arbeit einzuholen. Verstöße können mit Geldbuße geahndet werden.

2. Steuerliche Aspekte

a) Ertragsteuerliche Grundsätze

Steuerlich unterscheiden sich die **kapitalistisch orientierten Betreibergesellschaften** grundlegend von den Kostentragungsgemeinschaften (Praxis-, Apparate- und Laborgemeinschaften).

Besteht die Tätigkeit der Betreibergesellschaft lediglich in der Überlassung der Infrastruktur ohne ins Gewicht fallende Sonderleistungen oder dass der Umfang der Tätigkeit eine unternehmerische Organisation erfordert, erzielt diese Einkünfte aus der **Vermietung und Verpachtung von Sachinbegriffen** i. S. d. § 21 Abs. 1 Satz 1 Nr. 2 EStG (R 15.7 Abs. 3 EStR).

Ein Sachinbegriff liegt vor, wenn mehrere Wirtschaftsgüter funktionell und technisch so aufeinander abgestimmt sind, dass sie eine wirtschaftliche Einheit bilden (Schmidt/Drenseck, EStG 2006, § 21 Rz 53). Da die Geräte und Einrichtungen der Praxis zusammen die Infrastruktur, d. h. die Grundlage der Praxis bilden, ist von einem Sachinbegriff auszugehen.

Eine der Voraussetzung nach § 15 Abs. 2 EStG für die Annahme einer gewerblichen Betätigung ist, dass sie über den **Rahmen einer privaten Vermögensverwaltung** hinausgeht. Das Vermieten einzelner beweglicher Gegenstände geht aber in der Regel über den Rahmen einer privaten Vermögensverwaltung nicht hinaus und erfüllt damit nicht alle Voraussetzungen für die Annahme eines Gewerbebetriebes. Eine gewerbliche Vermietungstätigkeit ist erst dann – ausnahmsweise – anzunehmen, wenn nach dem Gesamtbild der Verhältnisse im Einzelfall besondere Umstände hinzutreten, die der Tätigkeit als Ganzes das Gepräge einer selbständigen, nachhaltigen, von Gewinnstreben getragenen Beteiligung am allgemeinen wirtschaftlichen Verkehr geben, hinter der die eigentliche Gebrauchsüberlassung des Gegenstandes in den Hintergrund tritt (BFH v. 2.5.2000 - IX R 71/ 96, BStBl 2000 II S. 467).

In der Regel ist das Ziel der Betreibergesellschaft, aus der Überlassung der Wirtschaftsgüter Gewinne zu erwirtschaften und nicht z. B. aus dem An- und Verkauf von Geräten und Einrichtungen. Beschränkt sich die Betreibergesellschaft auf die Beschaffung und Überlassung der Geräte und Einrichtungen bis zu deren weitgehendem wirtschaftlichen Verbrauch, ist nicht von einer gewerblichen Tätigkeit auszugehen. Zur Vermögensverwaltung gehören auch der Erwerb und die Veräußerung der beweglichen Sachen, wenn diese Vorgänge den Beginn und das Ende einer in erster Linie auf Fruchtziehung gerichteten Tätigkeit darstellen (BFH v. 10.12.2001 - GrS 1/98, BStBl 2002 II S. 291). Zur Vermögensverwaltung gehören zudem **(unwesentliche) Leistungen wie Pflege, Wartung und Versicherung des vermieteten Objekts**, die im Rahmen einer normalen Vermietungstätigkeit anfallen (BFH v. 22.1.2003 - X R 37/00, BStBl 2003 II S. 464).

Übernimmt die Betreibergesellschaft **Sonderleistungen**, z. B. Verwaltung der Praxis, Abrechnungsaufgaben, Wartungsleistungen außerhalb einer normalen Vermietungstätigkeit etc., oder erfordert der Umfang der Betätigung eine unternehmerische Organisation, erzielt die Betreibergesellschaft **gewerbliche Einkünfte**.

Ist an einer vermögensverwaltenden Betreibergesellschaft eine Kapitalgesellschaft oder ein anderer Gewerbetreibender beteiligt, müssen die Einkünfte aus der Investitionsgesellschaft anteilig als gewerblich erfasst werden (sog. Zebragesellschaft). § 15 Abs. 3 Nr. 1 EStG greift nicht, weil nicht die Investitionsgesellschaft, sondern nur der Gesellschafter gewerbliche Einkünfte erzielt (Schmidt/ Wacker, EStG 2006, § 15 Rz 201).

Ist der nutzende Arzt selbst an der vermögensverwaltenden Betreibergesellschaft beteiligt, gehört sein Anteil an den Wirtschaftsgütern zum Betriebsvermögen bzw. Sonderbetriebsvermögen der Praxis (BFH v. 10.11.2005 - IV R 29/04, BFH/NV 2006 S. 413).

Wird die Betreibergesellschaft als Kapitalgesellschaft (**AG, KGaA, GmbH**) oder als **gewerblich geprägte Personengesellschaft** errichtet, gilt ihre Tätigkeit im vollen Umfang qua Gesetz nach § 2 Abs. 2 Satz 1 GewStG bzw. § 15 Abs. 3 Nr. 2 EStG als **Gewerbebetrieb**.

b) Umsatzsteuerliche Grundsätze

Überlässt die Betreibergesellschaft **Praxisräume**, ist diese Überlassung als Vermietung und Verpachtung von Grundstücken gegen Entgelt steuerfrei gem. § 4 Nr. 12 UStG. Da der betreibende Arzt überwiegend umsatzsteuerfreie ärztliche Heilbehandlungsleistungen erbringt, kommt ein Verzicht auf die Steuerbefreiung nach § 9 Abs. 2 UStG nicht in Betracht.

Die Vermietung und Verpachtung der **Geräte und Einrichtungen sowie ggf. Personal** gegen Entgelt ist dagegen in vollem Umfang umsatzsteuerpflichtig, verbunden mit der Berechtigung zum vollen Vorsteuerabzug.

An dieser Beurteilung ändert sich auch dann nichts, wenn auch der nutzende Arzt selbst und außer ihm ausschließlich weitere Ärzte Mitglieder der Betreibergesellschaft sind. Eine Anwendung der Umsatzsteuerbefreiungsvorschrift des § 4 Nr. 14 UStG für Praxis- und Apparategemeinschaften (A 94 UStR) kommt nicht für den Fall in Betracht, bei dem ausschließlich ein Mitglied die Geräte und Einrichtungen nutzt. Ziel der weiteren Mitglieder ist es, Einnahmen aus der Nutzungsüberlassung zu erwirtschaften und nicht Einnahmen aus ärztlicher Tätigkeit durch Verwendung der Geräte und Einrichtungen. Es handelt sich insoweit nicht um eine Organisationsform der ärztlichen Zusammenarbeit mit dem Ziel, die Geräte und Einrichtung gemeinschaftlich anzuschaffen und jeweils unmittelbar zur Ausführung eigener Umsätze der Mitglieder (insgesamt) einzusetzen. Im Einzelfall ist zu prüfen, ob eine Praxisgemeinschaft oder eine Betreibergesellschaft vorliegt.

D. Medizinische Versorgungszentren

1. Rechtliche Aspekte

Literatur:

Behnsen, Medizinische Versorgungszentren – die Konzeption des Gesetzgebers, das Krankenhaus 2004 S. 602, 698; *Wigge*, Medizinische Versorgungszentren nach dem GMG, MedR 2004 S. 123; *Deutsche Krankenhausgesellschaft (Hrsg.)*, Hinweise zur Gründung Medizinischer Versorgungszentren nach § 95 SGB V, 2. Aufl. 2004; *Hanika*, Medizinische Versorgungszentren und Integrierte Versorgung – Rechtliche Vorgaben und neue Vergütungssysteme, Pflegerecht 2004 S. 433, 483; *Möller*, Der im zugelassenen Medizinischen Versorgungszentrum (MVZ) angestellte Arzt, GesR 2004 S. 456; *Andreas*, Medizinische Versorgungszentren – Chancen oder Risiken für Krankenhaus und Chefarzt, ArztR 2005 S. 144; *Dahm/Möller/Ratzel*, Rechtshandbuch Medizinische Versorgungszentren, 2005; *Zwingel/Preißler*, Das Medizinische Versorgungszentrum – Rechtliche Rahmenbedingungen für Gründung und Betrieb, 2005; *Dahm/Ratzel*, Liberalisierung der Tätigkeitsvoraussetzungen des Vertragsarztes und Vertragsarztrechtsänderungsgesetz, MedR 2006 S. 555; *Pestalozza*, Kompetentielle Fragen des Entwurfs eines Vertragsarztrechtsänderungsgesetzes, GesR 2006 S. 389; *Rau*, in: Rieger (Hrsg.), Lexikon des Arztrechts, 2003, S. 3585 – Das Medizinische Versorgungszentrum; *Orlowski/Halbe/Schirmer*, Vertragsarztrechtsänderungsgesetz, 2007.

a) Entstehungsgeschichte

Zum 1.1.2004 hat der Gesetzgeber mit dem Medizinischen Versorgungszentrum (MVZ) einen **neuen Leistungserbringer** im System der gesetzlichen Krankenversicherung geschaffen. Gesetzgeberisches Ziel für die Einführung von MVZ war – in Anlehnung an die ärztlich geleiteten poliklinischen Einrichtungen nach § 311 SGB V – die Verbesserung der Versorgungsstruktur, indem eine enge Verzahnung ärztlicher und nichtärztlicher Leistungserbringer erfolgen sollte, um den Patienten eine „**Versorgung aus einer Hand**" anzubieten. Außerdem – so die Gesetzesbegründung – helfe die Neuregelung insbesondere jungen Ärzten, an der vertragsärztlichen Versorgung teilnehmen zu können, ohne die mit einer Praxisgründung verbundenen wirtschaftlichen Risiken eingehen zu müssen.

b) Die zahlenmäßige Situation

Die Anzahl der MVZ wächst kontinuierlich. Nach Angaben des Bundesministeriums für Gesundheit (http://www.die-gesundheitsreform.de) waren im Januar 2007 insgesamt 520 MVZ wie folgt zugelassen:

Bundesland	Anzahl	Anteil
Baden-Württemberg	26	5,00 %
Bayern	135	25,96 %
Berlin	31	5,96 %

D. Medizinische Versorgungszentren

Brandenburg	14	2,69 %
Bremen	3	0,58 %
Hamburg	15	2,88 %
Hessen	51	9,81 %
Mecklenburg-Vorpommern	8	1,54 %
Niedersachsen	46	8,85 %
Nordrhein-Westfalen	65	12,50 %
Rheinland-Pfalz	22	4,23 %
Saarland	4	0,77 %
Sachsen	40	7,69 %
Sachsen-Anhalt	15	2,88 %
Schleswig-Holstein	17	3,27 %
Thüringen	28	5,38 %
Gesamt	520	100,00 %
Alte Bundesländer	415	79,81 %
Neue Bundesländer (inklusive Berlin)	105	20,19 %

Die meisten MVZ werden mit – lediglich – zwei Fachgebieten gegründet. Am häufigsten beteiligt sind Hausärzte, Internisten und Chirurgen.

Legt man die Ermittlungen der Kassenärztlichen Bundesvereinigung (KBV) zugrunde (http:// www.kbv.de/koop/7178.htm), waren im Herbst 2006 2.183 Ärzte in MVZ tätig, davon 1.365 im Anstellungsverhältnis. Demgemäß haben etwa 40 % der MVZ-Ärzte ihren Vertragsarztstatus beibehalten.

65 % der MVZ befinden sich in der Trägerschaft von Vertragsärzten. Dieser Anteil betrug im Dezember 2005 noch 75 %. Da diese neben Krankenhäusern als die zahlenmäßig am stärksten vertretenen Gründer angegeben werden, dürfte die Anzahl der Krankenhausträger im Kreis der MVZ-Gründer inzwischen bei etwa 30 bis 35 % liegen.

Als vorwiegend gewählte Rechtsformen werden die Gesellschaft bürgerlichen Rechts (GbR), die GmbH sowie die Partnerschaftsgesellschaft angegeben.

Rechtliche Aspekte

c) Vorteile/Nachteile

Zunächst sei mit einem Vorurteil aufgeräumt: MVZ sind bei der Abrechnung mit der Kassenärztlichen Vereinigung gegenüber vertragsärztlichen Praxen **nicht privilegiert**! Auch profitieren sie nicht per se von der **Anschubfinanzierung**, die für die Realisierung von Modellen zur Integrierten Versorgung zur Verfügung gestellt wird. Etwas anderes gilt nur dann, wenn das MVZ selbst an einem solchen Modell teilnimmt.

Teilweise wurden fachübergreifende Gemeinschaftspraxen in MVZ umgewandelt, um nach 5 Jahren weitere **Vertragsarztzulassungen zu generieren** (§ 103 Abs. 4a SGB V). Allerdings hat der Gesetzgeber diese Bevorzugung mit Inkrafttreten des VÄndG zum 1.1.2007 für die ab diesem Zeitpunkt errichteten MVZ beseitigt.

Für Vertragsärzte und sonstige gründungsberechtigte Personen besteht – anders als bei ärztlichen Praxen – die Möglichkeit, mit dem MVZ eine medizinische Einrichtung mit angestellten Ärzten zu betreiben, ohne selbst medizinische Leistungen erbringen zu müssen.

Von besonderem Interesse ist die Errichtung eines MVZ für Krankenhausträger. **Für die Gründung eines MVZ** sprechen in diesem Zusammenhang folgende Motive:

- MVZ als wesentlicher Bestandteil des Behandlungspfades ambulant/stationär/ambulant,
- Schaffung ambulanter Komplementärfunktionen,
- MVZ als Nachbehandler bei verkürzten Liegezeiten,
- MVZ als Profitcenter,
- dauerhafte und planungssichere Substitution der wegen Bedarfsabhängigkeit und Drittwiderspruchsmöglichkeit unsicheren Ermächtigungen,
- Einsatz von Krankenhausärzten teilzeitig im MVZ – und umgekehrt **ab dem 1.1.2007**.

Gegen die Errichtung eines MVZ durch einen Krankenhausträger können ebenfalls Argumente angeführt werden:

- Verprellung niedergelassener Vertragsärzte und befürchtete Reduktion der Einweisungen,
- finanzieller Aufwand durch den Erwerb von Vertragsarztzulassungen,
- Unsicherheit der zukünftigen Struktur der ambulanten Versorgung,
- hausinterne Auseinandersetzungen mit Chefärzten wegen Wegfall/Beschränkung der Ermächtigungen und Entstehen einer Einrichtung für ambulante privatärztliche Tätigkeit.

D. Medizinische Versorgungszentren

d) Gesetzliche Vorgaben zum MVZ

§ 95 Abs. 1 SGB V beschreibt Medizinische Versorgungszentren als „fachübergreifende ärztlich geleitete Einrichtungen, in denen Ärzte, die in das Arztregister nach [§ 95] Abs. 2 Satz 3 Nr. 1 eingetragen sind, als Angestellte oder Vertragsärzte tätig sind."

Als Gründungsvoraussetzungen werden aufgeführt: *„Die medizinischen Versorgungszentren können sich aller zulässigen Organisationsformen bedienen; sie können von den Leistungserbringern, die aufgrund von Zulassung, Ermächtigung oder Vertrag an der medizinischen Versorgung der Versicherten teilnehmen, gegründet werden."*

e) Das „fachübergreifende" Element der Einrichtung

Ziel des Gesetzgebers war es, insofern orientiert am Vorbild der poliklinischen Einrichtungen gem. § 311 SGB V, mit den Medizinischen Versorgungszentren eine ärztliche Versorgung „aus einer Hand" zu ermöglichen. Um in diesem Zusammenhang zumindest Minimalvoraussetzungen zu schaffen, muss ein MVZ **fachübergreifend** tätig sein. Fachgebiete sind diejenigen der (Muster-)Weiterbildungsordnung. Zu beachten ist, dass die **Bedarfsplanungs-Richtlinien-Ärzte** speziell für das vertragsärztliche Zulassungsverfahren teilweise eine restriktivere Zuordnung vornehmen, indem verwandte Fachgebiete zusammengefasst werden.

Nach ursprünglicher Definition war eine „fachübergreifende Einrichtung" gegeben, wenn mindestens zwei Ärzte verschiedener Fachgebiete im MVZ arbeiteten, wobei die Einbindung eines Psychologischen Psychotherapeuten oder auch eines Zahnarztes die Voraussetzung erfüllte.

Das VÄndG hat das Merkmal „fachübergreifend" als Errichtungsvoraussetzung für ein MVZ in § 95 Abs. 1 SGB V neu definiert und hierdurch die **Anforderungen an die Errichtung gesenkt:** *„Eine Einrichtung nach Satz 2 ist dann fachübergreifend, wenn in ihr Ärzte mit verschiedenen Facharzt- oder Schwerpunktbezeichnungen tätig sind; sie ist nicht fachübergreifend, wenn die Ärzte der hausärztlichen Arztgruppe nach § 101 Abs. 5 angehören und wenn die Ärzte oder Psychotherapeuten der psychotherapeutischen Arztgruppe nach § 101 Abs. 4 angehören. Sind in einer Einrichtung nach Satz 2 ein fachärztlicher und ein hausärztlicher Internist tätig, so ist die Einrichtung fachübergreifend."*

So ist z. B. für viele MVZ die Einbindung fachärztlicher Internisten von Bedeutung. Im Bereich der fachärztlich tätigen Internisten gibt es eine Vielzahl von Schwerpunkten (z. B. Gastroenterologie, Hämatologie und Onkologie, Kardiologie, Nephrologie, Pneumologie, Rheumatologie). Ein fachärztlich ausgerichtetes MVZ kann nun z. B. ausschließlich mit den beiden Schwerpunkten Kardiologie und Gastroenterologie gegründet werden.

In das MVZ können Zahnmediziner eingebunden werden. Die Zulässigkeit eines rein zahnmedizinischen MVZ – z. B. zwischen einem Zahnarzt und einem Kieferorthopäden – ist ebenfalls anzuerkennen.

f) Ärztliche Leitung

Das MVZ muss unter ärztlicher Leitung stehen. Welche Funktion der ärztliche Leiter hat und wie seine Rechte und Pflichten ausgestaltet sind, hat der Gesetzgeber nicht einmal ansatzweise beschrieben. Gleichwohl kann das Ziel des Gesetzgebers dahingehend verstanden werden, dass er – vergleichbar der Funktion des Ärztlichen Direktors eines Krankenhauses (z. B. § 35 Abs. 1 Satz 2 KHG NRW) – eine **ärztliche Gesamtleitung** institutionalisiert hat. Die Zuweisung der ärztlichen Leitung separiert den ärztlichen vom kaufmännischen Bereich. Hierdurch soll sichergestellt werden, dass die medizinische Versorgung des MVZ sich an medizinischen Vorgaben orientiert.

Entgegen der teilweise von Zulassungsgremien und Kassenärztlichen Vereinigungen vertretenen Ansicht muss der ärztliche Leiter **nicht mit Geschäftsführungsbefugnissen** auf der Ebene der MVZ-Trägergesellschaft ausgestattet sein. Wesentlich ist, dass der ärztliche Leiter in medizinischen Angelegenheiten keinerlei Weisungen der Gesellschafter unterworfen wird.

§ 95 Abs. 1 SGB V i. d. F. des VÄndG bestimmt: „Sind in einem medizinischen Versorgungszentrum Angehörige unterschiedlicher Berufsgruppen, die an der vertragsärztlichen Versorgung teilnehmen, tätig, ist auch eine kooperative Leitung möglich."

g) Eintragung in das Arztregister

Im Versorgungszentrum dürfen nur Ärzte tätig werden, die in das Arztregister nach § 95 Abs. 2 Satz 3 Nr. 1 SGB V eingetragen sind. Das Arztregister wird von der Kassenärztlichen Vereinigung für jeden Zulassungsbezirk geführt (§ 1 Abs. 1 Ärzte-ZV). Voraussetzungen für die Eintragung sind

- die Approbation als Arzt,
- der erfolgreiche Abschluss einer Weiterbildung.

Zuständig für die Eintragung ist das Arztregister des Zulassungsbezirks, in dem der Arzt seinen Wohnort (= Wohnsitz i. S. d. § 7 BGB) hat.

h) Tätigkeit als angestellter Arzt oder als Vertragsarzt

Das MVZ wird idealerweise in der Form der sogenannten **„Angestelltenvariante"** geführt. Dem entsprach über lange Zeit die parlamentarische Sichtweise im Gesetzgebungsvorhaben. Die Tatsache, dass Vertragsärzten der Zugang zu Medizinischen Versorgungszentren versagt werden sollte, wurde auf Seiten der Ärzteschaft als „Kampfansage" betrachtet. Auf deren Initiative wurde der Gesetzentwurf um die Wörter „oder Vertragsärzte" ergänzt, ohne dass im Übrigen hinsichtlich Konstruktion und Statik des MVZ Änderungen vorgenommen worden wären.

In der Tat ist es fragwürdig, ob bei der Eingliederung eines Vertragsarztes noch von freiberuflicher Tätigkeit ausgegangen werden kann. Eine dogmatisch saubere Einordnung ist bisher nicht gelungen. Der Vertragsarzt hat praktisch nur einen einzigen „Kunden", nämlich das MVZ. Ob seine Vertragsarztzulassung tatsächlich durch diejenige des MVZ überlagert wird, erscheint zweifelhaft.

Zum Teil tragen Zulassungsgremien und Kassenärztliche Vereinigungen der Besonderheit Rechnung, indem sie verlangen, dass der **Vertragsarzt Mitgesellschafter der MVZ-Trägergesellschaft** wird. In welchem Umfang er z. B. Geschäftsanteile an der MVZ-GmbH halten muss und welche Mitwirkungsrechte ihm gesellschaftsvertraglich eingeräumt werden müssen, ist indes vollkommen offen.

i) Anforderungen an die Gründer

In der Gesetzesbegründung (BT-Drucks. 15/1525 S. 107 f.) sind – beispielhaft – als mögliche Gründer erwähnt:

- ▶ Vertragsärzte,
- ▶ Krankenhäuser,
- ▶ Heilmittelerbringer,
- ▶ häusliche Krankenpflege,
- ▶ Apotheken.

Nicht als Träger oder an einer Trägergesellschaft eines MVZ Beteiligte kommen in Betracht:

- ▶ Privatkrankenanstalten,
- ▶ pharmazeutische Unternehmer gem. §§ 130a, 130b SGB V,
- ▶ Krankenkassen oder deren Verbände (Ausnahme: Eigeneinrichtungen gem. § 140 Abs. 1 SGB V),
- ▶ Kassen(zahn)ärztliche Vereinigungen,
- ▶ Krankenhausgesellschaften,
- ▶ Träger von Managementgesellschaften,
- ▶ Zahntechniker.

In der Praxis ist die Tendenz festzustellen, dass nicht zu dem Gründerkreis zählende Investoren ein gem. § 126 SGB V zugelassenes Hilfsmittelunternehmen (z. B. Sanitätshaus- GmbH) gründen und sich auf diese mittelbar an der Errichtung eines MVZ beteiligen. Ob der Gesetzgeber dies dauerhaft dulden wird, bleibt abzuwarten.

Rechtliche Aspekte

Mit dem Verlust der Gründereigenschaft endet grundsätzlich auch die Berechtigung zur Beteiligung an einer MVZ-Trägergesellschaft. Ob dies auch für den Vertragsarzt gilt, der seine Praxis in das MVZ „einbringt", Gesellschafter der MVZ-GmbH wird und sich von dieser – ggf. als Geschäftsführer – anstellen lässt, ist nach wie vor ungeklärt.

Jeder anerkannte Leistungserbringer ist berechtigt, allein oder gemeinsam mit anderen gründungsberechtigten Leistungserbringern MVZ **bundesweit in unbegrenzter Anzahl** an unterschiedlichen Stellen und in einfacher oder variantenreicher Fachgebietskombination zu errichten. Es ist nicht erforderlich, dass für jedes MVZ eine separate Träger-Gesellschaft gegründet wird. Sämtliche MVZ können als **selbständige Betriebsstätten** einer einzelnen Gesellschaft geführt werden. In jedem Einzelfall müssen die Zulassungsvoraussetzungen erfüllt sein. Demgemäß ist es einer bundesweit agierenden Krankenhauskette erlaubt, an jedem ihrer Krankenhausstandorte – und darüber hinaus – MVZ zu errichten.

j) Rechtsformwahl

§ 95 Abs. 1 Satz 3 SGB V hebt hervor, dass Medizinische Versorgungszentren sich aller **zulässigen** Organisationsformen bedienen können. Die Gesetzesbegründung formuliert: „*Medizinische Versorgungszentren können als juristische Personen, z. B. als GmbH oder als Gesamthandsgemeinschaft (BGB-Gesellschaft) betrieben werden.*"

Es kommen folgende Rechtsformen für die Gründung und den Betrieb eines MVZ in Betracht:

- Natürliche Einzelperson,
- Stiftung,
- Gesellschaft bürgerlichen Rechts (GbR),
- Partnerschaftsgesellschaft,
- stille Gesellschaft,
- Gesellschaft mit beschränkter Haftung (GmbH),
- Aktiengesellschaft (AG),
- Europäische Kapitalgesellschaften (insbesondere „Ltd.").

In der Praxis werden die meisten MVZ in der **Rechtsform der GbR oder GmbH** gegründet. Bei der GmbH können Hindernisse aufgrund landesrechtlicher Vorgaben bestehen, wenn das jeweilige Heilberufe-Kammergesetz die Ausübung der ambulanten Heilkunde in der Rechtsform der GmbH untersagt. Insofern herrscht erheblicher Streit, inwieweit der für das Vertragsarztrecht zuständige Bundesgesetzgeber von landesrechtlichen berufsrechtlichen Vorgaben abzuweichen berechtigt ist.

Die Offene Handelsgesellschaft (OHG) wird derzeit nicht als MVZ-Trägerin anerkannt. Begründet wird dies damit, dass der Gesellschaftszweck auf den „Betrieb eines Handelsgewerbes" ausgerichtet sei (§ 105 Abs. 1 HGB). Die Ausübung ärztlicher Tätigkeit falle nicht unter den Begriff des Handelsgewerbes. Auch wenn diese Ansicht zu eng erscheint, prägt sie die Auffassung der Kassenärztlichen Vereinigungen und die Praxis der Zulassungsgremien.

Verwehrt man der OHG die Funktion als Gründerin eines MVZ, gilt dies zwangsläufig für die KG und die GmbH & Co. KG. Trotz der restriktiven Auffassung der Zulassungsgremien sollte solchen Krankenhausträgern, die in der Rechtsform der OHG oder KG betrieben werden, die Gründung eines MVZ in eigener Trägerschaft, also ohne zwischengeschaltete Gesellschaft, gestattet werden.

k) Bürgschaft

§ 95 Abs. 2 SGB V i.d.F. des VÄndG hebt die Gründungsschwelle für in der Rechtsform der juristischen Person errichtete MVZ ab dem 1.1.2007 an: *„Für die Zulassung eines medizinischen Versorgungszentrums in der Rechtsform einer juristischen Person ist außerdem Voraussetzung, dass die Gesellschafter selbstschuldnerische Bürgschaftserklärungen für Forderungen von Kassenärztlichen Vereinigungen und Krankenkassen gegen das medizinische Versorgungszentrum aus dessen vertragsärztlicher Tätigkeit abgeben; dies gilt auch für Forderungen, die erst nach Auflösung des medizinischen Versorgungszentrums fällig werden."*

Der Gesetzgeber hat durch diese Regelung die juristischen Personen des Privatrechts haftungsrechtlich den als Personengesellschaften organisierten kooperativen Organisationsformen (Gemeinschaftspraxis, MVZ in der Freiberuflervariante) gleichstellen wollen.

Nach richtiger Ansicht gilt die Regelung generell nicht für vor dem 1.1.2007 zugelassene MVZ-Trägergesellschaften. Weder aus dem Gesetzeswortlaut noch aus der Entstehungsgeschichte lässt sich etwas anderes herleiten. Eine bestandskräftige MVZ-Zulassung bleibt – wie z.B. eine Baugenehmigung bei geändertem Bebauungsplan – bestehen. Demgemäß kann von deren Gesellschaftern nicht die Beibringung einer selbstschuldnerischen Bürgschaft verlangt werden. Gleiches gilt für den Fall eines Gesellschafterbeitritts und sogar dann, wenn sämtliche Gesellschafter ausgetauscht werden.

Das Bürgschaftspostulat gilt nur für juristische Personen des Privatrechts. Soweit eine GmbH & Co. KG als MVZ-Trägergesellschaft anerkannt wird, handelt es sich um eine Personengesellschaft, für die die Verpflichtung nicht gilt. Die Bürgschaft ist von dem jeweiligen Gesellschafter auszuhändigen. Ist Gesellschafterin eine juristische Person, ist diese und sind nicht etwa deren Gesellschafter beibringungspflichtig (str.).

Kommunen oder Hochschulkliniken kommen ebenfalls als Gründer von MVZ oder als Gesellschafter von MVZ-Trägergesellschaften in Betracht. Sie müssen keine Bürgschaft beibringen, wenn das MVZ als Eigeneinrichtung und nicht z.b. als GmbH geführt wird. Probleme ergeben sich, wenn die als zugelassene Leistungserbringerin anerkannte Krankenhaus-GmbH, deren alleinige Gesellschafterin oder deren Mitgesellschafterin eine Kommune ist, ein MVZ ohne eigene Rechtspersönlichkeit errichtet. In diesem Fall müsste die Kommune als Gesellschafterin eine Bürgschaftserklärung in unbegrenzter Höhe abgeben, was gegen Vorgaben des Kommunalrechts verstoßen kann. Das MVZ-Projekt ist möglicherweise allein aufgrund dieses Umstandes zum Scheitern verurteilt!

Das Bürgschaftspostulat stellt insbesondere gemeinnützige Krankenhausträger vor erhebliche Probleme. So wird die Befürchtung vorgetragen, bei Abgabe einer Bürgschaftserklärung zugunsten einer selbst als Alleingesellschafterin betriebenen MVZ-GmbH sei der Verlust der Gemeinnützigkeit zu befürchten. Dies gelte insbesondere dann, wenn die Inanspruchnahme aus der Bürgschaft erfolge.

Verlangt wird eine selbstschuldnerische Bürgschaft gem. § 773 Abs. 1 Nr. 1 BGB, keine Bürgschaft auf erstes Anfordern und erst recht **keine Bankbürgschaft**! Aufgrund der Verbürgung als Selbstschuldner ist die Einrede der Vorausklage ausgeschlossen. Die Bürgschaft darf betragsmäßig nicht beschränkt werden. Deshalb muss selbst der Gesellschafter mit einem „Mini-Anteil" eine Bankbürgschaft in unbeschränkter Höhe beibringen. Eine Befristung widerspricht dem Zweck der Einstandspflicht für nach Auflösung des MVZ bekannt gewordene Verbindlichkeiten ebenso wie die Möglichkeit zur Kündigung. Allerdings kann so eine „ewige Haftungsgefahr" entstehen, da ein Gesellschafter, der der MVZ-Trägergesellschaft vielleicht nur für kurze Zeit angehört hat, noch Jahrzehnte nach seinem Ausscheiden aus der Gesellschaft in Anspruch genommen werden könnte. Da der Gesetzgeber dies nicht gewollt haben kann, ist ein teleologische Reduktion vorzunehmen. Vom Sicherungszweck der Bürgschaft dürfen nur solche Ansprüche erfasst sein, die ihre wirtschaftliche Grundlage in der Zeit der Gesellschaftszugehörigkeit haben.

Die Bürgschaftsurkunde ist an den Bürgen zurückzugeben, wenn keine von der Sicherungsabrede erfassten Ansprüche (mehr) bestehen oder entstehen können oder diese anderweitig – z.B. durch Honorareinbehalte – abgesichert sind. Nach Auflösung des MVZ müssen grundsätzlich sämtliche Fristen zur Durchführung z.B. von Wirtschaftlichkeitsprüfungs-, Regress- oder Plausibilitätsverfahren abgelaufen und dürfen keine entsprechenden Verfahren mehr anhängig sein.

D. Medizinische Versorgungszentren

l) Gesetzliche Generalverweisung

Zu den rechtlichen Auswirkungen der MVZ-Zulassung heißt es in § 95 Abs. 3 Satz 3 SGB V: *„Die Zulassung des medizinischen Versorgungszentrums bewirkt, dass die in dem Versorgungszentrum angestellten Ärzte Mitglieder der für den Vertragsarztsitz des Versorgungszentrums zuständigen Kassenärztlichen Vereinigung sind und dass das zugelassene medizinische Versorgungszentrum insoweit zur Teilnahme an der vertragsärztlichen Versorgung berechtigt und verpflichtet ist. Die vertraglichen Bestimmungen über die vertragsärztliche Versorgung sind verbindlich."*

Mit anderen Worten: **Die für Vertragsärzte geltenden Rechte und Pflichten bestimmen den Rahmen auch der MVZ-Tätigkeit!** Zudem wird der angestellte Arzt und nicht die MVZ-Trägergesellschaft Mitglied der zuständigen Kassenärztlichen Vereinigung.

m) Status des angestellten Arztes

Die angestellten Ärzte müssen in einem **Dienstverhältnis** zum MVZ-Träger stehen. Insofern finden auf sie die arbeitsrechtlichen Vorgaben Anwendung. Tarifliche Bedingungen für das Arbeitsverhältnis bestehen je nach Tarifgebundenheit der Parteien. Ein freies Mitarbeiterverhältnis erfüllt die gesetzlichen Voraussetzungen nicht.

Erwirbt der MVZ-Träger eine Arztpraxis, wird regelmäßig ein Betriebsübergang gem. § 613a BGB vorliegen mit der Konsequenz, dass der MVZ-Träger in die bestehenden Arbeitsverhältnisse eintritt, sofern die Mitarbeiter nicht widersprechen.

Der im MVZ angestellte Arzt unterliegt der Satzungsmacht seiner Kassenärztlichen Vereinigung. Im Falle des Verstoßes gegen vertragsarztrechtliche Pflichten kann die Kassenärztliche Vereinigung den angestellten Arzt disziplinarrechtlich belangen.

n) Beschaffung von Zulassungen

Das MVZ kann die ärztlichen Leistungen bekanntlich durch angestellte Ärzte und/oder Vertragsärzte erbringen.

Soweit für das jeweilige Fachgebiet keine Zulassungsbeschränkungen gelten, ist die Situation einfach. Ist der Arzt zulassungsfähig (**wichtig**: das VÄndG hat die Alterszugangsgrenze für die Vertragsarztzulassung von 55 Jahren aufgehoben, die Beendigungsgrenze von 68 Jahren jedoch beibehalten!), kann er eine Vertragsarztzulassung beantragen und auf dieser Grundlage im MVZ tätig werden. Stattdessen kann das MVZ die Genehmigung der Anstellung des Arztes beantragen. Durch die Genehmigung der Anstellung wird eine Arztstelle im MVZ geschaffen.

Der Gesetzgeber hat die MVZ im Übrigen zulassungsrechtlich nicht privilegiert. Bei bestehenden Zulassungsbeschränkungen muss die Besetzung der Fachgebiete im MVZ **bedarfsplanungsneutral** durch Umwandlung einer Vertragsarztzulassung in eine Arztstelle oder durch Einbindung eines Vertragsarztes erfolgen.

Die Generalnorm zur **Umwandlung einer Vertragsarztzulassung** ist § 103 Abs. 4a Satz 1 SGB V: *„Verzichtet ein Vertragsarzt in einem Planungsbereich, für den Zulassungsbeschränkungen angeordnet sind, auf seine Zulassung, um in einem Medizinischen Versorgungszentrum tätig zu werden, so hat der Zulassungsausschuss die Anstellung zu genehmigen; ..."*

In der Praxis ist festzustellen, dass insbesondere Krankenhausträger, die die Errichtung eines MVZ oder dessen Ausbau planen, als Interessenten auf dem Praxismarkt auftreten. Regelmäßig wird zwischen dem MVZ-Träger und dem Praxisinhaber ein Praxisübergabevertrag abgeschlossen. Teilweise werden derzeit wegen der hohen Nachfrage nach Vertragsarztzulassungen **strategisch hohe Preise** gezahlt. Der Inhalt des Praxisübergabevertrages entspricht dabei üblichen Standards, wobei die Vorgaben zum Datenschutz bei der Übertragung der Patientenkartei besonders beachtet werden müssen, um die Nichtigkeit des Gesamtvertrages zu verhindern. Der Vertragsarzt verlegt auf der Basis des abgeschlossenen Vertrages seine Praxis zum Sitz des MVZ und verzichtet dann auf seine Vertragsarztzulassung, um sich im MVZ anstellen zu lassen. In welchem zeitlichen Umfang und für welche Dauer die Anstellungstätigkeit auszuüben ist, sollte im Voraus mit dem Zulassungsausschuss abgeklärt werden.

Im Falle der Beendigung des Arbeitsverhältnisses ist die **Nachbesetzung der Arztstelle** ohne Durchführung eines komplizierten Verfahrens möglich, indem der MVZ-Träger mit einem anderen Arzt einen Arbeitsvertrag abschließt und zu diesem die Genehmigung des Zulassungsausschusses einholt. Die so im MVZ geschaffene Arztstelle kann nach Maßgabe der Bedarfsplanungs-Richtlinien-Ärzte mit bis zu 4 teilzeitig tätigen Ärzten besetzt werden.

o) Behandlungsvertrag

Der Behandlungsvertrag kommt stets mit dem MVZ-Träger einerseits und dem Patienten andererseits zustande. Wird das MVZ z. B. in der Rechtsform der GmbH betrieben, wird die GmbH Vertragspartnerin. Für den Abschluss des Behandlungsvertrages ist es unerheblich, ob das MVZ mit angestellten Ärzten und/oder mit Vertragsärzten betrieben wird.

Erhalten die im MVZ tätigen Ärzte die Genehmigung, z. B. privatärztliche Leistungen im eigenen Namen und auf eigene Rechnung unter Inanspruchnahme der Ressourcen des MVZ-Trägers zu erbringen, ist zwecks Vermeidung einer

D. Medizinische Versorgungszentren

Rechtsscheinhaftung gegenüber dem Patienten deutlich hervorzuheben, dass kein Behandlungsverhältnis mit dem MVZ-Träger begründet wird.

p) Abrechnung

Im vertragsärztlichen Bereich rechnet der MVZ-Träger die erbrachten ärztlichen Leistungen auf der Grundlage des **Einheitlichen Bewertungsmaßstabes** ab. Soweit einzelne Kassenärztliche Vereinigungen selbst den angestellten Ärzten eine Abrechnungsnummer erteilen, ist dies zwar systemwidrig, ermöglicht indes eine eindeutige Zuordnung der Leistungen. Das MVZ ist abrechnungstechnisch wie eine fachübergreifende Gemeinschaftspraxis zu behandeln und insofern weder besser noch schlechter als diese gestellt.

Gegenüber Privatpatienten war umstritten, ob die privaten Krankenversicherer vor dem Hintergrund des § 4 Abs. 2 MB/KK zur Übernahme der Kosten einer MVZ-GmbH verpflichtet sind. Hier zeichnet sich eine Klärung dahingehend ab, dass die **Erstattung erfolgt**, wenn die MVZ-GmbH zur vertragsärztlichen Versorgungstätigkeit zugelassen ist und die **Rechnung nach Maßgabe der amtlichen Gebührenordnung (GOÄ)** erstellt.

q) Kooperationen

Das VÄndG hat mit § 33 Abs. 2 Ärzte-ZV eine weitere praxisrelevante Neuerung gebracht: *„Die gemeinsame Ausübung vertragsärztlicher Tätigkeiten ist zulässig unter allen zur vertragsärztlichen Versorgung zugelassnen Leistungserbringern an einem gemeinsamen Vertragsarztsitz (örtliche Berufsausübungsgemeinschaft). Sie ist auch zulässig bei unterschiedlichen Vertragsarztsitzen der Mitglieder der Berufsausübungsgemeinschaft (überörtliche Berufsausübungsgemeinschaft), wenn die Erfüllung der Versorgungspflicht des jeweiligen Mitglieds an seinem Vertragsarztsitz unter Berücksichtigung der Mitwirkung angestellter Ärzte und Psychotherapeuten in dem erforderlichen Umfang gewährleistet ist sowie das Mitglied sowie die bei ihm angestellten Ärzte und Psychotherapeuten an den Vertragsarztsitzen der anderen Mitglieder nur in zeitlich begrenztem Umfang tätig sind."*

Die Gesetzesbegründung (BT-Drucks. 16/2474 S. 31) hebt hervor, dass selbst ein in der Rechtsform der GmbH geführtes MVZ eine überörtliche Berufsausübungsgemeinschaft mit allen zur vertragsärztlichen Versorgung zugelassenen Leistungserbringern zu gründen berechtigt ist. Ungeklärt ist jedoch, ob ein solcher Zusammenschluss auch dann zulässig ist, wenn das Berufsrecht die Ärztegesellschaft nicht anerkennt. Die Vielfalt an Kooperationsformen wird durch diese Gestaltungsmöglichkeiten deutlich bereichert.

r) Gebühren

Das VÄndG hat die Gebühren für die MVZ-Zulassung sowie die Genehmigung der Anstellung eines Arztes deutlich angehoben.

Bei Antragstellung sind folgende Gebühren zu entrichten:

- MVZ-Zulassung – 100 €
- Anstellungsgenehmigung – 120 €.

Darüber hinaus werden nach unanfechtbar gewordener Zulassung und nach erfolgter Genehmigung der Anstellung jeweils 400 € als Verwaltungsgebühren erhoben.

2. Steuerliche Aspekte

Literatur:

Welper, Medizinisches Versorgungszentrum, NWB F. 2 S. 9041; *Michels/Ketteler-Eising*, Steuerliche Fragestellungen bei der Gründung Medizinischer Versorgungszentren, MedR 2007 S. 28.

a) Grundzüge der Gründung eines MVZ

aa) Allgemeine Anmerkungen

Die arztrechtlichen Rahmenbedingungen medizinischer Versorgungszentren und die verschiedenen Möglichkeiten der Ausgestaltung erfordern eine differenzierte Betrachtung für die steuerliche Beurteilung. Hierbei sind grundsätzlich folgende Aspekte zu berücksichtigen:

- die Organisationsform des MVZ,
- die Tätigkeit als angestellter Arzt oder als Vertragsarzt und
- die Person der MVZ-Gründer.

Da sich medizinische Versorgungszentren nach § 95 Abs. 1 Satz 3 SGB V grundsätzlich aller zulässigen Organisationsformen bedienen können, sind sie aus steuerlicher Sicht sowohl als **Personengesellschaft** (insbesondere als GbR) als auch als **Kapitalgesellschaft** (insbesondere als GmbH) denkbar.

Unabhängig von der Organisationsform kann nach § 95 Abs. 1 Satz 2 SGB V ein Arzt in einem medizinischen Versorgungszentrum sowohl als Angestellter als auch als Vertragsarzt tätig sein. Dies führt jeweils zu einer **Angestellten-Variante** und einer **Vertragsarzt-Variante**.

Als Gründer und Betreiber medizinischer Versorgungszentren kommen zudem nicht nur Vertragsärzte in Betracht, sondern alle weiteren Leistungserbringer, die aufgrund von Zulassung, Ermächtigung oder Vertrag an der medizinischen Versorgung der Versicherten teilnehmen, somit auch Krankenhäuser oder Apotheker. Für diese weiteren Leistungserbringer stellen sich allerdings bei der

Gründung medizinischer Versorgungszentren nur selten besondere steuerliche Fragen, sondern eher für die laufende Besteuerung, da diese in der Regel über keine einzubringende Praxis verfügen.

Die steuerliche Darstellung wird sich daher zunächst auf die folgenden Alternativen bei Gründung durch Vertragsärzte bei Übertragung der ganzen Praxis bzw. des ganzen Gemeinschaftspraxisanteils konzentrieren:

- MVZ-GbR in der Angestellten-Variante,
- MVZ-GbR in der Vertragsarzt-Variante,
- MVZ-GmbH in der Angestellten-Variante,
- MVZ-GmbH in der Vertragsarzt-Variante.

Im Anschluss werden die Probleme im Zusammenhang mit der MVZ-Gründung aufgezeigt, die sich bei der Übertragung nur einer Vertragsarztzulassung aus einer Gemeinschaftspraxis oder einzelner Tätigkeiten am Beispiel der Verlagerung nur der kassenärztlichen Tätigkeit ergeben.

Vorab sei auf die allgemeinen Grundsätze zur Gründung von Ärzte-Gesellschaften als GmbH verwiesen, insbesondere die Problematik der verdeckten („verschleierten") Sachgründung, die gerade im Bereich der Gründung von MVZ-GmbH von besonderer Bedeutung sein kann (siehe S. 166 ff.).

bb) Gründung einer MVZ-GbR in der Angestellten-Variante

Streitig im Rahmen der Anforderungen an die Gründer ist, ob ein Vertragsarzt, der seine Zulassung auf das MVZ überträgt, um dort als Angestellter tätig zu sein, noch über die notwendigen Gründereigenschaften verfügt.

Folgt man der Auffassung, dass der ehemalige Vertragsarzt nach Übertragung seiner Zulassung auf das MVZ in der Angestellten-Variante seine Gründereigenschaft nicht verliert, kann er Gesellschafter der MVZ-GbR werden. In diesem Fall kann die **ganze Praxis oder der gesamte Gemeinschaftspraxisanteil** mit allen wesentlichen Betriebsgrundlagen gegen Gewährung von Gesellschaftsrechten an der MVZ-GbR auf Antrag zu Buchwerten nach **§ 24 UmwStG 2006** ohne Aufdeckung stiller Reserven eingebracht werden (siehe S. 92). Die richtige Zuordnung der stillen Reserven erfolgt dann über die Erstellung von Ergänzungsrechnungen. Da der ehemalige Vertragsarzt zugleich Mitunternehmer und Angestellter der MVZ-GbR ist, zählen nach § 15 Abs. 1 Satz 1 Nr. 2 EStG die Vergütungen zu den Einkünfte aus der Mitunternehmerschaft.

Vertritt man dagegen die Auffassung, dass der ehemalige Vertragsarzt in der Angestellten- Variante nicht mehr über die notwendigen Gründereigenschaften verfügt, scheidet eine Gesellschafterstellung in der MVZ-GbR aus mit der Folge, dass eine Einbringung gegen eine Gewährung von Gesellschaftsrechten nicht möglich ist. Die einzige Möglichkeit besteht dann in der **Veräußerung der Praxis oder des gesamten Gemeinschaftspraxisanteils an die MVZ-GbR**, die dann unter den Voraussetzungen der §§ 16, 34 EStG zu einem begünstigten Veräußerungsgewinn führt.

Eine Voraussetzung zur Anwendung der §§ 16, 34 EStG ist die Einstellung der selbständigen ärztlichen Tätigkeit in dem bisherigen **örtlichen Wirkungskreis** wenigstens für eine **gewisse Zeit**. Eine anschließende nichtselbständige Tätigkeit als angestellter Arzt im Rahmen des MVZ mit Einkünften i. S. d. § 19 EStG steht dem nicht entgegen (siehe S. 114).

cc) Gründung einer MVZ-GbR in der Vertragsarzt-Variante

In der Vertragsarzt-Variante ist die Gesellschafterstellung des Vertragsarztes bei Gründung einer MVZ-GbR aus steuerlicher Sicht unproblematisch. Steuerlich empfiehlt sich daher, die ganze Praxis bzw. den gesamten Gemeinschaftspraxisanteil mit allen wesentlichen Betriebsgrundlagen gegen Gewährung von Gesellschaftsrechten an der MVZ-GbR auf Antrag zu **Buchwerten nach § 24 UmwStG 2006** steuerneutral einzubringen. Soweit hierbei wesentliche Betriebsgrundlagen zurückbehalten werden, aber als Sonderbetriebsvermögen der MVZ-GbR zur Nutzung überlassen werden, spricht dies nicht gegen die Buchwertfortführung (siehe ausführlich S. 92 ff.).

dd) Gründung einer MVZ-GmbH in der Angestellten-Variante

Bei der Gründung einer MVZ-GmbH in der Angestellten-Variante ist für die Gestaltung entscheidend, ob der ehemalige Vertragsarzt nach Übertragung seiner Zulassung auf das MVZ Gesellschafter der MVZ-GmbH sein kann. Diese Frage ist ungeklärt.

Wird ein Arzt nicht Gesellschafter der MVZ-GmbH, bleibt für eine Gestaltung nur die unter den Voraussetzungen der §§ 16, 34 EStG begünstigte **Veräußerung** der Praxis bzw. des (gesamten) Gemeinschaftspraxisanteils an die MVZ-GmbH (siehe S. 114).

Wird der Arzt Gesellschafter der MVZ-GmbH, bietet es sich für eine Gestaltung an, die ganze Praxis bzw. den gesamten Gemeinschaftspraxisanteil mit allen wesentlichen Betriebsgrundlagen gegen Gewährung von Gesellschaftsrechten nach **§ 20 UmwStG 2006 zu Buchwerten** in die GmbH einzubringen (siehe S. 167).

Im Gegensatz zu § 24 UmwStG 2006 ist es zur Anwendung von § 20 UmwStG 2006 nicht möglich, wesentliche Betriebsgrundlagen zurückzubehalten und der MVZ-GmbH zu überlassen, da zu einer GmbH **kein Sonderbetriebsvermögen** gebildet werden kann.

D. Medizinische Versorgungszentren

> **PRAXISHINWEIS**
>
> Im Einzelfall sollte in Betracht gezogen werden, ob nicht der Verzicht auf eine Buchwertfortführung, sondern der Ansatz der gemeinen Werte und die **Aufdeckung sämtlicher stiller Reserven** in der Gesamtbetrachtung zu einem günstigeren Ergebnis führt, insbesondere, wenn bereits im Rahmen der Einbringung ein steuerbegünstigter Veräußerungsgewinn nach § 20 Abs. 4 UmwStG 2006 i. V. m. §§ 16, 34 Abs. 3 EStG (56 % des Durchschnittssteuersatzes) realisiert werden kann. Hiervon betroffen dürften insbesondere die Fälle sein, in denen der Arzt Gesellschafter der MVZ-GmbH wird, aber sein Ausscheiden schon absehbar ist.

Bei der Buchwertfortführung gehen die stillen Reserven aus der Praxis auf die MVZ-GmbH als neuem Steuersubjekt über. Die latente Steuerbelastung aus den stillen Reserven verteilt sich dann gleichmäßig auf alle Gesellschafter der MVZ-GmbH und nicht mehr allein auf den Einbringenden. Die Einbringung zu Buchwerten kann somit zu ungewollten Vermögensverschiebungen zwischen den Beteiligten führen. Die MVZ-GmbH verfügt zudem nur über ein eingeschränktes Abschreibungspotenzial.

Wählt der Einbringende den Ansatz der gemeinen Werte (bzw. die Veräußerung), zieht er zeitlich die Veräußerungsgewinnbesteuerung vor und verschafft gleichzeitig der MVZ-GmbH dafür zusätzliches Abschreibungspotenzial zur Verminderung des laufenden steuerlichen Gewinns. Dies ist dann sinnvoll, wenn sich aus einer sofortigen Besteuerung der stillen Reserven im Rahmen der Gründung der MVZ-GmbH und einer späteren Besteuerung der Veräußerung der Anteile an der MVZ-GmbH unter Berücksichtigung einer kalkulatorischen Verzinsung keine erheblichen Nachteile ergeben. Der Buchwertansatz wirkt insoweit nur wie eine Stundung der Steuern aus den stillen Reserven.

> **BEISPIEL:** ▶ Der 57-jährige Arzt A bringt seine Einzelpraxis mit allen wesentlichen Betriebsgrundlagen (Buchwert 100.000 €, Teilwert 275.000 €) im Jahr 01 in die MVZ-GmbH gegen Gewährung einer 20 %igen Beteiligung ein. Es ist bereits absehbar, dass A seinen Anteil an der MVZ-GmbH nach Ablauf von 5 Zeitjahren nach der Einbringung (Jahr 05) veräußern wird. § 34 Abs. 3 EStG wurde von A bisher noch nicht in Anspruch genommen.
>
> Bringt A seine Einzelpraxis zu **Buchwerten** ein, setzt die MVZ-GmbH die Wirtschaftsgüter in ihrer Bilanz mit 100.000 € an und es entstehen einbringungsgeborene Anteile mit Anschaffungskosten i. H. v. 100.000 €. Bei einer Veräußerung für 275.000 € nach 5 Jahren entsteht ein Veräußerungsgewinn i. H. v. 175.000 €, auf den § 22 UmwStG 2006 Anwendung findet. Der Gewinn ermittelt sich wie folgt (aus Vereinfachungsgründen ohne Einbringungs-/ Veräußerungskosten):
>
> **Einbringungsgewinn I nach § 22 Abs. 1 UmwStG**
>
> (rückwirkend im Jahr 01 als nicht begünstigter Gewinn nach § 16 EStG zu versteuern)

Gemeiner Wert im Zeitpunkt der Einbringung		275.000 €
Wert des Betriebsvermögens bei Einbringung		100.000 €
		175.000 €
Je abgelaufenes Zeitjahr nach dem Einbringungszeitpunkt zu kürzen um ein Siebtel		
5 Zeitjahre x 1/7 = 5/7 von € 175		125.000 €
Einbringungsgewinn I (Jahr 01)		50.000 €

Veräußerungsgewinn nach § 17 EStG
(zu versteuern unter Anwendung des Halbeinkünfteverfahrens)

Veräußerungspreis		275.000 €
./. Anschaffungskosten nach § 20 UmwStG	100.000 €	
Korrekturbetrag nach § 22 Abs. 1 Satz 4 UmwStG 2006	50.000 €	150.000 €
Veräußerungsgewinn i. S. d. § 17 EStG		125.000 €
davon steuerpflichtig im Halbeinkünfteverfahren (50 %)		62.500 €

Unter den Voraussetzungen des § 23 UmwStG 2006 kann bei der MVZ-GmbH der Einbringungsgewinn wirtschaftsgutbezogen zur Aufstockung der Buchwerte angesetzt werden. Problematisch ist dann insbesondere der Fall, wenn einzelne eingebrachte Wirtschaftsgüter bereits aus dem Betriebsvermögen der MVZ-GmbH ausgeschieden sind.

Bringt A seine Einzelpraxis zu **Teilwerten** ein, setzt die MVZ-GmbH die Wirtschaftsgüter in ihrer Bilanz mit 275.000 € an und der entstehende Veräußerungsgewinn i. H. v. 175.000 € (275.000 € ./. 100.000 €) ist steuerbegünstigt nach § 20 Abs. 4 UmwStG 2006, §§ 16, 34 EStG. Bei einer Veräußerung zu 275.000 € nach 5 Jahren entsteht aufgrund der Anschaffungskosten i. H. v. 275.000 € kein Veräußerungsgewinn. Das Vorziehen der Besteuerung der stillen Reserven nach §§ 16, 34 EStG führt beim Teilwertansatz für die MVZ-GmbH zu einem um 175.000 € erhöhten Ansatz der Wirtschaftsgüter in der Bilanz.

Das Beispiel zeigt, dass im Einzelfall genau geplant und berechnet werden muss, ob die Einbringung zu Buchwerten oder zum gemeinen Wert zum optimaleren Ergebnis führt.

ee) Exkurs: Gewährung einer Bürgschaft durch eine gemeinnützige Krankenhausgesellschaft

Seit dem 1.1.2007 sind die Gesellschafter einer MVZ-GmbH verpflichtet, für Forderungen von kassenärztlichen Vereinigungen und Krankenkassen gegen das medizinische Versorgungszentrum aus dessen vertragsärztlicher Tätigkeit eine selbstschuldnerische Bürgschaftserklärung abzugeben. Hierbei stellt sich die Frage, ob durch die Abgabe der Bürgschaftserklärung bzw. bei einer Inanspruchnahme aus der Bürgschaft die Gemeinnützigkeit der Krankenhausgesellschaft gefährdet wird.

Die Beteiligung an einer GmbH wird auf der Ebene der beteiligten Gesellschaft (Krankenhaus) grundsätzlich der Vermögensverwaltung zugeordnet (BFH v.

D. Medizinische Versorgungszentren

30.6.1971 - I R 57/70, BStBl 1971 II S. 753). Hierbei spielt es zunächst keine Rolle, ob die MVZ-GmbH gewerblich oder selbst steuerbegünstigt ist. Lediglich dann, wenn bei einer gewerblichen GmbH Personalunion zwischen der Geschäftsführung des Krankenhauses und der GmbH besteht oder über eine enge rechtliche Verflechtung von einer geschäftlichen Willensbildung des Krankenhauses ausgegangen werden kann, ist die Beteiligung dem steuerpflichtigen wirtschaftlichen Geschäftsbetrieb zuzurechen.

Die Tätigkeit der MVZ-GmbH selbst stellt sich als wirtschaftlicher Geschäftsbetrieb i. S. d. § 14 AO dar. Dieser kann als Einrichtung der Wohlfahrtspflege nach § 66 AO steuerbegünstigter Zweckbetrieb sein. Hiernach ist eine solche Einrichtung ein Zweckbetrieb, wenn sie in besonderem Maße Personen dient, die aufgrund ihres körperlichen, geistigen oder seelischen Zustandes oder in bestimmter Weise materiell hilfsbedürftig sind. Das MVZ muss nachweisen können, dass mindestens 2/3 seiner Leistungen derart hilfsbedürftigen Personen zugute kommen (OFD Frankfurt v. 26.9.2006 - S 0184 A -11-St 53, DB 2006 S. 2261). Mithin kann die MVZ-GmbH grundsätzlich steuerbegünstigt sein. Auch in diesem Fall ist auf der Ebene der Träger-GmbH die Beteiligung dem Bereich der Vermögensverwaltung zuzuordnen.

Die Hingabe der Bürgschaft gegenüber der kassenärztlichen Vereinigung alleine stellt zunächst keine schädliche Mittelverwendung dar. Auch das Risiko einer möglichen Inanspruchnahme reicht alleine dafür nicht aus.

Kommt es zu einer Inanspruchnahme aus der Bürgschaft, so ist ein Ausgleich mit gemeinnützigkeitsrechtlich gebundenen Mitteln grundsätzlich steuerschädlich. Für die weiteren Überlegungen ist zu unterscheiden, ob die Beteiligung dem Bereich des steuerpflichtigen wirtschaftlichen Geschäftsbetriebes oder der Vermögensverwaltung auf der Trägerebene zuzurechnen ist.

Ist die Beteiligung dem steuerpflichtigen wirtschaftlichen Geschäftsbetrieb zuzurechnen, so kann der Verlust, der aus der Bürgschaftsinanspruchnahme entsteht, zunächst gegen eventuell vorhandene Überschüsse aus anderen steuerpflichtigen wirtschaftlichen Geschäftsbetrieben verrechnet werden (AEAO Nr. 4 zu § 54 AO). Ferner ist eine Mittelfehlverwendung nicht anzunehmen, wenn dem ideellen Bereich in den sechs vorangegangenen Jahren Gewinne des wirtschaftlichen steuerpflichtigen Geschäftsbetriebes in mindestens gleicher Höhe zugeführt worden sind. Und schließlich ist ein Verlust im steuerlichen Bereich auch dann unschädlich, wenn:

1. eine Fehlkalkulation vorliegt,

2. die Mittelverwendung im ideellen Bereich innerhalb von 12 Monaten wieder aufgefüllt wird und

Steuerliche Aspekte

3. dieser Ausgleich wieder aus dem steuerpflichtigen Bereich finanziert werden kann (AEAO Nr. 6 zu § 55 AO).

Erzielt der steuerpflichtige wirtschaftliche Geschäftsbetrieb in den nächsten 12 Monaten keine entsprechenden Überschüsse, kann der Verlust auch mit einem Darlehen zwischenfinanziert werden, wenn Zins- und Tilgungsleistungen dieses Darlehens wiederum aus Überschüssen des steuerpflichtigen Bereichs finanziert werden können.

Diese Überlegungen gelten analog, wenn die Beteiligung an der MVZ-GmbH der Sphäre der Vermögensverwaltung auf der Trägerebene zuzurechnen ist.

ff) Gründung einer MVZ-GmbH in der Vertragsarzt-Variante

Die steuerliche Beurteilung der MVZ-GmbH in der Vertragsarzt-Variante bereitet in der Praxis aufgrund der Beibehaltung des vertragsärztlichen Status nicht zuletzt wegen dogmatischer und arztrechtlicher Probleme besondere Schwierigkeiten.

Wird eine Buchwertfortführung ohne Aufdeckung der stillen Reserven angestrebt, bringt im Idealfall der Arzt seine ganze Praxis bzw. seinen gesamten Gemeinschaftspraxisanteil mit allen wesentlichen Betriebsgrundlagen nach **§ 20 UmwStG 2006** in eine MVZ-GmbH ein. Bereits in diesem Fall wirft die Beibehaltung des Zulassungsstatus als Vertragsarzt die - nicht anschließend geklärte - Frage auf, ob dies als unzulässige Zurückbehaltung einer wesentlichen Betriebsgrundlage anzusehen ist.

Die Zulassung zur vertragsärztlichen Versorgung der Versicherten ist ein höchstpersönliches, nicht veräußerbares Recht. Nach Auffassung der Finanzverwaltung stellt aber der wirtschaftliche Vorteil der Vertragszulassung grundsätzlich ein selbständiges, immaterielles Wirtschaftsgut des Anlagevermögens dar und nicht nur einen unselbständigen wertbildenden Faktor im Rahmen des Praxiswertes (siehe S. 111). Diese Auffassung ist höchstrichterlich nicht geklärt und begegnet in der Literatur erheblichen Bedenken (hierzu Michels/Ketteler-Eising, Ertragsteuerliche Behandlung des Kaufpreises für Kassenarztpraxen, DStR 2006 S. 95).

Folgt man der Auffassung der Finanzverwaltung, verhindert die Tatsache, dass die Zulassung zur vertragsärztlichen Versorgung nicht auf die MVZ-GmbH übertragen wird, die Anwendung von § 20 UmwStG 2006, da nicht alle wesentlichen Betriebsgrundlagen übertragen werden.

> **PRAXISHINWEIS**

Auch wenn die Zulassung zur vertragsärztlichen Versorgung beim Vertragsarzt verbleibt, kann unter Umständen über vertragliche Gestaltungen eine Zurechnung des wirtschaftlichen Eigentums an der Vertragsarztzulassung nach § 39 AO zur MVZ-GmbH für die Dauer der Zugehörigkeit des Vertragsarztes erreicht werden. Ist die Vertragsarztzulassung der MVZ-GmbH im Rahmen der Einbringung zuzurechnen, dürfte § 20 UmwStG 2006 insoweit anwendbar sein. Aufgrund der Auswirkungen und der nicht abschließend geklärten Rechtslage empfiehlt sich allerdings dringend die Einholung einer verbindlichen Auskunft.

Scheidet der Vertragsarzt später wieder aus der MVZ-GmbH unter Rückführung seines Praxiswertes einschließlich seiner Vertragsarztzulassung aus, führt dies auf Ebene der MVZ-GmbH zur Aufdeckung der stillen Reserven. Die Übertragung stellt sich je nach Fall entweder als entgeltlicher Vorgang oder als verdeckte Gewinnausschüttung an den Vertragsarzt dar.

Auf Grundlage der zivilrechtlichen und arztrechtlichen Vorgaben dürften neben dem steuerlichen Idealfall auch folgende Gestaltungsmöglichkeiten für die Gründung eines MVZ bestehen (in Ermangelung einer bestimmten Bezeichnung wird der Begriff „Gesamt-MVZ" verwendet):

ABBILDUNG: Gesamt-MVZ

```
                        MVZ-GmbH
          ▲                ▲                ▲
          │                │                │
     Gesellschaftsvertrag oder Dienstvertrag oder Kooperationsvertrag
          │                │                │
          ▼                ▼                ▼
    Vertragsarzt      Vertragsarzt      Vertragsarzt
```

(1) Gründung eines „Gesamt-MVZ" als GbR mit einer MVZ-Träger-GmbH

Bilden die MVZ-GmbH im Sinne einer MVZ-Träger-GmbH und die Vertragsärzte durch Gesellschaftsvertrag eine GbR mit dem Zweck des gemeinsamen Betriebs eines MVZ, so stellt das „Gesamt-MVZ" steuerlich eine Mitunternehmerschaft dar. In diesem Fall können die Vertragsärzte ihre Praxen bzw. ihre gesamten Gemeinschaftspraxisanteile mit allen wesentlichen Betriebsgrundlagen nach § 24 UmwStG 2006 zu Buchwerten in das „Gesamt- MVZ" einbringen.

BEISPIEL: ▶ Die Vertragsärzte A, B und C gründen eine MVZ-GmbH, die nunmehr in der Funktion einer Trägergesellschaft nach außen die Verträge mit den Patienten abschließt und mit den Kostenträgern abrechnet. Daneben schließen die A, B und C und

Steuerliche Aspekte

die MVZ-(Träger)-GmbH einen weiteren Gesellschaftsvertrag mit dem Zweck, das MVZ auf gemeinsame Rechnung zu betreiben und den insgesamt erzielten Gewinn je zu einem Viertel aufzuteilen. Hierzu verpflichten sich die Vertragsärzte, ihre gesamten Praxen in die Gesellschaft A, B, C und MVZ-GmbH einzubringen. Auf diese Weise entsteht eine Mitunternehmerschaft zwischen A, B, C und der MVZ-GmbH (vgl. H 15.8 Abs. 1 EStR). Die Einbringung der einzelnen Praxen in die Mitunternehmerschaft kann nach § 24 UmwStG 2006 zu Buchwerten erfolgen.

Dem steht nicht entgegen, dass nur die MVZ-(Träger)-GmbH nach außen auftritt. Auch eine reine Innengesellschaft kann die Voraussetzungen einer Mitunternehmerschaft erfüllen, insbesondere bei einem ausgeprägten Mitunternehmerrisiko (H 15.8 Abs. 1 EStH „Innengesellschaft").

Alternativ könnten die einzelnen Praxen nicht in das Gesamthandsvermögen der Mitunternehmerschaft eingebracht werden. Die Praxen würden aufgrund der Erbringung der ärztlichen Leistungen im Rahmen der Mitunternehmerschaft steuerneutral zu Sonderbetriebsvermögen zur Mitunternehmerschaft zwischen A, B, C und der MVZ-GmbH.

(2) Gründung eines Gesamt-MVZ im Rahmen von Dienstverträgen

Schließen die Vertragsärzte mit der MVZ-GmbH lediglich Dienstverträge (i. S. v. Subunternehmern für das MVZ) ab, wird es **nicht zur Errichtung einer Mitunternehmerschaft** kommen.

Der Vertragsarzt erbringt seine ärztlichen Leistungen weiter aus der eigenen Praxis heraus gegenüber seinem (einzigen) Kunden, der „MVZ-GmbH". Eine Übertragung von Wirtschaftsgütern aus dem Betriebsvermögen ist nicht erforderlich.

Bei der Bemessung der Honorare des Vertragsarztes sind die Grundsätze der verdeckten Gewinnausschüttung zu beachten.

(3) Gründung eines Gesamt-MVZ mit Kooperationsvereinbarungen

Erfolgt die Gründung des „Gesamt-MVZ" durch den Abschluss von Kooperationsvereinbarungen, ist für die steuerliche Beurteilung zu unterscheiden, ob die Vergütung der Vertragsärzte gewinnabhängig oder gewinnunabhängig erfolgt.

Im Fall einer GbR, die als reine Innengesellschaft ausgestaltet ist, rechtfertigt nach Auffassung der Finanzverwaltung die Übernahme eines erheblichen unternehmerischen Risikos bereits das Bestehen einer Mitunternehmerschaft (H 15.8 Abs. 1 EStH „Innengesellschaft"). Stellt sich die Gewinnverteilung im Rahmen von Kooperationsverträgen als gewinnabhängige Verteilung eines gemeinschaftlich erwirtschafteten Gewinns zwischen der MVZ-Träger-GmbH und den Vertragsärzten dar, dürfte in Anlehnung an diese Auffassung von einer Mitunternehmerschaft auszugehen sein. Andernfalls wäre wie beim Abschluss von

Dienstverträgen der Vertragsarzt wie ein selbständiger Subunternehmer mit eigenem Betrieb zu behandeln.

(4) Risiko Betriebsaufspaltung
Ist nicht von einer **Mitunternehmerschaft** auszugehen, ist ergänzend zu prüfen, ob nicht die Voraussetzungen der sachlichen und personellen Verflechtung für die Annahme einer **Betriebsaufspaltung** vorliegen (zur Betriebsaufspaltung H 15.7 Abs. 4 EStH).

Eine personelle Verflechtung liegt vor, wenn eine oder mehrere Personen (Personengruppentheorie) als Besitzunternehmen zusammen bei der MVZ-GmbH einen **einheitlichen geschäftlichen Betätigungswillen** durchsetzen können (H 15.7 Abs. 6 EStH: „Allgemeines"). Bei den Vertragsärzten wäre diese der Fall, wenn ein Vertragsarzt oder mehrere gesellschaftlich verbundene Vertragsärzte zusammen die Mehrheit der Stimmrechte an der MVZ-GmbH innehaben (H 15.7 Abs. 6 EStH: „Personengruppentheorie").

Eine sachliche Verflechtung liegt vor, wenn **wesentliche Betriebsgrundlagen** an die MVZ- GmbH (Betriebsunternehmen) überlassen werden. Bei einer Überlassung eines nicht eingebrachten **Praxiswertes einschließlich der Vertragsarztzulassung** an die MVZ-GmbH zur Abrechnung mit den Kostenträgern, aus dem die MVZ-GmbH dann ihren Gewinn erwirtschaftet, wird eine sachliche Verflechtung vorliegen (H 15.7 Abs. 5 EStH „Wesentliche Betriebsgrundlage", „Immaterielle Wirtschaftsgüter").

BEISPIEL: ▶ Die Gemeinschaftspraxis A & B und der Facharzt C gründen eine MVZ-GmbH in der Vertragsarzt-Variante, an der alle Ärzte zu je einem Drittel beteiligt sind. Die Gemeinschaftspraxis und der Facharzt schließen mit der MVZ-GmbH Dienstverträge mit einer festen Vergütung für die zu erbringenden vertragsärztlichen Leistungen ab. Der Praxiswert (Patientenstamm) einschließlich der Vertragsarztzulassung verbleibt im Betriebsvermögen von A und B bzw. C. Die Behandlungsverträge mit den Patienten werden aber nunmehr von der MVZ-GmbH abgeschlossen. Die MVZ-GmbH rechnet über die Zulassung von A, B und C zur vertragsärztlichen Versorgung die Leistungen gegenüber den gesetzlich versicherten Patienten der Praxen mit der KV und den anderen Kostenträgern ab. Über diese Abrechnung erwirtschaftet die MVZ-GmbH nach Abzug der Betriebsausgaben einen entsprechenden Gewinn. Die Voraussetzungen für eine personelle und sachliche Verflechtung können vorliegen. Die Gemeinschaftspraxis wird dann gewerbliches Besitzunternehmen im Rahmen einer Betriebsaufspaltung. Die nach außen gerichtet wirtschaftliche Betätigung der MVZ-GmbH gegenüber den Patienten und dem Kostenträger beruht im Wesentlichen auf der Nutzung des Praxiswertes (Patientenstamm) einschließlich der Vertragsarztzulassung. Soweit dieser nicht auf die MVZ-GmbH übergegangen ist, dürfte faktisch eine Nutzungsüberlassung seitens der Gesellschafter vorliegen. Auf die Frage der Entgeltlichkeit der Überlassung kommt es nicht entscheidend an (BFH v. 24.4.1991 - X R 84/ 88, BStBl 1991 II S. 713). Ebenfalls dürfte vermutlich selbst der Umstand, dass die Beziehungen zu den Patienten nicht vertraglich abgesichert sind, nicht erheblich sein (BFH v. 13.12.2005 - XI R 45/04, BFH/NV 2006 S. 1453).

Verstärkt wird die Problematik zum Vorliegen einer Betriebsaufspaltung, da die Praxiswerte einschließlich der Vertragsarztzulassungen im Sinne einer faktischen Beherrschung für die MVZ-GmbH eigentlich eine unverzichtbare Betriebsgrundlage darstellen dürften (zur Frage der faktischen Beherrschung Schmidt/Wacker, EStG 2006, § 15 Rz 836 m. w. N.). Die Annahme der „Unverzichtbarkeit" ergibt sich insbesondere aufgrund der Bedeutung der Vertragsarztzulassung und des Patientenstamms für die Zulassung und Abrechnung des medizinischen Versorgungszentrums im Rahmen der vertragsärztlichen Versorgung. „Unverzichtbar" bedeutet aber entscheidend mehr als „wesentlich" (Kempermann, Aktuelle Entwicklungen bei der Betriebsaufspaltung, NWB F. 3 S. 12501). Gründen Ärzte einer fachübergreifenden Gemeinschaftspraxis als Vertragsärzte zusammen mit einem Krankenhaus auf Basis von Dienstverträgen ein MVZ unter Überlassung der Vertragsarztzulassungen, könnte dann auch bei einer Beteiligung der Ärzte von nur 50 % eine Betriebsaufspaltung anzunehmen sein.

Als **Folge** der Betriebsaufspaltung wäre die Praxis als **gewerbliches Besitzunternehmern mit Einkünften aus Gewerbebetrieb** anzusehen.

gg) Gründung durch Verlagerung ausschließlich der kassenärztlichen Tätigkeit

Gestaltungsüberlegungen für Kooperationsmodelle können auch darin bestehen, lediglich die kassenärztliche Tätigkeit einer Praxis im Rahmen eines MVZ abzuwickeln und die privatärztliche Tätigkeit persönlich weiter zu führen.

In vielen Fällen wird dies allerdings zur Aufdeckung stiller Reserven führen, weil eine Fortführung der Buchwerte steuerlich nicht möglich ist.

(1) Zur Anwendbarkeit des Umwandlungssteuergesetzes

Eine Anwendung der §§ 20 oder 24 UmwStG 2006 scheitert in diesem Fall, da insgesamt kein Betrieb, Teilbetrieb oder Mitunternehmeranteil auf das MVZ übertragen wird.

Das Umwandlungssteuergesetz setzt die Übertragung eines Teils einer Praxis bzw. eines Praxisanteils ohne Realisation stiller Reserven einer Übertragung einer ganzen Praxis oder Gemeinschaftspraxis nur gleich, wenn es sich bei dem ausgelagerten Teil um einen Teilbetrieb im steuerlichen Sinne handelt. Die kassenärztliche Tätigkeit stellt im Rahmen einer ärztlichen Praxis aber regelmäßig keinen Teilbetrieb dar (siehe S. 116).

Die Einbringung eines Betriebes in eine MVZ-GmbH erfordert nach § 20 UmwStG 2006, dass alle wesentlichen Betriebsgrundlagen eingebracht werden (Umwandlungssteuererlass, a. a. O., Tz. 20.09 f.). Dies ist nicht der Fall, wenn nur der kassenärztliche Teil einer Praxis eingebracht wird, der privatärztliche Teil aber zurückgehalten wird.

Für die Anwendung des § 24 UmwStG 2006 ist hingegen bei Gründung einer MVZ-GbR nicht erforderlich, dass alle wesentlichen Betriebsgrundlagen in das Gesamthandsvermögen der Mitunternehmerschaft übertragen werden. Ausreichend für die Anwendung des § 24 UmwStG 2006 ist vielmehr auch die Übertragung in das Sonderbetriebsvermögen des jeweiligen Gesellschafters (Umwandlungssteuererlass, a. a. O., Tz. 24.06 f.). Naheliegend wäre es daher zu überlegen, die kassenärztliche Tätigkeit in das Gesamthandsvermögen einer MVZ- GbR einzubringen und die privatärztliche Tätigkeit, d. h. die restlichen wesentlichen Betriebsgrundlagen, in das Sonderbetriebsvermögen des Gesellschafters bei der MVZ-GbR.

Unseres Erachtens bestehen jedoch Bedenken, die diese Möglichkeit in Frage stellen. Je nach Umfang und Verhältnis der in das Gesamthandsvermögen eingebrachten Wirtschaftgüter und der zurückbehaltenen Wirtschaftsgüter, insbesondere des Praxiswertes der privatärztlichen Tätigkeit, ist zweifelhaft, ob diese steuerliches Sonderbetriebsvermögen beim medizinischen Versorgungszentrum werden können oder nicht vielmehr Betriebsvermögen einer **gesonderten Praxis** bleiben (BFH v. 9.2.1978 - IV R 85/77, BStBl 1979 II S. 111).

Wird außerhalb der kassenärztlichen Tätigkeit im Rahmen des medizinischen Versorgungszentrums eine erhebliche privatärztliche Tätigkeit ausgeübt, dürfte nach diesen Überlegungen eine Zuordnung des privatärztlichen Teils des Praxiswertes zum Sonderbetriebsvermögen der MVZ-GbR nicht möglich sein. Vielmehr entsteht im Einzelfall eine von der Beteiligung an der MVZ-GbR abzugrenzende privatärztliche Praxis. Wenn aber mit dem Praxiswert aus der privatärztlichen Tätigkeit einer Praxis wesentliche Betriebsgrundlagen in dieser Form nicht in das Sonderbetriebsvermögen zur MVZ-GbR eingebracht werden, kommt § 24 UmwStG 2006 nicht zur Anwendung.

(2) Zur Anwendbarkeit von § 6 Abs. 5 EStG

Bei der Übertragung einzelner Wirtschaftsgüter in eine MVZ-GmbH oder in eine Mitunternehmerschaft, an der eine GmbH, ggf. eine MVZ-(Träger-)GmbH oder eine Krankenhaus gGmbH, beteiligt ist, ist infolge der Sperrklausel des § 6 Abs. 5 Satz 5 EStG insoweit der Teilwert anzusetzen und eine Buchwertfortführung nicht möglich (siehe S. 105). Der Teilwert ist ebenfalls anzusetzen, wenn einzelne Wirtschaftsgüter aus dem Gesamthandsvermögen einer Gemeinschaftspraxis in das Gesamthandsvermögen einer anderen Mitunternehmerschaft überführt werden. Werden im Rahmen der Übertragung einzelner Wirtschaftsgüter auch Verbindlichkeiten mit übernommen, sind diese zudem als Gegenleistung, d. h. als Entgelt, anzusehen (Schmidt/Glanegger, EStG 2006, § 6

Rz 539) mit der Folge einer entgeltlichen oder teilentgeltlichen Überführung und der Aufdeckung stiller Reserven.
Begünstigt ist damit nach § 6 Abs. 5 EStG lediglich die Überführung einzelner Wirtschaftsgüter unentgeltlich oder gegen Gewährung von Gesellschaftsrechten aus einer Gemeinschaftspraxis in das Sonderbetriebsvermögen bei einer MVZ-GbR oder aus einer Einzelpraxis in das Gesamthandsvermögen einer MVZ-GbR ohne Beteiligung einer GmbH bzw. das Sonderbetriebsvermögen einer MVZ-GbR.

(3) Zur Anwendbarkeit von § 16 Abs. 3 EStG (Realteilung)

Die Anwendung des § 16 Abs. 3 Satz 2 EStG scheitert bereits an der Auffassung der Finanzverwaltung, dass nach § 16 Abs. 3 Satz 2 EStG die realgeteilte Mitunternehmerschaft untergeht, d. h. aufgegeben werden muss (BMF v. 28.2.2006 - IV B 2 - S 2242 - 6/ 06, BStBl 2006 I S. 228). Eine Betriebsaufgabe wird jedoch nicht verwirklicht, wenn die Praxis nach Verlagerung der kassenärztlichen Tätigkeit als rein privatärztliche Praxis ohne Ausscheiden eines Gesellschafters weitergeführt wird.

hh) Gründung durch Verlagerung einzelner Vertragsarztsitze

Einen weiteren Sonderfall bildet die Gründung eines MVZ unter Beteiligung einer Gemeinschaftspraxis, bei der lediglich eine Vertragsarztzulassung auf das MVZ verlagert werden soll, ansonsten aber die Gemeinschaftspraxis unverändert fortgeführt wird. Dies ist z. B. der Fall, wenn eine bestehende Gemeinschaftspraxis nur partiell eine MVZ-Kooperation eingehen will, ansonsten aber ihre Selbständigkeit erhalten möchte.

Wird die Gemeinschaftspraxis im Rahmen von Kooperations- oder Dienstverträgen mit festen Vergütungen vergleichbar einem Subunternehmer für das MVZ tätig, erzielt die Gemeinschaftspraxis Einnahmen aus einer Tätigkeit für ihren Auftraggeber MVZ. Es kommt dann nicht zu einer Überführung des Praxiswerts einschließlich der Vertragsarztzulassung aus dem Betriebsvermögen der Gemeinschaftspraxis. Stille Reserven sind demzufolge nicht aufzudecken. Es besteht allerdings das Risiko der Gewerblichkeit der Gemeinschaftspraxis durch eine entstehende Betriebsaufspaltung (siehe S. 230) oder aber auch nach § 15 Abs. 3 Nr. 1 EStG, wenn das Finanzamt in den Zahlungen der MVZ-GmbH eine Vergütung für die Überlassung des Praxiswerts einschließlich der Vertragsarztzulassung und nicht Vergütungen für eine ärztliche Tätigkeit sieht.

Werden die Vertragsärzte dagegen Gesellschafter einer Mitunternehmerschaft mit dem MVZ und wird der anteilige Praxiswert einschließlich der Vertragsarztzulassung in diese überführt oder wird die Vertragsarztzulassung direkt in eine Kapitalgesellschaft überführt, ist auf diese Überführung weder § 20 UmwStG 2006, § 24 UmwStG 2006 noch § 6 Abs. 5 EStG anwendbar.

Die §§ 20 und 24 UmwStG 2006 scheitern an der Tatsache, dass eine einzelne Vertragsarztzulassung keinen Betrieb, Teilbetrieb oder Mitunternehmeranteil darstellt. Die Überführung einzelner Wirtschaftsgüter zum Buchwert aus dem Gesamthandsvermögen einer Mitunternehmerschaft in das Gesamthandsvermögen einer anderen Mitunternehmerschaft ist zudem in § 6 Abs. 5 EStG nicht vorgesehen (siehe S. 233). Erhöht oder begründet sich ferner unmittelbar oder mittelbar durch die Überführung der Anteil einer GmbH – hier insbesondere einer MVZ-(Träger-)GmbH oder z. B. einer Krankenhaus gGmbH – an dem Wirtschaftsgut, ist gem. § 6 Abs. 5 Satz 5 EStG ebenfalls der Teilwert anzusetzen. Die stillen Reserven in dem Praxiswert müssen in diesem Fall insoweit aufgedeckt werden.

Steuerneutral wäre lediglich die Überführung des Praxiswertes in das Sonderbetriebsvermögen bei einer MVZ-GbR als Mitunternehmerschaft nach § 6 Abs. 5 Satz 3 Nr. 2 EStG möglich.

Mit der gleichen Begründung wird ebenfalls in der Angestellten-Variante – zusätzlich verbunden mit der Frage, ob ein angestellter ehemaliger Vertragsarzt überhaupt Gesellschafter des MVZ werden kann – die Übertragung nur der Vertragsarztzulassung auf das MVZ immer mit der Aufdeckung der stillen Reserven verbunden sein.

b) **Grundzüge der laufenden ertragsteuerlichen Beurteilung**

aa) **Grundsätzliches zur MVZ-GbR**

Sind an einer MVZ-GbR ausschließlich freiberuflich tätige Ärzte beteiligt, erzielen diese im Rahmen einer leitenden und eigenverantwortlichen Tätigkeit Einkünfte aus selbständiger Arbeit gem. § 18 EStG. Erhält ein Gesellschafter der MVZ-GbR ein Gehalt für seine Tätigkeit, rechnet dieses nach § 18 Abs. 4 Satz 2 EStG i. V. m. § 15 Abs. 1 Satz 1 Nr. 2 EStG ebenfalls zu den Einkünften aus selbständiger Arbeit. Gehälter angestellter Ärzte, die nicht Gesellschafter der MVZ-GbR sind, führen für diese zu Einkünften aus nichtselbständiger Arbeit nach § 19 EStG und für die MVZ-GbR zu Betriebsausgaben.

Sind an der MVZ-GbR auch Nicht-Ärzte beteiligt, z. B. ein Krankenhaus oder eine Apotheke, ist insgesamt von einem Gewerbebetrieb auszugehen (H 15.6 EStH „Gesellschaft").

Ein MVZ erfüllt auch nicht die Voraussetzungen zur Befreiung von der Gewerbesteuer nach **§ 3 Nr. 20 GewStG**, denn ein MVZ ist kein Krankenhaus, Heim und keine andere Einrichtung zur vorübergehenden Aufnahme pflegebedürftiger Personen bzw. zur ambulanten Pflege kranker und pflegebedürftiger Personen, analog den ambulanten Vorsorge- und Rehabilitationseinrichtungen (BFH v.

22.11.2003 - I R 65/02, BStBl 2004 II S. 300; BFH v. 8.9.1994 - IV R 85/93, BStBl 1995 II S. 67).

Dies ist insbesondere dann unbefriedigend, wenn freiberuflich tätige Vertragsärzte eine MVZ-GbR zusammen mit einer Krankenhaus gGmbH gründen, welches die Voraussetzungen des § 3 Nr. 20 Buchstabe b GewStG erfüllt. Bei einer Betriebsaufspaltung erstreckt sich die Gewerbesteuerbefreiung der Betriebskapitalgesellschaft auch auf die Vermietungs- oder Verpachtungstätigkeit des Besitzunternehmens (BFH v. 29.3.2006 - X R 59/00, BStBl 2006 II S. 661). Diese Rechtsprechung dürfte vermutlich nicht übertragbar sein. Die Tatsache, dass die gGmbH ausschließlich nach § 3 Nr. 20 Buchstabe b GewStG gewerbesteuerfreie Einkünfte erzielt, führt zunächst nicht zugleich dazu, dass die Merkmale der Freiberuflichkeit bei allen Gesellschaftern der MVZ-GbR vorliegen. Ferner übt die MVZ-GbR als gesondertes Unternehmen eine Tätigkeit aus, die nicht von § 3 Nr. 20 GewStG erfasst wird. Es bleibt nur zu hoffen, dass irgendwann § 3 GewStG um eine Befreiungsvorschrift für medizinische Versorgungszentren erweitert wird.

Übt die MVZ-GbR im Rahmen ihrer Tätigkeit selbst eine nicht unwesentliche (H 15.8 Abs. 5 EStH „geringfügige gewerbliche Tätigkeit") gewerbliche Tätigkeit aus, erzielt die MVZ-GbR nach § 15 Abs. 3 Nr. 1 EStG insgesamt Einkünfte aus Gewerbebetrieb (Infektionstheorie). Der Gewinn der MVZ-GbR ist gesondert und einheitlich zu ermitteln und auf die Beteiligten aufzuteilen.

bb) Grundsätzliches zur MVZ-GmbH

Die MVZ-GmbH unterhält als eigenständiges Steuersubjekt kraft Rechtsform einen Gewerbebetrieb und ermittelt ihren Gewinn nach § 5 Abs. 1 EStG durch bilanziellen Betriebsvermögensvergleich. Die Besteuerung erfolgt nach dem Körperschaftsteuergesetz.

Ausschüttungen der MVZ-GmbH führen zu Einkünften aus Kapitalvermögen und unterliegen dem Halbeinkünfteverfahren.

Der angestellte Arzt erzielt aus seiner Tätigkeit Einkünfte aus nichtselbständiger Arbeit i. S. d. § 19 EStG.

cc) Gesamt-MVZ mit MVZ-(Träger)-GmbH und Vertragsärzten

Ist zwischen der MVZ-(Träger-)GmbH und den Vertragsärzten von einer Mitunternehmerschaft auszugehen, erzielt diese aufgrund der Beteiligung der MVZ-GmbH Einkünfte aus Gewerbebetrieb (H 15.6 EStH „Gesellschaft").

Der Gewinn der Mitunternehmerschaft ist gesondert und einheitlich zu ermitteln und auf die Beteiligten aufzuteilen.

Besteht im Rahmen von Kooperations- oder Dienstverträgen keine Mitunternehmerschaft, erzielen die Ärzte mit ihren Honoraren Einkünfte aus selbständiger Arbeit. Von Einkünften aus nichtselbständiger Arbeit dürfte nicht auszugehen sein, weil der Vertragsarzt in der Regel Unternehmerinitiative entfaltet und auch ein Unternehmerrisiko trägt, insbesondere, da ihm der Praxiswert und die Vertragsarztzulassung zuzurechnen sind.

Liegen die Voraussetzungen für eine Betriebsaufspaltung vor, führt diese wiederum zu Einkünften aus Gewerbebetrieb (H 15.7 Abs. 4 EStH „Allgemeines").

c) **Grundzüge der laufenden umsatzsteuerlichen Beurteilung**

Erbringt das MVZ Leistungen, die der medizinischen Betreuung von Personen durch das Diagnostizieren und Behandeln von Krankheiten oder anderen Gesundheitsstörungen dienen, sind diese nach § 4 Nr. 14 UStG umsatzsteuerfrei (A 91a Abs. 2 Satz 1 UStR). Dies gilt unabhängig von der Rechtsform und der ertragsteuerlichen Qualifizierung der Einkünfte (A 93 UStR).

Unerheblich ist – insbesondere auch in den Vertragsarzt-Varianten – ebenfalls, ob eine direkte Leistungsbeziehung zwischen dem Patienten als Leistungsempfänger und dem tätigen Arzt als Leistenden besteht oder das MVZ zwischengeschaltet ist, da die Steuerbefreiung nach § 4 Nr. 14 UStG nicht voraussetzt, dass der Arzt als umsatzsteuerlicher Unternehmer die Umsätze gegenüber einem Patienten als Leistungsempfänger erbringt und mit ihm oder seiner Krankenkasse hierüber abrechnet (siehe S. 119 mit Hinweis auf BFH v. 25.11.2004 - V R 44/02, BStBl 2005 II S. 190). Hinsichtlich ärztlicher Leistungen dürften sich daher in der Regel keine umsatzsteuerlichen Fragestellungen ergeben.

Umsatzsteuerliche Probleme ergeben sich aber dann, wenn Gesellschafter nicht insgesamt ärztliche Leistungen erbringen, sondern gesondert Wirtschaftgüter überlassen und die Überlassung auf einen Leistungsaustausch (Leistung gegen Entgelt) gerichtet ist. Umsatzsteuerrechtlich maßgebend für das Vorliegen eines Leistungsaustausches ist es, dass ein Leistender und ein Leistungsempfänger vorhanden sind und der Leistung eine Gegenleistung gegenübersteht. Auf die Bezeichnung der Gegenleistung z. B. als Aufwendungsersatz, als Umsatzbeteiligung oder als Kostenerstattung kommt es nicht an. Wird im Rahmen der Ergebnisverwendung allerdings ein gewinnabhängiger Gewinnvorab aus dem Bilanzgewinn verteilt, ist dieser Gewinnvorab kein Sonderentgelt, sondern die Überlassung führt dann zu einem nicht steuerbaren Gesellschafterbeitrag (vgl. ausführlich A 6 UStR).

BEISPIEL: Die Ärzte A, B und C gründen eine MVZ-GbR. C bringt hierzu seine Praxis mit Ausnahme der medizinischen Geräte in die MVZ-GbR ein. Die zurückbehaltenen Geräte werden an die MVZ-GbR zur Nutzung überlassen (Sonderbetriebsvermögen). Als Aufwendungsersatz erhält C eine feste gewinnunabhängige jährliche Vorabvergütung i. H. v. 20.000 €. Die 20.000 € sind Entgelt im Rahmen eines umsatzsteuerbaren Leistungsaustausches. Da es sich um keine ärztliche Leistung i. S. d. § 4 Nr. 14 UStG handelt, ist die Leistung umsatzsteuerpflichtig.

d) Gesellschaftereintritt, -wechsel und -austritt

Der Gesellschaftereintritt, -wechsel und -austritt vollzieht sich bei der MVZ-GbR nach den gleichen Grundsätzen wie bei der Gemeinschaftspraxis. Bei der der MVZ-GmbH vollziehen sich diese Vorgänge wie bei der Ärztegesellschaft.

e) Exkurs: Gewährung einer Bürgschaft durch eine gemeinnützige Krankenhausgesellschaft

Seit dem 1.1.2007 sind die Gesellschafter einer MVZ-GmbH verpflichtet, für Forderungen von kassenärztlichen Vereinigungen und Krankenkassen gegen das medizinische Versorgungszentrum aus dessen vertragsärztlicher Tätigkeit eine selbstschuldnerische Bürgschaftserklärung abzugeben. Hierbei stellt sich die Frage, ob durch die Abgabe der Bürgschaftserklärung bzw. bei einer Inanspruchnahme aus der Bürgschaft die Gemeinnützigkeit der Krankenhausgesellschaft gefährdet wird.

Die Beteiligung an einer GmbH wird auf der Ebene der beteiligten Gesellschaft (Krankenhaus) grundsätzlich der Vermögensverwaltung zugeordnet (BFH v. 30.6.1971 - I R 57/70, BStBl 1971 II S. 753). Hierbei spielt es zunächst keine Rolle, ob die MVZ-GmbH gewerblich oder selbst steuerbegünstigt ist. Lediglich dann, wenn bei einer gewerblichen GmbH Personalunion zwischen der Geschäftsführung des Krankenhauses und der GmbH besteht oder über eine enge rechtliche Verflechtung von einer geschäftlichen Willensbildung des Krankenhauses ausgegangen werden kann, ist die Beteiligung dem steuerpflichtigen wirtschaftlichen Geschäftsbetrieb zuzurechen.

Die Tätigkeit der MVZ-GmbH selbst stellt sich als wirtschaftlicher Geschäftsbetrieb i. S. d. § 14 AO dar. Dieser kann als Einrichtung der Wohlfahrtspflege nach § 66 AO steuerbegünstigter Zweckbetrieb sein. Hiernach ist eine solche Einrichtung ein Zweckbetrieb, wenn sie in besonderem Maße Personen dient, die aufgrund ihres körperlichen, geistigen oder seelischen Zustandes oder in bestimmter Weise materiell hilfsbedürftig sind. Das MVZ muss nachweisen können, dass mindestens 2/3 seiner Leistungen derart hilfsbedürftigen Personen zugute kommen (OFD Frankfurt v. 26.9.2006 - S 0184 A -11-St 53, DB 2006 S. 2261). Mithin kann die MVZ-GmbH grundsätzlich steuerbegünstigt sein. Auch in diesem Fall ist auf der Ebene der Träger-GmbH die Beteiligung dem Bereich der Vermögensverwaltung zuzuordnen.

Die Hingabe der Bürgschaft gegenüber der kassenärztlichen Vereinigung alleine stellt zunächst keine schädliche Mittelverwendung dar. Auch das Risiko einer möglichen Inanspruchnahme reicht alleine dafür nicht aus.

Kommt es zu einer Inanspruchnahme aus der Bürgschaft, so ist ein Ausgleich mit gemeinnützigkeitsrechtlich gebundenen Mitteln grundsätzlich steuerschädlich. Für die weiteren Überlegungen ist zu unterscheiden, ob die Beteiligung dem Bereich des steuerpflichtigen wirtschaftlichen Geschäftsbetriebes oder der Vermögensverwaltung auf der Trägerebene zuzurechnen ist.

Ist die Beteiligung dem steuerpflichtigen wirtschaftlichen Geschäftsbetrieb zuzurechnen, so kann der Verlust, der aus der Bürgschaftsinanspruchnahme entsteht, zunächst gegen eventuell vorhandene Überschüsse aus anderen steuerpflichtigen wirtschaftlichen Geschäftsbetrieben verrechnet werden (AEAO Nr. 4 zu § 54 AO). Ferner ist eine Mittelfehlverwendung nicht anzunehmen, wenn dem ideellen Bereich in den sechs vorangegangenen Jahren Gewinne des wirtschaftlichen steuerpflichtigen Geschäftsbetriebes in mindestens gleicher Höhe zugeführt worden sind. Und schließlich ist ein Verlust im steuerlichen Bereich auch dann unschädlich, wenn:

1. eine Fehlkalkulation vorliegt,

2. die Mittelverwendung im ideellen Bereich innerhalb von 12 Monaten wieder aufgefüllt wird und

3. dieser Ausgleich wieder aus dem steuerpflichtigen Bereich finanziert werden kann (AEAO Nr. 6 zu § 55 AO).

Erzielt der steuerpflichtige wirtschaftliche Geschäftsbetrieb in den nächsten 12 Monaten keine entsprechenden Überschüsse, kann der Verlust auch mit einem Darlehen zwischenfinanziert werden, wenn Zins- und Tilgungsleistungen dieses Darlehens wiederum aus Überschüssen des steuerpflichtigen Bereichs finanziert werden können.

Diese Überlegungen gelten analog, wenn die Beteiligung an der MVZ-GmbH der Sphäre der Vermögensverwaltung auf der Trägerebene zuzurechnen ist.

E. Konsiliararzt- und Belegarzttätigkeit

I. Konsiliarärztliche Tätigkeit

1. Rechtliche Aspekte

Eine gesetzliche Definition des Konsiliararztes existiert nicht. Beispielhaft hingewiesen sei auf § 36 Abs. 2 Satz 2 KHG NRW, der eine Abgrenzung zu Belegärzten und Krankenhausärzten vornimmt: „Darüber hinaus dürfen Ärztinnen und Ärzte, die weder Belegärztinnen und Belegärzte noch hauptamtlich im Krankenhaus tätig sind, nur zur ergänzenden Untersuchung und Behandlung tätig werden, soweit dies im Einzelfall erforderlich ist."

Die Einbindung von Konsiliarärzten spielt eine besondere Rolle bei der stationären Behandlung. Für Krankenhausträger ergibt sich die Notwendigkeit zur Einschaltung von Konsiliarärzten aus ihrer Verpflichtung, im Rahmen ihrer Leistungsfähigkeit alle zur Versorgung ihrer stationären Patienten erforderlichen Leistungen zu erbringen. Sind die Krankenhausärzte für bestimmte Fragestellungen nicht ausreichend qualifiziert oder fehlt ihnen die erforderliche Erfahrung, besteht die Verpflichtung, externen Rat einzuholen.

Der Konsiliararztvertrag ist seiner Rechtsnatur nach Dienstvertrag zwischen dem Arzt und dem Krankenhausträger (§§ 611 ff. BGB). Der Konsiliararzt wird freiberuflich tätig.

Bei Regelleistungspatienten rechnet der Konsiliararzt mit dem Krankenhausträger ab. Häufig wird ein ermäßigter GOÄ-Satz zugrunde gelegt. Bei technischen Leistungen werden oftmals Pauschalen vereinbart. Gegenüber Wahlleistungspatienten erfolgt die Abrechnung zwingend nach den Vorgaben der GOÄ. Dabei unterliegt der Konsiliararzt, auch soweit er außerhalb des Krankenhauses tätig wird, der Minderungspflicht des § 6a GOÄ.

2. Steuerliche Aspekte

a) Ertragsteuerliche Grundsätze

Ertragsteuerlich dürfte in der Regel der Konsiliararztvertrag als Rahmenvertrag aus steuerlicher Sicht kein Dauervertrag im Sinne eines Arbeitsvertrages sein. Der Konsiliararzt erzielt somit Einkünfte aus einer freiberuflichen Tätigkeit im Rahmen seiner freiberuflichen Einkünfte aus der eigenen Praxis und ist nicht im Rahmen einer konsiliarärztlichen Tätigkeit als Arbeitnehmer des Krankenhauses tätig.

Der Konsiliararzt schuldet eine Dienstleistung und nicht seine Arbeitskraft im Allgemeinen. Der Konsiliararzt ist gegenüber dem Krankenhaus ebenso nicht weisungsgebunden und wird ohne feste Arbeitszeiten und Urlaubsanspruch tätig. In den meisten Fällen erfolgt zwischen dem Konsiliararzt und dem Krankenhaus vielmehr eine Abstimmung der konkreten Zeiten im Einzelfall. Die konsiliarärztliche Tätigkeit ist insoweit eine freiberufliche Nebentätigkeit eines Arztes, der im Hauptberuf eine selbständige Tätigkeit in eigener Praxis ausübt. Die Ausgangssituation ist insoweit gegenüber einem Chefarzt, der grundsätzlich Arbeitnehmer des Krankenhauses ist, eine völlig andere (zu wahlärztlichen Leistungen eines Chefarztes vgl. Hagen/Lucke, Liquidationseinnahmen der Chefärzte und deren Mitarbeiter, NWB F. 6 S. 4693). In diesem Zusammenhang ist es daher unerheblich, dass die Abrechung der konsiliarärztlichen Leistungen nur zum Teil direkt gegenüber dem Patienten – d.h. i.d.R. bei Patienten, die gem. § 22 BPflV wahlärztliche Leistungen vereinbart haben – abgerechnet werden.

b) Umsatzsteuerliche Grundsätze

Bei Patienten, die gem. § 22 BPflV wahlärztliche Leistungen mit dem Krankenhaus vereinbart haben, rechnet häufig der Konsiliararzt direkt gegenüber den Patienten ab; es besteht somit eine direkte Leistungsbeziehung. Bei allen anderen Patienten erfolgt die Abrechung der konsiliarärztlichen Behandlungsleistung im Innenverhältnis zwischen dem Krankenhaus und dem Konsiliararzt. Der Behandlungsvertrag selbst kommt zwischen Krankenhaus und Krankenhauspatient zustande.

Eine direkte Leistungsbeziehung zwischen dem Patienten als Leistungsempfänger und dem Konsiliararzt als Leistenden ist jedoch nicht erforderlich, da die Steuerbefreiung nach § 4 Nr. 14 UStG nicht voraussetzt, dass der Arzt als umsatzsteuerlicher Unternehmer die Umsätze gegenüber einem Patienten als Leistungsempfänger erbringt und mit ihm oder seiner Krankenkasse hierüber abrechnet (BFH v. 25.11.2004 - V R 44/02, BStBl 2005 II S. 190).

Ungeklärt ist die Frage, ob sich die Rechtssprechung des EuGH zur Abgrenzung der Umsatzsteuerbefreiung nach § 4 Nr. 14 UStG und nach § 4 Nr. 16 UStG auf die Beurteilung konsiliarärztlicher Leistungen auswirkt. Nach der Rechtsprechung des Gerichtshofes (EuGH v. 8.6.2006 – C-106/05, L. u. P. GmbH, HFR 2006 S. 831 zur Umsatzsteuerbefreiung medizinischer Analysen) steht das Kriterium, das für die Abgrenzung des Anwendungsbereichs der beiden Befreiungstatbestände zu berücksichtigen ist, weniger in Zusammenhang mit der Art der Leistung als vielmehr mit dem Ort ihrer Erbringung. Artikel 13 Teil A Abs. 1 Buchstabe b der Sechsten Richtlinie (§ 4 Nr. 16 UStG) befreit nämlich solche Leistungen, die aus einer Gesamtheit von ärztlichen Heilbehandlungen in Einrichtungen mit sozialer Zweckbestimmung wie der des Schutzes der menschlichen Gesundheit bestehen, während nach Buchstabe c dieses Absatzes (§ 4 Nr. 14 UStG) Leistungen steuerfrei sein sollen, die außerhalb von Krankenhäusern erbracht werden, sei es in den Praxisräumen des Behandelnden, in der Wohnung des Patienten oder an einem anderen Ort. Allein aufgrund der Tatsache, dass der Ort der Leistungserbringung des Konsiliararztes im Krankenhaus liegt, die Leistungen nach den Voraussetzungen des § 4 Nr. 16 UStG und nicht mehr nach § 4 Nr. 14 UStG zu beurteilen scheint wenig vorstellbar, denn der Konsiliararzt ist keinesfalls einer Diagnoseklinik oder anderen krankenhausähnlichen Einrichtungen gleichzusetzen.

II. Belegärztliche Tätigkeit

1. Rechtliche Aspekte

Literatur:

Weber/Müller, Chefarzt- und Belegarztvertrag, 2001; Peikert, in: Rieger (Hrsg.), Lexikon des Arztrechts, 2002, S. 805 – Belegarzt; Genzel, in: Laufs/Uhlenbruck, Handbuch des Arztrechts, 3. Aufl. 2002, § 90 Rn. 71 f.; Baur, Chefarzt- und Belegarztvertrag, 2003; Kallenberg, in: Halbe/Schirmer (Hrsg.), Handbuch Kooperationen im Gesundheitswesen, 2005, C. 1500 - Belegarzttätigkeit.

a) Definition

§ 121 Abs. 2 SGB V definiert **Belegärzte** als „*nicht am Krankenhaus angestellte Vertragsärzte, die berechtigt sind, ihre Patienten (Belegpatienten) im Krankenhaus unter Inanspruchnahme der hierfür bereitgestellten Dienste, Einrichtungen und Mittel vollstationär oder teilstationär zu behandeln, ohne hierfür vom Krankenhaus eine Vergütung zu erhalten.*"

Diese vertragsärztlich geprägte Begriffsbestimmung gilt auch für ausschließlich **privatärztlich tätige Belegärzte** (BGH v. 8.11.2005 – VI ZR 319/04, MedR 2006 S. 290).

Die Anzahl der Belegärzte betrug zum 1.1.2004 ca. 5.900 bei ca. 56.000 Belegbetten. Seitdem hat die Zahl geringfügig abgenommen. Die Fachgruppen der Hals-Nasen- Ohrenärzte und der Gynäkologen stellen etwa 50 % sämtlicher Belegärzte. Weitere Facharztgruppen sind die Augenärzte, die Chirurgen sowie die Orthopäden mit jeweils etwa 10 %.

Der Belegarzt muss **Vertragsarzt** sein und darf nicht in einem Anstellungsverhältnis zum Krankenhausträger stehen. Richtigerweise ist auch ein **MVZ berechtigt**, über seine angestellten Ärzte oder die im MVZ tätigen Vertragsärzte eine belegärztliche Funktion auszuüben. In der Praxis sind nicht selten Konstellationen anzutreffen, in denen mehrere Ärzte in ein **kooperatives Belegarztsystem** eingebunden sind (vgl. § 121 Abs. 1 Satz 2 SGB V). Ihnen stehen dann dieselben Rechtsformen zur Organisation ihrer Zusammenarbeit zur Verfügung wie bei ausschließlich ambulanter ärztlicher Tätigkeit. Unter bestimmten Voraussetzungen können in gesperrten Planungsbereichen **Sonderbedarfszulassungen** für die belegärztliche Tätigkeit erteilt werden (§ 103 Abs. 7 SGB V).

Zuständig für die Anerkennung als Belegarzt ist die für den Vertragsarztsitz zuständige Kassenärztliche Vereinigung im Einvernehmen mit den Landesverbänden der Krankenkassen und den Verbänden der Ersatzkassen (§ 40 Abs. 2 BMV-Ä, § 32 Abs. 2 EKV). Die stationäre Tätigkeit darf nicht den Schwerpunkt der vertragsärztlichen Tätigkeit bilden. Die Anerkennung erfolgt regelmäßig lediglich nur für ein Krankenhaus. Der Belegarzt muss dieses regelmäßig innerhalb von 30 Minuten erreichen können (**Residenzpflicht**). Voraussetzung für die Anerkennung als Belegarzt ist ferner die Aufnahme des Krankenhauses in den **Krankenhausplan** des Landes, sofern nicht ein Versorgungsvertrag nach § 109 SGB V abgeschlossen wurde. Darüber hinaus muss die Belegabteilung als solche im Krankenhausplan ausgewiesen sein.

b) **Rechtsbeziehung zum Krankenhausträger**

Die Rechtsbeziehung zwischen dem Belegarzt und dem Krankenhausträger wird maßgeblich geprägt durch den **Belegarztvertrag**. Nach ständiger Rechtsprechung des Bundesgerichtshofs handelt es sich hierbei um einen Dauervertrag atypischen Inhalts (zuletzt 20.7.2006 – III ZR 145/05, MedR 2006 S. 654). Arbeitsrechtliche Vorschriften finden auf das Rechtsverhältnis keine Anwendung.

Der Belegarzt unterliegt im Hinblick auf seine ärztliche Tätigkeit keinerlei Weisungen des Krankenhausträgers. Regelmäßig konkretisiert der Belegarztvertrag die Pflichten des Arztes dahin, dass dieser persönlich, durch genehmigte angestellte Ärzte oder durch seinen Vertreter zur Sicherstellung der umfassenden medizinischen Betreuung seiner Patienten „rund um die Uhr" verpflichtet ist. Dies setzt die Einrichtung eines **Bereitschaftsdienstes** voraus. In der Praxis wird hierbei oftmals – gegen Kostenerstattung – auf ohnehin diensthabende Krankenhausärzte zurückgegriffen.

PRAXISHINWEIS

Enthält der Belegarztvertrag keine Kündigungsfristen, ist in der Regel davon auszugehen, dass eine **Kündigungsfrist von 6 Monaten** angemessen ist, um der anderen Vertragspartei die im Hinblick auf die Kündigung notwendigen Dispositionen zu treffen (BGH v. 20.7.2006 – III ZR 145/05, MedR 2006 S. 654).

c) **Rechtsbeziehungen zum Patienten**

Wird ein Patient zur stationären Betreuung in eine Belegabteilung aufgenommen, kommt – und zwar unabhängig von dessen Versichertenstatus – ein sog. **gespaltener Krankenhausaufnahmevertrag** zustande. Hiernach schulden der Krankenhausträger Unterbringung, Verpflegung und pflegerische Versorgung und der Belegarzt die medizinische Behandlung.

Bei Privatpatienten liquidiert der Belegarzt selbst die erbrachten ärztlichen Leistungen unter Anwendung der Gebührenordnung für Ärzte (GOÄ). Gemäß § 6a Abs. 1 GOÄ sind die Gebühren der Belegärzte für die von ihnen erbrachten Leistungen um 15 % zu mindern.

Die Abrechnung für die Behandlung von GKV-Patienten erfolgt gegenüber der Kassenärztlichen Vereinigung.

Gegenüber den Patienten haftet der Belegarzt nach den allgemein geltenden Grundsätzen für eigenes oder ihm zurechenbares ärztliches Fehlverhalten Dritter. Der Krankenhausträger haftet für ärztliches Fehlverhalten nur, sofern ein ihm vorwerfbares **Organisationsverschulden** vorliegt.

Treten mehrere Belegärzte eines **kooperativen Belegarztsystems** als „Belegarztgemeinschaft" auf und wird nach außen der Eindruck einer gemeinschaftlichen Berufsausübung erweckt, bejaht die Rechtsprechung eine **gesamtschuldnerische Haftung sämtlicher Belegärzte**, auch wenn einzelne von ihnen den Patienten nie gesehen haben (BGH v. 8.11.2005 – VI ZR 319/04, MedR 2006 S. 290)!

d) Rechtsbeziehung zur Kassenärztlichen Vereinigung

Der Belegarzt führt die Behandlung seiner Belegpatienten, soweit es sich um GKV- Versicherte handelt, im Rahmen seines **vertragsarztrechtlichen Versorgungsauftrages** durch. Er rechnet seine Leistungen gegenüber der Kassenärztlichen Vereinigung ab, deren Mitglied er ist.

Die Vergütung der belegärztlichen Leistungen erfolgt aus der Gesamtvergütung (§ 121 Abs. 3 SGB V). Bestimmungen zur Gesamtvergütung finden sich in § 85 Abs. 1 SGB V. Demgemäß entrichten die Krankenkassen mit befreiender Wirkung den in den Gesamtverträgen vereinbarten Betrag an die Kassenärztliche Vereinigung. Gesetzlich nicht geregelt sind Art und Höhe der belegärztlichen Leistungen. Diese richten sich vielmehr nach dem „Einheitlichen Bewertungsmaßstab" **(EBM – ab dem 1.4.2005 gilt der sog. „EBM 2000 plus")**, der an unterschiedlichen Stellen Vorgaben zur Abrechnungsfähigkeit belegärztlicher Leistungen enthält. Ferner hat der Bewertungsausschuss entschieden, dass belegärztliche Operationen zwar aus dem Arztgruppentopf zu vergüten sind, nicht jedoch den Regelleistungsvolumina unterfallen (vgl. Kallenberg, C. 1500 Rn. 85 f.).

2. Steuerliche Aspekte

a) Ertragsteuerliche Grundsätze

Ausgangspunkt für die steuerliche Beurteilung der Tätigkeit als Belegarzt ist in der Regel ein gespaltenes Vertragsverhältnis, d.h. auf der einen Seite der Vertrag zwischen dem Belegarzt und dem Patienten über die Erbringung belegärztlicher Leistungen und der Vertrag zwischen dem Krankenhaus und dem Patienten über die weiteren allgemeinen Krankenhausleistungen. Beide Leistungen werden getrennt mit dem Patienten oder seiner Krankenkasse, d. h. dem eintretenden Kostenträger, abgerechnet.

Der Belegarzt ist verpflichtet, dem Krankenhaus die im Zusammenhang mit den belegärztlichen Leistungen entstehenden nicht pflegesatzfähigen Kosten (i.d.R.

Überlassung von Räumen, Geräten, Personal und ggf. Material) zu erstatten, unter Umständen zuzüglich eines Vorteilsausgleichs.

Der Arzt erzielt im Rahmen der Erbringung seiner belegärztlichen Leistungen Einkünfte aus freiberuflicher Tätigkeit i. S. d. § 18 EStG.

b) Umsatzsteuerliche Grundsätze

Handelt es sich bei den belegärztlichen Leistungen um ärztliche Heilbehandlungsleistungen i. S. d. § 4 Nr. 14 UStG, sind diese umsatzsteuerfrei. Allerdings stellt sich auch beim Belegarzt unter Umständen wie bei der konsiliarärztlichen Tätigkeit die Frage nach einer Abgrenzung zum Befreiungstatbestand des § 4 Nr. 16 UStG (siehe S. 240).

c) Kooperatives Belegarztwesen

Bilden Belegärzte in Kooperation ein Team, um das Wissen und Können mehrerer spezialisierter Ärzte zu vereinen, ergibt sich die steuerliche Beurteilung aus dem Vertrag im Einzelfall. In der Regel bleibt vertraglich jeder Belegarzt für die von ihm eingewiesenen oder ihm zugewiesenen Patienten verantwortlich. Erfolgt die Abrechnung der belegärztlichen Leistungen und die Kostenabrechnung mit dem Krankenhaus unmittelbar durch den Belegarzt, sind gegenüber der steuerlichen Beurteilung eines einzelnen Belegarztes keine Besonderheiten zu beachten. Die Kooperation beschränkt sich dann auf die Sicherstellung und Koordination der Patientenversorgung und die gegenseitige Unterstützung bei der belegärztlichen Tätigkeit.

Beinhaltet die Kooperation der Belegärzte daneben auch Elemente der gemeinsamen Kostentragung oder sogar Elemente des gemeinsamen Wirtschaftens, ist nach den Grundsätzen der Praxisgemeinschaft oder den Grundsätzen der Gemeinschaftspraxis als Mitunternehmerschaft zu verfahren.

Für ein (reines) Belegkrankenhaus, in dem die ärztlichen Leistungen ausschließlich von einem Belegarzt mit Liquidationsberechtigung erbracht und berechnet werden, kommt Steuerfreiheit gem. § 4 Nr. 16 Buchstabe b UStG i. V. m. § 67 Abs. 2 AO nur in Betracht, wenn mindestens 40 %. der jährlichen Pflegetage auf Patienten entfallen, deren ärztliche Behandlung der Belegarzt über Krankenschein oder entsprechend den für Kassenabrechnungen geltenden Vergütungssätzen abrechnet (BFH v. 25.11.1993 - V R 64/89, BStBl 1994 II S. 212).

ANHANG

Die vorliegende (Muster-)Berufsordnung entfaltet erst Rechtswirkung, wenn sie durch die Kammerversammlungen der Ärztekammern als Satzung beschlossen und von den Aufsichtbehörden genehmigt wurde.

(Muster-) Berufsordnung für die deutschen Ärztinnen und Ärzte (Stand 2006)

– MBO-Ä 1997 – in der Fassung der Beschlüsse des 100. Deutschen Ärztetages 1997 in Eisenach;

geändert durch die Beschlüsse des 103. Deutschen Ärztetages 2000 in Köln (§§ 27, 28 Kap. D. I Nr. 1-6, Kap. D. II Nr. 11);

geändert durch die Beschlüsse des 105. Deutschen Ärztetages 2002 in Rostock (§§ 27, 28 Kap. D. I Nr. 1-5, §§ 17, 18, 22 a, 15, 20);

geändert durch die Beschlüsse des 106. Deutschen Ärztetages 2003 in Köln (§§ 7 Abs. 4, 18, 26, 30 ff.);

geändert durch die Beschlüsse des 107. Deutschen Ärztetages 2004 in Bremen (Präambel, §§ 17-19, 22, 22a, 23a-23, Kap. D II Nr. 7-11; §§ 4, 15);

geändert durch den Beschluss des Vorstands der Bundesärztekammer in der Sitzung vom 24.11.2006 (§ 18 Abs. 1).

Gelöbnis

Für jede Ärztin und jeden Arzt gilt folgendes Gelöbnis:

„Bei meiner Aufnahme in den ärztlichen Berufsstand gelobe ich, mein Leben in den Dienst der Menschlichkeit zu stellen.

Ich werde meinen Beruf mit Gewissenhaftigkeit und Würde ausüben.

Die Erhaltung und Wiederherstellung der Gesundheit meiner Patientinnen und Patienten soll oberstes Gebot meines Handelns sein.

Ich werde alle mir anvertrauten Geheimnisse auch über den Tod der Patientin oder des Patienten hinaus wahren.

Ich werde mit allen meinen Kräften die Ehre und die edle Überlieferung des ärztlichen Berufes aufrechterhalten und bei der Ausübung meiner ärztlichen Pflichten keinen Unterschied machen weder nach Religion, Nationalität, Rasse noch nach Parteizugehörigkeit oder sozialer Stellung.

Ich werde jedem Menschenleben von der Empfängnis an Ehrfurcht entgegenbringen und selbst unter Bedrohung meine ärztliche Kunst nicht in Widerspruch zu den Geboten der Menschlichkeit anwenden.

Ich werde meinen Lehrerinnen und Lehrern sowie Kolleginnen und Kollegen die schuldige Achtung erweisen. Dies alles verspreche ich auf meine Ehre."

A. Präambel

Die auf der Grundlage der Kammer- und Heilberufsgesetze beschlossene Berufsordnung stellt die Überzeugung der Ärzteschaft zum Verhalten von Ärztinnen und Ärzten gegenüber den Patientinnen und Patienten, den Kolleginnen und Kollegen, den anderen Partnerinnen und Partnern im Gesundheitswesen sowie zum Verhalten in der Öffentlichkeit dar. Dafür geben sich die deutschen Ärztinnen und Ärzte die nachstehende Berufsordnung. Mit der Festlegung von Berufspflichten der Ärztinnen und Ärzte dient die Berufsordnung zugleich dem Ziel,

- das Vertrauen zwischen Ärztinnen und Ärzten und Patientinnen und Patienten zu erhalten und zu fördern;
- die Qualität der ärztlichen Tätigkeit im Interesse der Gesundheit der Bevölkerung sicherzustellen;
- die Freiheit und das Ansehen des Arztberufes zu wahren;
- berufswürdiges Verhalten zu fördern und berufsunwürdiges Verhalten zu verhindern.

B. Regeln zur Berufsausübung

I. Grundsätze

§ 1 Aufgaben der Ärztinnen und Ärzte

(1) Ärztinnen und Ärzte dienen der Gesundheit des einzelnen Menschen und der Bevölkerung. Der ärztliche Beruf ist kein Gewerbe. Er ist seiner Natur nach ein freier Beruf.

(2) Aufgabe der Ärztinnen und Ärzte ist es, das Leben zu erhalten, die Gesundheit zu schützen und wiederherzustellen, Leiden zu lindern, Sterbenden Beistand zu leisten und an der Erhaltung der natürlichen Lebensgrundlagen im Hinblick auf ihre Bedeutung für die Gesundheit der Menschen mitzuwirken.

§ 2 Allgemeine ärztliche Berufspflichten

(1) Ärztinnen und Ärzte üben ihren Beruf nach ihrem Gewissen, den Geboten der ärztlichen Ethik und der Menschlichkeit aus. Sie dürfen keine Grundsätze anerkennen und keine Vorschriften oder Anweisungen beachten, die mit ihren Aufgaben nicht vereinbar sind oder deren Befolgung sie nicht verantworten können.

(2) Ärztinnen und Ärzte haben ihren Beruf gewissenhaft auszuüben und dem ihnen bei ihrer Berufsausübung entgegengebrachten Vertrauen zu entsprechen.

(3) Zur gewissenhaften Berufsausübung gehören auch die Grundsätze korrekter ärztlicher Berufsausübung in Kapitel C.

(4) Ärztinnen und Ärzte dürfen hinsichtlich ihrer ärztlichen Entscheidungen keine Weisungen von Nichtärzten entgegennehmen.

(5) Ärztinnen und Ärzte sind verpflichtet, sich über die für die Berufsausübung geltenden Vorschriften unterrichtet zu halten.

(6) Unbeschadet der in den nachfolgenden Vorschriften geregelten besonderen Auskunfts- und Anzeigepflichten haben Ärztinnen und Ärzte auf Anfragen der Ärztekammer, welche diese zur Erfüllung ihrer gesetzlichen Aufgaben bei der Berufsaufsicht an die Ärztinnen und Ärzte richtet, in angemessener Frist zu antworten.

§ 3 Unvereinbarkeiten

(1) Ärztinnen und Ärzten ist neben der Ausübung ihres Berufs die Ausübung einer anderen Tätigkeit untersagt, welche mit den ethischen Grundsätzen des ärztlichen Berufs nicht vereinbar ist. Ärztinnen und Ärzten ist auch verboten, ihren Namen in Verbindung mit einer ärztlichen Berufsbezeichnung in unlauterer Weise für gewerbliche Zwecke herzugeben. Ebenso wenig dürfen sie zulassen, dass von ihrem Namen oder vom beruflichen Ansehen der Ärztinnen und Ärzte in solcher Weise Gebrauch gemacht wird.

(2) Ärztinnen und Ärzten ist untersagt, im Zusammenhang mit der Ausübung ihrer ärztlichen Tätigkeit Waren und andere Gegenstände abzugeben oder unter ihrer Mitwirkung abgeben zu lassen sowie gewerbliche Dienstleistungen zu erbringen oder erbringen zu lassen, soweit nicht die Abgabe des Produkts oder die Dienstleistung wegen ihrer Besonderheiten notwendiger Bestandteil der ärztlichen Therapie sind.

§ 4 Fortbildung

(1) Ärztinnen und Ärzte, die ihren Beruf ausüben, sind verpflichtet, sich in dem Umfange beruflich fortzubilden, wie es zur Erhaltung und Entwicklung der zu ihrer Berufsausübung erforderlichen Fachkenntnisse notwendig ist.

(2) Auf Verlangen müssen Ärztinnen und Ärzte ihre Fortbildung nach Absatz 1 gegenüber der Ärztekammer durch ein Fortbildungszertifikat einer Ärztekammer nachweisen.

§ 5 Qualitätssicherung

Ärztinnen und Ärzte sind verpflichtet, an den von der Ärztekammer eingeführten Maßnahmen zur Sicherung der Qualität der ärztlichen Tätigkeit teilzunehmen und der Ärztekammer die hierzu erforderlichen Auskünfte zu erteilen.

§ 6 Mitteilung von unerwünschten Arzneimittelwirkungen

Ärztinnen und Ärzte sind verpflichtet, die ihnen aus ihrer ärztlichen Behandlungstätigkeit bekannt werdenden unerwünschten Arzneimittelwirkungen der Arzneimittelkommission der deutschen Ärzteschaft mitzuteilen (Fachausschuss der Bundesärztekammer).

ANHANG

II. Pflichten gegenüber Patientinnen und Patienten

§ 7 Behandlungsgrundsätze und Verhaltensregeln

(1) Jede medizinische Behandlung hat unter Wahrung der Menschenwürde und unter Achtung der Persönlichkeit, des Willens und der Rechte der Patientinnen und Patienten, insbesondere des Selbstbestimmungsrechts, zu erfolgen.

(2) Ärztinnen und Ärzte achten das Recht ihrer Patientinnen und Patienten, die Ärztin oder den Arzt frei zu wählen oder zu wechseln. Andererseits sind – von Notfällen oder besonderen rechtlichen Verpflichtungen abgesehen – auch Ärztinnen und Ärzte frei, eine Behandlung abzulehnen. Den begründeten Wunsch der Patientin oder des Patienten, eine weitere Ärztin oder einen weiteren Arzt zuzuziehen oder einer anderen Ärztin oder einem anderen Arzt überwiesen zu werden, soll die behandelnde Ärztin oder der behandelnde Arzt in der Regel nicht ablehnen.

(3) Ärztinnen und Ärzte dürfen individuelle ärztliche Behandlung, insbesondere auch Beratung, weder ausschließlich brieflich noch in Zeitungen oder Zeitschriften noch ausschließlich über Kommunikationsmedien oder Computerkommunikationsnetze durchführen.

(4) Angehörige von Patientinnen und Patienten und andere Personen dürfen bei der Untersuchung und Behandlung anwesend sein, wenn die verantwortliche Ärztin oder der verantwortliche Arzt und die Patientin oder der Patient zustimmen.

§ 8 [1] Aufklärungspflicht

Zur Behandlung bedürfen Ärztinnen und Ärzte der Einwilligung der Patientin oder des Patienten. Der Einwilligung hat grundsätzlich die erforderliche Aufklärung im persönlichen Gespräch vorauszugehen.

§ 9 Schweigepflicht

(1) Ärztinnen und Ärzte haben über das, was ihnen in ihrer Eigenschaft als Ärztin oder Arzt anvertraut oder bekannt geworden ist – auch über den Tod der Patientin oder des Patienten hinaus – zu schweigen. Dazu gehören auch schriftliche Mitteilungen der Patientin oder des Patienten, Aufzeichnungen über Patientinnen und Patienten, Röntgenaufnahmen und sonstige Untersuchungsbefunde.

(2) Ärztinnen und Ärzte sind zur Offenbarung befugt, soweit sie von der Schweigepflicht entbunden worden sind oder soweit die Offenbarung zum Schutze eines höherwertigen Rechtsgutes erforderlich ist. Gesetzliche Aussage- und Anzeigepflichten bleiben unberührt. Soweit gesetzliche Vorschriften die Schweigepflicht der Ärztin oder des Arztes einschränken, soll die Ärztin oder der Arzt die Patientin oder den Patienten darüber unterrichten.

(3) Ärztinnen und Ärzte haben ihre Mitarbeiterinnen und Mitarbeiter und die Personen, die zur Vorbereitung auf den Beruf an der ärztlichen Tätigkeit teilnehmen, über die gesetzliche Pflicht zur Verschwiegenheit zu belehren und dies schriftlich festzuhalten.

(4) Wenn mehrere Ärztinnen und Ärzte gleichzeitig oder nacheinander dieselbe Patientin oder denselben Patienten untersuchen oder behandeln, so sind sie untereinander von der Schweigepflicht insoweit befreit, als das Einverständnis der Patientin oder des Patienten vorliegt oder anzunehmen ist.

§ 10 Dokumentationspflicht

(1) Ärztinnen und Ärzte haben über die in Ausübung ihres Berufes gemachten Feststellungen und getroffenen Maßnahmen die erforderlichen Aufzeichnungen zu machen. Diese sind nicht nur Gedächtnisstützen für die Ärztin oder den Arzt, sie dienen auch dem Interesse der Patientin oder des Patienten an einer ordnungsgemäßen Dokumentation.

(2) Ärztinnen und Ärzte haben Patientinnen und Patienten auf deren Verlangen grundsätzlich in die sie betreffenden Krankenunterlagen Einsicht zu gewähren; ausgenommen sind diejenigen Teile, welche subjektive Eindrücke oder Wahrnehmungen der Ärztin oder des Arztes enthalten. Auf Verlangen sind der Patientin oder dem Patienten Kopien der Unterlagen gegen Erstattung der Kosten herauszugeben.

(3) Ärztliche Aufzeichnungen sind für die Dauer von zehn Jahren nach Abschluss der Behandlung aufzubewahren, soweit nicht nach gesetzlichen Vorschriften eine längere Aufbewahrungspflicht besteht.

(4) Nach Aufgabe der Praxis haben Ärztinnen und Ärzte ihre ärztlichen Aufzeichnungen und Untersuchungsbefunde gemäß Absatz 3 aufzubewahren oder dafür Sorge zu tragen, dass sie in gehörige Obhut gegeben werden. Ärztinnen und Ärzte, denen bei einer Praxisaufgabe oder Praxisübergabe ärztliche Aufzeichnungen über Patientinnen und Patienten in Obhut gegeben werden, müssen diese Aufzeichnungen unter Verschluss halten und dürfen sie nur mit Einwilligung der Patientin oder des Patienten einsehen oder weitergeben.

(5) Aufzeichnungen auf elektronischen Datenträgern oder anderen Speichermedien bedürfen besonderer Sicherungs- und Schutzmaßnahmen, um deren Veränderung, Vernichtung oder unrechtmäßige Verwendung zu verhindern. Ärztinnen und Ärzte haben hierbei die Empfehlungen der Ärztekammer zu beachten.

§ 11 Ärztliche Untersuchungs- und Behandlungsmethoden

(1) Mit Übernahme der Behandlung verpflichten sich Ärztinnen und Ärzte den Patientinnen und Patienten gegenüber zur gewissenhaften Versorgung mit geeigneten Untersuchungs- und Behandlungsmethoden.

(2) Der ärztliche Berufsauftrag verbietet es, diagnostische oder therapeutische Methoden unter missbräuchlicher Ausnutzung des Vertrauens, der Unwissenheit, der Leicht-

gläubigkeit oder der Hilflosigkeit von Patientinnen und Patienten anzuwenden. Unzulässig ist es auch, Heilerfolge, insbesondere bei nicht heilbaren Krankheiten, als gewiss zuzusichern.

§ 12 Honorar und Vergütungsabsprachen

(1) Die Honorarforderung muss angemessen sein. Für die Bemessung ist die Amtliche Gebührenordnung (GOÄ) die Grundlage, soweit nicht andere gesetzliche Vergütungsregelungen gelten. Ärztinnen und Ärzte dürfen die Sätze nach der GOÄ nicht in unlauterer Weise unterschreiten. Bei Abschluss einer Honorarvereinbarung haben Ärztinnen und Ärzte auf die Einkommens- und Vermögensverhältnisse der oder des Zahlungspflichtigen Rücksicht zu nehmen.

(2) Ärztinnen und Ärzte können Verwandten, Kolleginnen und Kollegen, deren Angehörigen und mittellosen Patientinnen und Patienten das Honorar ganz oder teilweise erlassen.

(3) Auf Antrag eines Beteiligten gibt die Ärztekammer eine gutachterliche Äußerung über die Angemessenheit der Honorarforderung ab.

III. Besondere medizinische Verfahren und Forschung

§ 13 [2] Besondere medizinische Verfahren

(1) Bei speziellen medizinischen Maßnahmen oder Verfahren, die ethische Probleme aufwerfen und zu denen die Ärztekammer Empfehlungen zur Indikationsstellung und zur Ausführung festgelegt hat, haben Ärztinnen und Ärzte die Empfehlungen zu beachten.

(2) Soweit es die Ärztekammer verlangt, haben Ärztinnen und Ärzte die Anwendung solcher Maßnahmen oder Verfahren der Ärztekammer anzuzeigen.

(3) Vor Aufnahme entsprechender Tätigkeiten haben Ärztinnen und Ärzte auf Verlangen der Ärztekammer den Nachweis zu führen, dass die persönlichen und sachlichen Voraussetzungen entsprechend den Empfehlungen erfüllt werden.

§ 14 Erhaltung des ungeborenen Lebens und Schwangerschaftsabbruch

(1) Ärztinnen und Ärzte sind grundsätzlich verpflichtet, das ungeborene Leben zu erhalten. Der Schwangerschaftsabbruch unterliegt den gesetzlichen Bestimmungen. Ärztinnen und Ärzte können nicht gezwungen werden, einen Schwangerschaftsabbruch vorzunehmen oder ihn zu unterlassen.

(2) Ärztinnen und Ärzte, die einen Schwangerschaftsabbruch durchführen oder eine Fehlgeburt betreuen, haben dafür Sorge zu tragen, dass die tote Leibesfrucht keiner missbräuchlichen Verwendung zugeführt wird.

§ 15 [3] Forschung

(1) Ärztinnen und Ärzte müssen sich vor der Durchführung biomedizinischer Forschung am Menschen – ausgenommen bei ausschließlich epidemiologischen Forschungsvorha-

ben – durch eine bei der Ärztekammer oder bei einer Medizinischen Fakultät gebildeten Ethik-Kommission über die mit ihrem Vorhaben verbundenen berufsethischen und berufsrechtlichen Fragen beraten lassen. Dasselbe gilt vor der Durchführung gesetzlich zugelassener Forschung mit vitalen menschlichen Gameten und lebendem embryonalen Gewebe.

(2) Zum Zwecke der wissenschaftlichen Forschung und Lehre dürfen der Schweigepflicht unterliegende Tatsachen und Befunde grundsätzlich nur soweit offenbart werden, als dabei die Anonymität der Patientin oder des Patienten gesichert ist oder diese oder dieser ausdrücklich zustimmt.

(3) In Publikationen von Forschungsergebnissen sind die Beziehungen der Ärztin oder des Arztes zum Auftraggeber und dessen Interessen offenzulegen.

(4) Ärztinnen und Ärzte beachten bei der Forschung am Menschen die in der Deklaration von Helsinki des Weltärztebundes niedergelegten ethischen Grundsätze für die medizinische Forschung am Menschen.

§ 16 Beistand für Sterbende

Ärztinnen und Ärzte dürfen – unter Vorrang des Willens der Patientin oder des Patienten – auf lebensverlängernde Maßnahmen nur verzichten und sich auf die Linderung der Beschwerden beschränken, wenn ein Hinausschieben des unvermeidbaren Todes für die sterbende Person lediglich eine unzumutbare Verlängerung des Leidens bedeuten würde.

Ärztinnen und Ärzte dürfen das Leben der oder des Sterbenden nicht aktiv verkürzen. Sie dürfen weder ihr eigenes noch das Interesse Dritter über das Wohl der Patientin oder des Patienten stellen.

IV. Berufliches Verhalten

1. Berufsausübung

§ 17 Niederlassung und Ausübung der Praxis

(1) Die Ausübung ambulanter ärztlicher Tätigkeit außerhalb von Krankenhäusern einschließlich konzessionierter Privatkliniken ist an die Niederlassung in einer Praxis (Praxissitz) gebunden, soweit nicht gesetzliche Vorschriften etwas anderes zulassen.

(2) Ärztinnen und Ärzten ist es gestattet, über den Praxissitz hinaus an zwei weiteren Orten ärztlich tätig zu sein. Ärztinnen und Ärzte haben Vorkehrungen für eine ordnungsgemäße Versorgung ihrer Patientinnen und Patienten an jedem Ort ihrer Tätigkeiten zu treffen.

(3) Die Ausübung ambulanter ärztlicher Tätigkeit im Umherziehen ist berufsrechtswidrig. Zum Zwecke der aufsuchenden medizinischen Gesundheitsversorgung kann die Ärztekammer auf Antrag der Ärztin oder des Arztes von der Verpflichtung nach Absatz 1

Ausnahmen gestatten, wenn sichergestellt ist, dass die beruflichen Belange nicht beeinträchtigt werden und die Berufsordnung beachtet wird.

(4) Der Praxissitz ist durch ein Praxisschild kenntlich zu machen.

Ärztinnen und Ärzte haben auf ihrem Praxisschild

- den Namen,
- die (Fach-) Arztbezeichnung,
- die Sprechzeiten sowie
- ggf. die Zugehörigkeit zu einer Berufsausübungsgemeinschaft gem. § 18 a anzugeben.

Ärztinnen und Ärzte, welche nicht unmittelbar patientenbezogen tätig werden, können von der Ankündigung ihres Praxissitzes durch ein Praxisschild absehen, wenn sie dies der Ärztekammer anzeigen.

(5) Ort und Zeitpunkt der Aufnahme der Tätigkeiten am Praxissitz sowie die Aufnahme weiterer Tätigkeiten und jede Veränderung haben Ärztinnen und Ärzte der Ärztekammer unverzüglich mitzuteilen.

§ 18 Berufliche Kooperationen

(1) Ärztinnen und Ärzte dürfen sich zu Berufsausübungsgemeinschaften, Organisationsgemeinschaften, Kooperationsgemeinschaften und Praxisverbünden zusammenschließen. Der Zusammenschluss zur gemeinsamen Ausübung des Arztberufs kann zum Erbringen einzelner Leistungen erfolgen, sofern er nicht lediglich einer Umgehung des § 31 dient. Eine Umgehung liegt insbesondere vor, wenn sich der Beitrag der Ärztin oder des Arztes auf das Erbringen medizinisch-technischer Leistungen auf Veranlassung der übrigen Mitglieder einer Teil-Berufsausübungsgemeinschaft beschränkt oder der Gewinn ohne Grund in einer Weise verteilt wird, die nicht dem Anteil der von ihnen persönlich erbrachten Leistungen entspricht. Die Anordnung einer Leistung, insbesondere aus den Bereichen der Labormedizin, der Pathologie und der bildgebenden Verfahren, stellt keinen Leistungsanteil im Sinne des Satzes 3 dar. Verträge über die Gründung von Teil-Berufsausübungsgemeinschaften sind der Ärztekammer vorzulegen.

(2) Ärztinnen und Ärzte dürfen ihren Beruf einzeln oder gemeinsam in allen für den Arztberuf zulässigen Gesellschaftsformen ausüben, wenn ihre eigenverantwortliche, medizinisch unabhängige sowie nicht gewerbliche Berufausübung gewährleistet ist. Bei beruflicher Zusammenarbeit, gleich in welcher Form, hat jede Ärztin und jeder Arzt zu gewährleisten, dass die ärztlichen Berufspflichten eingehalten werden.

(3) Die Zugehörigkeit zu mehreren Berufausübungsgemeinschaften ist zulässig. Die Berufsausübungsgemeinschaft erfordert einen gemeinsamen Praxissitz. Eine Berufsausübungsgemeinschaft mit mehreren Praxissitzen ist zulässig, wenn an dem jeweiligen Pra-

xissitz verantwortlich mindestens ein Mitglied der Berufsausübungsgemeinschaft hauptberuflich tätig ist.

(4) Bei allen Formen der ärztlichen Kooperation muss die freie Arztwahl gewährleistet bleiben.

(5) Soweit Vorschriften dieser Berufsordnung Regelungen des Partnerschaftsgesellschaftsgesetzes (Gesetz über Partnerschaftsgesellschaften Angehöriger Freier Berufe [PartGG] vom 25.7.1994 – BGBl. I S. 1744) einschränken, sind sie vorrangig aufgrund von § 1 Absatz 3 PartGG.

(6) Alle Zusammenschlüsse nach Absatz 1 sowie deren Änderung und Beendigung sind der zuständigen Ärztekammer anzuzeigen. Sind für die beteiligten Ärztinnen und Ärzte mehrere Ärztekammern zuständig, so ist jede Ärztin und jeder Arzt verpflichtet, die für ihn zuständige Kammer auf alle am Zusammenschluss beteiligten Ärztinnen und Ärzte hinzuweisen.

§ 18a Ankündigung von Berufsausübungsgemeinschaften und sonstigen Kooperationen

(1) Bei Berufsausübungsgemeinschaften von Ärztinnen und Ärzten sind – unbeschadet des Namens einer Partnerschaftsgesellschaft oder einer juristischen Person des Privatrechts – die Namen und Arztbezeichnungen aller in der Gemeinschaft zusammengeschlossenen Ärztinnen und Ärzte sowie die Rechtsform anzukündigen. Bei mehreren Praxissitzen ist jeder Praxissitz gesondert anzukündigen. § 19 Absatz 4 gilt entsprechend. Die Fortführung des Namens einer/eines nicht mehr berufstätigen, einer/eines ausgeschiedenen oder verstorbenen Partnerin/Partners ist unzulässig.

(2) Bei Kooperationen gemäß § 23b muss sich die Ärztin oder der Arzt in ein gemeinsames Praxisschild mit den Kooperationspartnern aufnehmen lassen. Bei Partnerschaften gemäß § 23c darf die Ärztin oder der Arzt, wenn die Angabe ihrer oder seiner Berufsbezeichnung vorgesehen ist, nur gestatten, dass die Bezeichnung „Ärztin" oder „Arzt" oder eine andere führbare Bezeichnung angegeben wird.

(3) Zusammenschlüsse zu Organisationsgemeinschaften dürfen angekündigt werden. Die Zugehörigkeit zu einem Praxisverbund gemäß § 23d kann durch Hinzufügen des Namens des Verbundes angekündigt werden.

§ 19 Beschäftigung angestellter Praxisärztinnen und -ärzte

(1) Ärztinnen und Ärzte müssen die Praxis persönlich ausüben. Die Beschäftigung ärztlicher Mitarbeiterinnen und Mitarbeiter in der Praxis setzt die Leitung der Praxis durch die niedergelassene Ärztin oder den niedergelassenen Arzt voraus. Die Ärztin oder der Arzt hat die Beschäftigung der ärztlichen Mitarbeiterin oder des Mitarbeiters der Ärztekammer anzuzeigen.

ANHANG

(2) In Fällen, in denen der Behandlungsauftrag der Patientin oder des Patienten regelmäßig nur von Ärztinnen und Ärzten verschiedener Fachgebiete gemeinschaftlich durchgeführt werden kann, darf eine Fachärztin oder ein Facharzt als Praxisinhaberin oder Praxisinhaber die für sie oder ihn fachgebietsfremde ärztliche Leistung auch durch eine angestellte Fachärztin oder einen angestellten Facharzt des anderen Fachgebiets erbringen.

(3) Ärztinnen und Ärzte dürfen nur zu angemessenen Bedingungen beschäftigt werden. Angemessen sind insbesondere Bedingungen, die der beschäftigten Ärztin oder dem beschäftigten Arzt eine angemessene Vergütung gewähren sowie angemessene Zeit zur Fortbildung einräumen und bei der Vereinbarung von Wettbewerbsverboten eine angemessene Ausgleichszahlung vorsehen.

(4) Über die in der Praxis tätigen angestellten Ärztinnen und Ärzte müssen die Patientinnen und Patienten in geeigneter Weise informiert werden.

§ 20 Vertretung

(1) Niedergelassene Ärztinnen und Ärzte sollen grundsätzlich zur gegenseitigen Vertretung bereit sein; übernommene Patientinnen und Patienten sind nach Beendigung der Vertretung zurückzuüberweisen. Ärztinnen und Ärzte dürfen sich grundsätzlich nur durch eine Fachärztin oder einen Facharzt desselben Fachgebiets vertreten lassen.

(2) Die Beschäftigung einer Vertreterin oder eines Vertreters in der Praxis ist der Ärztekammer anzuzeigen, wenn die Vertretung in der Praxisausübung insgesamt länger als drei Monate innerhalb von zwölf Monaten dauert.

(3) Die Praxis einer verstorbenen Ärztin oder eines verstorbenen Arztes kann zugunsten ihres Witwers oder seiner Witwe oder eines unterhaltsberechtigten Angehörigen in der Regel bis zur Dauer von drei Monaten nach dem Ende des Kalendervierteljahres, in dem der Tod eingetreten ist, durch eine andere Ärztin oder einen anderen Arzt fortgesetzt werden.

§ 21 Haftpflichtversicherung

Ärztinnen und Ärzte sind verpflichtet, sich hinreichend gegen Haftpflichtansprüche im Rahmen ihrer beruflichen Tätigkeit zu versichern.

§ 22 und § 22a – aufgehoben –

§ 23 Ärztinnen und Ärzte im Beschäftigungsverhältnis

(1) Die Regeln dieser Berufsordnung gelten auch für Ärztinnen und Ärzte, welche ihre ärztliche Tätigkeit im Rahmen eines privatrechtlichen Arbeitsverhältnisses oder öffentlich-rechtlichen Dienstverhältnisses ausüben.

(2) Auch in einem Arbeits- oder Dienstverhältnis darf eine Ärztin oder ein Arzt eine Vergütung für ihre oder seine ärztliche Tätigkeit nicht dahingehend vereinbaren, dass

die Vergütung die Ärztin oder den Arzt in der Unabhängigkeit ihrer oder seiner medizinischen Entscheidungen beeinträchtigt.

§ 23a Ärztegesellschaften

(1) Ärztinnen und Ärzte können auch in der Form der juristischen Person des Privatrechts ärztlich tätig sein. Gesellschafter einer Ärztegesellschaft können nur Ärztinnen und Ärzte sowie Angehörige der in § 23b Absatz 1 Satz 1 genannten Berufe sein. Sie müssen in der Gesellschaft beruflich tätig sein. Gewährleistet sein muss zudem, dass

a) die Gesellschaft verantwortlich von einer Ärztin oder einem Arzt geführt wird; Geschäftsführer müssen mehrheitlich Ärztinnen und Ärzte sein,

b) die Mehrheit der Gesellschaftsanteile und der Stimmrechte Ärztinnen und Ärzten zustehen,

c) Dritte nicht am Gewinn der Gesellschaft beteiligt sind,

d) eine ausreichende Berufshaftpflichtversicherung für jede/jeden in der Gesellschaft tätige Ärztin/tätigen Arzt besteht.

(2) Der Name der Ärztegesellschaft des Privatrechts darf nur die Namen der in der Gesellschaft tätigen ärztlichen Gesellschafter enthalten. Unbeschadet des Namens der Gesellschaft können die Namen und Arztbezeichnungen aller ärztlichen Gesellschafter und der angestellten Ärztinnen und Ärzte angezeigt werden.

§ 23b Medizinische Kooperationsgemeinschaft zwischen Ärztinnen und Ärzte und Angehörigen anderer Fachberufe

(1) Ärztinnen und Ärzte können sich auch mit selbständig tätigen und zur eigenverantwortlichen Berufsausübung befugten Berufsangehörigen anderer akademischer Heilberufe im Gesundheitswesen oder staatlicher Ausbildungsberufe im Gesundheitswesen sowie anderen Naturwissenschaftlerinnen und Naturwissenschaftlern und Angehörigen sozialpädagogischer Berufe – auch beschränkt auf einzelne Leistungen – zur kooperativen Berufsausübung zusammenschließen (medizinische Kooperationsgemeinschaft). Die Kooperation ist in der Form einer Partnerschaftsgesellschaft nach dem PartGG oder aufgrund eines schriftlichen Vertrages über die Bildung einer Kooperationsgemeinschaft in der Rechtsform einer Gesellschaft bürgerlichen Rechts oder einer juristischen Person des Privatrechts gem. § 23 a gestattet. Ärztinnen und Ärzten ist ein solcher Zusammenschluss im Einzelnen nur mit solchen anderen Berufsangehörigen und in der Weise erlaubt, dass diese in ihrer Verbindung mit der Ärztin oder dem Arzt einen gleichgerichteten oder integrierenden diagnostischen oder therapeutischen Zweck bei der Heilbehandlung, auch auf dem Gebiete der Prävention und Rehabilitation, durch räumlich nahes und koordiniertes Zusammenwirken aller beteiligten Berufsangehörigen erfüllen können. Darüber hinaus muss der Kooperationsvertrag gewährleisten, dass

a) die eigenverantwortliche und selbständige Berufsausübung der Ärztin oder des Arztes gewahrt ist;

b) die Verantwortungsbereiche der Partner gegenüber den Patientinnen und Patienten getrennt bleiben;

c) medizinische Entscheidungen, insbesondere über Diagnostik und Therapie, ausschließlich die Ärztin oder der Arzt trifft, sofern nicht die Ärztin oder der Arzt nach ihrem oder seinem Berufsrecht den in der Gemeinschaft selbständig tätigen Berufsangehörigen eines anderen Fachberufs solche Entscheidungen überlassen darf;

d) der Grundsatz der freien Arztwahl gewahrt bleibt;

e) die behandelnde Ärztin oder der behandelnde Arzt zur Unterstützung in seinen diagnostischen Maßnahmen oder zur Therapie auch andere als die in der Gemeinschaft kooperierenden Berufsangehörigen hinzuziehen kann;

f) die Einhaltung der berufsrechtlichen Bestimmungen der Ärztinnen und Ärzte, insbesondere die Pflicht zur Dokumentation, das Verbot der berufswidrigen Werbung und die Regeln zur Erstellung einer Honorarforderung, von den übrigen Partnerinnen und Partnern beachtet wird;

g) sich die medizinische Kooperationsgemeinschaft verpflichtet, im Rechtsverkehr die Namen aller Partnerinnen und Partner und ihre Berufsbezeichnungen anzugeben und – sofern es sich um eine eingetragene Partnerschaftsgesellschaft handelt – den Zusatz „Partnerschaft" zu führen.

Die Voraussetzungen der Buchstaben a – f gelten bei der Bildung einer juristischen Person des Privatrechts entsprechend. Der Name der juristischen Person muss neben dem Namen einer ärztlichen Gesellschafterin oder eines ärztlichen Gesellschafters die Bezeichnung „Medizinische Kooperationsgemeinschaft" enthalten. Unbeschadet des Namens sind die Berufsbezeichnungen aller in der Gesellschaft tätigen Berufe anzukündigen.

(2) Die für die Mitwirkung der Ärztin oder des Arztes zulässige berufliche Zusammensetzung der Kooperation im Einzelnen richtet sich nach dem Gebot des Absatzes 1 Satz 3; ist erfüllt, wenn Angehörige aus den vorgenannten Berufsgruppen kooperieren, die mit der Ärztin oder dem Arzt entsprechend ihrem oder seinem Fachgebiet einen gemeinschaftlich erreichbaren medizinischen Zweck nach der Art ihrer beruflichen Kompetenz zielbezogen erfüllen können.

§ 23c Beteiligung von Ärztinnen und Ärzten an sonstigen Partnerschaften

Ärztinnen und Ärzten ist es gestattet, in Partnerschaften gemäß § 1 Absatz 1 und Absatz 2 PartGG mit Angehörigen anderer Berufe als den in § 23b beschriebenen zusammenzuarbeiten, wenn sie in der Partnerschaft nicht die Heilkunde am Menschen ausüben. Der Eintritt in eine solche Partnerschaftsgesellschaft ist der Ärztekammer anzuzeigen.

§ 23d Praxisverbund

(1) Ärztinnen und Ärzte dürfen, auch ohne sich zu einer Berufsausübungsgemeinschaft zusammenzuschließen, eine Kooperation verabreden (Praxisverbund), welche auf die Erfüllung eines durch gemeinsame oder gleichgerichtete Maßnahmen bestimmten Versorgungsauftrags oder auf eine andere Form der Zusammenarbeit zur Patientenversorgung, z. B. auf dem Felde der Qualitätssicherung oder Versorgungsbereitschaft, gerichtet ist. Die Teilnahme soll allen dazu bereiten Ärztinnen und Ärzten ermöglicht werden; soll die Möglichkeit zur Teilnahme beschränkt werden, z. B. durch räumliche oder qualitative Kriterien, müssen die dafür maßgeblichen Kriterien für den Versorgungsauftrag notwendig und nicht diskriminierend sein und der Ärztekammer gegenüber offengelegt werden. Ärztinnen und Ärzte in einer zulässigen Kooperation dürfen die medizinisch gebotene oder von der Patientin oder dem Patienten gewünschte Überweisung an nicht dem Verbund zugehörige Ärztinnen und Ärzte nicht behindern.

(2) Die Bedingungen der Kooperation nach Absatz 1 müssen in einem schriftlichen Vertrag niedergelegt werden, der der Ärztekammer vorgelegt werden muss.

(3) In eine Kooperation nach Absatz 1 können auch Krankenhäuser, Vorsorge- und Rehabilitationskliniken und Angehörige anderer Gesundheitsberufe nach § 23b einbezogen werden, wenn die Grundsätze nach § 23 b gewahrt sind.

§ 24 Verträge über ärztliche Tätigkeit

Ärztinnen und Ärzte sollen alle Verträge über ihre ärztliche Tätigkeit vor ihrem Abschluss der Ärztekammer vorlegen, damit geprüft werden kann, ob die beruflichen Belange gewahrt sind.

§ 25 Ärztliche Gutachten und Zeugnisse

Bei der Ausstellung ärztlicher Gutachten und Zeugnisse haben Ärztinnen und Ärzte mit der notwendigen Sorgfalt zu verfahren und nach bestem Wissen ihre ärztliche Überzeugung auszusprechen. Gutachten und Zeugnisse, zu deren Ausstellung Ärztinnen und Ärzte verpflichtet sind oder die auszustellen sie übernommen haben, sind innerhalb einer angemessenen Frist abzugeben. Zeugnisse über Mitarbeiterinnen und Mitarbeiter sowie Ärztinnen und Ärzte in Weiterbildung müssen grundsätzlich innerhalb von drei Monaten nach Antragstellung, bei Ausscheiden unverzüglich, ausgestellt werden.

§ 26 Ärztlicher Notfalldienst

(1) Niedergelassene Ärztinnen und Ärzte sind verpflichtet, am Notfalldienst teilzunehmen. Auf Antrag einer Ärztin oder eines Arztes kann aus schwerwiegenden Gründen eine Befreiung vom Notfalldienst ganz, teilweise oder vorübergehend erteilt werden. Dies gilt insbesondere:

► wenn sie oder er wegen körperlicher Behinderung hierzu nicht in der Lage ist,

- wenn ihr oder ihm aufgrund besonders belastender familiärer Pflichten die Teilnahme nicht zuzumuten ist,
- wenn sie oder er an einem klinischen Bereitschaftsdienst mit Notfallversorgung teilnimmt,
- für Ärztinnen ab dem Zeitpunkt der Bekanntgabe ihrer Schwangerschaft und bis zu 12 Monaten nach der Entbindung sowie für weitere 24 Monate, soweit nicht der andere Elternteil die Versorgung des Kindes gewährleistet,
- für Ärzte ab dem Tag der Geburt des Kindes für einen Zeitraum von 36 Monaten, soweit nicht der andere Elternteil die Versorgung des Kindes gewährleistet,
- für Ärztinnen und Ärzte über 65 Jahre.

(2) Für die Einrichtung und Durchführung eines Notfalldienstes im einzelnen sind die von der Ärztekammer erlassenen Richtlinien maßgebend. Die Verpflichtung zur Teilnahme am Notfalldienst gilt für den festgelegten Notfalldienstbereich.

(3) Die Einrichtung eines Notfalldienstes entbindet die behandelnden Ärztinnen und Ärzte nicht von ihrer Verpflichtung, für die Betreuung ihrer Patientinnen und Patienten in dem Umfange Sorge zu tragen, wie es deren Krankheitszustand erfordert.

(4) Ärztinnen und Ärzte haben sich auch für den Notfalldienst fortzubilden, wenn sie gemäß Absatz 1 nicht auf Dauer von der Teilnahme am Notfalldienst befreit sind.

2. Berufliche Kommunikation

§ 27 [4] Erlaubte Information und berufswidrige Werbung

(1) Zweck der nachstehenden Vorschriften der Berufordnung ist die Gewährleistung des Patientenschutzes durch sachgerechte und angemessene Information und die Vermeidung einer dem Selbstverständnis der Ärztin oder des Arztes zuwiderlaufenden Kommerzialisierung des Arztberufs.

(2) Auf dieser Grundlage sind Ärztinnen und Ärzte sachliche berufsbezogene Informationen gestattet.

(3) Berufswidrige Werbung ist Ärztinnen und Ärzten untersagt. Berufswidrig ist insbesondere eine anpreisende, irreführende oder vergleichende Werbung. Ärztinnen und Ärzte dürfen eine solche Werbung durch andere weder veranlassen noch dulden.

Werbeverbote aufgrund anderer gesetzlicher Bestimmungen bleiben unberührt.

(4) Ärztinnen und Ärzte können

1. nach der Weiterbildungsordnung erworbene Bezeichnungen,
2. nach sonstigen öffentlich-rechtlichen Vorschriften erworbene Qualifikationen,
3. Tätigkeitsschwerpunkte

und

4. organisatorische Hinweise ankündigen.

Die nach Nr. 1 erworbenen Bezeichnungen dürfen nur in der nach der Weiterbildungsordnung zulässigen Form geführt werden. Ein Hinweis auf die verleihende Ärztekammer ist zulässig.

Andere Qualifikationen und Tätigkeitsschwerpunkte dürfen nur angekündigt werden, wenn diese Angaben nicht mit solchen nach geregeltem Weiterbildungsrecht erworbenen Qualifikationen verwechselt werden können.

(5) Die Angaben nach Absatz 4 Nr. 1 bis 3 sind nur zulässig, wenn die Ärztin oder der Arzt die umfassten Tätigkeiten nicht nur gelegentlich ausübt.

Ärztinnen und Ärzte haben der Ärztekammer auf deren Verlangen die zur Prüfung der Voraussetzungen der Ankündigung erforderlichen Unterlagen vorzulegen. Die Ärztekammer ist befugt, ergänzende Auskünfte zu verlangen.

§ 28 Verzeichnisse

Ärztinnen und Ärzte dürfen sich in Verzeichnisse eintragen lassen, wenn diese folgenden Anforderungen gerecht werden:

1. Sie müssen allen Ärztinnen und Ärzten, die die Kriterien des Verzeichnisses erfüllen, zu denselben Bedingungen gleichermaßen mit einem kostenfreien Grundeintrag offen stehen,
2. die Eintragungen müssen sich auf die ankündigungsfähigen Informationen beschränken und
3. die Systematik muss zwischen den nach der Weiterbildungsordnung und nach sonstigen öffentlich-rechtlichen Vorschriften erworbenen Qualifikationen einerseits und Tätigkeitsschwerpunkten andererseits unterscheiden.

3. Berufliche Zusammenarbeit mit Ärztinnen und Ärzten

§ 29 Kollegiale Zusammenarbeit

(1) Ärztinnen und Ärzte haben sich untereinander kollegial zu verhalten. Die Verpflichtung der Ärztin oder des Arztes, in einem Gutachten, auch soweit es die Behandlungsweise einer anderen Ärztin oder eines anderen Arztes betrifft, nach bestem Wissen ihre ärztliche Überzeugung auszusprechen, bleibt unberührt. Unsachliche Kritik an der Behandlungsweise oder dem beruflichen Wissen einer Ärztin oder eines Arztes sowie herabsetzende Äußerungen über deren oder dessen Person sind berufsunwürdig.

(2) Es ist berufsunwürdig, eine Kollegin oder einen Kollegen aus ihrer oder seiner Behandlungstätigkeit oder als Mitbewerberin oder Mitbewerber um eine berufliche Tätigkeit durch unlautere Handlungen zu verdrängen. Es ist insbesondere berufsunwürdig, wenn sich Ärztinnen und Ärzte innerhalb eines Zeitraums von einem Jahr ohne Zu-

stimmung der Praxisinhaberin oder des Praxisinhabers im Einzugsbereich derjenigen Praxis niederlassen, in welcher sie in der Aus- oder Weiterbildung mindestens drei Monate tätig waren. Ebenso ist es berufsunwürdig, in unlauterer Weise eine Kollegin oder einen Kollegen ohne angemessene Vergütung oder unentgeltlich zu beschäftigen oder eine solche Beschäftigung zu bewirken oder zu dulden.

(3) Ärztinnen und Ärzte, die andere Ärztinnen und Ärzte zu ärztlichen Verrichtungen bei Patientinnen und Patienten heranziehen, denen gegenüber nur sie einen Liquidationsanspruch haben, sind verpflichtet, diesen Ärztinnen und Ärzten eine angemessene Vergütung zu gewähren. Erbringen angestellte Ärztinnen und Ärzte für liquidationsberechtigte Ärztinnen und Ärzte abrechnungsfähige Leistungen, so ist der Ertrag aus diesen Leistungen in geeigneter Form an die beteiligten Mitarbeiterinnen und Mitarbeiter abzuführen.

(4) In Gegenwart von Patientinnen und Patienten oder Nichtärzten sind Beanstandungen der ärztlichen Tätigkeit und zurechtweisende Belehrungen zu unterlassen. Das gilt auch für Ärztinnen und Ärzte als Vorgesetzte und Untergebene und für den Dienst in den Krankenhäusern.

(5) Die zur Weiterbildung befugten Ärztinnen und Ärzte haben im Rahmen der gegebenen Möglichkeiten ärztlichen Mitarbeiterinnen und Mitarbeitern unbeschadet deren Pflicht, sich selbst um eine Weiterbildung zu bemühen, in dem gewählten Weiterbildungsgang nach Maßgabe der Weiterbildungsordnung weiterzubilden.

4. Wahrung der ärztlichen Unabhängigkeit bei der Zusammenarbeit mit Dritten

§ 30 Zusammenarbeit von Ärztinnen und Ärzten mit Dritten

(1) Die nachstehenden Vorschriften dienen dem Patientenschutz durch Wahrung der ärztlichen Unabhängigkeit gegenüber Dritten.

(2) Ärztinnen und Ärzten ist es nicht gestattet, zusammen mit Personen, die weder Ärztinnen oder Ärzte sind, noch zu ihren berufsmäßig tätigen Mitarbeiterinnen und Mitarbeitern gehören, zu untersuchen oder zu behandeln. Dies gilt nicht für Personen, welche sich in der Ausbildung zum ärztlichen Beruf oder zu einem medizinischen Assistenzberuf befinden.

(3) Die Zusammenarbeit mit Angehörigen anderer Gesundheitsberufe ist zulässig, wenn die Verantwortungsbereiche der Ärztin oder des Arztes und des Angehörigen des Gesundheitsberufs klar erkennbar voneinander getrennt bleiben.

§ 31 Unerlaubte Zuweisung von Patientinnen und Patienten gegen Entgelt

Ärztinnen und Ärzten ist es nicht gestattet, für die Zuweisung von Patientinnen und Patienten oder Untersuchungsmaterial ein Entgelt oder andere Vorteile sich versprechen oder gewähren zu lassen oder selbst zu versprechen oder zu gewähren.

ANHANG

§ 32 Annahme von Geschenken und anderen Vorteilen

Ärztinnen und Ärzten ist es nicht gestattet, von Patientinnen und Patienten oder Anderen Geschenke oder andere Vorteile für sich oder Dritte zu fordern, sich oder Dritten versprechen zu lassen oder anzunehmen, wenn hierdurch der Eindruck erweckt wird, dass die Unabhängigkeit der ärztlichen Entscheidung beeinflusst wird. Eine Beeinflussung liegt dann nicht vor, wenn der Wert des Geschenkes oder des anderen Vorteils geringfügig ist.

§ 33 [5] Ärzteschaft und Industrie

(1) Soweit Ärztinnen und Ärzte Leistungen für die Hersteller von Arznei-, Heil- und Hilfsmitteln oder Medizinprodukten erbringen (z. B. bei der Entwicklung, Erprobung und Begutachtung), muss die hierfür bestimmte Vergütung der erbrachten Leistung entsprechen.

Die Verträge über die Zusammenarbeit sind schriftlich abzuschließen und sollen der Ärztekammer vorgelegt werden.

(2) Die Annahme von Werbegaben oder anderen Vorteilen ist untersagt, sofern der Wert nicht geringfügig ist.

(3) Ärztinnen und Ärzten ist es nicht gestattet, für den Bezug der in Absatz 1 genannten Produkte, Geschenke oder andere Vorteile für sich oder einen Dritten zu fordern. Diese dürfen sie auch nicht sich oder Dritten versprechen lassen oder annehmen, es sei denn, der Wert ist geringfügig.

(4) Die Annahme von geldwerten Vorteilen in angemessener Höhe für die Teilnahme an wissenschaftlichen Fortbildungsveranstaltungen ist nicht berufswidrig. Der Vorteil ist unangemessen, wenn er die Kosten der Teilnahme (notwendige Reisekosten, Tagungsgebühren) der Ärztin oder des Arztes an der Fortbildungsveranstaltung übersteigt oder der Zweck der Fortbildung nicht im Vordergrund steht. Satz 1 und 2 gelten für berufsbezogene Informationsveranstaltungen von Herstellern entsprechend.

§ 34 Verordnungen, Empfehlungen und Begutachtung von Arznei-, Heil- und Hilfsmitteln

(1) Ärztinnen und Ärzten ist es nicht gestattet, für die Verordnung von Arznei-, Heil- und Hilfsmitteln oder Medizinprodukten eine Vergütung oder andere Vorteile für sich oder Dritte zu fordern, sich oder Dritten versprechen zu lassen oder anzunehmen.

(2) Ärztinnen und Ärzten dürfen Ärztemuster nicht gegen Entgelt weitergeben.

(3) Ärztinnen und Ärzten ist es nicht gestattet, über Arznei-, Heil- und Hilfsmittel, Körperpflegemittel oder ähnliche Waren Werbevorträge zu halten oder zur Werbung bestimmte Gutachten zu erstellen.

(4) Ärztinnen und Ärzte dürfen einer missbräuchlichen Anwendung ihrer Verschreibung keinen Vorschub leisten.

ANHANG

(5) Ärztinnen und Ärzten ist nicht gestattet, Patientinnen und Patienten ohne hinreichenden Grund an bestimmte Apotheken, Geschäfte oder Anbieter von gesundheitlichen Leistungen zu verweisen.

§ 35 Fortbildungsveranstaltungen und Sponsoring

Werden Art, Inhalt und Präsentation von Fortbildungsveranstaltungen allein von einem ärztlichen Veranstalter bestimmt, so ist die Annahme von Beiträgen Dritter (Sponsoring) für Veranstaltungskosten in angemessenem Umfang erlaubt. Beziehungen zum Sponsor sind bei der Ankündigung und Durchführung offen darzulegen.

C. Verhaltensregeln (Grundsätze korrekter ärztlicher Berufsausübung)

Nr. 1 Umgang mit Patientinnen und Patienten

Eine korrekte ärztliche Berufsausübung verlangt, dass Ärztinnen und Ärzte beim Umgang mit Patientinnen und Patienten

- ihre Würde und ihr Selbstbestimmungsrecht respektieren,
- ihre Privatsphäre achten,
- über die beabsichtigte Diagnostik und Therapie, ggf. über ihre Alternativen und über ihre Beurteilung des Gesundheitszustandes in für die Patientinnen und Patienten verständlicher und angemessener Weise informieren und insbesondere auch das Recht, empfohlene Untersuchungs- und Behandlungsmaßnahmen abzulehnen, respektieren,
- Rücksicht auf die Situation der Patientinnen und Patienten nehmen,
- auch bei Meinungsverschiedenheiten sachlich und korrekt bleiben,
- den Mitteilungen der Patientinnen und Patienten gebührende Aufmerksamkeit entgegenbringen und einer Patientenkritik sachlich begegnen.

Nr. 2 Behandlungsgrundsätze

Übernahme und Durchführung der Behandlung erfordern die gewissenhafte Ausführung der gebotenen medizinischen Maßnahmen nach den Regeln der ärztlichen Kunst. Dazu gehört auch

- rechtzeitig andere Ärztinnen und Ärzte hinzuzuziehen, wenn die eigene Kompetenz zur Lösung der diagnostischen und therapeutischen Aufgabe nicht ausreicht,
- rechtzeitig die Patientin oder den Patienten an andere Ärztinnen und Ärzte zur Fortsetzung der Behandlung zu überweisen,
- dem Wunsch von Patientinnen und Patienten nach Einholung einer Zweitmeinung sich nicht zu widersetzen,

- für die mit- oder weiterbehandelnden Ärztinnen und Ärzte die erforderlichen Patientenberichte zeitgerecht zu erstellen.

Nr. 3 Umgang mit nichtärztlichen Mitarbeiterinnen und Mitarbeitern

Eine korrekte ärztliche Berufsausübung verlangt auch, dass Ärztinnen und Ärzte bei der Ausübung ihrer ärztlichen Tätigkeit

- nichtärztliche Mitarbeiterinnen und Mitarbeiter nicht diskriminieren und insbesondere die arbeitsrechtlichen Bestimmungen beachten.

D. Ergänzende Bestimmungen zu einzelnen ärztlichen Berufspflichten

I. Regeln der beruflichen Kommunikation, insbesondere zulässiger Inhalt und Umfang sachlicher Informationen über die berufliche Tätigkeit

Nrn. 1 – 6 – aufgehoben –

II. Formen der Zusammenarbeit (Gemeinschaftspraxis, Partnerschaft, Medizinische Kooperationsgemeinschaft, Praxisverbund)

Nr. 7 – 11 – aufgehoben –

III. Pflichten bei grenzüberschreitender ärztlicher Tätigkeit

Nr. 12 Praxen deutscher Ärztinnen und Ärzte in anderen EU-Mitgliedstaaten

Führen Ärztinnen und Ärzte neben ihrer Niederlassung oder neben ihrer ärztlichen Berufstätigkeit im Geltungsbereich dieser Berufsordnung in einem anderen Mitgliedstaat der Europäischen Union eine Praxis oder üben sie dort eine weitere ärztliche Berufstätigkeit aus, so haben sie dies der Ärztekammer anzuzeigen. Ärztinnen und Ärzte haben Vorkehrungen für eine ordnungsgemäße Versorgung ihrer Patientinnen und Patienten am Ort ihrer Berufsausübung im Geltungsbereich dieser Berufsordnung während ihrer Tätigkeit in den anderen Mitgliedstaaten zu treffen. Die Ärztekammer kann verlangen, dass Ärztinnen und Ärzte die Zulässigkeit der Eröffnung der weiteren Praxis nach dem Recht des betreffenden Mitgliedstaats der Europäischen Union nachweisen.

Nr. 13 Grenzüberschreitende ärztliche Tätigkeit von Ärztinnen und Ärzten aus anderen EU-Mitgliedstaaten

Werden Ärztinnen und Ärzte, die in einem anderen Mitgliedstaat der Europäischen Union niedergelassen sind oder dort ihre berufliche Tätigkeit entfalten, vorübergehend im Geltungsbereich dieser Berufsordnung grenzüberschreitend ärztlich tätig, ohne eine Niederlassung zu begründen, so haben sie die Vorschriften dieser Berufsordnung zu beachten. Dies gilt auch, wenn Ärztinnen und Ärzte sich darauf beschränken wollen, im Geltungsbereich dieser Berufsordnung auf ihre Tätigkeit aufmerksam zu machen; die

Ankündigung ihrer Tätigkeit ist ihnen nur in dem Umfang gestattet, als sie nach dieser Berufsordnung erlaubt ist.

IV. Pflichten in besonderen medizinischen Situationen

Nr. 14 Schutz des menschlichen Embryos

Die Erzeugung von menschlichen Embryonen zu Forschungszwecken sowie der Gentransfer in Embryonen und die Forschung an menschlichen Embryonen und totipotenten Zellen sind verboten. Verboten sind diagnostische Maßnahmen an Embryonen vor dem Transfer in die weiblichen Organe; es sei denn, es handelt sich um Maßnahmen zum Ausschluss schwerwiegender geschlechtsgebundener Erkrankungen im Sinne des § 3 Embryonenschutzgesetz.

Nr. 15 In-vitro-Fertilisation, Embryotransfer

(1) Die künstliche Befruchtung einer Eizelle außerhalb des Mutterleibes und die anschließende Einführung des Embryos in die Gebärmutter oder die Einbringung von Gameten oder Embryonen in den Eileiter der genetischen Mutter sind als Maßnahme zur Behandlung der Sterilität ärztliche Tätigkeiten und nur nach Maßgabe des § 13 zulässig. Die Verwendung fremder Eizellen (Eizellenspende) ist bei Einsatz dieser Verfahren verboten.

(2) Ärztinnen und Ärzte können nicht verpflichtet werden, an einer In-vitro-Fertilisation oder einem Embryotransfer mitzuwirken.

---

*) Bei der hier abgedruckten „Berufsordnung" handelt es sich um die (Muster-) Berufsordnung, wie sie von dem 100. Deutschen Ärztetag beschlossen und vom 103. Deutschen Ärztetag, 105. Deutschen Ärztetag, 106. Deutschen Ärztetag sowie 107. Deutschen Ärztetag novelliert wurde. Rechtswirkung entfaltet die Berufsordnung, wenn sie durch die Kammerversammlungen der Ärztekammern als Satzung beschlossen und von den Aufsichtsbehörden genehmigt wurde.

**) geänderte Vorschriften

1 Die zu § 2 (Muster-) Berufsordnung in der Fassung des 98. Deutschen Ärztetages (jetzt § 8) niedergelegten „Empfehlungen zur Patientenaufklärung" sind in Heft 16 des Deutschen Ärzteblattes vom 19.4.1990 erschienen.

2 Ein besonderes medizinisches Verfahren stellt z.B. die assistierte Reproduktion dar; die hierzu verfassten Richtlinien sind in Heft 45 des Deutschen Ärzteblattes vom 24.12.1998 erschienen.

3 Empfehlungen zur Anwendung des § 3 Absatz 7 (Muster)-Berufsordnung in der Fassung des 98. Deutschen Ärztetages (jetzt § 15) – Schweigepflicht und medizinische Forschung – sind vom Vorstand der Bundesärztekammer in seiner Sitzung am 8.3.1991 beschlossen worden.

4 Hinweise und Erläuterungen zu den §§ 27 ff. der (Muster-)Berufsordnung, beschlossen von den Berufsordnungsgremien der Bundesärztekammer am 12.8.2003, sind in Heft 5 des Deutschen Ärzteblattes vom 30.1.2004 erschienen.

5 Hinweise und Erläuterungen zu § 33 (Muster-)Berufsordnung, beschlossen von den Berufsordnungsgremien der Bundesärztekammer am 12.8.2003, sind in Heft 5 des Deutschen Ärzteblattes vom 30.1.2004 erschienen.

Zulassungsverordnung für Vertragsärzte (Ärzte-ZV)

Ausfertigungsdatum: 28.5.1957

Ärzte-ZV in der im Bundesgesetzblatt Teil III, Gliederungsnummer 8230-25, veröffentlichten bereinigten Fassung, zuletzt geändert durch Artikel 21 des Gesetzes vom 26.3.2007 (BGBl. I S. 378).[1]

Eingangsformel

Auf Grund des § 368c Abs. 1 der Reichsversicherungsordnung in der Fassung des Gesetzes über Änderungen von Vorschriften des Zweiten Buches der Reichsversicherungsordnung und zur Ergänzung des Sozialgerichtsgesetzes (Gesetz über Kassenarztrecht – GKAR) vom 17.8.1955 (BGBl. I S. 513) wird nach Beratung mit dem Bundesausschuß der Ärzte und Krankenkassen mit Zustimmung des Bundesrates verordnet:

Abschnitt I Arztregister

§ 1

(1) Für jeden Zulassungsbezirk führt die Kassenärztliche Vereinigung neben dem Arztregister die Registerakten.

(2) Das Arztregister erfaßt

    a) die zugelassenen Ärzte und Psychotherapeuten,

    b) Ärzte, die die Voraussetzungen des § 3 und Psychotherapeuten, die die Voraussetzungen des § 95c des Fünften Buches Sozialgesetzbuch erfüllen und ihre Eintragung nach § 4 beantragt haben.

(3) Diese Verordnung gilt für

    1. die Psychotherapeuten und die dort angestellten Psychotherapeuten,

    2. die medizinischen Versorgungszentren und die dort angestellten Ärzte und Psychotherapeuten sowie

    3. die bei Vertragsärzten angestellten Ärzte und Psychotherapeuten entsprechend.

§ 2

(1) Das Arztregister muß die Angaben über die Person und die berufliche Tätigkeit des Arztes enthalten, die für die Zulassung von Bedeutung sind.

(2) Das Arztregister ist nach dem Muster der Anlage zu führen.

---

1 Textnachweis Geltung ab: 21.12.1983; Maßgaben aufgrund EinigVtr vgl. ZO-Ärzte Anhang EV; Überschrift: I. d. F. d. Art. 9 Nr. 1 G v. 21.12.1992, BGBl. I S. 2266 m. W. v. 1.1.1993.

ANHANG

§ 3

(1) Die Eintragung in das Arztregister ist bei der nach § 4 zuständigen Kassenärztlichen Vereinigung zu beantragen.

(2) Voraussetzungen für die Eintragung sind

    a) die Approbation als Arzt,

    b) der erfolgreiche Abschluß entweder einer allgemeinmedizinischen Weiterbildung oder einer Weiterbildung in einem anderen Fachgebiet mit der Befugnis zum Führen einer entsprechenden Gebietsbezeichnung oder der Nachweis einer Qualifikation, die gemäß § 95a Abs. 4 und 5 des Fünften Buches Sozialgesetzbuch anerkannt ist.

(3) Eine allgemeinmedizinische Weiterbildung im Sinne von Absatz 2 Buchstabe b ist nachgewiesen, wenn der Arzt nach landesrechtlichen Vorschriften zum Führen der Facharztbezeichnung für Allgemeinmedizin berechtigt ist und diese Berechtigung nach einer mindestens fünfjährigen erfolgreichen Weiterbildung in der Allgemeinmedizin bei zur Weiterbildung ermächtigten Ärzten und in dafür zugelassenen Einrichtungen erworben hat.

(4) Die allgemeinmedizinische Weiterbildung muß unbeschadet ihrer mindestens fünfjährigen Dauer inhaltlich mindestens den Anforderungen der Richtlinie des Rates der EG vom 15. September 1986 über die spezifische Ausbildung in der Allgemeinmedizin (86/457/EWG) entsprechen und mit dem Erwerb der Facharztbezeichnung für Allgemeinmedizin abschließen. Sie hat insbesondere folgende Tätigkeiten einzuschließen:

    a) mindestens sechs Monate in der Praxis eines zur Weiterbildung in der Allgemeinmedizin ermächtigten niedergelassenen Arztes,

    b) mindestens sechs Monate in zugelassenen Krankenhäusern,

    c) höchstens sechs Monate in anderen zugelassenen Einrichtungen oder Diensten des Gesundheitswesen, soweit der Arzt mit einer patientenbezogenen Tätigkeit betraut ist.

(5) Soweit die Tätigkeit als Arzt im Praktikum

    a) im Krankenhaus in den Gebieten Innere Medizin, Chirurgie, Frauenheilkunde und Geburtshilfe, Kinderheilkunde oder Nervenheilkunde oder

    b) in der Praxis eines niedergelassenen Arztes abgeleistet worden ist,

wird diese auf die Weiterbildung nach Absatz 2 Buchstabe b bis zur Höchstdauer von insgesamt 18 Monaten angerechnet.

§ 4

(1) ¹Der Arzt ist in das Arztregister des Zulassungsbezirks einzutragen, in dem er seinen Wohnort hat. ²Sofern er keinen Wohnort im Geltungsbereich dieser Verordnung hat, steht ihm die Wahl des Arztregisters frei.

(2) ¹Der Antrag muß die zur Eintragung erforderlichen Angaben enthalten. ²Die Angaben sind nachzuweisen, insbesondere sind beizufügen

    a)   die Geburtsurkunde,

    b)   die Urkunde über die Approbation als Arzt,

    c)   der Nachweis über die ärztliche Tätigkeit nach bestandener ärztlicher Prüfung.

(3) An Stelle von Urschriften können ausnahmsweise amtlich beglaubigte Abschriften beigefügt werden.

(4) ¹Können die in Absatz 2 bezeichneten Unterlagen nicht vorgelegt werden, sind die nachzuweisenden Tatsachen glaubhaft zu machen. ²Zur Glaubhaftmachung der Approbation als Arzt und der ärztlichen Tätigkeit (Absatz 2 Buchstaben b und c) genügt eine eidesstattliche Erklärung des Antragstellers allein nicht.

§ 5

(1) Verzieht ein im Arztregister eingetragener nicht zugelassener Arzt aus dem bisherigen Zulassungsbezirk, so wird er auf seinen Antrag in das für den neuen Wohnort zuständige Arztregister umgeschrieben.

(2) Wird ein Arzt zugelassen, so wird er von Amts wegen in das Arztregister umgeschrieben, das für den Vertragsarztsitz geführt wird.

(3) Die bisher registerführende Stelle hat einen Registerauszug und die Registerakten des Arztes der zuständigen registerführenden Stelle zu übersenden.

§ 6

(1) Die Zulassung eines Arztes ist im Arztregister kenntlich zu machen.

(2) ¹Tatsachen, die für die Zulassung, ihr Ruhen, ihren Entzug oder ihr Ende von Bedeutung sind, werden von Amts wegen oder auf Antrag des Arztes, einer Kassenärztlichen Vereinigung, einer Krankenkasse, eines Landesverbands der Krankenkassen oder der Verbände der Ersatzkassen in den Registerakten eingetragen. ²Der Arzt ist zu dem Antrag auf Eintragung zu hören, falls er die Eintragung nicht selbst beantragt hat.

(3) Unanfechtbar gewordene Beschlüsse in Disziplinarangelegenheiten (§ 81 Abs. 5 des Fünften Buches Sozialgesetzbuch), mit Ausnahme der Verwarnung, sind zu den Registerakten zu nehmen; sie sind nach Ablauf von fünf Jahren, nachdem der Beschluß unanfechtbar geworden ist, aus den Registerakten zu entfernen und zu vernichten.

§ 7

Der Arzt wird im Arztregister gestrichen, wenn

a) er es beantragt,

b) er gestorben ist,

c) die Voraussetzungen für seine Eintragung nach § 3 Abs. 2 Buchstabe a nicht oder nicht mehr gegeben sind,

d) die Voraussetzungen nach § 3 Abs. 2 Buchstabe b auf Grund falscher Angaben des Arztes irrtümlich als gegeben angenommen worden sind.

§ 8

(1) Über Eintragungen und Streichungen im Arztregister und in den Registerakten beschließt der Vorstand der Kassenärztlichen Vereinigung oder die durch die Satzung bestimmte Stelle.

(2) Der Arzt erhält über die seine Person betreffenden Eintragungen und Streichungen sowie über die Ablehnung seiner Anträge auf Eintragung oder Streichung einen schriftlichen Bescheid.

§ 9

(1) Die Kassenärztlichen Vereinigungen, die Krankenkassen, die Landesverbände der Krankenkassen und die Verbände der Ersatzkassen können das Arztregister und bei Darlegung eines berechtigten Interesses die Registerakten einsehen.

(2) Der Arzt kann selbst oder durch einen Bevollmächtigten bei berechtigtem Interesse das Arztregister und die seine Person betreffenden Registerakten einsehen.

(3) Den Zulassungs- und Berufungsausschüssen sind die Registerakten der am Zulassungsverfahren beteiligten Ärzte auf Anfordern zur Einsicht zu überlassen.

§ 10

(1) Die Kassenärztliche Bundesvereinigung führt das Bundesarztregister nach dem Muster der Anlage.

(2) Die Kassenärztlichen Vereinigungen teilen Eintragungen und Veränderungen in den Arztregistern der Kassenärztlichen Bundesvereinigung unverzüglich mit.

(3) Die Kassenärztliche Bundesvereinigung teilt Tatsachen, die für das Arztregister von Bedeutung sind, der zuständigen Kassenärztlichen Vereinigung unverzüglich mit.

Abschnitt II   Bildung und Abgrenzung der Zulassungsbezirke

§ 11

(1) Die Zulassungsbezirke werden von den Kassenärztlichen Vereinigungen und den Landesverbänden der Krankenkassen sowie den Verbänden der Ersatzkassen gemeinsam gebildet und abgegrenzt.

(2) Werden Zulassungsbezirke für Teile des Bezirks einer Kassenärztlichen Vereinigung gebildet, so sind bei der Abgrenzung in der Regel die Grenzen der Stadt- und Landkreise zu berücksichtigen.

(3) Die Kassenärztliche Vereinigung hat die Zulassungsbezirke unverzüglich in den für ihre amtlichen Bekanntmachungen zuständigen Blättern bekanntzugeben.

Abschnitt III   Bedarfsplanung

§ 12

(1) Durch die den Kassenärztlichen Vereinigungen im Einvernehmen mit den Landesverbänden der Krankenkassen und den Verbänden der Ersatzkassen obliegende Bedarfsplanung sollen zum Zwecke einer auch mittel- und langfristig wirksamen Sicherstellung der vertragsärztlichen Versorgung und als Grundlage für Sicherstellungsmaßnahmen umfassende und vergleichbare Übersichten über den Stand der vertragsärztlichen Versorgung und die absehbare Entwicklung des Bedarfs vermittelt werden.

(2) ^{1}Der Bedarfsplan ist für den Bereich einer Kassenärztlichen Vereinigung aufzustellen und der Entwicklung anzupassen. ^{2}Für die Bereiche mehrerer Kassenärztlicher Vereinigungen kann mit Zustimmung der beteiligten für die Sozialversicherung zuständigen obersten Landesbehörden auch ein gemeinschaftlicher Bedarfsplan aufgestellt werden, wenn besondere Verhältnisse dies geboten erscheinen lassen.

(3) ^{1}Der Bedarfsplan hat nach Maßgabe der Richtlinien des Gemeinsamen Bundesausschusses und unter Beachtung der Ziele und Erfordernisse der Raumordnung und Landesplanung auf der Grundlage einer regionalen Untergliederung des Planungsbereichs nach Absatz 2 Feststellungen zu enthalten insbesondere über

- ▶ die ärztliche Versorgung auch unter Berücksichtigung der Arztgruppen,
- ▶ Einrichtungen der Krankenhausversorgung sowie der sonstigen medizinischen Versorgung, soweit sie Leistungen der vertragsärztlichen Versorgung erbringen und erbringen können,
- ▶ Bevölkerungsdichte und -struktur,
- ▶ Umfang und Art der Nachfrage nach vertragsärztlichen Leistungen, ihre Deckung sowie ihre räumliche Zuordnung im Rahmen der vertragsärztlichen Versorgung,
- ▶ für die vertragsärztliche Versorgung bedeutsame Verkehrsverbindungen.

²Bei der Abgrenzung der regionalen Planungsbereiche sollen die Grenzen den Stadt- und Landkreisen entsprechen; Abweichungen für einzelne Arztgruppen sind zulässig.

(4) ¹Der Bedarfsplan bildet auch die Grundlage für die Beratung von Ärzten, die zur Teilnahme an der vertragsärztlichen Versorgung bereit sind. ²Die Kassenärztlichen Vereinigungen sollen darauf hinwirken, daß die Ärzte bei der Wahl ihres Vertragsarztsitzes auf die sich aus den Bedarfsplänen ergebenden Versorgungsbedürfnisse Rücksicht nehmen.

§ 13

(1) 1Die Kassenärztlichen Vereinigungen haben andere Träger der Krankenversicherung und die kommunalen Verbände, soweit deren Belange durch die Bedarfsplanung berührt werden, zu unterrichten und bei der Aufstellung und Fortentwicklung der Bedarfspläne rechtzeitig hinzuziehen. 2Auch andere Sozialversicherungsträger und die Krankenhausgesellschaften sind zu unterrichten; sie können bei der Bedarfsplanung hinzugezogen werden.

(2) Die Bedarfspläne sind im Benehmen mit den zuständigen Landesbehörden aufzustellen und fortzuentwickeln; sie sind deshalb so rechtzeitig zu unterrichten, daß ihre Anregungen in die Beratungen einbezogen werden können.

(3) Die aufgestellten oder fortentwickelten Bedarfspläne sind den Landesausschüssen der Ärzte und Krankenkassen und den für die Sozialversicherung zuständigen obersten Landesbehörden zuzuleiten.

(4) Die Kassenärztlichen Vereinigungen, die Landesverbände der Krankenkassen und die Verbände der Ersatzkassen sollen die Erfahrungen aus der Anwendung der Bedarfspläne im Abstand von drei Jahren auswerten, das Ergebnis gemeinsam beraten und die in Absatz 3 genannten Stellen von der Auswertung und dem Beratungsergebnis unterrichten.

(5) ¹Die Kassenärztliche Bundesvereinigung und die Spitzenverbände der Krankenkassen sollen die Kassenärztlichen Vereinigungen und die Landesverbände der Krankenkassen unterstützen. ²Die Kassenärztliche Bundesvereinigung, die Bundesverbände der Krankenkassen und die Verbände der Ersatzkassen sollen die Ergebnisse nach Absatz 4 auswerten, gemeinsam beraten sowie den Bundesausschuß der Ärzte und Krankenkassen und das Bundesministerium für Gesundheit von der Auswertung und dem Beratungsergebnis unterrichten.

§ 14

(1) ¹Kommt das Einvernehmen bei der Aufstellung und Fortentwicklung des Bedarfsplans zwischen der Kassenärztlichen Vereinigung, den Landesverbänden der Krankenkassen und den Verbänden der Ersatzkassen nicht zustande, hat der Landesausschuß der Ärzte und Krankenkassen nach Anrufung durch einen der Beteiligten un-

verzüglich darüber zu beraten und zu entscheiden. ²Soweit die Hinzuziehung weiterer Beteiligter notwendig ist, gilt § 13 Abs. 1 und 2 entsprechend.

(2) Der Landesausschuß hat die für die Sozialversicherung zuständige oberste Landesbehörde über das Ergebnis der Beratungen zu unterrichten.

Abschnitt IV   Unterversorgung

§ 15

Weist der Bedarfsplan einen Bedarf an Vertragsärzten für einen bestimmten Versorgungsbereich aus und werden über einen Zeitraum von mehr als sechs Monaten Vertragsarztsitze dort nicht besetzt, so hat die Kassenärztliche Vereinigung spätestens nach Ablauf dieses Zeitraums Vertragsarztsitze in den für ihre amtlichen Bekanntmachungen vorgesehenen Blättern auszuschreiben.

§ 16

(1) ¹Der Landesausschuss der Ärzte und Krankenkassen hat von Amts wegen zu prüfen, ob in einem Planungsbereich eine ärztliche Unterversorgung besteht oder droht. ²Die Prüfung ist nach den tatsächlichen Verhältnissen unter Berücksichtigung des Zieles der Sicherstellung und auf der Grundlage des Bedarfsplans vorzunehmen; die in den Richtlinien des Bundesausschusses der Ärzte und Krankenkassen zur Beurteilung einer Unterversorgung vorgesehenen einheitlichen und vergleichbaren Grundlagen, Maßstäbe und Verfahren sind zu berücksichtigen.

(2) ¹Stellt der Landesausschuß eine bestehende oder in absehbarer Zeit drohende Unterversorgung fest, so hat er der Kassenärztlichen Vereinigung aufzugeben, binnen einer von ihm zu bestimmenden angemessenen Frist die Unterversorgung zu beseitigen. ²Der Landesausschuß kann bestimmte Maßnahmen empfehlen.

(3) ¹Dauert die bestehende oder in absehbarer Zeit drohende Unterversorgung auch nach Ablauf der Frist an, hat der Landesausschuß festzustellen, ob die in § 100 Abs. 2 des Fünften Buches Sozialgesetzbuch bestimmten Voraussetzungen für Zulassungsbeschränkungen gegeben sind und zur Beseitigung der bestehenden oder in absehbarer Zeit drohenden Unterversorgung mit verbindlicher Wirkung für einen oder mehrere Zulassungsausschüsse Zulassungsbeschränkungen anzuordnen. ²Die betroffenen Zulassungsausschüsse sind vor der Anordnung zu hören.

(4) Für die Dauer der bestehenden oder in absehbarer Zeit drohenden Unterversorgung sind als Beschränkungen zulässig:

   a) Ablehnung von Zulassungen in Gebieten von Zulassungsbezirken, die außerhalb der vom Landesausschuß als unterversorgt festgestellten Gebiete liegen;

   b) Ablehnung von Zulassungen für bestimmte Arztgruppen in den in Buchstabe a bezeichneten Gebieten.

(5) Der Zulassungsausschuß kann im Einzelfall eine Ausnahme von einer Zulassungsbeschränkung zulassen, wenn die Ablehnung der Zulassung für den Arzt eine unbillige Härte bedeuten würde.

(6) ^{1}Der Landesausschuß hat spätestens nach jeweils sechs Monaten zu prüfen, ob die Voraussetzungen für die Anordnung von Zulassungsbeschränkungen fortbestehen. ^{2}Absatz 3 Satz 2 gilt entsprechend.

(7) Die Anordnung und Aufhebung von Zulassungsbeschränkungen ist in den für amtliche Bekanntmachungen der Kassenärztlichen Vereinigungen vorgesehenen Blättern zu veröffentlichen.

Abschnitt IVa   Überversorgung

§ 16a

(weggefallen)

§ 16b

(1) Der Landesausschuß hat von Amts wegen zu prüfen, ob in einem Planungsbereich eine ärztliche Überversorgung vorliegt. Überversorgung ist anzunehmen, wenn der allgemeine bedarfsgerechte Versorgungsgrad um 10 vom Hundert überschritten ist. Hierbei sind die in den Richtlinien des Bundesausschusses der Ärzte und Krankenkassen vorgesehenen Maßstäbe, Grundlagen und Verfahren zu berücksichtigen.

(2) Stellt der Landesausschuß fest, daß eine Überversorgung vorliegt, so hat er mit verbindlicher Wirkung für einen oder mehrere Zulassungsausschüsse nach Maßgabe des § 103 Abs. 2 des Fünften Buches Sozialgesetzbuch Zulassungsbeschränkungen anzuordnen.

(3) ^{1}Der Landesausschuß hat spätestens nach jeweils sechs Monaten zu prüfen, ob die Voraussetzungen für die Anordnung von Zulassungsbeschränkungen fortbestehen. ^{2}Entfallen die Voraussetzungen, so hat der Landesausschuß mit verbindlicher Wirkung für die Zulassungsausschüsse die Zulassungsbeschränkungen unverzüglich aufzuheben. ^{3}Absatz 2 Satz 2 gilt entsprechend.

(4) Die Anordnung und Aufhebung von Zulassungsbeschränkungen ist in den für amtliche Bekanntmachungen der Kassenärztlichen Vereinigungen vorgesehenen Blättern zu veröffentlichen.

Abschnitt V   Voraussetzungen für die Zulassung

§ 17

(weggefallen)

§ 18

(1) ¹Der Antrag muß schriftlich gestellt werden. ²In dem Antrag ist anzugeben, für welchen Vertragsarztsitz und unter welcher Arztbezeichnung die Zulassung beantragt wird. ³Dem Antrag sind beizufügen

  a) ein Auszug aus dem Arztregister, aus dem der Tag der Approbation, der Tag der Eintragung in das Arztregister und gegebenenfalls der Tag der Anerkennung des Rechts zum Führen einer bestimmten Facharzt-, Schwerpunkt- oder Zusatzbezeichnung hervorgehen müssen,

  b) Bescheinigungen über die seit der Approbation ausgeübten ärztlichen Tätigkeiten,

  c) gegebenenfalls eine Erklärung nach § 19a Abs. 2 Satz 1, mit der der aus der Zulassung folgende Versorgungsauftrag auf die Hälfte beschränkt wird.

(2) Ferner sind beizufügen

  a) ein Lebenslauf,

  b) ein polizeiliches Führungszeugnis,

  c) Bescheinigungen der Kassenärztlichen Vereinigungen, in deren Bereich der Arzt bisher niedergelassen oder zur Kassenpraxis zugelassen war, aus denen sich Ort und Dauer der bisherigen Niederlassung oder Zulassung und der Grund einer etwaigen Beendigung ergeben,

  d) eine Erklärung über im Zeitpunkt der Antragstellung bestehende Dienst- oder Beschäftigungsverhältnisse unter Angabe des frühestmöglichen Endes des Beschäftigungsverhältnisses,

  e) eine Erklärung des Arztes, ob er rauschgiftsüchtig ist oder innerhalb der letzten fünf Jahre gewesen ist, ob er sich innerhalb der letzten fünf Jahre einer Entziehungskur wegen Trunksucht oder Rauschgiftsucht unterzogen hat und daß gesetzliche Hinderungsgründe der Ausübung des ärztlichen Berufs nicht entgegenstehen.

(3) An Stelle von Urschriften können amtlich beglaubigte Abschriften beigefügt werden.

(4) Können die in Absatz 1 Buchstabe b und in Absatz 2 Buchstabe c bezeichneten Unterlagen nicht vorgelegt werden, so ist der nachzuweisende Sachverhalt glaubhaft zu machen.

(5)

Abschnitt VI Zulassung und Vertragsarztsitz

§ 19

(1) ¹Über den Antrag befindet der Zulassungsausschuß durch Beschluß. ²Wegen Zulassungsbeschränkungen kann ein Antrag nur dann abgelehnt werden, wenn diese bereits bei Antragstellung angeordnet waren.

(2) ¹Wird der Arzt zugelassen, so ist in dem Beschluß der Zeitpunkt festzusetzen, bis zu dem die vertragsärztliche Tätigkeit aufzunehmen ist. ²Liegen wichtige Gründe vor, so kann der Zulassungsausschuß auf Antrag des Arztes nachträglich einen späteren Zeitpunkt festsetzen.

(3) Wenn die vertragsärztliche Tätigkeit in einem von Zulassungsbeschränkungen betroffenen Planungsbereich nicht innerhalb von drei Monaten nach Zustellung des Beschlusses über die Zulassung aufgenommen wird, endet die Zulassung.

§ 19a

(1) Die Zulassung verpflichtet den Arzt, die vertragsärztliche Tätigkeit vollzeitig auszuüben.

(2) ¹Der Arzt ist berechtigt, durch schriftliche Erklärung gegenüber dem Zulassungsausschuss seinen Versorgungsauftrag auf die Hälfte des Versorgungsauftrages nach Absatz 1 zu beschränken. ²Die Beschränkung des Versorgungsauftrages wird entweder im Rahmen eines Beschlusses nach § 19 Abs. 1 oder durch gesonderten Beschluss festgestellt.

(3) ¹Auf Antrag des Arztes kann eine Beschränkung des Versorgungsauftrages nach Absatz 2 Satz 2 durch Beschluss aufgehoben werden. ²Der Antrag muss schriftlich gestellt werden. ³Es gelten die Vorschriften dieses Abschnitts.

§ 20

(1) ¹Für die Ausübung vertragsärztlicher Tätigkeit ist nicht geeignet ein Arzt, der wegen eines Beschäftigungsverhältnisses oder wegen anderer nicht ehrenamtlicher Tätigkeit für die Versorgung der Versicherten persönlich nicht in erforderlichem Maß zur Verfügung steht. ²Ein Arzt steht auch dann für die Versorgung der Versicherten in erforderlichem Maße zur Verfügung, wenn er neben seiner vertragsärztlichen Tätigkeit im Rahmen eines Vertrages nach den §§ 73b, 73c oder 140b des Fünften Buches Sozialgesetzbuch tätig wird.

(2) ¹Für die Ausübung vertragsärztlicher Tätigkeit ist nicht geeignet ein Arzt, der eine ärztliche Tätigkeit ausübt, die ihrem Wesen nach mit der Tätigkeit des Vertragsarztes am Vertragsarztsitz nicht zu vereinbaren ist. ²Die Tätigkeit in oder die Zusammenarbeit mit einem zugelassenen Krankenhaus nach § 108 des Fünften Buches Sozialgesetzbuch oder einer Vorsorge- oder Rehabilitationseinrichtung nach § 111 des Fünften Buches Sozialgesetzbuch ist mit der Tätigkeit des Vertragsarztes vereinbar.

(3) Ein Arzt, bei dem Hinderungsgründe nach den Absätzen 1 oder 2 vorliegen, kann unter der Bedingung zugelassen werden, daß der seiner Eignung entgegenstehende Grund spätestens drei Monate nach dem Zeitpunkt beseitigt wird, in dem die Entscheidung über die Zulassung unanfechtbar geworden ist.

§ 21

Ungeeignet für die Ausübung der Kassenpraxis ist ein Arzt mit geistigen oder sonstigen in der Person liegenden schwerwiegenden Mängeln, insbesondere ein Arzt, der innerhalb der letzten fünf Jahre vor seiner Antragstellung rauschgiftsüchtig oder trunksüchtig war.

§§ 22 u 23

(weggefallen)

§ 24

(1) Die Zulassung erfolgt für den Ort der Niederlassung als Arzt (Vertragsarztsitz).

(2) [1]Der Vertragsarzt muß am Vertragsarztsitz seine Sprechstunde halten. [2]Er hat seine Wohnung so zu wählen, daß er für die ärztliche Versorgung der Versicherten an seinem Vertragsarztsitz zur Verfügung steht. [3]Liegt der Vertragsarztsitz in einem unterversorgten Gebiet, gilt die Pflicht bei der Wohnungswahl nach Satz 2 nicht.

(3) [1]Vertragsärztliche Tätigkeiten außerhalb des Vertragsarztsitzes an weiteren Orten sind zulässig, wenn und soweit

1. dies die Versorgung der Versicherten an den weiteren Orten verbessert und
2. die ordnungsgemäße Versorgung der Versicherten am Ort des Vertragsarztsitzes nicht beeinträchtigt wird.

[2]Sofern die weiteren Orte im Bezirk der Kassenärztlichen Vereinigung liegen, in der der Vertragsarzt Mitglied ist, hat er bei Vorliegen der Voraussetzungen nach Satz 1 Anspruch auf vorherige Genehmigung durch seine Kassenärztliche Vereinigung. [3]Sofern die weiteren Orte außerhalb des Bezirks seiner Kassenärztlichen Vereinigung liegen, hat der Vertragsarzt bei Vorliegen der Voraussetzungen nach Satz 1 Anspruch auf Ermächtigung durch den Zulassungsausschuss, in dessen Bezirk er die Tätigkeit aufnehmen will; der Zulassungsausschuss, in dessen Bezirk er seinen Vertragsarztsitz hat, sowie die beteiligten Kassenärztlichen Vereinigungen sind vor der Beschlussfassung anzuhören. [4]Der nach Satz 3 ermächtigte Vertragsarzt kann die für die Tätigkeit an seinem Vertragsarztsitz angestellten Ärzte auch im Rahmen seiner Tätigkeit an dem weiteren Ort beschäftigen. [5]Er kann außerdem Ärzte für die Tätigkeit an dem weiteren Ort nach Maßgabe der Vorschriften anstellen, die für ihn als Vertragsarzt gelten würden, wenn er an dem weiteren Ort zugelassen wäre. [6]Zuständig für die Genehmigung der Anstellung nach Satz 6 ist der für die Erteilung der Ermächtigung nach Satz 3 zuständige Zulassungsausschuss. [7]Keiner Genehmi-

gung bedarf die Tätigkeit eines Vertragsarztes an einem der anderen Vertragsarztsitze eines Mitglieds der überörtlichen Berufsausübungsgemeinschaft nach § 33 Abs. 2, der er angehört.

(4) [1]Die Genehmigung und die Ermächtigung zur Aufnahme weiterer vertragsärztlicher Tätigkeiten nach Absatz 3 können mit Nebenbestimmungen erteilt werden, wenn dies zur Sicherung der Erfüllung der Versorgungspflicht des Vertragsarztes am Vertragsarztsitz und an den weiteren Orten unter Berücksichtigung der Mitwirkung angestellter Ärzte erforderlich ist. [2]Das Nähere hierzu ist einheitlich in den Bundesmantelverträgen zu regeln.

(5) Erbringt der Vertragsarzt spezielle Untersuchungs- und Behandlungsleistungen an weiteren Orten in räumlicher Nähe zum Vertragsarztsitz (ausgelagerte Praxisräume), hat er Ort und Zeitpunkt der Aufnahme der Tätigkeit seiner Kassenärztlichen Vereinigung unverzüglich anzuzeigen.

(6) Ein Vertragsarzt darf die Facharztbezeichnung, mit der er zugelassen ist, nur mit vorheriger Genehmigung des Zulassungsausschusses wechseln.

(7) Der Zulassungsausschuß hat den Antrag eines Vertragsarztes auf Verlegung seines Vertragsarztsitzes zu genehmigen, wenn Gründe der vertragsärztlichen Versorgung dem nicht entgegenstehen.

§ 25
(weggefallen)

Abschnitt VII Ruhen, Entziehung und Ende der Zulassung
§ 26

(1) Der Zulassungsausschuß hat das vollständige oder hälftige Ruhen der Zulassung eines Vertragsarztes zu beschließen, wenn die Voraussetzungen des § 95 Abs. 5 des Fünften Buches Sozialgesetzbuch erfüllt sind und Gründe der Sicherstellung der vertragsärztlichen Versorgung nicht entgegenstehen.

(2) Tatsachen, die das Ruhen der Zulassung bedingen können, haben der Vertragsarzt, die Kassenärztliche Vereinigung, die Krankenkassen und die Landesverbände der Krankenkassen sowie die Verbände der Ersatzkassen dem Zulassungsausschuß mitzuteilen.

(3) In dem Beschluß ist die Ruhenszeit festzusetzen.

(4) Über die ruhenden Zulassungen führt die Kassenärztliche Vereinigung (Registerstelle)ein besonderes Verzeichnis.

§ 27
[1]Der Zulassungsausschuß hat von Amts wegen über die vollständige oder hälftige Entziehung der Zulassung zu beschließen, wenn die Voraussetzungen nach § 95 Abs. 6 des

Fünften Buches Sozialgesetzbuch gegeben sind. ²Die Kassenärztliche Vereinigung und die Landesverbände der Krankenkassen sowie die Verbände der Ersatzkassen können die Entziehung der Zulassung beim Zulassungsausschuß unter Angabe der Gründe beantragen.

§ 28

(1) ¹Der Verzicht auf die Zulassung wird mit dem Ende des auf den Zugang der Verzichtserklärung des Vertragsarztes beim Zulassungsausschuß folgenden Kalendervierteljahrs wirksam. ²Diese Frist kann verkürzt werden, wenn der Vertragsarzt nachweist, daß für ihn die weitere Ausübung der vertragsärztlichen Tätigkeit für die gesamte Dauer oder einen Teil der Frist unzumutbar ist. ³Endet die Zulassung aus anderen Gründen (§ 95d Abs. 3 und 5 und § 95 Abs. 7 des Fünften Buches Sozialgesetzbuch), so ist der Zeitpunkt ihres Endes durch Beschluß des Zulassungsausschusses festzustellen.

(2) Tatsachen, die das Ende der Zulassung bedingen, haben die Kassenärztliche Vereinigung, die Krankenkassen, die Landesverbände der Krankenkassen und die Verbände der Ersatzkassen dem Zulassungsausschuß mitzuteilen.

§§ 29 und 30

–

Abschnitt VIII   Ermächtigung

§ 31

(1) Die Zulassungsausschüsse können über den Kreis der zugelassenen Ärzte hinaus weitere Ärzte, insbesondere in Krankenhäusern und Einrichtungen der beruflichen Rehabilitation, oder in besonderen Fällen ärztlich geleitete Einrichtungen zur Teilnahme an der vertragsärztlichen Versorgung ermächtigen, sofern dies notwendig ist, um

   a) eine bestehende oder unmittelbar drohende Unterversorgung abzuwenden oder

   b) einen begrenzten Personenkreis zu versorgen, beispielsweise Rehabilitanden in Einrichtungen der beruflichen Rehabilitation oder Beschäftigte eines abgelegenen oder vorübergehenden Betriebes.

(2) Die Kassenärztliche Bundesvereinigung und die Spitzenverbände der Krankenkassen können im Bundesmantelvertrag Regelungen treffen, die über die Voraussetzungen des Absatzes 1 hinaus Ermächtigungen zur Erbringung bestimmter ärztlicher Leistungen im Rahmen der vertragsärztlichen Versorgung vorsehen.

(3) Die Kassenärztlichen Vereinigungen können unter den Voraussetzungen des Absatzes 1 auch Ärzte, die eine Approbation nach deutschen Rechtsvorschriften nicht besitzen, zur Teilnahme an der vertragsärztlichen Versorgung ermächtigen, soweit ih-

nen von der zuständigen deutschen Behörde eine Erlaubnis zur vorübergehenden Ausübung des ärztlichen Berufs erteilt worden ist.

(4) (weggefallen)

(5) Die Kassenärztliche Bundesvereinigung und die Spitzenverbände der Krankenkassen haben im Bundesmantelvertrag Regelungen über die Ermächtigung von Ärzten zu treffen, die als Staatsangehörige eines der anderen Mitgliedsstaaten der Europäischen Wirtschaftsgemeinschaft den ärztlichen Beruf im Inland zur vorübergehenden Erbringung von Dienstleistungen im Sinne des Artikels 60 des EWG-Vertrages ausüben dürfen.

(6) [1]Der Antrag auf Ermächtigung ist schriftlich an den Zulassungsausschuß zu richten. [2]Ihm sind die Approbationsurkunde sowie die in § 18 Abs. 2 Buchstabe e genannten Erklärungen beizufügen. [3]§ 18 Abs. 3 gilt entsprechend.

(7) [1]Die Ermächtigung ist zeitlich, räumlich und ihrem Umfang nach zu bestimmen. [2]In dem Ermächtigungsbeschluß ist auch auszusprechen, ob der ermächtigte Arzt unmittelbar oder auf Überweisung in Anspruch genommen werden kann.

(8) [1]Ein Arzt darf nicht ermächtigt werden, wenn die in § 21 genannten Gründe ihn für die Teilnahme an der vertragsärztlichen Versorgung ungeeignet erscheinen lassen. [2]Die Ermächtigung ist zurückzunehmen, wenn nachträglich bekannt wird, daß bei ihrer Erteilung Versagungsgründe im Sinne des Satzes 1 vorgelegen haben. [3]Sie ist zu widerrufen, wenn nachträglich durch einen in der Person des Arztes liegenden Grund der mit der Ermächtigung verfolgte Zweck nicht erreicht wird. [4]Die Sätze 1 bis 3 gelten entsprechend, wenn ärztlich geleitete Einrichtungen ermächtigt werden.

(9) (weggefallen)

(10) Über die Ermächtigungen führt die Kassenärztliche Vereinigung (Registerstelle) ein besonderes Verzeichnis.

§ 31a

(1) [1]Die Zulassungsausschüsse können Krankenhausärzte mit abgeschlossener Weiterbildung mit Zustimmung des Krankenhausträgers zur Teilnahme an der vertragsärztlichen Versorgung der Versicherten ermächtigen. [2]Die Ermächtigung ist zu erteilen, soweit und solange eine ausreichende ärztliche Versorgung der Versicherten ohne die besonderen Untersuchungs- und Behandlungsmethoden oder Kenntnisse von hierfür geeigneten Krankenhausärzten nicht sichergestellt wird.

(2) [1]Der Antrag eines Krankenhausarztes auf Ermächtigung ist schriftlich an den Zulassungsausschuß zu richten, in dessen Bereich das Krankenhaus gelegen ist. [2]Ihm sind die in § 31 Abs. 6 genannten Bescheinigungen und Erklärungen, die Urkunde, aus der sich die Berechtigung zum Führen einer Gebietsbezeichnung ergibt, sowie eine

schriftliche Zustimmungserklärung des Krankenhausträgers beizufügen. 3§ 18 Abs. 3 gilt entsprechend.

(3) § 31 Abs. 7 bis 10 gilt entsprechend.

Abschnitt IX   Vertreter, Assistenten, angestellte Ärzte und Berufsausübungsgemeinschaft

§ 32

(1) [1]Der Vertragsarzt hat die vertragsärztliche Tätigkeit persönlich in freier Praxis auszuüben. [2]Bei Krankheit, Urlaub oder Teilnahme an ärztlicher Fortbildung oder an einer Wehrübung kann er sich innerhalb von zwölf Monaten bis zur Dauer von drei Monaten vertreten lassen. [3]Eine Vertragsärztin kann sich in unmittelbarem zeitlichen Zusammenhang mit einer Entbindung bis zu einer Dauer von sechs Monaten vertreten lassen; die Vertretungszeiten dürfen zusammen mit den Vertretungszeiten nach Satz 2 innerhalb eines Zeitraums von zwölf Monaten eine Dauer von sechs Monaten nicht überschreiten. [4]Dauert die Vertretung länger als eine Woche, so ist sie der Kassenärztlichen Vereinigung mitzuteilen. [5]Der Vertragsarzt darf sich grundsätzlich nur durch einen anderen Vertragsarzt oder durch einen Arzt, der die Voraussetzungen des § 3 Abs. 2 erfüllt, vertreten lassen. [6]Überschreitet innerhalb von zwölf Monaten die Dauer der Vertretung einen Monat, kann die Kassenärztliche Vereinigung beim Vertragsarzt oder beim Vertreter überprüfen, ob der Vertreter die Voraussetzungen nach Satz 5 erfüllt und keine Ungeeignetheit nach § 21 vorliegt.

(2) [1]Die Beschäftigung von Assistenten gemäß § 3 Abs. 3 bedarf der Genehmigung der Kassenärztlichen Vereinigung. [2]Im übrigen darf der Vertragsarzt einen Vertreter oder einen Assistenten nur beschäftigen, wenn dies im Rahmen der Aus- oder Weiterbildung oder aus Gründen der Sicherstellung der vertragsärztlichen Versorgung erfolgt; die vorherige Genehmigung der Kassenärztlichen Vereinigung ist erforderlich. [3]Die Dauer der Beschäftigung ist zu befristen. [4]Die Genehmigung ist zu widerrufen, wenn die Beschäftigung eines Vertreters oder Assistenten nicht mehr begründet ist; sie kann widerrufen werden, wenn in der Person des Vertreters oder Assistenten Gründe liegen, welche beim Vertragsarzt zur Entziehung der Zulassung führen können.

(3) Die Beschäftigung eines Assistenten darf nicht der Vergrößerung der Kassenpraxis oder der Aufrechterhaltung eines übergroßen Praxisumfangs dienen.

(4) Der Vertragsarzt hat Vertreter und Assistenten zur Erfüllung der vertragsärztlichen Pflichten anzuhalten.

§ 32a

[1]Der ermächtigte Arzt hat die in dem Ermächtigungsbeschluß bestimmte vertragsärztliche Tätigkeit persönlich auszuüben. [2]Bei Krankheit, Urlaub oder Teilnahme an ärztlicher

Fortbildung oder an einer Wehrübung kann er sich innerhalb von zwölf Monaten bis zur Dauer von drei Monaten vertreten lassen. ³Satz 2 gilt nicht für Ermächtigungen nach § 31 Abs. 1 Buchstabe b.

§ 32b

(1) ¹Der Vertragsarzt kann Ärzte nach Maßgabe des § 95 Abs. 9 und 9a des Fünften Buches Sozialgesetzbuch anstellen. ²In den Bundesmantelverträgen sind einheitliche Regelungen zu treffen über den zahlenmäßigen Umfang der Beschäftigung angestellter Ärzte unter Berücksichtigung der Versorgungspflicht des anstellenden Vertragsarztes.

(2) ¹Die Anstellung bedarf der Genehmigung des Zulassungsausschusses. Für den Antrag gelten § 4 Abs. 2 bis 4 und § 18 Abs. 2 bis 4 entsprechend. ²§ 21 gilt entsprechend. § 95d Abs. 5 des Fünften Buches Sozialgesetzbuch gilt entsprechend.

(3) Der Vertragsarzt hat den angestellten Arzt zur Erfüllung der vertragsärztlichen Pflichten anzuhalten.

(4) Über die angestellten Ärzte führt die Kassenärztliche Vereinigung (Registerstelle)ein besonderes Verzeichnis.

§ 33

(1) ¹Die gemeinsame Nutzung von Praxisräumen und Praxiseinrichtungen sowie die gemeinsame Beschäftigung von Hilfspersonal durch mehrere Ärzte ist zulässig. ²Die Kassenärztlichen Vereinigungen sind hiervon zu unterrichten. ³Nicht zulässig ist die gemeinsame Beschäftigung von Ärzten und Zahnärzten; dies gilt nicht für medizinische Versorgungszentren.

(2) ¹Die gemeinsame Ausübung vertragsärztlicher Tätigkeit ist zulässig unter allen zur vertragsärztlichen Versorgung zugelassenen Leistungserbringern an einem gemeinsamen Vertragsarztsitz (örtliche Berufsausübungsgemeinschaft). ²Sie ist auch zulässig bei unterschiedlichen Vertragsarztsitzen der Mitglieder der Berufsausübungsgemeinschaft (überörtliche Berufsausübungsgemeinschaft), wenn die Erfüllung der Versorgungspflicht des jeweiligen Mitglieds an seinem Vertragsarztsitz unter Berücksichtigung der Mitwirkung angestellter Ärzte und Psychotherapeuten in dem erforderlichen Umfang gewährleistet ist sowie das Mitglied und die bei ihm angestellten Ärzte und Psychotherapeuten an den Vertragsarztsitzen der anderen Mitglieder nur in zeitlich begrenztem Umfang tätig werden. ³Die gemeinsame Berufsausübung, bezogen auf einzelne Leistung, ist zulässig, sofern diese Berufsausübungsgemeinschaft nicht zur Erbringung überweisungsgebundener medizinisch-technischer Leistungen mit überweisungsberechtigten Leistungserbringern gebildet wird.

(3) ¹Die Berufsausübungsgemeinschaft bedarf der vorherigen Genehmigung des Zulassungsausschusses. ²Für überörtliche Berufsausübungsgemeinschaften mit Vertragsarztsitzen in mehreren Zulassungsbezirken einer Kassenärztlichen Vereinigung wird

der zuständige Zulassungsausschuss durch Vereinbarung zwischen der Kassenärztlichen Vereinigung sowie den Landesverbänden der Krankenkassen und den Verbänden der Ersatzkassen bestimmt. [3]Hat eine überörtliche Berufsausübungsgemeinschaft Mitglieder in mehreren Kassenärztlichen Vereinigungen, so hat sie den Vertragsarztsitz zu wählen, der maßgeblich ist für die Genehmigungsentscheidung sowie für die auf die gesamte Leistungserbringung dieser überörtlichen Berufsausübungsgemeinschaft anzuwendenden ortsgebundenen Regelungen, insbesondere zur Vergütung, zur Abrechnung sowie zu den Abrechnungs-, Wirtschaftlichkeits- und Qualitätsprüfungen. [4]Die Wahl hat jeweils für einen Zeitraum von mindestens zwei Jahren unwiderruflich zu erfolgen. [5]Die Genehmigung kann mit Auflagen erteilt werden, wenn dies zur Sicherung der Anforderungen nach Absatz 2 erforderlich ist; das Nähere hierzu ist einheitlich in den Bundesmantelverträgen zu regeln.

Abschnitt X   Zulassungs- und Berufungsausschüsse

§ 34

(1) Der Zulassungsausschuß besteht aus sechs Mitgliedern, und zwar aus je drei Vertretern der Ärzte und der Krankenkassen sowie aus Stellvertretern in der nötigen Zahl.

(2) [1]Die Vertreter der Krankenkassen werden von den Landesverbänden der Krankenkassen und den Verbänden der Ersatzkassen gemeinsam bestellt. [2]Kommt es nicht zu einer gemeinsamen Bestellung, so werden die Vertreter aus der Reihe der von den Landesverbänden der Krankenkassen und den Verbänden der Ersatzkassen vorgeschlagenen Personen ausgelost.

(3) Die Amtsdauer der Mitglieder beträgt vier Jahre.

(4) [1]Scheidet ein Mitglied vorzeitig aus, so erfolgt Neubestellung. [2]Die Amtsdauer neubestellter Mitglieder endet mit der Amtsdauer der übrigen Mitglieder nach Absatz 3.

(5) [1]Ein Mitglied kann aus einem wichtigen Grund durch die Stelle abberufen werden, von der es bestellt ist. [2]Das Ehrenamt des nicht zugelassenen Arztes endet mit seiner Zulassung.

(6) Die Niederlegung des Ehrenamts hat gegenüber dem Zulassungsausschuß schriftlich zu erfolgen.

(7) [1]Die Mitglieder der Ausschüsse haben Anspruch auf Erstattung ihrer baren Auslagen und auf eine Entschädigung für Zeitverlust nach den für die Mitglieder der Organe der bestellenden Körperschaften geltenden Grundsätze. [2]Der Anspruch richtet sich gegen die bestellenden Körperschaften.

(8) Die Kosten der Zulassungsausschüsse werden, soweit sie nicht durch Gebühren gedeckt sind, je zur Hälfte von der Kassenärztlichen Vereinigung einerseits und den Landesverbänden der Krankenkassen sowie den Verbänden der Ersatzkassen ande-

rseits – von letzteren entsprechend der Anzahl der Versicherten ihrer Mitgliedskassen – getragen.

(9) Für die Stellvertreter gelten die Vorschriften für die Mitglieder entsprechend.

§ 35

(1) [1]Der Berufungsausschuß besteht aus einem Vorsitzenden mit der Befähigung zum Richteramt und aus je drei Vertretern der Ärzte und der Krankenkassen. [2]Stellvertreter sind in der nötigen Zahl zu bestellen.

(2) Die Vorschriften des § 34 gelten entsprechend.

(3) Mitglieder eines Zulassungsausschusses können nicht gleichzeitig Beisitzer in dem für den Zulassungsausschuß zuständigen Berufungsausschuß sein.

Abschnitt XI   Verfahren vor den Zulassungs- und Berufungsausschüssen

1. Zulassungsausschuß für Ärzte

§ 36

(1) [1]Der Zulassungsausschuß beschließt in Sitzungen. [2]Zu den Sitzungen lädt der Vorsitzende unter Angabe der Tagesordnung ein.

(2) In den Fällen des § 140f Abs. 3 des Fünften Buches Sozialgesetzbuch sind die Patientenvertreterinnen und -vertreter unter Einhaltung einer Frist von zwei Wochen unter Angabe der Tagesordnung zu laden.

§ 37

(1) [1]Über Zulassungen und über die Entziehung von Zulassungen beschließt der Zulassungsausschuß nach mündlicher Verhandlung. [2]In allen anderen Fällen kann der Zulassungsausschuß eine mündliche Verhandlung anberaumen.

(2) [1]Die Kassenärztliche Vereinigung, die Landesverbände der Krankenkassen und die Verbände der Ersatzkassen sowie die an dem Verfahren beteiligten Ärzte sind unter Einhaltung einer Frist von zwei Wochen zur mündlichen Verhandlung zu laden; die Ladung ist zuzustellen. [2]Es kann auch in Abwesenheit Beteiligter verhandelt werden, falls in der Ladung darauf hingewiesen ist.

§ 38

[1]Über gebührenpflichtige Anträge wird erst nach Entrichtung der nach § 46 zu zahlenden Gebühr verhandelt. [2]Wird die Gebühr nach Anforderung nicht innerhalb der gesetzten Frist eingezahlt, so gilt der Antrag als zurückgenommen, es sei denn, der Vorsitzende stundet die Gebühr. [3]Die Zahlungsfrist und die Folgen ihrer Nichteinhaltung sind in der Anforderung zu vermerken.

§ 39

(1) Der Zulassungsausschuß erhebt die ihm erforderlich erscheinenden Beweise.

(2) Die vom Zulassungsausschuß herangezogenen Sachverständigen und Auskunftspersonen erhalten eine Vergütung oder Entschädigung entsprechend dem Justizvergütungs- und -entschädigungsgesetz.

§ 40

[1]Die Sitzung ist nicht öffentlich. [2]Sie beginnt nach dem Aufruf der Sache mit der Darstellung des Sachverhalts durch den Vorsitzenden oder das von ihm als Berichterstatter bestellte Mitglied. [3]Der Vorsitzende leitet die Verhandlung, Beratung und Abstimmung. [4]Der Vorsitzende hat dahin zu wirken, daß der Sachverhalt ausreichend geklärt wird. 5Jedes Mitglied des Zulassungsausschusses kann sachdienliche Fragen und Anträge stellen.

§ 41

(1) [1]Beratung und Beschlußfassung erfolgen in Abwesenheit der am Verfahren Beteiligten. [2]Die Anwesenheit eines von der Kassenärztlichen Vereinigung gestellten Schriftführers für den Zulassungsausschuß ist zulässig. [3]In den Fällen des § 140f Abs. 3 des Fünften Buches Sozialgesetzbuch nehmen die Patientenvertreterinnen und -vertreter mit beratender Stimme an den Sitzungen teil; sie haben ein Recht auf Anwesenheit bei der Beschlussfassung.

(2) [1]Beschlüsse können nur bei vollständiger Besetzung des Zulassungsausschusses gefaßt werden. [2]Stimmenthaltung ist unzulässig.

(3) Über den Hergang der Beratungen und über das Stimmenverhältnis ist Stillschweigen zu bewahren.

(4) [1]Das Ergebnis des Verfahrens ist in einem Beschluß niederzulegen. [2]In dem Beschluß sind die Bezeichnung des Zulassungsausschusses, die an der Beschlußfassung beteiligten Mitglieder und der Tag der Beschlußfassung anzugeben. [3]Der Beschluß ist mit Gründen zu versehen und vom Vorsitzenden und je einem Vertreter der Ärzte und der Krankenkassen zu unterzeichnen. [4]Dem Beschluß ist eine Belehrung über die Zulässigkeit des Rechtsbehelfs, die einzuhaltende Frist und den Sitz des zuständigen Berufungsausschusses beizufügen.

(5) [1]Den Beteiligten wird alsbald je eine Ausfertigung des Beschlusses zugestellt; eine weitere Ausfertigung erhält die Kassenärztliche Vereinigung für die Registerakten. [2]In den Fällen des § 140f Abs. 3 des Fünften Buches Sozialgesetzbuch erhalten die Patientenvertreterinnen und -vertreter eine Abschrift des Beschlusses. [3]Der Zulassungsausschuß kann beschließen, daß auch andere Stellen Abschriften des Beschlusses erhalten, wenn sie ein berechtigtes Interesse nachweisen.

(6) (weggefallen)

§ 42

[1]Über jede Sitzung ist eine Niederschrift anzufertigen. [2]Sie soll die Namen der Sitzungsteilnehmer, die Anträge und wesentlichen Erklärungen der Beteiligten, das Ergebnis der Beweiserhebung und die Beschlüsse enthalten. [3]Die Niederschrift ist von dem Vorsitzenden zu unterzeichnen. [4]Die Patientenvertreterinnen und -vertreter erhalten eine Niederschrift über die Tagesordnungspunkte der Sitzung, die sie gemäß § 140f Abs. 3 des Fünften Buches Sozialgesetzbuch mitberaten haben.

§ 43

Die Akten des Zulassungsausschusses sind fünf Jahre, Niederschriften und Urschriften von Beschlüssen zwanzig Jahre aufzubewahren.

2. Berufungsausschuß für Ärzte (Widerspruchsverfahren)

§ 44

[1]Der Widerspruch ist schriftlich oder zur Niederschrift der Geschäftsstelle des Berufungsausschusses beim Berufungsausschuß einzulegen. [2]Er muß den Beschluß bezeichnen, gegen den er sich richtet.

§ 45

(1) [1]Der Widerspruch gilt als zurückgenommen, wenn die Gebühr nach § 46 nicht innerhalb der gesetzten Frist entrichtet ist. [2]Die Zahlungsfrist und die Folgen ihrer Nichteinhaltung sind in der Anforderung zu vermerken.

(2) Der Widerspruch kann ohne mündliche Verhandlung zurückgewiesen werden, wenn der Berufungsausschuß die Zurückweisung einstimmig beschließt.

(3) Die Vorschriften der §§ 36 bis 43 gelten entsprechend.

Abschnitt XII Gebühren

§ 46

(1) [1]Für das Verfahren werden nachstehende Gebühren erhoben:
   a) bei Antrag auf Eintragung des Arztes in das Arztregister 100 Euro
   b) bei Antrag des Arztes oder des medizinischen Versorgungszentrums auf Zulassung 100 Euro
   c) bei sonstigen Anträgen, mit denen der Arzt, das medizinische Versorgungszentrum oder die sonstige ärztlich geleitete Einrichtung die Beschlußfassung des Zulassungsausschusses anstrebt 120 Euro
   d) bei Einlegung eines Widerspruchs, durch den der Arzt, das medizinische Versorgungszentrum oder die sonstige ärztlich geleitete Einrichtung die Änderung eines Verwaltungsaktes anstrebt 200 Euro.

²Die Gebühren sind mit der Stellung des Antrags oder Einlegung des Widerspruchs fällig. ³Wird einem Widerspruch ganz oder teilweise stattgegeben, so wird die nach Buchstabe d entrichtete Gebühr zurückgezahlt.

(2) Außer der Gebühr nach Absatz 1 werden als Verwaltungsgebühren erhoben:
   a) nach unanfechtbar gewordener Zulassung 400 Euro
   b) nach erfolgter Eintragung einer auf § 31 Abs. 1 bis 3 oder § 31a Abs. 1 beruhenden Ermächtigung in das Verzeichnis nach § 31 Abs. 10 400 Euro
   c) nach erfolgter Genehmigung der Anstellung eines Arztes bei einem Vertragsarzt, in einem medizinischen Versorgungszentrum nach § 95 Abs. 2 des Fünften Buches Sozialgesetzbuch oder einer Einrichtung nach § 311 Abs. 2 des Fünften Buches Sozialgesetzbuch 400 Euro
   d) nach erfolgter Eintragung einer auf § 32b Abs. 2 beruhenden Genehmigung in das Verzeichnis nach § 32b Abs. 4 400 Euro.

(3) Es sind zu zahlen
   a) die Gebühren nach Absatz 1 Buchstabe a an die Kassenärztliche Vereinigung,
   b) die Gebühren nach Absatz 1 Buchstaben b und c und Absatz 2 Buchstaben a und b an die Geschäftsstelle des Zulassungsausschusses,
   c) die Gebühr nach Absatz 1 Buchstabe d an die Geschäftsstelle des Berufsausschusses.

Abschnitt XIII Übergangs- und Schlussbestimmungen

§ 47

(1) Diese Zulassungsordnung tritt am Ersten des auf die Verkündung folgenden Monats in Kraft.

(2) Die §§ 25 und 31 Abs. 9 gelten erst für Anträge von Psychotherapeuten, die nach dem 31. Dezember 1998 gestellt werden.

§§ 48 bis 52

–

§ 53

(1) Nach dem Inkrafttreten dieser Zulassungsordnung sind Arztregister nach dem in § 2 vorgeschriebenen Muster anzulegen.

(2) bis (4)

§ 54

–

§ 55

(1) Diese Verordnung gilt nach § 14 des Dritten Überleitungsgesetzes vom 4. Januar 1952 (Bundesgesetzbl. I S. 1)in Verbindung mit Artikel 3 Abs. 2 des Gesetzes über Kassenarztrecht auch im Land Berlin ...

(2)

Schlussformel

Der Bundesminister für Arbeit

Stichwortverzeichnis

Die angegebenen Zahlen beziehen sich auf die Seiten.

A

Abrechnungsprüfung siehe Plausibilitätsprüfung
Altersgrenze 26, 33, 154
Angestelltenvariante (MVZ) 213 f., 223 ff.
Angestellter Arzt siehe Angestellter Arzt (MVZ)
Angestellter Arzt (MVZ) 218
▸ Ärztlicher Leiter 213
▸ Arbeitnehmerstatus 218
▸ Arbeitsvertrag 219 f.
▸ Genehmigung der Anstellung 218
▸ Gesellschafter 215
▸ Tarifvertrag 218
▸ Vertragsarztrechtlicher Status 218
▸ Voraussetzungen für Genehmigungserteilung siehe Genehmigung der Anstellung
Ankündigung 57, 175
Apparategemeinschaft 191 ff.
Ärzte-Gesellschaft 165 ff. siehe auch Heilkunde-GmbH
Ärztekammer 45, 128, 164, 164, 177, 191, 201
Ärztliche Leitung (MVZ) 213
Ärztlicher Notdienst 53
Arztgruppe 37, 148, 154, 212, 244
Arztpraxis 52, 166 siehe auch Praxiskauf
Arztregister 36, 153, 213
Ausfallhaftung siehe Haftung
Ausgelagerter Praxisteil 195
Ausgleichszahlung 91, 96, 96, 163
Ausschreibung 33, 35 f., 49, 75

B

Bedarfsplanung 29, 154
▸ Job-Sharing 153
Bedarfsplanungsneutralität 219
Bedarfsplanungsrichtlinien 212
Behandlungsvertrag 137, 192, 203, 219, 240
Belegarzt 239 ff., 243 f.
Bereitschaftsdienst 243
Berufsausübungsgemeinschaft (Begriff) 41 ff., 57
Berufsrecht, ärztliches 25, 44, 62, 135, 146, 148, 160, 165

Besteuerung siehe Einkommenssteuer, Gewerbesteuer, Umsatzsteuer
Beteiligung Dritter 205
Betreiber siehe Träger
Betreibergesellschaft 203 ff.
Betriebsübergang 219
Bewertung der Praxis 72, 80, 106
▸ Goodwill 48, 55, 65, 80, 134, 179
▸ Verfahren 80
Bilanz 65
▸ Abschichtungsbilanz 81
▸ Auseinandersetzungsbilanz 51
▸ Ausscheidensbilanz 81
Budgetierung 23, 76
Bürgschaft (MVZ) 216

C

Chefarzt siehe Ärztliche Leitung

D

Datenschutz 219
Disziplinargewalt 155
Due diligence 68

E

Einheitlicher Bewertungsmaßstab (EBM) 202, 244
Einkommensteuer 84
▸ Gemeinschaftspraxis 117
▸ Praxisgemeinschaft 180
Einzelpraxis 90 f.
▸ Unentgeltliche Aufnahme Gesellschafter 103
▸ Zusammenschluss 96 ff.
Entziehung der Geschäftsführungsbefugnis 50, 63
Entziehung der Zulassung 34
Ermächtigte Ärzte 211 f.

F

Fachgebiet 28 f., 33, 145, 205
Fachübergreifende Gemeinschaftspraxis 57, 212
Fachübergreifend (MVZ) 212, 220
Fallpauschalen (integrierte Versorgung) 87
Filialisierung 29 f.
Fortbildung siehe Weiterbildung

289

Fortführung der Praxis 163 siehe auch Betriebsübergang
Freier Beruf 85 f.

G

Gebietsbezeichnung siehe Fachübergreifend
Gemeinschaftspraxis 41 ff.
- Ausscheiden 47 ff., 110
- Beitritt 47
- Definition 42
- Einlagen 52 f.
- gemischte 157 ff.
- Gewinnverteilung 65 f.
- Haftung 67 ff.
- Kündigung 70 f.
- Nachhaftung 70
- Rechtsnatur 43
- Teilgemeinschaftspraxis 129 ff.
- Wettbewerbsverbot 77 ff.
Genehmigung der Anstellung 218
Geschäftsführer (Ärztegesellschaft) 166
Geschäftsführer (MVZ) 213 siehe auch Ärztlicher Leiter
Gesellschafterwechsel 47, 97, 173
Gesellschaftsform (MVZ) 215 siehe auch Rechtsform
Gewerbesteuer 87, 167, 184, 234
Gewerblichkeit 86 f. siehe auch Freier Beruf, Gewerbe
Gewinnpooling 178
Gewinnverteilung 65, 91, 128, 135, 137, 150, 158, 176, 229
Goodwill 134
Gründereigenschaft (MVZ) 214

H

Haftung 137, 162, 179
- beim Praxiskauf 67
- Haftungsbeschränkung 50, 165 siehe auch GmbH
Handelsgesellschaft 160, 216
Hausarztzentrierte Versorgung 201
Heilkunde-GmbH 165 siehe auch Ärztegesellschaft
Heilmittelerbringer 214
Honorarrückforderung 46, 178
- Haftung für 68, 162 f., 179
Honorarverteilung 202

I

Individuelle Gesundheitsleistungen (IGeL) 23, 113, 124, 130
Information siehe Werbung
Interdisziplinär siehe Fachübergreifend

J

Job-Sharing 153 ff.
- Umfang 153
- Voraussetzung 153 f.
Job-Sharing-Gemeinschaftspraxis 154

K

Kassenärztliche Vereinigung (KV) 230 siehe auch Arztregister, Honorarverteilung
- Abrechnung 220, 230
- Bezirk 23
- Disziplinargewalt 155, 218
Kaufvertrag bei Praxisübernahme 47
Kette von MVZ 215
Konsiliararzt 239 ff.
- Besteuerung 239 f.
Krankenhaus
- als Betreiber (MVZ) 213
- Bürgschaft 31, 216
Krankenhausärzte 239, 243 siehe auch Ermächtigte Ärzte

L

Laborgemeinschaft 194 ff.
Leistungserbringer
- Kooperation 157
- medizinische 211, 221
- nichtärztliche 209
- zugelassene 73
Leitender Arzt siehe Ärztliche Leitung

M

Mietvertrag 56
Mischform siehe Gemischte MVZ
Musterbedingungen des Verbandes der Privaten Krankenversicherung (MB/KK) 220
MVZ 209 ff.
- Definition 212
- Gemischt siehe Gemischte MVZ
- Kette 215
- Marktauftritt siehe Werbung

Stichwort VERZEICHNIS

- Nachbesetzungsverfahren 219
- Zulassung siehe Zulassung eines MVZ

N

Nachbesetzung 33 ff.
- Antrag auf Ausschreibung 35
- Arztstelle im MVZ 219
- Auswahlkriterien 35 f.
- Berufsausübungsgemeinschaften 36, 46
- Eintragung in Warteliste 36
- Rechtsschutz 38
- Verfahren 33
- Verzicht 34
- Weiterführung der Praxis 37

Nebentätigkeit 240
Niederlassung 23, 149, 205
Notdienst, ärztlicher 52
Nullbeteiligungsgesellschaft 64 ff., 88

O

Organisationsgemeinschaft 203
Ort der Niederlassung siehe Niederlassung

P

Partnerschaftsgesellschaft 160 ff.
Patientenkartei 177, 203
Plausibilitätsprüfung 178
Präsenzpflicht 202
Praxisbudget siehe Budgetierungen
Praxisgemeinschaft 175 ff.
Praxiskauf
- Abschreibung des Kaufpreises 112
- Bedingungen 83 f.
- Betriebsübergang (§ 613a BGB) 218
- Haftung 67
- MVZ als Käufer 219
- Patientenkartei 219

Praxisverbund 201 ff.
Praxisverlegung 37
Privatärztliche Leistung 116, 129, 137, 145, 157, 194
Punktwert 202

Q

Qualitätssicherung 121, 147, 201

R

Rechtsform
- Änderung 163
- Apparategemeinschaft 191
- Gemeinschaftspraxis 44
- Laborgemeinschaft 195
- MVZ 215
- Praxisgemeinschaft 179
- Teilgemeinschaftspraxis 132

Regelleistungsvolumina 244
Residenzpflicht 243
Richtlinien siehe Bedarfsplanungsrichtlinie

S

Scheingesellschaft 45, 154 f.
Schweigepflicht 123, 177, 206
Schwerpunkt siehe Fachübergreifend
Sektorale Grenzen siehe Fachübergreifend
Sicherstellung 243, 245 siehe auch Notdienst
Sonderbedarfszulassung 242
Ständiger ärztlicher Vertreter siehe Vertretung
Standort 145 ff., 215 siehe auch Niederlassung
Stille Gesellschaft 206

T

Tarifvertrag 218
Teilgemeinschaftspraxis 129 ff.
Teilnahme
- Praxisnetz 201 f.
- Strukturvertrag 202

Träger (MVZ) 214 siehe auch Gründer, Bürgschaft
Trägergesellschaft 214 ff.

U

Überörtliche Gemeinschaftspraxis 145 ff.
Überörtliches MVZ siehe Kette von MVZ
Umsatzsteuer 118 ff.
Umwandlung 51
- Arbeitsverhältnisse, Überleitung der siehe Betriebsübergang
- der Zulassung bei Verzicht 219
- Einbringung der Vertragsarztzulassung 219
- GbR in Partnerschaftsgesellschaft 163
- Gemeinschaftspraxis in MVZ 222 siehe auch Gemeinschaftspraxis

- Gemeinschaftspraxis in Praxisgemeinschaft 51
- Praxisgemeinschaft in Gemeinschaftspraxis 180
- Steuerliche Aspekte 90 f., 151, 163, 188, 231
- Überleitung der Arbeitsverhältnisse siehe Betriebsübergang
- von Vertragsarztsitzen 219

V

Vergütung
- integrierte Versorgung 87

Versorgungszentrum siehe MVZ

Vertragsarzt
- Altersgrenze 26, 33
- Arbeitszeit 27
- Bereich siehe Planungsbereich, Überörtliches MVZ
- Fortbildung siehe Weiterbildung
- Gründereigenschaft 214 f.
- Persönliche Leistungserbringung 137
- Präsenzpflicht 202
- Residenzpflicht 243
- Sitz siehe Niederlassungsort
- Stellung im MVZ 213
- Zulassung siehe Vertragsarztzulassung

Vertragsarztrecht 71 ff., 147 ff.

Vertragsarztzulassung
- Abschreibung 111 ff.
- Altersgrenze 33
- Entziehung 34
- Nachbesetzung 74 f.
- Tod 34
- Umwandlung in Arztstelle 219
- Verzicht 34
- Wegzug 75

Vertragsschluss 44 ff.
- Formerfordernis 44
- notwendiger Inhalt 44

Vertretung
- Gesellschaft 63, 134

Verzahnung 209

Vorsorge- und Rehabilitationseinrichtung 28, 234

W

Wahlleistung 239
Warteliste 36
Weisungsfreiheit 30
Weiterbildung 212
Weiterführung der Praxis siehe Fortführung der Praxis
Wettbewerbsverbot 77 ff., 150

Z

Zahnarzt 175
Zulassung der Gemeinschaftspraxis 45
Zulassung (MVZ) 216
Zulassungsausschuss 27 f.
Zulassungsbeschränkung 33 ff.
Zulassung eines Vertragsarztes siehe Vertragsarztzulassung